高句麗 古墳 硏究

고구려 고분 연구

진인진

일러두기

- 주제별로 참고문헌을 정리하였고, 개별유적의 발굴조사보고서는 참고문헌으로 대체하였다.

- 유적명은 통상적으로 주로 사용하는 명칭을 사용하였으며, 명칭대조표를 부록에 첨부하였다.

- 중국의 유적은 한자음대로 발음하여 표기하였다.

- 참고문헌은 중국, 북한, 한국, 일본 순이며, 한국어 발음에 따른 가나다 순으로 배열하였다.

고구려 고분 연구

초판 1쇄 발행 2013년 7월 17일

지은이 · 강현숙
발행인 · 김영진
발행처 · 진인진
등　록 · 제25100-2005-000003호
본문 편집 · 배원일
주　소 · 경기도 과천시 별양동 1-14 과천오피스텔 614호
전　화 · 02-507-3077~8
팩　스 · 02-507-3079
홈페이지 · http://www.zininzin.co.kr
이메일 · pub@zininzin.co.kr

ⓒ 진인진 2013
ISBN 978-89-6347-087-0　93910

* 이 책 내용의 전부 또는 일부를 다시 사용하려면 반드시 자료 제공 협조기관과 출판사 모두의 동의를 얻어야 합니다.
* 책값은 표지 뒷면에 표시되어 있습니다.
* 이 저서는 2008년도 정부재원(교육부 인문사회연구역량강화사업비)으로 한국연구재단의 지원을 받아 연구되었음(NRF-2008-812-A00041).
* This work was supported by the National Research Foundation of Korea Grant funded by the Korean Government(NRF-2008-812-A00041).

| 차 례 |

책을 펴내며 ·· 11

머리말 ··· 15

제1장 고구려 고분 조사와 연구 ·· 20

  1. 고구려 고분 조사 ··· 22
     1) 고분 자료의 선택적 수집기: 일제강점기 ··· 23
     2) 고분 자료의 확충기: 해방 후 - 1960년대 ··· 25
     3) 고분 자료의 집성기: 1970년대부터 1980년대 ······································ 28
     4) 고분의 자의적 조사기 : 1990년대 이후 ·· 30

  2. 고구려 고분 연구의 현황과 문제 ·· 33
     1) 문화사 복원으로서 고분 연구: 형식, 기원과 변천 연구 ······················ 34
     2) 묘주에 관한 연구 ··· 40
     3) 사회·생활상 복원 연구 ·· 43
     4) 집안 고구려 왕릉 비정 연구 ··· 44
     5) 초기 적석총과 고구려족의 기원 ··· 48
     6) 고분 유물 연구 ·· 50

  3. 고구려 고분 연구의 과제 ·· 53
     1) 시각 차이의 극복: 중국 동북공정과 북한의 대동강문화론 ················· 53
     2) 연구의 진전을 위하여 ··· 55

제2장 고구려 고분의 구조 ··· 58

  1. 적석총 ··· 59
     1) 분구 ·· 59
     2) 매장부 ·· 64
     3) 능각과 분구 위 구조물 ··· 72
     4) 분구 주변 시설 ·· 76

2. 봉토분과 기단봉토분 ·· 78

3. 벽화분 ··· 84
   1) 묘실 평면구조 ·· 85
   2) 천장가구 ·· 88
   3) 그 외 시설 ··· 90

제3장 고구려 고분의 유물 ·· 92

1. 출토 맥락으로 본 고분 유물의 성격 ······························ 92
   1) 분구 출토 유물 ·· 92
   2) 묘도, 묘실입구 출토 유물 ······································· 96

2. 고분 유물의 종류와 특징 ··· 100
   1) 기와와 와당 ··· 100
   2) 장신구 ·· 107
   3) 청자와 백자 ··· 117
   4) 시유기와 토기 ··· 118
   5) 금속용기 ··· 126
   6) 철제 무기와 도구 ··· 129
   7) 갑주와 마구 ··· 133
   8) 기타 ··· 142

3. 고분 편년 기준으로서 유물 ·· 144
   1) 명문 자료 ·· 144
   2) 교차편년의 기준 ·· 145
   3) 주요 고분의 편년 ··· 147
   4) 고구려 고분 편년 ··· 153

제4장 고구려의 묘제와 장제 ··· 164

1. 묘제의 변천 ··· 164
   1) 수혈식 묘제기: 고구려 묘제의 형성기 ······················ 166
   2) 횡혈식 묘제 수용·정착기: 신묘제의 수용과 확산기 ···· 170

  3) 묘제의 제일성 확립기 ·· 173

2. 고분의 시공적 양상 ··· 177
  1) 분포 양상 ··· 177
  2) 초대형 적석총의 시공적 양상 ··· 181
  3) 평양 진출과 적석총 ··· 185
  4) 벽화분의 분포 양상 ··· 188

3. 왕릉과 능제 ·· 201
  1) 귀장 ··· 202
  2) 수릉 ··· 204
  3) 능읍과 배장묘 ··· 206
  4) 왕릉의 변천 ··· 211

4. 장제 ·· 220
  1) 장지와 고분 입지유형 ··· 220
  2) 열상배치 ··· 222
  3) 다인합장의 여러 형태 ··· 225

5. 장속: 번소와 훼기 ·· 232

6. 장의예술 ·· 235

제5장 동아시아 속의 고구려 고분 ·· 240

1. 벽화분으로 본 고구려와 중국 ·· 240
  1) 중국 한·위·진대 벽화분 ··· 241
  2) 중국 요령성의 후한·위·진대 벽화분 ··· 248
  3) 감숙성 일대의 위·진대 벽화분 ··· 253
  4) 중국 벽화분과 고구려 벽화분의 비교 ··· 257
  5) 중국 벽화분과의 비교를 통해 본 고구려 벽화분의 등장과 대외교류 ··· 262

2. 고분 유물로 본 삼연과 고구려 ·· 267
  1) 고분 구조 ··· 268
  2) 부장품 ··· 272
  3) 장속 ··· 278

4) 무덤의 전개과정 ·· 280
　　　5) 고구려와 삼연 문물의 비교································ 283
　　　6) 고구려 고분에서 보이는 삼연 요소의 배경 ··················· 289
　3. 고분 유물로 본 고구려와 신라 ·· 290
　　　1) 신라 적석목곽분의 고구려 문물 ··························· 291
　　　2) 고구려 고분과 신라 적석목곽분 출토 금속제 마구 ············ 294
　　　3) 고분 유물로 본 4·5세기의 고구려, 신라 그리고 삼연 ········· 299

책을 마치며 ·· 304

영문 초록 ··· 306
중문 초록 ··· 310
일문 초록 ··· 312

부록 1. 고구려 고분 조사 현황 ··· 315
부록 2. 일제 강점기 하의 고분 명칭 비교 ································ 328
부록 3. 관련 문헌 ··· 330

참고문헌 ··· 331
색인 ··· 361

| 그림 차례 |

그림 1-1. 광여도 강계부 일부 ··· 20
그림 1-2. 개건된 단군릉 ··· 31
그림 1-3. 개건된 동명왕릉 ··· 32
그림 1-4. 안악3호분 묵서명 ··· 40
그림 1-5. 덕흥리벽화분 묵서명 ··· 42
그림 2-1. 적석총 축조 방식 ··· 60
그림 2-2. 장군총 계단축조방식 ··· 62
그림 2-3. 적석총 매장부 : 석광과 석곽 ·· 66
그림 2-4. 적석총 매장부 : 광실 ·· 68
그림 2-5. 적석총 매장부 : 석실 ·· 71
그림 2-6. 장군총의 능각 추정 복원도 ·· 73
그림 2-7. 평성 경신리1호분 석실 위 즙와 ·· 75
그림 2-8. 적석총의 부석시설 ·· 76
그림 2-9. 기단봉토분과 봉토분 ··· 79
그림 2-10. 봉토분 단칸구조의 석실 평면 ·· 81
그림 2-11. 동실합장에 따른 현실 평면의 변화 ··· 83
그림 2-12. 황산남록의 노출된 석실 ··· 84
그림 2-13. 고구려 벽화분 구조 ··· 86
그림 2-14. 벽화분 천장가구 ··· 89
그림 2-15. 장산동 1호분 ··· 90
그림 3-1. 집안 만보정242호분 유물과 출토지점 ··· 93
그림 3-2. 태왕릉 유물과 출토지점 ·· 95
그림 3-3. 묘도, 묘실입구 유물 출토 상황 ··· 98
그림 3-4. 고구려 권운문 와당과 중국 한·위·진대 권운문 와당 ··························· 103
그림 3-5. 태왕릉 출토 연봉우리무늬 와당 ··· 105
그림 3-6. 고구려 고분과 중국 요령성 조양 출토 구획선있는 연화문 와당 ············· 106
그림 3-7. 관과 관식 ·· 108
그림 3-8. 귀걸이 ··· 110
그림 3-9-1. 대금구 요패 ·· 111
그림 3-9-2. 고구려 대금구와 중국의 진식대금구 ·· 112
그림 3-10. 금동제 못신 ·· 115

그림 3-11. 판차령 출토 금제팔찌 ………………………………………………… 115
그림 3-12. 비녀·뒤꽂이 ……………………………………………………………… 116
그림 3-13. 청자 ……………………………………………………………………… 117
그림 3-14. 시유도기 ………………………………………………………………… 119
그림 3-15-1. 토기 각종 …………………………………………………………… 122
그림 3-15-2. 토기 각종 …………………………………………………………… 123
그림 3-16. 집안 칠성산96호분 청동정 ………………………………………… 127
그림 3-17. 집안 칠성산96호분 청동초두 ……………………………………… 127
그림 3-18. 고분 출토 청동세 …………………………………………………… 127
그림 3-19. 청동합 ………………………………………………………………… 128
그림 3-20. 청동시루와 솥 ……………………………………………………… 128
그림 3-21. 청동복 ………………………………………………………………… 128
그림 3-22. 철제 무기와 도구 …………………………………………………… 130
그림 3-23-1. 벽화분에 표현된 기마병 ………………………………………… 134
그림 3-23-2. 개마총 현실천장고임 개마도 …………………………………… 135
그림 3-24. 재갈 …………………………………………………………………… 135
그림 3-25. 안교와 부속 교구 …………………………………………………… 136
그림 3-26. 등자 …………………………………………………………………… 137
그림 3-27. 행엽 …………………………………………………………………… 138
그림 3-28. 운주의 종류와 변천 ………………………………………………… 139
그림 3-29. 띠 연결고정금구 …………………………………………………… 141
그림 3-30. 차할 …………………………………………………………………… 142
그림 3-31. 청동방울 ……………………………………………………………… 143
그림 3-32. 집안 마선구2100호분 철경 ………………………………………… 143
그림 3-33. 칠성산96-1호묘실 출토 대금구 …………………………………… 150
그림 3-34. 고구려 고분 유물 편년표 …………………………………………… 163
그림 4-1. 석광적석총과 부장 유물 ……………………………………………… 167
그림 4-2. 횡혈식 장법의 수용과 정착과정 …………………………………… 171
그림 4-3. 4~5세기의 횡혈식 석실 ……………………………………………… 174
그림 4-4. 6세기의 횡혈식 석실 ………………………………………………… 175
그림 4-5. 압록강·혼강 유역의 적석총 분포 ………………………………… 178
그림 4-6. 고구려 고분 분포 ……………………………………………………… 180
그림 4-7. 집안 통구 분지의 초대형 적석총의 시공적 분포 양상 ………… 184

그림 4-8. 평양 대성산성과 벽동군 룡평리 적석총 ······ 186
그림 4-9. 집안 일대 벽화분 ······ 191
그림 4-10. 대동강·재령강유역 벽화분 ······ 194
그림 4-11. 중국의 양릉과 능읍·배장묘 ······ 207
그림 4-12. 정릉사(복원도)와 전 동명왕릉과 배후의 고분군 ······ 209
그림 4-13. 태왕릉 가형석곽 ······ 213
그림 4-14. 국내성시기 왕릉비정 초대형적석총 ······ 214
그림 4-15. 집안 칠성산 목이장구고분의 열상배치와 연접묘 ······ 223
그림 4-16. 6세기대 평지 분포 대형분 ······ 225
그림 4-17. 단일분에서의 여러 합장방식 ······ 227
그림 4-18. 연접 적석총 ······ 229
그림 4-19. 집안 마선구2378호분에서 출토된 기와와 응결된 돌 ······ 232
그림 4-20. 고구려와 부여 고분에서 보이는 훼기 ······ 234
그림 4-21. 고구려 묘실 벽화의 여러 제재 ······ 236
그림 5-1. 중국 한·위·진대 벽화분 ······ 244
그림 5-2. 중국 묘실 벽화의 여러 제재 ······ 245
그림 5-3. 중국 요령성 벽화분과 고구려 벽화분 비교 ······ 258
그림 5-4. 중국 감숙성 벽화분과 고구려 벽화분 비교 ······ 261
그림 5-5. 삼연 고분 분포 ······ 268
그림 5-6. 삼연 분묘의 여러 구조와 묘실벽화 ······ 270
그림 5-7. 조양 원대자벽화분 출토 금속 용기 ······ 273
그림 5-8. 삼연의 마구와 마주 ······ 275
그림 5-9. 금공 장신구 ······ 277
그림 5-10. 훼기 ······ 280
그림 5-11. 토기 조합에 따른 삼연 무덤의 전개과정 ······ 281
그림 5-12. 고구려 고분 출토 부여계 유물 ······ 284
그림 5-13-1. 4C 초반의 고구려와 삼연 유물 ······ 286
그림 5-13-2. 4C 중엽~5세기 전반의 고구려와 삼연 유물 ······ 287
그림 5-14. 적석목곽분 부장 고구려 금속용기 ······ 291
그림 5-15. 고구려 고분과 신라 적석목곽분 출토 동정 ······ 293
그림 5-16. 고구려와 신라의 삼엽문 대금구 ······ 294
그림 5-17. 고구려와 신라의 못신 ······ 294
그림 5-18. 고구려 고분과 적석목곽분 등자 비교 ······ 296

그림 5-19. 고구려고분과 적석목곽분 심엽형 행엽 비교 ················ 297
그림 5-20. 고구려 고분과 적석목곽분 운주 비교 ···················· 298
그림 5-21. 고구려·삼연·신라의 4·5세기 유물 ······················ 300

| 표 차례 |

표 1-1. 고구려 적석총 형식 분류안 ································· 35
표 1-2. 벽화분 편년안 ·· 39
표 1-3. 왕릉비정안 ·· 45
표 2-1. 벽화분의 구조가 갖는 의미 ································ 91
표 3-1. 부장곽이 있는 적석총과 부장곽 출토 유물 ··················· 99
표 3-2. 고분 출토 금동제 못신 ··································· 114
표 3-3. 고구려 고분 편년표 ······································ 159
표 4-1. 고구려 고분 분포 ·· 180
표 4-2. 고구려 벽화분의 시간에 따른 분포 ························· 199
표 4-3. 3세기대 이전의 초대형 적석총 ····························· 211
표 4-4. 4·5세기의 초대형 적석총 ································· 213
표 4-5. 고구려 왕릉으로 추정되는 6세기 이후 평양의 고분 ··········· 217
표 4-6. 고구려 왕릉의 변천 ······································ 218
표 4-7. 연접묘의 매장부 구조 ···································· 230
표 5-1. 축조 재료로 본 중국 벽화분 ······························ 242
표 5-2. 중국과 고구려 벽화분의 비교 ······························ 263
표 5-3. 삼연 무덤의 부장품 변화과정(단계별 특징) ·················· 281

책을 펴내며

『고구려 고분 연구』로 박사학위를 받은 지 10년이 훌쩍 넘었다. 고구려 유적을 직접 조사할 수 있기를 기대했고, 머리 속의 고구려를 직접 확인 한 후에 책을 내고 싶었다. 발굴조사는 아니지만, 중국과 평양, 안악에 있는 고구려 고분과 유적을 직접 답사하면서, 이쯤에서 고구려 고분을 정리할 필요가 있겠다는 생각을 했다.

대학원에 진학할 당시 관심은 삼국시대 석실분에 있었다. 석실은 삼국 공통의 묘제이자 특정 시기에 유행했던 묘제라는 점에서 석실을 통해 삼국의 이야기를 끄집어낼 수 있으리라 기대했기 때문이다. 석사학위 논문의 주제를 석곽으로 한 것도 석실을 제대로 이해하기 위한 과정이었다. 그 후 비교적 시간의 변화가 잘 나타나는 백제 석실과 신라 석실, 그리고 한반도에서 횡혈식 장법을 처음 채용한 낙랑 전실을 정리하면서 고구려 고분에 관심을 두게 되었다.

고구려 고분에 관심을 갖고 일제강점기의 자료와 중국·북한에서 출간된 보고서나 논문을 읽다보니 문자화된 물질자료가 갖는 한계에 부딪치곤 했다. 출간 시기와 보고자에 따라 내용에 편차가 있을 뿐만 아니라 보고자의 주관이 너무 많이 반영되거나, 어떤 부분은 너무 소략히 다루었다는 것을 알게 되었다. 때때로 잘 이해되지 않는 내용은 그림을 그려가면서 윤곽을 잡아갔지만 고구려 고분의 고고학적 상황을 바르게 이해하고 있는지 의구심이 들곤 했다. 그러던 차에 1993년 겨울 집안 통구 분지의 고분을 직접 접하게 되었다. 눈으로 덮인 그곳의 고분을 보면서 막연한 희망을 갖게 되었다. 지금 생각하면 무모하기 짝이 없었지만 '고구려 고분으로 논문을 쓸 수 있겠다'는 생각이 들었던 것이다. 그때 왜 그렇게 생각했는지는 아직도 잘 모르겠다.

계속 고구려 고분을 공부하면서 남한에서 고구려 고분 연구의 당위성을 찾게 되었다. 고구려가 중국과 북한에 걸쳐 있었던 까닭에 고구려 고분 연구는 중국과 북한에 의해 주도되었는데, 고구려에 대한 중국과 북한의 시각 차이는 현격했다. 고구려에 대한 중국과 북한의 상이한 시각은 고분 조사에 그대로 투영되어 '과연 조사 보고가 신뢰할 수 있는 객관적인 내용인가' 하는 의문을 갖게 했다. 무엇보다 자료에 대한 객관적 평가가 필요하고 그러한 작업이 선행되어야 한다고 판단했다. 동시에 일제강점기는 물론이고 중국과 북한에서 사용하는 고구려 고분에 관한 용어가 서로 다를 뿐만 아니라 중국에서는 중국 자료를, 북한에서는 북한 자료를 주된 연구대상으로 삼다보니 중국의 연구는 적석총에, 북한의 연구는 벽화분에 치중되어 있었다. 따라서 고구려 고분에 대한 객관적 시각에서의 일관된 서술이 필요했다. 고구려 고분 연구의 출발점이라고 할 수 있는 이러한 문제를 해결하는 것이 남한 연구자의 몫이라고 판단했고, 이는 당시 유적 조사에서 상대적으로 자유로운 서울에 거주하는 필자의 과제라고 생각하게 되었다.

그동안 고구려 고분에 대한 연구가 진척되면서 이러한 문제들은 어느 정도 해결되었다. 그러나 중국 동북공정으로 고구려에 대한 관심이 높아지고 고구려 고고학에 관심을 갖는 연구자가 늘어나면서 새로운 문제가 발생했다. 한반도에 있는 고구려 관련 삼국시대 유적·유물에 대한 해석이 그것이다. 신라나 가야 고분에 부장된 마구나 갑주, 한반도 중부지방에서 확인되는 고임식 천장이나 궁륭상 천장을 가진 석실에 대해 고구려계 또는 북방계라는 설명만으로 충분했던 적도 있었지만, 고구려 고분 자료가 수적·질적으로 축적된 상황에서는 구체적인 논증 없는 그런 해석만으로 의미를 부여할 수 없게 되었다. 그러나 정작 고구려 고분에 대한 이해는 단편적이어서 순환논리의 모순에 빠지는 경우를 왕왕 발견하곤 한다. 이러한 점을 염두에 두고 이 책을 서술했다.

그런데 막상 책으로 엮고 나니 고구려 고분과 고분 유물에 대한 개괄적 이해는 가능하지만 일반인이 많은 관심을 갖고 있는 문제에 대해 명쾌하게 답을 제시하지 못했다는 생각이 든다. 방대한 내용을 한 권으로 엮으면서 생긴 문제이기도 하고 사색의 깊이가 얕은 까닭이기도 하다. 그러나 스스로 위안을 삼는 것은 다시 보완해야 할 과제를 찾았고 그 과제를 해결하기 위해 더 열심히 연구해야겠다는 투지가 생겼다는 점이다.

이 책이 나오기까지 여러분의 가르침이 있었다. 흔들림 없이 묵묵히 연구자의 길을 가셨던 진홍섭 선생님은 고인이 되셨지만 아직도 무언의 가르침을 주고 계시다. 대학을 졸업하고 모교 박물관에 있으면서 선배님들의 지지와 격려 속에서 고고학 현장을 접하게 되었고, 유물에 관해 많은 생각을 할 수 있었다. 대학원 과정에서 혼자 문제를 해결하는 힘을 키워나갈 수 있도록 많은 가르침을 받았다. 또한 고고학 현장의 여러 선생님들, 선배와 후배, 동료들, 모든 분들이 든든한 배경이 되어 주었다. 이에 감사의 마음을 전한다.

딸이 하는 공부가 내심 마땅찮으셨으나 내색하지 않고 지켜봐주셨던 고인이 되신 부모님, 부모님의 그러한 지원이 없었더라면 오늘의 이 책도 없었을 것이다. 지천명의 나이를 훌쩍 넘기고도 여전히 항심을 갖지 못한 채 펄럭이는 필자를 따뜻한 마음으로 믿고 지지해주는 형제들에게도 이 책이 작은 위안이 되었으면 한다. 마지막으로 부족한 원고를 출간해 준 진인진 출판사 여러분에게 감사를 전한다.

2013년 여름
강현숙

머리말

우리에게 고구려는 넓은 영토를 가졌던 강력한 나라로 각인되어 있다. 강력한 고구려의 모습을 잘 보여주는 것이 중국과 북한에 분포하는 고구려 유적이다. 대표적인 고구려 유적은 왕도와 지방 각지에 있는 성과 고분으로, 고분은 누대에 걸쳐 재사용되거나 재점유된 성과는 달리 당대에 축조된 매장행위의 결과물이다. 고고학적 입장에서 볼 때 사회의 전모가 투영된 고분은 고구려의 부족한 문헌기록을 메워줄 수 있는 가장 안정적인 실물자료라고 할 수 있다. 때문에 고구려 고고학 연구는 고분 연구라고 해도 과언이 아닐 정도로 고분 연구가 고구려 고고학 연구의 중심이 되었다.

고분 연구는 적석총과 벽화분을 중심으로 이루어졌다. 적석총은 지상에 돌을 깔고 주검을 안치한 후 그 위에 다시 돌을 덮어 매장을 마감한 무덤으로 지상에 커다란 돌무지를 갖고 있다. 이 돌무지는 무덤 축조에 사용된 돌의 가공 정도와 축조방법에 따라 여러 형태를 취한다. 돌무지의 각 형태는 무덤의 규모와 상관관계를 갖고 있어서, 적석총은 분구 지향적인 무덤이라 할 수 있다. 벽화분은 주검이 안치된 묘실 내부를 그림으로 장식한 무덤, 즉 묘실 벽화가 있는 무덤이다. 묘실 벽화는 일부 적석총에서도 확인되지만 대다수는 흙으로 봉분을 쌓은 봉토분에서 확인된다. 봉토분은 분구 규모에 차이가 있으나, 규모에 따른 분형이나 축조기술에서의 별다른 차이는 없다. 오히려 묘실의 구조나 축조방법, 평면형태 등이 다양한 양상을 띠고 있다. 이러한 벽화분은 묘실 지향적인 무덤이라고 할 수 있다.

이렇듯 무덤을 축조하면서 지향하는 바가 서로 달랐던 적석총과 벽화분은 그 중심 시기를 달리하면서 고구려 고분을 대표한다. 압록강 중·하류의 본류와 지류 지역에 분포하는 적석총을 고구려 전기 묘제로, 중국 길림성 집안 통구 분지와 한반도 서북의 평안남도와 황해도 등 보다 넓은 분포 범위를 갖고 있는 벽화분을 고구려 후기 묘제로 이해하고 있다. 따라서 고구려 고분은 분구 지향적인 묘제에서 묘실 지향적인 묘제로 변화했다고 할 수 있다.

그러나 그간의 고구려 고분 연구는 고분 구조나 묘실 벽화의 분석에 치중되어 있었고, 그에 대한 해석 또한 다분히 자의적이었다. 고구려를 중국 동북지방 소수민족의 정권으로 보는 중국은 중국과의 관련을 부각시키고자 했고, 고구려를 한민족의 가장 강성한 국가로 보는 북한은 평양을 중심으로 한 역사의 주체적인 발전을 강조했다. 그러다보니 같은 유적에 대해 연구자에 따라 서로 다른 주장을 펼친 형국이 되었다. 이는 고구려에 대한 사상史象을 먼저 설정하고 그에 따라 고분 자료를 도식적으로 적용시킨 객관성을 결여한 학문적 태도라고 할 수 있다. 객관성 유지를 위해서 이 책에서는 현재적 관점을 최대한 배제하고자 하였다.

　이 책은 매장행위의 최종 결과물인 고분은 축조과정뿐만 아니라 매장의례 등의 정신적 행위를 반영한다는 고고학적 전제에서 출발하였다. 분석 대상이 되는 고분은 일제강점기 이후 2010년까지 조사 보고된 것으로, 고분의 구조와 부장품을 포함한 고분의 구성 요소를 분석하면서 고구려의 묘제와 장제 그리고 왕릉을 복원하고자 했으며, 이를 통해 고구려가 초기 국가에서 집권화된 왕권국가로 발전하는 과정을 해석하고 나아가 고구려와 중국 그리고 고구려와 신라의 관계를 통해 동아시아에서 고구려의 정치·문화적 위상을 설명해내고자 했다.

　제1장에서는 일제강점기부터 현재까지 진행된 고구려 고분 조사와 연구 활동을 정리했다. 고분 조사의 정리는 일제강점기 이래 2010년도에 이르는 기간 중에 조사된 고분을 망라해 가능한 많은 고분 자료를 취합하고, 당시 주어진 환경이 고분 조사에 어떠한 영향을 미쳤는지에 대한 평가를 하는데 그 목적을 두었다. 일제강점기에서의 조사가 선택적 자료수집이었던 점에 비해 이후 1990년대 전까지는 왕도 뿐 아니라 지방 각지에서 중·소형분에 대한 자료가 더해져서 고분 자료가 집적되고 확충된 시기라고 할 수 있다. 1990년대 이후는 고분 자료의 양적 증가가 연구의 질적 향상으로 전환되지 못하고, 오히려 연구의 경직을 초래했다. 연구의 경직은 결국 동아시아를 둘러싼 정치 사회적 정세에 기인된 것이다. 따라서 증가된 고분 자료에 대한 객관적인 평가와 검증이 필요하다는 판단과 함께 연구 성과를 살펴봄으로써 앞으로의 연구 과제를 제시하는 내용으로 1장을 구성하였다.

　제2장에서는 고구려 고분의 구조를 분석했다. 고구려 고분은 분구의 축조

재료와 매장부 구조에 따라 여러 모습을 띠고 있어서, 어느 한 기준을 적용시키게 되면 고분 형식이 갖는 다양성이 간과될 수 있다. 이에 먼저 분구를 기준으로 적석총, 봉토분과 기단봉토분으로 나누고, 벽화분은 별도로 나누어 각각의 구조를 살폈다. 적석총은 분구와 매장부 구조를 대상으로 했고, 봉토분과 기단봉토분 그리고 벽화분은 분형과 축조에서의 특징이 두드러지지 않아서 매장부를 중심으로 그 구조를 살폈다. 봉토분과 기단봉토분에서는 장방형 현실에서 방형, 횡장방형으로 현실의 변화에 초점을 두고 현실 평면형이 가지는 의미를 합장과 관련하여 설명하고자 했다. 벽화분에서는 묘실의 수와 배치 그리고 천장가구를 중심으로 구조 특징을 설명했다. 그 결과 묘실 평면형은 등장 시간에 따라 방형, 장방형 현실과 횡장방형 현실이 선후관계가 있음을 알게 되었다. 천장가구는 궁륭상, 팔각고임 등 다층의 고임식에서 평행삼각고임으로 변화한다. 벽화분에서 여러 고임식 천장가구는 묘실의 천장을 높게 하여서 계세관을 구조적으로 구현한 것으로 해석하였고, 일부 평면형과 기둥이나 석상 등의 시설물은 지역적 특징을 갖고 있음을 밝힐 수 있었다.

제3장에서는 고분에서 출토된 유물을 분석했다. 이 장의 주요 내용은 유물의 출토 맥락에 따른 행위 분석과 유물의 특징을 통한 편년안의 마련, 이 두 가지이다. 고분에서 출토된 유물은 부장품 외에도 분구나 무덤 입구에서 출토되기도 하여서 의례와 관련지어 해석할 수 있었다. 뿐만 아니라 적석총 분구 중에서 출토된 벽돌이나 기와, 와당을 통하여, 기와와 와당의 기능적 측면과 아울러 분구의 원래 모습을 복원하고자 했다. 그리고 매납된 부장품의 종류와 특징을 살펴보고, 시간판단에 비교적 안정적이고 교차 편년이 가능한 유물을 통하여 고분 편년의 기준을 마련하고자 하였다. 나아가 고구려 고분 편년에서 중요한 기준이 되고 있는 칠성산96호분, 우산하3319호분, 만보정78호분 등의 연대를 추정함으로써 고분의 변천과 주변 지역과의 교류 관계를 설명하는 기준자료로 삼고자 했다.

이처럼 고분 구조와 출토 유물에 대한 분석 결과를 종합하여 제4장에서는 고구려 묘·장제를 설명하였다. 먼저, 고구려 묘제는 수혈식 묘제시기와 횡혈식 묘제가 수용되고 정착되는 시기, 횡혈식 묘제가 중심이 되는 시기 등 세

단계 변화를 거친다. 수혈식 구조에 횡혈식 장법이 반영되어, 횡혈식 묘제가 정착되는 시기는 4·5세기대로, 이 시기의 대형 적석총과 벽화분은 집안과 평양일대에서 지역색을 보이기도 한다. 이를 통하여 고구려가 집권체제를 정비하는 과정과 왕도의 확대를 읽어낼 수 있었다. 이러한 과정을 거쳐 6세기 이후가 되면 묘제에서의 제일성이 확립되고, 고총도 변질하게 된다.

묘제에서의 이러한 변화는 장제에도 반영된다. 계획적인 묘지선택, 적석총의 열상배치와 연접분 등의 집단묘에서 보이는 가족장제가 석실봉토분의 유행과 함께 사라지고 있어서 묘제와 장제가 서로 대응하면서 변화함을 설명할 수 있었다. 나아가 초대형적석총을 통하여 고구려 능제와 왕릉의 복원을 시도하여 고구려에서도 중국의 능제와는 다르지만 고구려식 능제의 존재 가능성을 유추해보았다. 또한 적석총에서 보이는 번소와 훼기를 통하여 고구려 고분에서의 북방적 요소를, 생활 풍속도 묘실 벽화를 통하여 중국 중원지방의 요소를 추출할 수 있었다.

제5장에서는 고구려 고분의 대내외적 정체성 확립이라는 점에 주안을 두고 서술하고자 했다. 제2장에서 제4장에 이르는 고구려 고분의 구조와 유물 분석에 따른 해석을 중국과 비교함으로써 고구려의 국제적 위상을, 신라와 비교함으로써 삼국에서 고구려의 영향을 평가했다. 중국과의 비교는 두 가지 측면에서 이루어졌다. 하나는 중국 중원왕조와의 비교이고, 다른 하나는 중국 북방왕조와의 비교이다. 묘실 벽화를 기준으로 중국 중원왕조와의 비교해 본 결과 고구려는 중국 중원으로부터 묘실 벽화라는 관념을 받아들였으나, 벽화분의 구조와 제재의 표현에서 고구려적 특징이 발현되어 6세기대 고구려 사신도 벽화로 발전시켜갔고, 이를 통하여 동아시아에서 문화대국으로서 고구려의 위상을 알 수 있었다. 북방왕조는 모용선비가 주체로 된 삼연과의 관련에 초점을 두었다. 특히 삼연을 대표하는 문물인 금속제 갑주와 마구 등 소위 중장기병과 관련된 문물 그리고 보요가 달린 금속제 장신구는 고구려 뿐 아니라 신라의 주요 부장품이어서, 고구려와 삼연 문물을 비교함으로써 고구려가 4세기 중엽 전연의 영향을 받았으나 시간의 흐름에 따라 형태와 제작에서 변용이 있었음을 설명할 수 있었다. 한편, 고구려화된 마구와 갑주, 금공장신구는 신라 고분에 부장되어서 고분을 통하여 고구려의 다원적

대외교류의 일면을 설명할 수 있었고, 중국, 고구려, 신라, 왜로 이어지는 동북아시아 교류 루트를 상정해 볼 수 있었다.

고구려 고분의 제 요소에 대한 분석과 이에 대한 해석으로 구성된 이 책의 궁극적 목적은 고구려의 역사적 의미를 고분을 통해 풀어보는데 두었다. 드넓은 중국 북방은 인류가 거주해 온 적어도 중국의 전국戰國시대까지는 중국 중원과는 다른 문화 전통을 갖고 있었다. 북방청동기가 그러하고, 돌을 사용한 석붕이나 석개묘, 석관묘가 그러하다. 북방청동기를 사용하고 돌로 무덤을 축조했던 주민들은 전국시대말 진秦, 한漢 교체기를 거치면서 한화되어갔고, 현재 그들의 역사는 어디에서도 찾아볼 수가 없다. 그러나 압록강 본류와 지류역의 주민들은 달랐다. 그들은 중국과 구별되는 적석총이라고 하는 고유한 무덤을 축조했고, 적석총은 고구려의 역사와 함께 하면서, 한편으로는 동아시아에서 유행했던 새로운 묘제를 받아들여 고구려의 봉토분, 벽화분으로 완성시켜갔다. 그러한 고구려 고분문화는 한때는 고구려가 동아시아의 물질문화를 선도하면서 대외적으로는 중국의 북방왕조를 넘어 저멀리 서역과 교류하였고, 대내적으로는 신라, 가야에도 자극을 주었다고 말해준다. 멸망한 후에도 고구려의 고분문화는 통일신라와 발해의 고분에 영향을 미치기도 했다. 고구려 고분이 가지는 역사적 의미가 여기에 있으며, 우리가 고구려 고분을 연구하는 것도 이를 구명하는데 있다고 생각한다.

중국의 고구려사 왜곡으로 고구려에 대한 일반인들의 관심은 날로 커지고 있지만, 고구려 영역이 중국과 북한에 걸쳐 있다 보니 고구려 고분 연구에는 많은 제약이 있을 수 밖에 없었다. 이 책이 냉철한 머리와 뜨거운 가슴으로 고구려를 연구하는데 도움이 될 수 있다면, 이 책은 그 존재 의미를 갖게 될 것이다. 부디 그리되기를 바라는 마음이다.

제1장
고구려 고분 조사와 연구

고구려는 적석총, 봉토분, 벽화분으로 대표되는 수준 높은 고분문화를 남겼다. 그런 만큼 고구려 고분에 대한 관심도 오래되었다. 조선시대에 편찬된『용비어천가龍飛御天歌』나『동국이상국집東國李相國集』등의 문집이나 고지도에 장군총이나 태왕릉을 금金나라의 황제무덤으로 기록한 것으로 보아, 오래전부터 적석총을 무덤으로 인식하였음을 알 수 있다(그림 1-1). 벽화분은 이보다 늦은 1880년대 말 유려한 필치의 사신도가 그려진 강서대묘의 발견이 관심을 갖게 하는 계기가 되었다. 고구려 고분에 대한 관심이 이처럼 거대한 적석총이나 유려한 필치와 화려한 색채의 벽화분에서 시작되다 보니 고분 조사는 자연

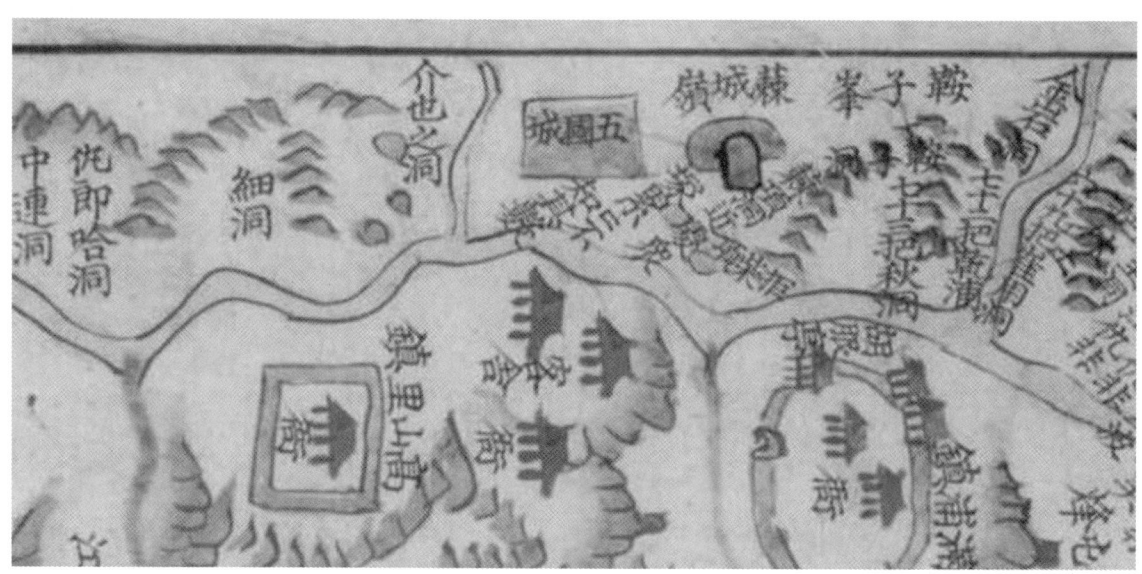

그림 1-1. 광여도(廣輿圖) 강계부 일부(규장각 소장)
만포진에서 압록강 넘어 오국성(五國城)과 주위에 무덤이 여러 기가 있고 그 수를 알 수 없다고 하였다. 오국성은 금나라 흑수부로 중국 북송(北宋) 말기의 임금인 휘종(徽宗)과 흠종(欽宗)의 부자가 금나라 사람에게 붙잡혀서 오국성에 구금되었다가 그곳에서 죽었다고 하는 곳이다.

스레 대형 적석총과 벽화분 위주로 이루어졌다.

일찍부터 고구려 고분에 대한 조사가 시작되었다고 하지만, 일제 주도로 이루어진 조사가 순수한 고고학적 목적을 갖고 있었던 것은 아니었다. 그렇다고 그 당시 한국에서 고고학이 자생할 여지가 전혀 없었던 것도 아니었다. 추사秋史 김정희金正喜가 금석문에 대한 관심을 갖고, 유적·유물을 역사적 산물로 이해하고 역사지리적 관점에서 그 배경을 설명하고자 했다는 점에서 한국 고고학의 출발점으로 삼을 만하다(이선복 1989:224~226). 그러나 조선 말의 혼란과 일제강점기를 겪으면서 한국 고고학은 뿌리내리지 못하였다. 이후 고고학 조사는 일제의 주도로 이루어졌고 고구려 고분 조사도 식민사업의 일환으로 행해질 수밖에 없었다.

일제에 의한 고구려 고분 조사는 사실 강점기 이전부터 행해졌다. 다만 강점기 이전의 고분 조사가 단편적이고 지상에 드러난 현상을 파악하는 유물 수습의 단계라고 한다면, 강점기에서의 조사는 보다 적극적이고 본격적이었다고 할 수 있다. 다수의 고분 발굴과 묘실 벽화의 모사가 이루어졌으며, 그 과정에서 많은 유물이 수집되었다. 수집된 유물의 일부는 조선총독부 박물관에 귀속되었지만, 일부는 일본으로 반출되어 현재 일본 도쿄대학교, 교토대학교, 도쿄국립박물관 등 일본 각지에 분산되어 있다.

해방 이후 남과 북으로 나뉘고 고구려 영역의 일부가 중국 요령성과 길림성에 걸쳐 있다 보니 자연스레 고구려 고분 조사는 중국과 북한이 주도하게 되었다. 세간의 관심을 끌 수 있는 대형분 위주로 조사했던 일제강점기와는 달리 북한과 중국은 왕도뿐만 아니라 지방 각지의 중·소형분에 대한 조사를 함께 진행하였다. 특히 해방 이후 각지에서 농지정리와 지역개발정책에 따른 구제발굴로 대형분 뿐만 아니라 중·소형분에 대한 정보가 축적됨으로써 고구려 고분 전반에 대한 개괄적인 이해가 가능해졌다.

이에 반해 남한에서의 고구려 고분에 대한 관심은 1990년대 이전에는 없었다고 해도 과언이 아닐 정도였다. 국내외 정치적 상황으로 북한이나 중국의 유적을 접하는 것은 물론, 발굴 보고나 논문을 접하는 것이 용이하지 않았기 때문이다. 1990년대 개방정책으로 중국이나 북한의 자료를 접할 수 있게 됨에 따라 고구려 고분에 대해 관심 갖고 연구할 수 있는 환경이 마련되기 시작하였다. 이후 몽촌토성 내에서 출토된 토기 중에 고구려 토기의 존재가 확인됨에 따라 서울 구의동 보루가 고구려 유적임이 밝혀졌고, 구제발굴의 증가로 남한에서도 고구려 고분이나 성 등 고구려 유적·유물 자료가 축적되었다.

2004년 평양과 강서, 남포 일대의 고구려 벽화분과 중국 길림성 집안시에 있는 고구려 고분과 성이 세계문화유산으로 등재되면서 고구려 고분에 대한 관심은 더욱 확산되었다. 평양의 동명왕릉전 동명왕릉과 주위 고분군, 호남리 사신총과 호남리고분군, 금사총, 토포리대총과 토포리고분군, 덕화리1·2·3호분, 강서대묘·중묘·소묘, 덕흥리벽화분, 약수리벽화분, 수산리벽화분, 용강대총, 쌍영총, 안악1호분과 3호분 등 67기의 벽화분과 중국 통구고분군의 14기 왕릉, 각저총과 무용총, 마조총통구12호분, 장천1호분과 2호분 등 26기의 귀족묘, 환인의 오녀산성, 집안의 국내성과 환도산성산성자산성 등이 세계문화유산으로 등재되었다. 중국측에서 세계문화유산으로 등재시키기 위한 노력의 일환으로 행해진 유적 복원을 위한 조사에서 새로운 자료들이 확인되면서 고구려 고분에 대한 관심은 더욱 높아졌다.

동시에 중국은 대중화주의大中華主義 기치 아래 2002년부터 2007년까지 5년여에 걸쳐 '동북공정東北邊疆歷史與現狀系列研究工程'을 진행했고, 그 결과 현재 중국 영토 내에 있는 고구려 역사는 물론 고조선, 부여, 발해 등 만주지역의 우리 역사를 중국사의 범주에 편입시켰다. 이러한 중국의 역사왜곡은 남한에서 고구려 고분에 대한 관심과 함께 고고학 연구를 촉발하는 계기가 되었다.

1. 고구려 고분 조사

고구려 고분의 조사는 담당 주체와 그 내용에 따라 네 시기로 구분할 수 있다. 첫 시기는 일제강점기의 고분 조사이다. 광개토왕릉비가 알려짐에 따라 당시의 조사는 장군총, 태왕릉, 천추총 등 초대형적석총과 함께 봉토석실벽화분에 치중되었다. 둘째 시기는 해방 이후 1960년대까지로 중국과 북한에 의해 주도되었다. 이 시기에는 대형 적석총이나 봉토석실벽화분에 대한 조사와 함께 댐 건설이나 국토개발에 따른 구제발굴이 진행되었고, 그 결과 중·소형분 등의 고분 자료가 비교적 고르게 축적되어 고분 조사의 최성기라고 할 수 있다. 셋째 시기는 1970년대에서 1980년대까지로 전 시기에 이어 지속적으로 조사가 이루어지는 한편 중국 길림성의 각 현과 요령성 환인현의 문물지가 출간됨으로써 중국에 분포하고 있는 고구려 고분의 현황을 파악할 수 있게 되었다. 넷째 시기는 1990년대 이후로 고분 조사에 정치적 의도가 개입되어서, 고분조사와 연구가 정치적 이데올로기를 뒷받침하기 위한 수단이 되기도 하였다. 이 점은 중국과 북한의 공통된 경향이었다고 할 수 있다. 그럼에도 불구하고, 기존에 알려지지 않았던 새로운 구조물이 확인되고 집안 통구 분지 이외 지역에서 대형분과 대규모 고분군이 확인되었다는 점에서 의미를 부여할 수 있다. 한편 남한에서의 고분 조사도 이 시기의 성과로 들 수 있다. 한반도 중부 지역에 많은 고구려 성이 존재하고 있음은 이미 밝혀졌지만 남한에서 고구려 유적에 대한 관심이 그리 크다고 할 수 없었다. 그러나 국토개발에 따른 구제발굴의 증가와 고구려에 대한 관심 증대로 춘천, 연천, 용인, 화성, 판교, 충주 등지에서 고구려 고분이 확인되는 결실을 맺었다(최종택 2011, 안신원 2010).

1) 고분 자료의 선택적 수집기: 일제강점기

고구려 유적에 대한 관심은 일제강점기에 촉발되었지만 당시의 조사가 순수하게 고고학적 목적으로 행해지지 않았음은 주지의 사실이다. 그 당시 만주 일대에서 행해진 고고학, 민속학, 인류학 등 다방면에 걸친 조사는 일본이 만주 일대를 선점하기 위한 사전 작업이었고, 한반도 서북지역의 낙랑 고지에 대한 고고학 조사는 식민지 지배를 정당화하기 위한 도구였다. 따라서 당시의 고구려 고분 조사는 왕도였던 평양 일원과 집안 통구 분지의 초대형분이나 벽화분에 치중될 수밖에 없었고, 실제로 일제강점기의 조사로 알려진 고구려 고분의 상당수는 오늘날 왕릉으로 비정되는 고분이거나 봉토석실벽화분이다.

무엇보다도 일제강점기 조사의 큰 문제는 취사선택적 조사와 보고에 있다. 고구려 고분 자료가 체계적으로 수립되지 못한 것은 일제강점기 조사가 가지는 태생적 한계라고 하더라도, 분구가 살아있는 대형분 위주로 조사하였음에도 불구하고, 고분의 축조과정에 대한 고려 없이 매장부에서 부장품

수습에 주안을 둔 발굴조사는 많은 정보를 잃게 하였다. 이는 당시 일본 고고학계의 고분에 대한 인식 수준이 그 정도였기 때문에 불가피한 상황이었다고 하더라도 고분 조사에 소요된 일정으로 미루어볼 때 원래부터 고고학적 문제의식을 갖고 조사에 임하지 않았음은 분명하다. 더욱이 당대의 많은 정보를 담고 있는 대형분이 가지는 고고학적 중요성에서 볼 때 이는 심각한 문제가 아닐 수 없다. 보고 또한 충실했다고 볼 수는 없다. 대형분의 경우에도 유구와 유물에 대한 누락된 부분이 적지 않지만, 중국 집안 유수림하 일대의 고분조사에서 볼 수 있듯이 중소형분에 대한 보고는 단편적이거나 소략하고, 또는 아예 보고되지 않은 채로 산일되었다*. 뿐만 아니라 당시 조사 기록과 출토된 유물의 상당 부분은 일본으로 반출·사장되었고, 그 흔적조차 찾을 수 없어서 고고학 자료로서의 가치는 사라져 버렸다.

이에 대해 최근 일본에서는 일제하 조사사업에 대한 연구 정리를 하면서 일제강점기의 조사가 보존을 염두에 두고 진행되었다는 주장을 하기도 한다. 즉, 강서삼묘의 경우 평면·입면·단면 등의 실측도를 작성하는 한편 벽화를 모사하고 그 내용을 상세하게 기술한 것은 고분을 하나의 건축물로 이해하였던 조사이고, 향후 보존을 염두에 둔 조처는 당시 일본 고분 조사에서도 획기적이었다는 평가가 그 단적인 예이다(정인성·사오토메 마사히로 2008:164~190). 설사 그렇다고 해도 분구에 대한 조사 없이 천장부를 확인한 후 입구를 통해 묘실로 들어가는 방법으로 진행된 조사는 고분에서 얻을 수 있는 여러 정보를 잃게 하였고, 조사 후 고분을 봉하지 않고 묘도 입구 부분에 문을 달아 출입이 가능하도록 함으로써 묘실 벽화의 자연적·인위적 훼손을 초래한 것은 바람직한 조처는 아니다. 당시 일본 고고학계의 고분에 대한 인식이나 이해가 분구를 포함한 매장행위의 복원에 있지 못했다는 설명은 일제강점기 고구려 고분 조사에 대한 변명은 되지 못하며, 오히려 일본 고고학자 개인의 연구역량을 높이는 계기가 된 측면도 없지않다. 결과적으로 일제강점기 하에 상당수 고구려 고분이 조사되어 고구려 고분에 대한 개괄적인 이해는 가능하게 되었지만, 당시 조사가 분구를 포함한 매장행위의 복원을 염두에 둔 순수한 고고학적 목적 하에 이루어진 것이 아니라 자료의 제한적 수집에 그치고 말았다는 점에서 일제강점기 고구려 고분 조사를 긍정적으로

* 집안 유수림하 일대의 다수의 고분군에 대한 현상 파악과 함께 대, 소 고력묘자고분에 대한 발굴을 실시하였다. 100여기 이상 군집된 고분군에서 일부만을 선택하여 발굴하였다. 보고문에는 고분을 석곽노출총, 무개총, 고총, 대총, 이실총 등으로 명명하여서 적석총에 대한 이해가 부족하였음을 여실히 드러낸다. 황산 남록 고분군의 경우는 봉토분임에도 칠실총, 이실총 등으로 명명한 것도 마찬가지 현상이라고 할 수 있다. 이것은 고구려 고분에 대한 정보가 부족하였던 당시 조사가 가지는 한계라고 할 수 있지만, 이미 장군총이나 태왕릉 등을 통해 적석총의 구조를 파악한 상황이라는 점에서는 부실한 보고라는 비난을 면키 어렵다(關野 貞, 1941, 『朝鮮の建築と藝術』).

평가할 수는 없다.

2) 고분 자료의 확충기: 해방 후 – 1960년대

해방 후 1960년대까지의 고구려 고분 조사는 중국과 북한에 의해 주도되었다. 중국은 일제강점기 하에서 알려진 집안 통구 분지의 고구려 고분에 대해 전반적인 현황 조사를 진행했고, 전후 활발한 복구사업에 따른 북한에서의 구제발굴로 대형분 뿐만 아니라 중·소형분 자료가 축적되었다. 따라서 일제강점기에 축적된 왕도 중심의 대형 적석총이나 벽화분 자료에 지방 각지의 중·소형분의 자료가 추가됨으로써 고구려 고분 전반에 걸친 자료가 비교적 고르게 축적되었다는 점에 이 시기 조사가 가지는 의미가 있다.

고구려 고분의 주요 분포지인 중국 동북지방은 중국 내에서는 낙후된 지역의 하나였다. 때문에 광개토왕릉비와 함께 장군총과 태왕릉 등의 초대형 적석총의 존재가 알려지기 전까지 고구려 영역이었던 집안 통구 분지의 고분에 대해 중국은 관심이 없었다고 해도 과언이 아니었다. 그러나 1949년 개관을 목표로 한 심양瀋陽의 동북박물관 개설 계획 하에 1946년 광개토왕릉비와 벽화분에 대한 조사를 시작으로 통구 분지에 관심을 갖기 시작하였고, 만주 일대에서의 조사와 그 결과를 이문신李文信, 동가신董家新 등이 『문물文物』, 『고고考古』 등에 발표함으로써 고분 연구가 시작되었다고 할 수 있다.

고구려 고분에 대한 중국의 관심을 촉발시킨 것은 1949년 북한에서 이루어진 안악3호분의 발굴이라고 할 수 있다. 안악3호분의 구조와 다양한 벽화 내용, 묵서명은 일제강점기에 조사된 벽화분과는 다른 내용이었다. 특히 중국 한대 화상석묘와 유사한 회랑을 가진 구조, 중국 『진서晉書』나 『자치통감資治通鑑』에 전하는 동수佟壽로 보이는 인물은 중국학자들이 고구려 고분에 관심을 갖게 하기에 충분하였다. 이러한 분위기 하에서 동북고고발굴단은 1950년 집안 오회분과 미편호17호분 등에 대한 조사를 시작으로 길림성에 있는 고구려 유적을 조사했다. 1956년부터 1959년에 걸쳐 혼강渾江과 부이강富尒江 하류지역에서 750여 기의 고구려 적석총을 포함한 고분 조사를 실시했고, 1956년과 1957년에는 무순撫順 일대에서 19기, 1959년에는 본계현本溪縣에서 100여 기의 고분이 조사되었다. 당시의 조사는 산발적이고 현상 파악에 그친 일회적인 조사로 그 내용을 구체적으로 확인하기 어렵다는 한계가 있지만, 왕도가 아닌 지방 각지에서의 조사는 고구려 고분의 분포 범위를 확인할 수 있다는 점에서 의미가 있다.

집안 통구 분지에 대한 본격적인 고고학 조사는 1961년에 이루어졌다. 일제강점기에 조사된 고분을 재조사하는 한편 1962년 집안고고대를 편성해 집안 일대의 고구려 고분과 성·관문 등을 중심으로 조사하였다. 1966년에는 통구 분지의 고분을 재조사해서 1만 1,300여 기에 달하는 고분을 편호·실측했다. 이 조사는 문화혁명 기간 중에도 계속되었다. 이렇게 일본이 붙였던 유적 명칭이 일관된 번호로 다시 편호됨으로써 고구려 고분의 분포정황에 대한 이해가 가능해졌다(부록 2참조).

해방 후 1960년대까지 중국에서 이루어진 조사로 통구 분지에 있는 고구려 고분의 분포정황과 현상 파악 그리고 지방 각지의 중·소형분에 대한 자료가 축적되었다. 따라서 대형분 위주의 일제강점기 조사에서 누락되었던 중·소형분에 대한 연구가 가능하게 되었다. 그러나 당시의 고구려 고분 조사는 외형과 현상 파악에 치중되어 매장부를 소홀히 다루었다는 한계도 있다. 육안으로도 분구를 파악할 수 있는 적석총의 경우 외부 구조만으로 대강의 성격 파악이 가능하지만, 봉토분은 그렇지 않음에도 불구하고 외형 파악 위주의 조사는 고구려 고분 모두를 외부 구조를 중심으로 연구하는 결과를 초래하기도 하였다.

고구려 고분에 대한 보다 종합적인 자료는 북한에서의 고분 조사에 힘입은 바 크다. 해방 후 북한은 1946년 「보물, 고적, 명승, 천연기념물 보존에 관한 법령」을 제정해 모든 문화유산을 국가소유로 정하고 도굴을 원초적으로 봉쇄하는 한편, 1947년 북조선고적위원회를 만들어 조사·연구를 담당하게 했다. 또한 1948년 북조선고적위원회를 물질문화유물조사보존위원회로 발전시키면서 평양의 중앙역사박물관과 함께 조사·연구를 담당케 했고, 한국전쟁이 종료된 직후인 1954년 물질문화유물조사보존위원회를 과학원 산하의 고고학 및 민속학연구소로 개칭하고 고고학 조사를 담당하게 했다. 북한이 이렇게 일련의 제도적 장치를 마련한 것은 고고학 자료, 즉 유적·유물을 중요한 역사적 자료로 인식했기 때문인데, 그런 점에서 이 시기 북한에 의해 고구려 고분을 포함한 고고학 조사와 연구의 기반이 마련되었다고 할 수 있다.

북한에서 고구려 고분 조사를 촉발시킨 계기는 1949년에 시작된 안악 1·2·3호분의 발굴이다. 농지개량사업으로 발견된 안악3호분은 중국에서뿐만 아니라 북한에서 고구려 벽화분에 관심을 갖게 하는 계기를 만들었다. 이후 순천 요동성총, 용강 대안리1호분, 증산 가장리벽화분, 강서 약수리벽화분, 안악 복사리벽화분, 남포 팔청리벽화분과 평양 장산동1호·2호분에서도 벽화가 조사됨으로써 서북한 일대에 상당수의 벽화분이 분포하고 있음이 확인되었고, 조사된 벽화분 자료의 증가는 고구려 고분 연구가 벽화분의 구조와 벽화 내용에 집중하게 되는 계기가 되었다.

벽화분 외에 이 시기 북한에서 이루어진 고구려 고분 조사의 주요한 성과는 적석총 자료의 증가이다. 1957년에서 1959년 사이에 독로강 수력발전소 건설에 따라 수몰된 자강도 시중군·중강군 일대에서 많은 적석총과 석실봉토분이 조사되었다. 특히 중·소형 적석총 자료의 축적으로 적석총의 변천과정과 적석총에서 석실봉토분으로 계기적 발전이 밝혀졌다. 기존의 초대형 적석총과 봉토석실벽화분을 위주로 한 자료로는 적석총에서 벽화분으로의 선후관계를 인정하면서도 적석총과 벽화분을 별개로 나누어 연구가 진행됨으로써 고분 변천과정에 대한 설명이 유기적으로 이루어지지 못하였는데, 독로강 유역에서 고구려 고분 조사는 고분 변천과정에 대한 구체적인 설명을 가능하게 하였다.

이 시기의 특기할 만한 또 다른 일은 중국과 북한이 합동으로 중국 동북지방 유적·유물을 조사한 것이다. 중국과 북한이 합동으로 조중고고공작대朝中考古工作隊를 편성해 1963년부터 1965년 사이에 중국 동북지방 일대에서 신석기시대부터 발해에 이르는 넓은 시간대에 걸친 유적을 조사했다. 고구려 고분으로는 환인의 고력묘자고분군과 연강향고분군, 집안 통구 분지의 만보정, 하해방고분구역 조사와 함께 일제강점기에 조사된 벽화분을 다시 답사·조사했다. 그러나 북한과 중국측의 해석에서 입장 차이를 좁히지 못한 채 1965년에 조사는 중단되고 말았고, 그 결과의 일부를 북한이 단독으로 보고했고, 중국도 조사한 내용에 대한 단독 보고서를 출간했다.

지금까지 살펴본 바와 같이 1960년대까지의 고구려 고분 조사는 북한이 주도했다고 해도 과언이 아닐 만큼 북한에서 많은 고분을 발굴하였고, 고고학 조사 보고서 또한 상당히 충실하게 구성되었다. 특히 이 시기에 조사된 고분의 다수는 의도적으로 대형분에 치중된 선택적 조사가 아니기 때문에 많은 고분 자료가 확보될 수 있었고, 많은 고분 자료는 여러 관점에서의 해석을 가능하게 해주었다.

3) 고분 자료의 집성기: 1970년대부터 1980년대

1970년대는 중국의 문화대혁명이나 북한의 주체사관 정립 등으로 정치적인 혼란을 겪으며 고고학 조사에 집중할 수 있는 사회적 분위기가 아니었다. 그럼에도 한편에서는 개별적인 고구려 고분 조사는 지속적으로 이루어졌고 다른 한편에서는 기존의 조사 자료를 집성하는 작업이 이루어졌다.

먼저, 중국은 기존에 조사한 내용을 바탕으로 길림성 각 현 단위의 문물지를 출간했다. 특히 1983년에 출간된 『집안현문물지集安縣文物志』에는 1960년대 조사에서 알려졌던 것보다 더 많은 총 1만 2,515기의 고분이 기술되어 있고, 그 중에는 20여 기의 벽화분도 포함되어 있다. 이외에도 환인현, 장백현, 임강현, 통화현 등 중국 동북지방에 분포하는 고구려 고분의 현황과 함께 고구려 유물이 소개되었다.

아울러 새로운 자료들이 조사되었다. 대표적인 예가 집안 오도령구문 적석무덤이다. 이 무덤은 도로 개설에 따른 파괴로 유물 수습 성격을 띤 긴급구제발굴로 알려지게 된 초기철기시대에 해당되는 적석총으로, 이를 계기로 환인, 봉성, 관전 등지의 초기철기시대에 해당되는 적석총 자료에 주목하게 되었고, 결과적으로 적석총의 기원에 대한 연구에 신자료를 더하게 되었다. 또한 장천1·2호분과 환인 미창구1호분將軍墓은 통구 분지 외의 지역에서도 벽화분이 축조되었음을 보여주는 중요한 자료이다. 특히 장천1호·2호분의 다양한 벽화 내용과 부장품은 집안 우산하68호분, 칠성산96호분, 우산하41호분 등의 적석총에 부장된 부장품과 함께 고분 편년 연구의 기준을 제시하기도 했다. 한편 적석총인 우산하41호분에서 생활풍속도 계열의 벽화가 검출되고 일제강점기에 조사된 절천정총에 대한 재조사에서 벽화편이 검출됨으로써 적석총에서도 벽화로 묘실을 장식했음이 밝혀져 고구려 고분을 적석총과 벽화분으로 양분했던 기존의 입장을 수정하게 되었다.

이외에도 댐 공사로 인한 수몰지구나 도로공사로 인한 구제발굴은 중·소형분에 대한 정보를 제공했다. 노호초 댐에 수몰된 상·하활용고분군이나 노호초고분군, 1983년 집석공로 개설로 발굴된 우산하고분구역은 고구려 고분의 다양한 존재양태를 알려주었다. 특히 집석공로 간 우산하고분구역의 적석총에서는 2~3기 무덤의 분구가 연접하거나 하나의 분구 내에 여러 기의 매장부가 존재하는 등 여러 형식의 집단묘가 확인되었다.

중국과는 달리 이 시기 북한에서의 고구려 고분 조사는 주로 벽화분에 치중되었다. 그 결과 서북한 일대에서 약 100여 기에 달하는 벽화분이 확인되었다. 덕흥리, 수산리, 보산리, 봉성리, 운룡리, 지경동, 동암리, 월정리, 평정리 등지에서 새로 추가된 벽화분은 생활풍속을 주 제재로 하고 있다. 이에 따라 벽화 내용을 근거로 생활 전반을 복원하려는 시도가 이루어져서 구조 중심의 획일적인 연구에서 생활상 복원으로 연구 주제가 확대되었다. 또한 두 칸구조임에도 벽화가 없는 지경동1·2호분은 벽화가 없는 봉토석실분에 대한 관심을 환기시키는 계기가 되었고, 1960년대 독로강 유역에서 조사된 고분에 대한 재평가작업에서 자강도 초산군 연무리고분군에서 전방후원형 적석총과 사우돌출형 적석총이 확인되어서 일본 고분시대의 전방후원분이 고구려에서 기원했다는 주장이 제기되기도 하였다.

이와 같은 새로운 고분 자료는 북한에서 고구려 역사의 주체적 발전을 공고히 하는 증거로 활용되기도 하였다. 1960년대 말을 거치면서 정립된 주체사관에 따라 유적·유물의 도식적 해석이 그것이다. 즉, 1950년대 말에서 1960년대 전반을 걸쳐 고조선이나 삼국시대 사회구성에 관한 논의가 이루어지면서 고구려를 중세사회로 정리해 『조선 전사: 중세편 고구려사』 등이 출간되었다. 따라서 고구려 고분도 중세사회의 산물이라는 입장에서 이해하기 시작했으며 이러한 입장은 『고구려 문화』나 『조선고고학개요』에 반영되었다. 이처럼 1970~1980년대의 고구려 고분 조사는 기존의 자료에 새로운 자료를 더해 정리함으로써 고분 연구가 전파론적 입장의 문화사 복원에서 벗어나게 한 점은 긍정적이라고 할 수 있다. 그러나 사회의 여러 측면을 복원하기 위해 선결되어야 할 고분의 편년 문제와 관련해 기존 편년이나 변천안을 검증하지 않은 채 자신의 주장을 반복함으로써 도식적인 해석이라는 비난을 면키 어렵다.

4) 고분의 자의적 조사기 : 1990년대 이후

　1990년대의 고분 조사가 1980년대와 뚜렷하게 구별되는 것은 고구려 고분 조사에 정치적 의도가 개입됨으로써 자의적·주관적 해석이 주류를 이루었다는 점이다. 따라서 고분 조사의 양적 증가가 질적 향상으로 전환되지 못하고 오히려 조사·연구의 경직화를 초래했다고 할 수 있는데, 이는 고구려 고분의 조사와 연구가 중국이 처한 대내외적 정치 환경과 관련되어있다. 중국은 한반도의 정세 변화와 동북아 국제 변화에 따른 대비책 마련이라는 국가전략의 일환으로 다민족 통일국가론을 주창했으며, 이에 따라 정치, 경제, 사회, 문화를 아우르는 종합적인 21세기 국가전략의 하나로서 중국의 길림성, 요령성, 흑룡강성 등 동북 3성에 대한 소위 동북공정을 진행하였다. 동북공정은 2007년 완료되었고, 그 결과는 대중화주의 기치 아래 고구려뿐만 아니라 만주 일대에 있었던 고조선, 부여, 옥저, 발해 등을 모두 중국 주변 소수민족의 역사 범주에 포함시켰다. 따라서 고구려 고분 조사는 고구려를 중국 동북지방의 한 지역사로 파악하려는 의도의 수단으로 전락되었다.

　고구려의 중국사 편입 작업은 2000년대 이전부터 간헐적이고 개별적으로 행해진 바 있으나, 2000년에 들어서면서 더욱 구체화·체계화되었다고 할 수 있다. 그 대표적인 작업의 하나가 집안 통구 분지와 환인 일대의 고구려 유적을 대표하는 성과 고분을 세계문화유산으로 등재시킨 것이다. 중국 내 있는 고구려 유적을 중국의 세계문화유산으로 등재시켜 고구려 유적에 대한 선점과 연고권 주장의 합법적 장치를 마련하였다. 1997년에 나온 통구고분의 실측 보고서인 『통구고분군 1997년조사측회보고通溝古墳群 1997年度調査測繪報告』가 그 선행작업인 셈이다. 2000년대 들어와서 고구려 유적을 세계문화유산으로 등재시키기 위한 조사를 광범위하게 실시하며 초대형분과 벽화분을 고구려 왕릉과 귀족묘로 정리했다. 초대형분을 중심으로 복원을 위한 발굴을 실시해 『집안고구려왕릉集安高句麗王陵』이라는 보고서를 펴내면서 통구 분지의 초대형 적석총 13기를 동명왕을 제외한 고구려 초기부터 장수왕에 이르는 왕릉으로 비정했다. 그뿐만 아니라 환인 오녀산성을 고구려 초기 왕성이 있었던 홀슬골성으로 비정한 보고서 『오녀산성五女山城』과 함께 고구려 유리왕 때 국내로 천도했다는 『삼국사기三國史記』에 근거하여 국내성國內城과 환도산성丸都山城을 정비한 보고서를 출간했다. 통구 분지의 외곽이나 통구 분지를 벗어난 집안 호자구, 집안 양민, 장백 간구자의 적석총에 대한 최근의 조사는 적석총의 기원뿐 아니라 고구려의 왕릉을 환인과 집안 일대에서 구함으로써 중국에 고구려의 정통성이 있음을 확고히 하려는 의도를 드러냈다. 이러한 입장은 『고구려묘장高句麗墓葬』, 『고구려왕릉통고高句麗王陵通考』, 『고구려왕릉통감高句麗王陵統監』, 『집안고구려묘장보고서集安高句麗墓葬報告書』, 『집안고구려묘장集安高句麗墓葬』, 『고구려고묘벽화연구高句麗古墓壁畵研究』 등으로 출간되었다.

1990년대 이후 북한에서 수행된 연구는 중국의 연구와 대척점에 있다고 할 수 있다. 1990년대 이후 북한에서 태성리3호분을 비롯한 송죽리벽화분, 금옥리선각벽화분, 동문리벽화분, 옥도리 벽화무덤 등의 벽화분 자료가 추가되는 한편, 안악3호분과 같은 구조를 가진 태성리3호분이 조사됨에 따라 기존의 '안악3호분 고국원왕릉' 입장을 더욱 공고히 하는 한편 태성리3호분을 미천왕릉으로 비정했다. 한편에서는 단군릉과 동명왕릉을 정비하였다. 이는 곧 고조선과 고구려의 중심지가 평양이라는 근거로 평양의 역사적 유구성과 우월성을 강조한 대동강문화론과 맞물린 것이다.

대동강문화론의 핵심은 평양을 중심으로 고대 문명이 있었다는 주장이다. 고조선의 중심지에 대해서는 요동설, 평양설, 요동에서 평양으로 이동설 등 여러 입장이 있지만, 북한에서 단군릉을 복원함으로써 평양 일대를 고조선의 중심지로 보았다. 그러나 단군릉은 원래 평양시 강동군 문흥리 대박산 기슭에 있는 고구려 고분과 같은 구조의 기단석실봉토분으로, 고분 내에서 인골과 함께 금동 유물이 출토되었다. 이 무덤을

그림 1-2. 개건된 단군릉 (송호정 촬영)
평양시 강동군 문흥리에 있는 봉토석실분으로 1994년에 개건되었다. 개건된 무덤은 장군총과 같은 계단적석총이다.

단군무덤으로 비정한 것은 인골에 대한 전자상자성공명법ESR 측정 결과 5011±267년전이라는 연대치를 얻어서인데, 이 연대측정방법은 과학적인 객관성을 담보하지 못해 국내외 학계로부터 신뢰를 얻지 못하고 있다. 더욱이 단군릉으로 보고된 고분의 구조나 부장유물이 고조선과 시대적으로 맞지 않는 문제가 있다(그림 1-2). 마

그림 1-3. 개건된 동명왕릉
평양시 역포구역 용산리에 있는 기단봉토분으로, 1974년도에 조사되었고, 1993년 개건되었다. 무덤의 앞으로 정릉사지가 있고, 뒤로는 봉토석실벽화분이 자리한다.

찬가지 논리로 진파리10호분을 동명왕릉으로 개건하였다(그림 1-3). 1980년대 조사하였던 정릉사와 동명왕릉을 개건함으로써 평양 일대는 고조선에 이어 고구려 역사의 중심지가 되었다. 최근에는 평양 일대의 구석기 유적의 연대를 100만년으로 소급시킴으로써 평양 일대가 세계 문명의 중심이라는 입장을 강화시키는 작업이 진행 중이다.

이와 같이 중국과 북한이 지나친 자국 중심적인 의도로 고분을 조사하거나 조사된 고분을 재정비하는 작업은 오히려 남한에서의 연구 활성화에 자극이 되었다. 중국의 고구려의 자국 편입에 대한 반작용으로 고구려 고분에 대한 일반인의 관심이 고조되었고, 개방정책에 따른 고구려 고분 자료에 대한 접근은 2000년대 들어오면서 고구려 고분 연구 증가로 연결되었다. 나아가 남한에서의 고구려 고분 조사가 더해졌다.

남한에서 고구려의 성과 고분이 일부 남아 있음은 이미 1970년대 확인되었다. 중원 고구려비를 포함한 고구려 성과 고분은 장수왕의 남하정책으로 한반도 중부 이남지역이 고구려 영역이었던 시기에 남긴 유적으로서 평가되었다. 한편, 1980년대 백제의 부여 출자설을 뒷받침해주는 것으로 해석되기도 하였던 춘천 중도의 적석총과 양평·제원리·평창 등 남한강과 북한강 본·지류역의 적석총 외에도 한탄강 유역의 연천 삼곶리, 학곡리, 장학리 등 한반도 중부지방에서 조사된 적석총은 돌을 덮어 매장을 마감했다는 점에서 고구려 주민의 남하와 백제 초기 영역을 판단하는 근거가 되기도 하였지만, 고구려 적석총의 축조방식과 차이가 있으며 부장된 토기가 백제양식의 특징

을 가진 것으로 고구려와 직접 관련된 고분이 아닌 것으로 보는 견해가 대세이다.

　남한에서 고구려 고분으로 인정되고 있는 것은 석실봉토분이다. 춘천 방동리와 신매리의 석실분은 벽면에 회를 바르고 고임식으로 모줄임한 천장 가구로, 부장품은 없지만 고구려 석실분의 축조방식과 같아서 고구려 고분일 개연성이 높다고 평가되었다. 최근에는 경기도 연천 신답리, 용인 보정리에서 고구려 고분이 조사되었고, 화성 청계리, 분당 판교동 및 충주 두정동에서도 방동리나 신매리 석실분과 같은 구조의 석실분이 조사되었다. 이 고분들은 석실 벽에 백회를 바르거나, 고임식으로 모줄임천장을 하였다. 그 중 용인 보정리에서는 석실 내부에서 고구려계 토기가 출토되기도 하였다. 한편 고구려 고분은 아니지만 순흥 읍내리벽화분과 어숙묘, 포항 냉수리석실분은 고구려의 영향을 받은 고분으로 보고 있다. 이처럼 남한에서 조사된 고구려의 성과 고분은 고구려의 한반도 중부 이남으로 진출과 이 지역에 대한 지배방식을 이해하는 데 중요한 근거가 되고 있다.

2. 고구려 고분 연구의 현황과 문제

　일찍부터 알려진 태왕릉이나 장군총이 중국에는 없는 새로운 무덤 형식이었던 까닭에 고구려 고분에 대한 관심은 거대한 적석총의 기원에서 시작되었다고 할 수 있다. 따라서 이러한 고분이 알려지기 시작한 19세기 말부터 1960년대까지의 고분 연구는 고구려 고분의 형식을 설정하고 그 기원과 시간의 흐름에 따른 변천과정의 설명에 초점이 맞추어졌다. 이는 고고학의 관심이 전파론적 입장에서 문화사를 구성하고자 했던 당시의 고고학적 인식과도 궤를 같이하는 것이었다.

　고분의 형식과 변천과정에 대한 입장이 정리됨에 따라 고분 연구는 사회·생활상의 복원으로 확대되었다. 연구 주제의 확대는 벽화분 조사에 힘입었으며 사회·생활상 복원은 1970년대 이후 연구의 커다란 주제가 되었다. 그 가운데 논의의 쟁점은 주인공에 관한 문제로, 안악3호분의 주인공이 누구인가 하는 문제와 함께 덕흥리벽화분의 주인공 국적에 관한 논의가 포함되어 있다. 특히 안악3호분의 주인공에 대한 북한 학계의 입장 변화는 고구려 고분을 보는 북한의 시각 변화를 잘 반영하고 있다. 고분의 주인공을 비정하지 않았지만 고분의 등급을 나누어 피장자의 신분, 지위 나아가 사회구조를 설명하고자 하려는 노력도 있었고, 벽화 내용을 통해 고구려의 생활을 복원하려는 노력은 미술사, 건축사, 과학사, 복식사 등 다방면에서 이루어졌다.

최근에는 고구려 유적을 세계문화유산으로 등재시킴으로써 고구려를 자국사로 편입하려는 중국은 고구려 왕릉을 집안 통구 분지에서 구하거나 장백 간구자, 집안 오도령구문 적석무덤, 환인 망강루 등지의 새로운 적석총 자료를 통해 적석총의 기원과 고구려 족원에 관한 연구를 진행하고 있는 반면에 북한은 역사의 중심을 평양에서 구하려는 입장에서 고구려 고분을 연구하고 있다.

1) 문화사 복원으로서 고분 연구: 형식, 기원과 변천 연구

장군총이나 태왕릉 같은 초대형분과 강서대묘 같은 벽화분으로부터 고구려 고분에 대한 관심이 시작되어서, 일제강점기 하에서는 자연 고구려 고분도 석총과 토분으로 나누었고, 석총이 토분에 선행된다고 보았다. 이러한 이분법적 틀은 이후 연구의 커다란 전제가 되었고, 연구는 고구려 고분을 대표하는 거대한 적석총과 벽화분의 기원과 그 변화과정에 모아졌다.

적석총은 처음에는 외형을 기준으로 분류되었지만, 환인과 집안 일대의 중·소형분 조사로 매장부에 대한 정보가 축적되면서 외형 대신 매장부가 분류의 기준이 되기도 하였고, 외형과 매장부를 함께 고려해 분류하기도 하였다(표 1-1). 이처럼 분류 기준이 서로 다르다보니 설정된 형식도 연구자 간에 차이가 있고, 동일 형식의 무덤도 서로 다른 명칭으로 부름으로써 혼란이 야기되기도 하였다. 그러나 적석총의 외형은 무기단에서 기단 그리고 계단으로 변화하며, 매장부는 석광·석곽에서 석실로 변화한다는 점에는 대개 의견이 일치하므로, 분구나 매장부 어느 한 속성을 분류 기준으로 삼아도 적석총의 변화과정을 파악하는 데는 별 문제가 없다. 다만, 매장부가 수혈식 장법의 구조에서 횡혈식 장법의 구조로 변화하지만, 변화의 시간 폭이 너무 크기 때문에 구체적인 변천과정을 파악하기에는 적당하지 못하여 시간 판단의 적

		수혈식장법			횡구식·횡혈식 장법			참고문헌
북한	주영헌	무기단적석	기단적석	과설적석			묘실적석	주영헌, 1962, 「고구려 적석무덤에 관한 연구」, 『문화유산』 1962-2.
	정찬영	강돌돌각담	돌기단, 수혈식	돌기단 연도표시			돌간돌무덤	정찬영, 1973, 「기원4세기까지 고구려묘제에 관한 연구」, 『고고민속론문집』 5.
	손수호	무기단돌각	기단돌각		기단돌간		계단돌간	손수호, 2001, 『고구려고분연구』.
중국	陳大爲	원구식		계대식 적석		계대식 적석	봉석석실	陳大爲, 1981, 「桓仁高句麗積石墓的外形和内部構造」, 『遼寧文物』 1981-1.
	張雪岩	석곽적석묘		계대식적석실묘	방단계대적석실묘			張雪岩, 1979, 「集安縣兩座高句麗積石墓的淸理」, 『考古』 1979-1.
	方起東1	적석묘	기단·방단 적석묘	계단적석묘(묘장)		계단적석실묘		方起東 1, 1985, 「高句麗積石墓的演進」, 『博物館研究』 1985-2.
	方起東2	적석석광묘	기단적석 석광묘	계단적석석광묘		계단적석 식실		方起東 2, 1996, 「高句麗墓葬研究中的幾個問題」, 『遼海文物學刊』 1996-2.
	方起東·劉振華		유단적석 석광묘	계단적석 석광묘		계단적석 식실		方起東·劉振華, 1979, 「統一的多民族國家的歷史見證-吉林省文物考古工作三十年的主要收穫」, 文物編輯委編, 文物考古工作三十年.
	李殿福	적석묘	방단적석묘			방단계단적석실	방단봉석 석실묘	李殿福, 1980, 「集安高句麗墓研究」, 『考古學報』 1980-2.
	魏存成	무단적석묘	방단적석묘			방단계체적석실	방단석 실묘	魏存成, 1987, 「高句麗積石墓的類形和演變」, 『考古學報』 1987-3.
	孫仁杰	석광적석묘	방단석광 적석묘		적석석실묘	계단적석실묘		孫仁杰, 1993, 「高句麗葬具研究」, 『高句麗研究文集』.
	鄭永振	무기단석광적석묘	방단석광 적석묘		석실적석총	성실적석	방단석실 적석묘	鄭永振, 2003, 「高句麗渤海靺鞨墓葬比較研究」.
일본	田村晃一	방배형분구	(1단)기단	방단계체 적석	단상	궁륭상천정	석실(지표)	田村晃一, 1982, 「高句麗積石塚の構造と分類について」, 『考古學雜誌』 62-2.
		무기단 적석 원구	무기단 석곽 방구	방단석곽		향상	석실(지상)	
	東潮		수혈식적석묘		연도부석		방대형 적석	東潮·田中俊明, 1995, 「積石塚の成立と發展」, 『高句麗の歴史と遺跡』.
한국	지병목	무기단 적석	방단(단곽식/주부곽식)	계단적석묘	연도부무	기단적석	석실적석	지병목, 1987, 「고구려 석실과 점에 관한 고찰」, 성균관대학교 석사학위논문.
	김용성	무기단적석	방단적석	방단 계장 계단	묘실 (단실, 유무식, 유이실식)	식실(단실·유이실)	봉석석실	김용성, 2005, 「고구려 석실봉토분의 문제와 묘에 대한 새로운 인식」, 「북방사논총」 3.
	여호규	무기단묘곽	기단묘곽	계단묘곽		계단 계장 벽	지표 식실	
	강현숙	무기단식광	기단식광	계단 식광		계단 벽		여호규, 2012, 「고구려 적석식실묘 내·외부 구조의 변천과 형식분류」, 「동아시아의 고분문화」.

표 1-1. 고구려 적석총 형식 분류안

제1장 고구려 고분에 관한 조사와 연구 35

절한 분류기준은 되지 못한다. 오히려 시간에 따른 축조기술을 고려할 때 적석총의 분형이 변화를 가시적으로 잘 보여준다. 그러나 분형 각각은 시간에 따른 기술 발전의 결과로 서로 단절적인 것이 아니어서 등장시점의 선후관계를 보여주는 것이지 특정 형식 적석총의 시간 위치를 보여주는 것은 아니다. 한편, 특정 시기에 병존하는 여러 분형은 규모와 축재의 가공정도와 축조기술 등과 결부되어 사회의 위계 분화를 보여주기도 한다.

봉토분은 주로 벽화분을 대상으로 연구가 진행되었다. 벽화분은 적석총과는 달리 방대형 봉토분구가 중심이 되므로 분구 그 자체는 형식 분류의 기준으로서 변별력이 없다. 따라서 벽화분은 매장부 구조나 벽화 내용을 기준으로 분류되었다. 중국의 학자 중에는 벽화분을 적석총과 마찬가지로 분구의 형태를 기준으로 분류하기도 하지만, 대부분의 연구자들은 분구 형태를 봉토분의 분류 기준으로 택하지 않는다.

벽화분의 분류는 매장부의 경우 묘실 칸의 수와 천장 가구방식, 그리고 벽화 내용이 기준이 되었다. 두칸구조와 생활풍속도벽화분, 단칸구조와 사신도벽화분의 상관관계가 확인되어서 시간의 흐름에 따라 무덤구조와 벽화가 변화하는 것으로 파악했다. 따라서 묘실 칸수는 여러 칸에서 단칸으로, 묘실 벽화는 생활풍속도에서 사신도로 변화한다는 점에는 의견이 모아졌다. 그러나 매장부는 두칸구조와 단칸구조가 병존하기도 한다. 매장부 칸수를 기준으로 한 경우에도 봉토석실분이 낙랑 전실묘의 영향을 받았다는 전제가 암묵적으로 개재되어 있지만, 안악3호분의 구조는 낙랑 전실묘에서 그 유례를 찾을 수 없다. 한편, 벽화내용도 마찬가지인데, 안악3호분이나 덕흥리벽화분의 묘주초상화에서 볼 수 있듯이 벽화 내용 자체는 시간의 변화에 민감한 속성이라고 할 수 없다. 더욱이 생활풍속도와 사신도가 결합되기도 하므로 개별 고분의 편년 안에는 상당한 견해 차이가 날 수밖에 없다(표 1-2).

이외에도 천장가구가 분류기준이 되기도 하지만, 분류 기준이 되는 전제에 대한 충분한 검증이 이루어졌다고 할 수는 없다. 가령, 천장 가구를 분류의 기준으로 택한 것은 봉토석실벽화분의 천장 가구가 다양한 점도 있지만, 봉토석실벽화분이 중국을 통한 서역으로부터 영향을 받았다는 전제가 암묵적으로 작용한 결과이기도 하다. 그러나 서역의 개념이 모호할 뿐만 아니라 천장 가구의 어떤 요소가 서역의 어떤 영향인지에 대해서는 검증하지 않았다.

결국 적석총이나 봉토분의 변화과정에 대해서는 대체로 의견이 일치되었지만, 개별 고분의 연대 판단에서는 동일 고분에 대해 약 1세기 정도의 시차가 있기도 하다. 이는 적석총이나 봉토석실벽화분에서 분류의 기준이 되는 분구나 매장부 구조가 시간에 따른 정향성을 갖고 있기는 하지만 시간의 변화에 민감하지 못하기 때문이다. 무엇보다도 벽화분이나 초대형 적석총보다 고구려 고분에서 수적으로 많은 비중을 점하는 것은 무벽화분이나 중·소형 적석총이어서, 대형분을 중심으로 한 기존의 변천안으로는 무벽화분이나 중·소형 적석총의 변화를 설명할 수 없게 되었다. 더욱이 기단봉토분이나 계장식 적석총처럼 이전에 알려지지 않았거나 형식 설정에서 제외되었던 새로운 속성을 가진 고분도 조사되었다. 또한 벽화는 봉토분에만 있다고 생각했지만, 우산하41호분, 절천정총, 산성하1405호분, 산성하1408호분 등의 적석총에서도 벽화가 검출되었다. 따라서 적석총과 봉토분을 포함해 분구 축조재료와 방식, 매장방식에 따른 구조 등을 기준으로 한 분류가 필요하게 되었다. 이에 분구 축조재료는 돌에서 흙으로, 1인 단인장의 수혈식 장법에서 동실합장이 가능한 횡혈식 합장으로 매장방식에 따른 매장부 구조의 변화 등을 기준으로 한 분류방식이 제시되어 고분 변천을 유기적으로 설명할 수 있게 되었으나, 이 역시 설정된 고분 형식이 개별 고분의 절대연대를 제시해 주는 것은 아니다.

변천 과정 설명에서 고분 구조가 가지는 한계를 해결하기 위한 대안으로 유물 연구가 진행되었다. 이는 1980년대 이후 고분 유물에 대한 자료가 집적된 결과이다. 마구, 청동용기, 장신구, 와당, 토기 등의 형식 편년을 통해 고분의 연대를 파악하고, 신라나 가야 그리고 중국이나 일본과 비교함으로써 대외 교류를 설명하는 등의 시도로 발전하기도 했다. 그러나 신라·가야나 일본 자료와 비교 연구할 만큼 고구려 유물 자료가 수적으로 충분하지 못한 상태에서 이미 성립된 신라·가야나 일본 고분시대의 편년안을 기준으로 한 교차 편년안은 문물의 전파에 걸리는 시간이나 그 배경에 대한 충분한 검증을 하지 못했다. 따라서 안정적인 편년안을 만들어가는 것은 향후의 과제이기도 하다.

	3세기			4세기			5세기			6세기			7세기	출전
	전	중	후	전	중	후	전	중	후	전	중	후		
關野貞	무용총 각저총						매산리사신총(수렵총) 삼실총		삼실총	귀갑총 미인총 산연화총 호남리사신총 감신총, 성총 모두무덤 천왕지신총 연화총			쌍영총 강서대·중·소묘	1914, 『考古學雜誌』, 5권 3호
池內宏							매산리 사신총			모두무덤		호남리사신총 감신총 성총 쌍영총	강서대·중·소묘	1938, 『通溝』
內藤湖南							매산리 사신총 삼실총						강서대·중·소묘 쌍영총	1937, 『支那繪畫史』
고유섭							매산리 사신총							1966, 『韓國美術文化論叢』
榧本							삼실총 수렵총	통구사신총		강서대묘				1958, 『高句麗壁畫古墳』, 『文物參考資料』, 1958-4
리여성			매산리사신총	안악3호				진파리호		강서대·중·소묘				1949, 『역사제』, 9집
김용준					삼실총 산연화총 감신총 무용총 각저총 안악1호 요동성총		한판총		개마총 모두무덤 용강대총 안악2호	호남리사신총 통구오회분4호 통구오회분5호			진파리호	1958, 『고구려 고분벽화의 연구』
장도빈			민보리368호		삼실총(350)		무용총(400) 각저총(410)		개마총(470)		쌍영총(559)	강서대묘(590)	토포리대총(620)	1960, 『대한문화고대도』
주영헌	우산하3호		북사리, 감신총 평양역전이실분	안악3호	안악3호	북사리 각저, 무용총 안악3호 산성하983호 안악1호	태성리1,2호 분 산연화총 평양역전벽화분	덕흥리벽화분 약수리벽화분 한판총 안악2호	수렵총 고산리9호 진파리4호 호남리사신총	호남리사신총 통구사신총 통구오회분4호 통구오회분5호		진파리호 통구오회분4,5호	쌍영총 강서대묘 내리호	1960, 『문화유산』, 1960-2·3
김영숙			장서대무덤이실분		안악3호	안악1호 각저총 무용총 마선구1호 마선구12호	덕흥리벽화분 고산리1호 동명왕릉 연화총 한판총 산성하묘 모두루총	태성리1호 용강대총 천왕지신총 감신호	고산리1호 수렵총 보산리벽화분 우산리1호	개마총 진파리4호 덕화리4호 수렵총 충남리벽화분 연화1호	개마총	진파리호 통구오회분4,5호	강서대·중묘 내리호	1988, 『조선고고연구』, 1988-2
조선전사, 조선유적유물 도감			강서단총2호			고산동2호 각저총 강산동1호	덕흥리벽화분 동암리벽화분 보림리1호 모두루총 강서대묘 캠프리벽화분·강동리1호						강서대·중묘 내리호	

	3세기			4세기			5세기			6세기			7세기	출전
	전	중	후	전	중	후	전	중	후	전	중	후		
東潮					안악3호 안악2호	마선구1호	통구12호 무용총, 각저총 장천2호	삼실총						1997, 『高句麗考古學硏究』
魏存成					안약3호, 태성리1호 각저총, 무용총, 태성리2호	안약1호, 연화총, 감신총 하해방31호	용강대총, 태성리1호, 가장1 복사리벽화분, 안악1호		귀갑총, 연화총·산연화총, 해해방31호					1994, 『高句麗考古』
전호태					안약3호(357) 북사리벽 안약경1호(408)	평양역구이실분 대성리1호 대성리2호 안악1호	용강대총 요동성총 수산리벽화분 덕흥리1호 덕흥리벽화분(408) 장천1,2호 복사리벽화분	쌍영총 태안리1호분 쾌상리2신총 무용총 감신총 고산동7호 고산동10호 팔청리벽화분 가장1대총 용강개총 마선구1호 장천1호 장천경충 통구12호분 우산하41호 장천4호 환문총 신산하학983호	쌍영총 우산9호 수산리벽화분 덕화리1,2호 우산1,2호분 안악2호 호남리사신총 개마총	평정리1호 진파리4호 통구사신총 오회분5호	진파리1호 내리1호	강서대묘 오회분4호	강서중묘	2000, 『고구려고분벽화연구』

표 1-2. 벽화분 편년안

2) 묘주에 관한 연구

묵서명 또는 묘지명이 확인된 경우 그 주인공에 관해서는 고고학은 물론, 고대사에서도 관심을 갖고 있다. 안악3호분, 덕흥리벽화분, 모두루총이 그러한 예들이다. 덕흥리벽화분과 모두루총의 묵서는 내용으로 보아서 묘지임에는 별 이견이 없고, 안악3호분의 묵서명도 내용으로 보아서 묘지의 역할을 한 것으로 볼 수 있다.

이 세 고분 중 모두루총의 경우 주인공을 모두루로 보는 것이 학계의 대체적인 견해이지만, 중국에서는 모두루의 조부인 염모의 무덤으로 보기도 해 입장 차이를 나타내기도 한다. 무덤 구조가 덕흥리벽화분과 유사한 점에서 볼때는 염모보다는 모두루 무덤일 가능성이 더 높다.

묘주에 관한 논쟁의 중심에 있는 무덤은 안악3호분과 덕흥리벽화분이다. 안악3호분에 대한 논의가 무덤의 주인공이 누구인가에 있다면, 주인공이 알려진 덕흥리벽화분은 무덤의 주인공인 진鎭의 국적이 어디인가에 초점이 모아졌다.

1949년 조사 당시 안악3호분은 무덤의 거대한 규모와 구조, 다양한 내용의 벽화로 많은 관심을 불러일으켰다. 전실의 서측실 입구에 있는 묵서로 인해 동수의 무덤으로 파악되었다(그림 1-4). 여기에 무덤의 구조나 복식, 인물도상 등이 중국측 기록과 부합되는 점이 더해져서 동수의 무덤이라는 입장이 대세를 이루었다(김용준 1957, 황욱 1958). 그러나 조사를 담당하였던 북한에서는 무덤의 거대한 규모, 벽화의 대규모 행렬도와 행렬도에 표현된 성상번聖上幡, 묘주초상화의 자태와 백라관白羅冠 등을 근거로 동수의 무덤이 아니라는 반론과 함께 안악3호분은 왕릉이라는 주장이 제기되었고, 이후 안악3호분이 왕릉이라는 입장이 힘을 얻기 시작했다. 안악3호분이 왕릉이라는 전제에서 더 진전해 북한에서는 안악3호분을 미천왕릉으로 입장을 정리했다. 따라서 1970년대 북한에서 출간된 보고문이나 논문에서는 안악3호분을 미천왕릉으로 칭하기도 했다. 그러나 1980년대 황해도 신원군 아양리 장수

그림 1-4. 안악3호분 묵서명
(조선유적유물도감 5(고구려편4) 도43)
永和十三年十月戊子朔廿六日
癸丑使持節都督諸軍事
平東將軍護撫夷校尉樂浪
[相]昌黎玄菟帶方太守都
鄕侯幽州遼東平郭
都鄕敬上里冬壽字
□安年六十九薨官

산성과 그 주변에 대한 조사에서 고구려 토기와 기와, 고분들이 확인됨으로써 고구려의 4세기대 영역이 황해도 일원까지 확장되었다고 보아 안악3호분은 백제와의 전쟁에서 전사한 고국원왕의 무덤으로 입장을 정리했다(손영종 1990, 라명관 1990, 류렬 1992). 따라서 현재 고국원왕릉이라는 입장이 북한 학계의 정설이다.

안악3호분을 고국원왕으로 보는 입장은 새로 발굴된 고분에 그대로 적용되었다. 2003년에 안악3호분과 같은 구조의 태성리3호분이 발굴되었는데, 북한에서는 태성리3호분을 미천왕릉으로 비정했다(김인철 2002, 김성철 2006). 미천왕에 대해서는 국내성에 침입했던 모용황에 의해 시신이 약탈되었다가 되찾아온 기록이 있다. 그 후속 조처에 대한 기록은 없지만 고구려에서는 미천왕릉을 개장하였거나 이장해 새로 왕릉을 조성했을 것이다. 그런데 국내성 시기 아무 연고도 없는 강서에 미천왕릉을 조성했다는 것은 자연스럽지 못하다. 이는 오히려 안악3호분이 고국원왕릉이 아닐 가능성을 반증하는 증거이기도 하다. 하지만 태성리3호분의 연대에 대한 검증과정을 거치지도 않은 채 안악3호분이 고국원왕릉이므로 태성리3호분은 미천왕릉이라고 결론을 내리고, 역으로 태성리3호분이 미천왕릉이므로 이는 안악3호분이 고국원왕릉임을 뒷받침한다는 증거라는 주장을 되풀이함으로써 스스로 순환논리의 모순을 드러내고 있다. 북한의 해석과는 달리 태성리3호분의 발굴은 오히려 안악3호분의 피장자가 고국원왕이 아니라 동수일 것이라는 주장을 제기하는 계기가 되었다.

덕흥리벽화분의 경우 안악3호분과는 달리 무덤의 주인공인 유주자사를 지낸 진鎭의 국적에 모아졌다. 묵서는 전실 북벽의 천장부 아래에 있으며, 무덤 주인공인 진의 출신지와 성명, 역임한 관직과 휘하의 관료조직, 몰년과 안장일, 그리고 후손의 번영을 기원하는 내용으로 구성되어 있다(그림 1-5). 묘지명에 따르면 진은 신도현信都縣 출신으로, 유주자사幽州刺史를 지낸 것으로 되어 있다. 따라서 신도현의 위치와 함께 유주의 위치가 어디인가에 대한 관심은 진의 국적으로 모아였고, 진의 국적은 중국과 고구려로 보는 두 입장으로 나뉘었다. 남한 학계에서는 중국 국적 입장에서 신도현은 중국 하북성 안평현 일대로, 진은 전연의 관료였다가 고구려로 귀화한 인물로 해석한다. 반면

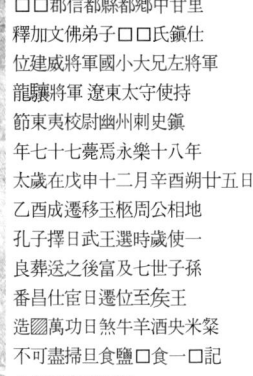

□□郡信都縣都鄉中甘里
釋加文佛弟子□□氏鎭仕
位建威將軍國小大兄左將軍
龍驤將軍 遼東太守使持
節東夷校尉幽州刺史鎭
年七十七薨焉永樂十八年
太歲在戊申十二月辛酉朔廿五日
乙酉成遷移玉柩周公相地
孔子擇日武王選時歲使一
良葬送之後富及七世子孫
番昌仕宦日遷位至矦王
造▨萬功日煞牛羊酒岑米粲
不可盡掃旦食鹽□食一□記
之後世寓寄無疆

그림 1-5. 덕흥리벽화분 묵서명(조선유적유물도감 5(고구려편4) 도171, 174)

에 북한 학계에서는 고구려 사람이라는 입장에서 신도현은 평안북도 운천·박천 일대이며, 진이 유주자사를 지냈다고 해석한다(손영종 1987·1991, 박진욱 1992). 이 입장에 서게 되면 유주 일대가 고구려 영역이 되어서 고구려 영역은 지금의 북경 일대까지 확대된다. 일부 재야사학자들도 유주를 중국 하북성일대로 보고, 당시 고구려 영역이 유주까지 미쳤다고 해석하기도 한다. 그러나 고구려에서 그 유례를 찾아 볼 수 없을 정도로 다양하고 풍부한 내용의 벽화를 갖고 있는 덕흥리벽화분은 묘실 구조가 낙랑이나 중국의 전실묘와 유사하며, 묘지를 매납하거나 묘지명을 쓰는 등의 장속이 중국 위·진대에 유행한 것으로 미루어 진의 국적을 고구려로 보기에 주저된다. 덕흥리벽화분의 주인공에 관한 논의는 주인공의 국적에 국한된 것이 아니라 고구려 지배체제와 영역과 결부된 문제이기도 하므로 역사적 정황에 부합되는 합리적인 해석과 객관적인 접근이 필요하다.

3) 사회·생활상 복원 연구

고분을 통한 사회·생활상 복원 연구는 중국보다는 서북한 일대 벽화분 자료의 증가에 힘입은 바 큰 만큼 북한 학자에 의해 주도되었다고 할 수 있다. 사회·생활상 복원은 고구려의 높은 생활·문화 수준을 부각시키는 데 목적을 두고 두 가지 측면에서 이루어졌다. 하나는 1980년대 말에서 1990년대 초에 이루어진 사회 등급에 관한 연구로, 그 이면에는 고구려를 중세사회로 파악한 북한 학계의 입장이 전제되어 있었다. 다른 하나는 생활상의 복원으로 벽화분에 등장하는 문양이나 제재를 대상으로 미술사, 건축사, 천문학, 복식사 등의 여러 방면에서 복원이 이루어졌다.

먼저, 사회 등급과 관련된 연구는 벽화분에서 시작되었다. 사신도 벽화분 현실의 규모와 벽화 내용을 통해 4등급으로 분류하거나, 여기 생활풍속도 벽화를 더하여서 구조와 규모, 벽화의 배치와 묘사도에 따라 벽화분을 5등급으로 나누고 이를 묘주나 사회신분과 연결시켰다. 그 결과, 요동성총은 전사한 장수의 합장묘, 경신리1호분은 문자왕릉, 강서대묘는 영양왕릉, 중묘는 영양왕 동생의 무덤, 소묘는 영류왕릉으로 비정하고, 통구 오회분 중 4호분은 주인공을 비정하지 않았지만 왕릉급 무덤으로 비정하기도 했다(최택선 1987·1988a·1988b·1988c). 이러한 연구는 무덤을 통해 사회구조를 파악하려 한다는 점에서는 중요한 의미를 가지지만, 같은 시기에 병존했던 집안 일대의 초대형 적석총을 고려하지 않아서 사회 구조를 설명하는 데에는 한계가 있다. 뿐만 아니라 개별 고분의 편년에 대한 검토나 무덤 축조에 작용된 여러 요소를 배제한 채 연구를 진행했다는 점은 큰 약점이라고 할 수 있다.

생활상을 복원하려는 연구는 1960년대부터 단편적으로 있었다. 안악3호분의 벽화에 보이는 악기의 종류로 악대의 편성을 설명하거나(전주농 1957, 주재걸 1983a), 건축 구조의 복원(박황식 1980, 리화선 1989, 천석근 1996, 한천섭 1997b), 무장·무구에 대한 연구(전주농 1958·1959, 김혜숙 1993, 박진욱 1986) 등이 그 대표적인 예이다. 1960년대의 연구가 벽화의 특정 제재를 통한 개괄적인 설명이었다면, 1980년대 이후는 연구 주제가 더욱 세분화·구체화되었다.

1980년대 이후의 주요 연구는 벽화에 묘사된 인물의 복식을 통한 의생활 연구(천석근 1986), 벽화에 그려진 기둥과 두공을 통한 건축 구조의 복원(리화선 1989), 연꽃이나 구름무늬 도안에 대한 미술사적인 접근(김영숙 1988a·1988b·1988c) 또는 화면 구도 등 회화사적인 접근, 별과 해·달의 그림을 통한 천문기술의 복원(리준걸 1981a·1981b·1983·1984·1985·1989), 벽화에 묘사된 부뚜막과 고분 출토 유물을 결부시킨 연구(궁성희 1990), 벽화에 묘사된 교예를 통해서 당시의 여가 생활 등 생활상 복원(주재걸 1983a·1983b) 등 미술사, 복식사, 건축사, 과학사, 생활사의 여러 면으로 확대되었다.

이러한 연구는 고고학 연구가 편년 연구 위주의 문화사 복원 연구에서 한발 나아가 사회·생활 전모를 밝히고자 하는 보다 발전된 인식이었고 고구려의 높은 문화 수준을 부각시켰다는 점에서 평가할 만하다. 그러나 고구려 사회를 중세사회로 보려는 입장에서 평양을 포함한 서북한 일대의 고분만을 대상으로 하였다는 점이나 사회 전반에 대한 복원에서 선결되어야 할 시간의 문제는 기존의 편년안을 검증없이 그대로 차용하였다는 점은 생활상 복원이 가지는 한계가 되었다.

4) 집안 고구려 왕릉 비정 연구

왕릉에 관한 관심은 태왕릉이나 장군총, 강서대묘와 같은 일부 특정 고분에 국한되었으나, 최근에 들어 다시 부각되기 시작하였다(표 1-3). 중국에서는 세계문화유산 등재를 위해 고분을 정비·복원하면서 집안 일대에 있는 초대형분 13기를 1세기 중엽부터 5세기 말까지의 고구려 왕릉으로 비정하고, 나아가 최근에는 고구려 보장왕을 제외한 27왕의 무덤을 환인과 집안 일대에 구하기도 했다. 유리왕대 국내 지역으로 천도했다는 전제에서 통구 분지에서 고구려 왕릉을 구한 것이다. 그러나 기원후 3년 국내 지역으로 천도했다는 증거는 아직 확보되지 않았을 뿐만 아니라 왕릉 비정에서 선행되어야

王號	在位期間	葬地	吉文考研 2002	吉文考研 2004	魏存成	張福有	왕릉비정 어호규	왕릉비정 이도학	왕릉비정 임기환	왕릉비정 이병도	왕릉비정 池內宏	왕릉비정 東潮	永島暉臣眞	비고
東明王	37BC-19BC	龍山												鄒牟王*
瑠璃(琉)明王	19BC-AD18	豆谷東原												瑠留王, 儒留王*
大武神王	18-44	大獸林原			마선구202호									大解朱留王, 大朱留王*
閔中王	44-48	閔中原石窟												
慕本王	48-53	慕本原												國祖王
太祖大王	53-146				칠성산871호									
次大王	146-165				마선구2378호									
新大王	165-179	故國谷			산성하전창36호									
故國川王	179-197	故國川原			우산하2110호	칠성산871호			칠성산871호					國襄(壤)王
山上王	197-227	山上陵			임강총	마선구626호			마선구626호					
東川王	227-248	柴原			우산하2110호	임강총	동대왕		임강총					東襄(壤)王
中川王	227-248	中川原		마선구2100호	칠성산211호	우산하2110호			우산하2110호					中襄(壤)王
西川王	270-292	西川之原(故國原)	서천왕	서천왕	칠성산211호	칠성산211호	마선총		칠성산211호					(西襄)壤王
烽上王	292-300	峯山之原		서대총	마선구2100호	마선구2100호			마선구2100호					雉葛王
美川王	300-331	美川之原			서대총	서대총		서대총 마선구2100(개?분)				서대총 마선구2100(개?분)	서두임강총	好襄王
故國原王	331-371	故國之原		우산하992호	우산하992호	우산하992호		고국원왕	우산하992호			고국원왕		國岡上王
小獸林王	371-384	小獸林	천추총	천추총	천추총	천추총	두정총		천추총			천추총		小解朱留王
故國壤王	384-391	故國壤			태왕릉	태왕릉	마전왕	태왕릉	태왕릉		태왕릉	태왕릉	태왕릉	國岡上王
廣開土王	391-412	山陵	광개토왕	광개토왕	장군총 한성읍 (실묘)	장군총	태왕릉	장군총	장군총		장군총	장군총	전동명왕릉	國岡上廣開土境平安好太王, 永樂太王 好太王, 永樂太王*
長壽王	412-491		장군총	장군총		우산하2115호	장군총	장군총		강서대묘		豆瓦里대총		好襄王
文咨王	492-519					오회분 1호 (대양양)								文咨明王,明治好王
安藏王	519-531					오회분 2호								
安原王	531-545					우산하2114호						조남리사신총		
陽原王	545-559					통구 사신총						강서대묘		陽岡上好王
平原王	559-590					오회분 3호			강서대묘			강서중묘		平岡上好王
嬰陽王	590-618					오회분 4호								平陽王
榮留王	618-642					오회분 5호 (대양양)								
(王)寶藏王	642-668	唐京師頡利墓의 왼쪽	『삼국사기』		魏存成, 2007, 「集安 高句麗大形 積石塚王陵 硏究」, 『社會科學戰線』, 2007-4.	張福有, 孫仁杰, 遲勇, 2007, 「高句麗王陵通 考要報」, 『東北 史地』, 2007-4.	여호규, 2006, 「집안지역 고 구려 초대형 적 석묘의 전개과 정과 피장자 문 제」, 『한국고대 사연구』 41.	이도학, 2008, 「집안 지역 고구려왕릉에 관한 신고찰」, 『고구려발해연구』 30.	임기환, 2009, 「고구려 왕릉 장지 명과 왕호의 대조 연구」, 『고구려발해연구』 30.	李丙燾, 江 西古墳壁畵 의 연구-主로 大墓陵과 개마총 에 대한 연구」, 『東方學志』 1, 1954.	池內 宏, 梅 原末治, 1938, 『通溝』 上·下.	東潮, 2006, 「고구 려 廣開土王陵의 比定-太王陵, 好太王碑와 集安의 壁畵古墳」, 『朝鮮學報』 199, 2006合集.	永島暉臣愼, 1988, 『集安 の高句麗遺 蹟, 好太王 碑と集安の 壁畵古墳』, 木耳社.	

표 1-3. 왕릉비정안

*광개토왕릉비

할 연대 판단의 근거도 충분하지 못하다. 또한 생시에 자신의 무덤을 미리 조성한 수릉壽陵 문제나 평양 천도 후 고구려 왕들의 사후 귀장歸葬 등 왕릉 비정과 관련된 문제를 검토하지 않았다는 문제를 안고 있다.

사실 2000년도에 행한 집안 일대의 고분 조사는 대형분을 고구려 왕릉과 귀족묘로 설정하고 세계문화유산으로 등재시키기 위한 준비사업이자 복원을 전제로 한 조사였다. 그 결과, 기존에 알려지지 않았던 배장묘와 제대 및 능원과 부속시설 등 새로운 구조들이 확인되는 성과는 고구려 고분 연구의 새로운 전기를 마련했다는 점에서는 평가할만하다. 그렇지만, 복원을 전제로 한 조사가 갖는 한계도 적지 않다. 『집안 고구려 왕릉』 보고서에서 왕릉의 근거로 커다란 규모와 우월한 입지, 적석분구의 기와와 와당, 배장묘와 제대 및 능원과 부속시설 등을 제시하였지만, 구조적으로 왕릉이 가지는 외형상의 상징성과 정형성, 그리고 시간에 따른 변화가 일관성을 갖고 있지 못하다. 가령, 제대는 이른 시기부터 나타나지만 시간의 흐름에 따른 축조기술의 발전이 제대 축조에 반영되지 않았으며, 배장묘는 시간에 따른 정형성을 보이지도 않는다. 능원의 규모 또한 무덤의 규모나 시간에 따른 선후관계와 상관관계를 갖고 있지 않다. 치석기술이나 축조기술, 외형 등 적석총을 구성하는 일부 속성은 시간의 흐름에 따라 일정한 방향성을 갖고 발전하지만 왕릉의 구성요소로 제시된 일부 속성에서는 그러한 방향성이 관찰되지 않는다.

고구려 왕릉을 집안 통구 분지에서 구하려는 중국의 입장은 평양 일대의 대형분에 대한 고려를 전혀 하지 않은 것으로, 이는 집안 통구 일대에 고구려 정통성을 부여함으로써 고구려사를 중국사에 귀속시키려는 의도에서 비롯된 것이라고 할 수 있다. 따라서 집안 통구 분지에서 13기의 무덤을 왕릉으로 비정했지만, 정작 왕릉 비정을 위해 선결되어야 할 개별 고분 구조에 대한 조사는 충실하지 못해서 고구려 능제 복원은 물론 왕릉비정에서의 문제는 여전히 남아 있게 되었다.

구조적인 문제와 아울러 왕릉 비정에서 선행되어야 할 개개 고분의 연대를 판단할 객관적인 기준이 제시되지 않았음도 지적할 수 있다. 초기 왕릉의 연대 판단 근거로 기와의 형식 변천을 들고 있지만, 이른 시기의 무덤에서 보이는 기와형식이 4~5세기의 무덤에서도 출토됨으로써 장기간 사용되었던 기와 그 자체는 연대 판단의 안정적인 기준이 되지 못한다. 안정적인 편년안이 마련되지 않은 상태에서 유적의 현상과 문헌의 역사적 정황을 바로 대응시키기도 했는데, 서대총을 미천왕릉으로 비정하는 증거의 하나로 서대총의 파괴 정도를 역사 기록과 결부시킨 것이나 검토없이 광개토왕릉비와 태왕릉을 결부시켜 광개토왕의 무덤으로 비정한 것이 그 단적인 예라 하겠다.

그럼에도 불구하고 『집안 고구려 왕릉』 보고서는 고구려 고분 연구에서 시사하는 바가 적지 않다. 그 하나는 초기 왕릉의 계장식 구조이다. 계장식 적석총은 기원전 3~2세기 집안 오도령구문 적석무덤이나 장백 간구자 적석무덤의 축조방식으로, 초기철기시대의 적석묘에서 계기적인 발전을 상정해 볼 수 있게 하였다. 다른 하나는 분구에 있는 기와와 와당의 존재이다*. 천추총, 태왕릉, 장군총의 경우 일찍부터 분구에서 기와와 와당이 출토되어 묘상건축의 증거로 이는 능과 침전이 결합된 것이라고 보기도 한다(耿鐵華 1993:98~112).

그렇다고 분구에서 기와가 출토된 무덤 모두에 묘상건축이 있었다는 것은 아니다. 이른 시기의 마선구2378호분이나 산성하 전창36호분, 마선구626호분 등에서 분구 중에서 돌과 기와가 불에 녹아 엉겨 붙은 채로 출토되었고, 분구 상부에 건축물이 있을 만한 평면도 확보되지 않아서 묘상건축의 존재를 상정하기 어렵다. 따라서 묘상건축과 함께 분구 위에서 불을 지핀 번소의 식에 대한 치밀한 검토가 연구과제로 제시되었다.

중국과는 반대로 북한은 안악3호분이나 태성리3호분 등을 고구려 왕릉으로 비정하고, 진파리에 위치한 진파리10호분을 동명왕릉으로 복원함으로써 평양 일대의 대형분에서 고구려 왕릉을 비정했다. 안악3호분은 고국원왕릉으로, 태성리3호분은 미천왕릉으로, 경신리1호분은 문자왕릉으로, 강서의 대묘는 영양왕릉으로, 중묘는 영양왕의 동생 묘로, 소묘를 영류왕릉으로 비정한 바 있다.

이처럼 왕릉 비정에서 서로 대척점에 서 있지만, 중국과 북한의 입장은 모두 개별 고분에 대한 편년안과 함께 수릉이나 귀장에 대한 충분한 논의와 검토가 있어야만 논리적 설득력을 가질 수 있을 것이다.

* 이러한 묘상 구조물이 발해 왕릉으로 비정되는 무덤에서 확인된 것과 같은 구조인지는 현재로서는 확실하지 않지만, 앞으로의 발해의 고구려 계승이라는 점에서 연구해야 될 과제이다.

5) 초기 적석총과 고구려족의 기원

적석총은 중국 동북지방의 압록강과 혼강 본·지류역에 분포하는 고구려 고유 묘제로 이해되고 있다. 지상에 돌을 깔고 그 위에 주검을 안치한 후 다시 돌을 덮는 적석총의 매장 방식이 지하 깊숙이 주검을 안치하는 중국과 다르기 때문이다. 그런만큼 적석총의 기원에 대한 관심은 높다. 문화전파론적 입장에서 태왕릉이나 장군총 같은 거대한 적석총의 기원에 관심을 갖기 시작하여, 최근 적석총의 기원에 대한 관심은 적석총이 고구려 고유 묘제라는 점에서 고구려의 형성과 고구려족의 기원문제와 결부되어 있다.

적석총의 기원과 관련해서 1970년대까지는 적석총을 거석문화의 하나로 보아 청동기시대의 묵방리형 고인돌이나 요동반도 남단의 강상·루상의 적석무덤에서 그 기원을 찾았다(정찬영 1973). 그러나 청동기시대 적석묘나 고인돌에서 기원했다는 입장은 요동반도의 적석무덤이나 서북한의 고인돌과 고구려 적석총 사이에 시간과 공간상의 공백이 크다는 점이 문제로 지적되었다. 그러다가 1990년대 이후 중국 천산산맥 동쪽에서 집안에 이르는 지역의 초기철기시대 무덤으로 추정되는 돌무지 속에서 청동단검과 함께 청동유물이 출토되었다. 따라서 퇴화형 세형동검을 포함한 청동기와 철촉이 공반된 집안 오도령구문 적석무덤에서 그 기원을 구하기도 하고(張雲岩 1993), 환인 대전자와 망강루 등지에서 확인된 이른 시기의 적석무덤에서 기원을 구하기도 하였다(梁志龍·王俊輝 1994). 약간의 입장 차이가 있기는 하여도 천산산맥 동쪽의 집안·환인 일대의 기원전 3세기경 적석무덤은 문헌에 기록된 건국 시기보다 앞서 압록강 유역에서 적석총을 축조하였음을 보여주며, 적석총을 축조한 그들을 원고구려민으로 보기도 한다.

최근에는 장백 간구자에서 전국시대 말기에서 전한대로 비정되는 적석무덤이 조사되면서 요동지방의 청동기 묘제와 서로 연결시킨 해석이 중국 측에서 제시되었다(吉林省文物考古硏究所 2003). 간구자 적석무덤은 하나의 분구에 여러 기의 매장부가 있는 집단묘로 분구 위에서 화장이 행해졌던 원형 평면의 석광石壙 적석묘이다. 하나의 분구에 여러 기의 매장부가 있거나 분구 위에서의 화장은 집안·환인 일대의 고구려 초기 적석총뿐만 아니라 청동기시대 요동반도 남단의 강상·루상 등지에서 조사된 적석무덤에서도 확인되었기 때문에 간구자의 적석무덤은 요동반도 남단의 청동기시대 적석무덤과 고구려 적석총을 연결해주는 과도기 묘제로 보았다. 간구자 적석무덤에 근거한 이러한 해석은 고구려 적석총이 요동반도 남단의 청동기시대 적석무덤에서부터 연원했다는 기존의 입장과 연결되며, 원고구려주민의 분포 범위를 압록강 중·하류역이 아니라 중·상류역으로 확대시켰다. 한편, 두만강 일대의 초기철기문화인 유정동형 토기와 기형적 특징을 공유함에도 불구하고 간구자 적석무덤의 토기를 부여문화의 근간이 되는 길림 서단산문화의 토기와 연결시킴으로써 원고구려민의 문화를 부여에서 구하려는 해석과 연결시키기도 한다.

다른 한편으로 요동반도 남단에 위치하는 청동기시대의 석붕과 대석개묘에 적석이 부가된 무순 산용의 적석부가 대석개묘나 석붕묘에서 적석총의 기원을 찾기도 한다(李新全 2009). 이러한 입장을 요동반도의 청동기문화를 맥의 문화로, 길림 서단산문화를 예의 문화로 보는 입장과 결부시켜보면, 고구려 족원은 예맥에 있다는 해석이 가능해진다. 물론 현재 알려진 적석이 부가된 대석개묘가 무순·신빈·환인 일대에 분포하고 있고, 적석총과 구조적 유사성을 가지고 있어서, 이 일대의 적석이 부가된 대석개묘를 적석총 기원으로서 배제할 수는 없다. 다만 이 무덤과 비슷한 시기에 장백 간구자나 집안 오도령구문 적석무덤이 존재하고 있어서, 병존하는 이들과의 관계를 확실히 하여야 보다 고구려 적석총의 기원을 구체화시킬 수 있을 것이다.

고구려 적석총의 기원에 관한 요동반도 남단의 청동기시대 무덤설, 천산산맥 동쪽의 초기철기시대 적석무덤설 그리고 길림 서단산문화토기와 관련설 중 어느 입장에 있더라도 모두 고구려 적석총의 기원이 되는 무덤이 현재 중국 영토에 있으므로 고구려 역사 또한 중국 역사의 일부라는 결론으로 귀결된다. 이러한 시각은 고구려 초기 유적을 졸본부여문화로 명명한 데서도 엿볼 수 있다*. 청동단검이 출토되었던 적석묘는 고구려시대 이전의 청동기 유적이며 환인·통화현·신빈 일대의 고구려 초기 무덤은 고구려시대 이전의 적석묘와 부여의 문화 요소가 결합된 것으로 보아 고구려 초기 물질문화를 부여와의 관련 속에서 해석하고 있다. 부여는 중국 동북지방의 한 집단으로 이해하고 있어서 고구려는 결국 중국에 귀속되고 만다. 그러나 부여의 묘제

* 고구려 초기 적석총인 환인 망강루적석묘에서 보이는 부여와 관련된 유물을 통해 환인일대의 고구려 초기에 해당하는 문화를 졸본부여문화로 설명하고 여기에서 고구려가 기원한 것으로 해석하였다(王綿厚, 2007, 「試論 桓仁"望江樓積石墓"與"卒本夫餘"-兼論高句麗起源和早期文化的內涵與分布」, 『2007中韓高句麗歷史硏究學術 討論會 發表論文』, 11~18쪽).

를 대표하는 부여 유수노하심 중층 유적의 무덤은 지하에 매장부를 가진 토광묘계의 목관묘와 목곽묘로 고구려 적석총과는 매장방식과 무덤 축조재료 등이 근본적으로 다르므로 이에 대한 근원적인 검토가 필요하다.

이러한 중국의 입장과는 달리 북한은 같은 유적에 관해 다른 해석을 내놓고 있다. 즉, 집안 오도령구문 적석무덤을 위시한 청동단검이 부장된 적석무덤을 구려의 유적으로 파악한다. 구려는 고구려에 앞선 국가로 기원전 5~3세기에 형성되었으며, 구려에 이어 기원전 3세기 초에 고구려가 건국되었다고 해석함으로써 삼국 중 고구려가 가장 먼저 국가를 형성했다는 점을 강조하고 있다(강인숙 1992, 박진욱 1992).

이처럼 청동기시대에서 철기시대를 거쳐 고구려로 이어지는 과도기에 해당되는 유적이 새로이 조사되었음에도 자료의 증가에 따른 연구방법론은 개발되지 않았고, 기존의 견해를 더욱 공고히하는 계기가 되었다. 중국이나 북한에 비해 비교적 객관적인 시각을 갖고 있는 남한에서는 증가된 자료들이 완전히 공개되지 않았기 때문에 연구를 진전시키지 못하고 있는 실정이다. 따라서 초기 적석총이 고구려의 고고학적 지표임에는 동의하면서도 고구려 족원과 형성에 대한 해석을 구체화시키는 연구 자료로 적극 활용되지 못하고 있다.

6) 고분 유물 연구

고구려 유물의 다수가 4·5세기의 고분에서 출토되어 그 재질과 종류가 다양함이 밝혀졌다. 그러나 고분 구조가 갖은 문제로 인하여 출토 맥락을 알 수 있는 유물은 그리 많지 않다. 유물 자료가 단편적이어서 연구는 비교적 보고예가 많은 토기나 마구 위주로 이루어져, 고분 유물 연구가 그리 활발하다고 할 수 없다.

고구려 토기의 형성과 관련하여 북한은 로남리형 토기를 고구려 토기 형성시점의 토기로 보고 있지만, 로남리형 토기에는 여러 기술의 토기가 혼재되어 있다. 따라서 로남리형 토기는 선사시대 이래의 토기 제작 전통 위에 중국의 회도 영향으로 제작된 것으로 해석한다(박순발 1999). 토기에 대한 관심은 고분보다는 남한의 고구려 산성 발굴에 힘입은 바 크다(최종택 1999). 조사 결과 고운 점토질의 여러 기종이 확인되었지만, 고구려 토기 모든 기종이 고분에서 출토된 것은 아니고, 한 기종에 해당되는 유물의 수가 많은 것도 아니다. 고분 토기 연구의 중심이 되는 기종은 장경호로, 장경호를 통하여 몸체가 둥근 형태에서 어깨가 발달하고 전체적으로 가늘고 길어지는 방향으로 토기가 변화하고 있음이 설명되었다. 고분에서는 취사와 조리, 식음기 등의 기종이 확인되는데, 특히 화덕은 장방체의 장변 한쪽에 치우쳐 화구와 솥 거는 반대편 쪽에 연통을 만들어서 중국이나 낙랑의 화덕과 구별되는 고구려 화덕을 특징을 보여준다. 한편, 솥과 시루는 함께 묘실 입구나 부장곽에서 출토되기도 하여서 취사와 관련된 용기이면서, 역鬲이나 언甗 등의 중국 의기를 고구려식으로 표현한 것으로 보인다.

시유기는 토기 태토에 유약을 바른 것으로, 유색은 진하며 탁한 녹갈색이나 황갈색을 띤다. 장경호, 이배, 시루, 솥, 화덕 등 일부 기종에서 확인되며, 고분에서 주로 출토된다. 청자와 백자도 고분에서 출토되었는데, 우산하3319호분에서는 동진東晉 청자의 기형과 유색을 가진 반구호가 4점이 출토되어 중국으로부터 반입된 것으로 보인다. 이외에도 우산하2208호분과 우산하540호분에서 백자가 출토되었다.

청동용기로는 정, 초두, 세, 솥과 시루, 합, 복이 있다. 칠성산96호분의 초두는 중국 동진대의 것과 유사하다. 합은 유개합으로, 십자형 손잡이나 연봉우리 모양의 손잡이가 달린 합은 신라의 적석목곽분에서도 출토되어서 마구·장신구와 함께 고구려와 신라의 비교 연구 자료로 이용된다. 동복은 북방계 취사도구의 하나로, 고구려 문화에서 보이는 북방 요소를 보여주는 기물이다.

갑주와 마구·장신구는 주로 중국 북방의 삼연三燕과의 관련 속에서 해석되고 있다. 갑주는 벽화분에서는 챙 달린 모자를 쓰고 목가리개, 몸통가리개, 바지와 팔다리·정강이가리개 등이 확인되지만, 실물 자료로는 금동 소찰과 철제 소찰 뿐이다. 마주의 실물 자료로는 우산하992호분에서 출토된 예가 있을 뿐이며, 벽화에서는 반원형과 삼엽형 챙으로 표현되어 있다. 마구는 재갈, 등자, 안교와 행엽, 운주 등이 알려졌으며, 마선구1호분에서는 화살가방을 장식한 금속제 장식구도 출토되었다. 3세기 말로 비정되는 만보정242-1호분에 재갈이 부장되기 시작해서 4세기 중엽부터 마구가 본격적으로 고분에 부장되고, 5세기 이후가 되면 패왕조산성과 아차산보루 등 생활유적에서도 출토된다. 그러나 6세기 이후 고분에서 마구의 부장은 두드러지지 않는다. 따라서 주로 4, 5세기대의 마구를 대상으로 중국 삼연, 신라, 가야 및 왜의 마구에 대해 비교 연구가 이루어져서 고구려를 매개로 삼연의 문물이 신라와 가야로 파급되고 다시 왜까지 전해진 것으로 해석된다.

고분에서 출토된 장신구로는 금속제 관과 관식, 귀걸이, 대금구, 팔찌, 신발 등이 있다. 그러나 장신구 유물에 대한 연구는 그리 활발한 편은 아니다. 단지, 금공 장신구의 형태나 제작방법, 문양의 모티브 등은 신라에서도 보이므로, 장신구 연구는 고구려 장신구 자체에 대한 연구라기보다는 신라와의 교류라는 관점에서 연구가 진행된다. 실제, 태환이식은 삼국 중 고구려와 신라에서만 확인되며, 삼엽문을 모티브로 한 대금구도 고구려와 신라에서 서로 특징을 공유한다. 못신도 마찬가지이다.

이외에 생산도구나 무기도 주로 벽화에서 보이는 내용을 통한 연구가 주가 되지만, 일부 실물자료에 대한 연구도 진행된다. 가령, 농기구의 변천을 통한 농업생산력과 관련된 연구, 도끼날 화살촉이나 연미형 협봉 철모나 반부가 있는 철모를 고구려식으로 보아서 무기에서 보이는 삼국의 교류를 살피려는 연구가 그 예이다. 한편으로는 전쟁이라는 측면에서 무기와 마구, 마갑주를 포함한 연구가 진행되기도 한다.

기와 연구는 남한 학자의 연구가 활발한 분야이다. 일제강점기에 수집된 기와자료와 남한 여러 지역의 고구려 성과 보루의 조사에 힘입은 바 크다. 고구려 기와는 회색이나 붉은색으로 안쪽에 포흔이 남아 있고 등에는 승문과 격자문이 있는데, 이러한 특징의 일부는 이른 시기의 무기단적석총 분구에서 수습된 기와에서 관찰되어서 고구려에서는 일찍부터 기와를 제작, 사용했음을 시사한다. 집안의 왕릉으로 비정되는 초대형 적석총에서 출토된 기와는 모두 회색조이지만, 평양 천도 이후에는 붉은색 기와가 크게 유행하여, 붉은색 기와의 유행을 왕권과 결부시켜 해석하기도 한다. 막새기와는 4세기부터 쓰이기 시작하는데, 고분에서 출토된 수막새로는 원형으로 권운문과 구획선이 있는 연화문이 있으며, 여기에 유적에서 출토된 인동문, 귀면문 등을 더하여 문양의 분류를 통한 편년연구가 이루어지고 있다. 이외에도 천추총이나 태왕릉, 우산하

3319호분 등 일부 무덤에서 벽돌이 출토되었으나, 고분 출토 벽돌에 대해서는 그다지 관심을 갖고 있지는 않다.

3. 고구려 고분 연구의 과제

1) 시각 차이의 극복: 중국 동북공정과 북한의 대동강문화론

　중국과 북한이 고구려를 보는 시각에는 커다란 차이가 있고 그것은 고고학 자료의 해석에 그대로 투영되어 있다. 이는 고구려 고고학 자료가 자국 중심적 역사 해석의 도구로 이용된 결과인데, 일제강점기 이래로 지속적으로 집적된 새로운 자료가 연구 시각과 방법론의 개발로 이어지지 못했을 뿐만 아니라 오히려 편향된 역사인식을 더욱 공고히 해주었기 때문이다. 더욱이 조사된 자료가 증가하고 있지만, 정작 발굴조사보고서는 매우 소략해 유구나 층위에 대해서 정확하게 기술하지 않고 간단히 보고하여서 조사 자체를 신뢰하기 어려운 경우가 적지 않다. 고분 자료가 갖고 있는 이러한 문제로 인하여 중국이나 북한에 비해 비교적 객관성을 유지할 수 있는 남한에서조차 중국과 북한 양측의 연구 성과에 대한 체계적인 검증이 어렵게 되었다는 점이 무엇보다 큰 문제라고 하겠다.

　중국은 고구려를 중국 북방에 있던 소수민족의 정권으로 인식하고 있다. 고구려의 기원을 부여에서 찾았던 이전과는 달리 최근에는 역사를 더욱 소급시켜 중원과 관련시키려는 역사 왜곡이 일어나고 있다. 즉, 고구려를 한 현토군 내에 거주했던 중국 고대민족의 하나인 고이족高夷族의 후속 정권으로 보기도 하고, 요서지방의 홍산문화 주인공을 상인商人으로 비정하고 상나라 사람 일부가 동쪽으로 이동해 고구려의 기원이 되었다고 보는 견해가 그 단적인 예이다. 이러한 견해의 오류는 굳이 일일이 열거할 필요도 없다.

　고구려 기원을 부여에서 구하는 인식도 부여는 만주지역에 거주했던 중국 고대 소수민족이라는 입장에서 출발했다. 즉, 부여는 중국 동북지방 최초의 국가 정권으로 한나라와 신속관계에 있었다고 본다. 이러한 입장은 고구려 초기 문화를 졸본부여문화로 명명한 데서도 잘 드러난다. 졸본부여문화란 고구려 초기 중심지인 부이강과 혼강 일대의 적석총과 부여의 문화가 결합된 것으로, 졸본부여문화를 고구려 초기 문화로 정의함으로써 압록강 중·하류역의 적석총으로 대표되는 특징적인 문화는 희석되는 결과를 초래했다. 졸본부여문화의 근간은 고구려 초기 적석총의 하나인 환인 망강루적석총에 부장된 금 귀걸이가 부여 유수노하심 중층 유적이나 서풍 서차구 유적 출토품과 유사하다는 점에 있다. 또한 이 일대에서 출토된 한대 화폐도 증거로 이용된다. 금 귀걸이나 한대 화폐로 부여나 한과의 접촉을 상정할 수 있지만, 이는 문화적 현상으로서 종족과 연결시키기 위해서는 많은 검증이 필요하다. 오히려 적석총은 지상에 주검이 놓고 그 위를 돌로 덮어 매장을 마감하는 묘제로 지하 깊숙이 시신을 안치하는 중국의 무덤과는 구별되는 압록강 중·하류역 주민의 고유 묘제이며 고구려의 정체성을 보여주는 증거가 되므로 이를 달리 해석할 수 있다. 따라서 한의 신속관계에 있던 부여의 자극으로 고구려가 형성·발전되었다는 것은 압록강과 혼강 유역에 거주하면서 적석총을 남긴 선주민을 고려하지 않은 결과로, 고구려 건국을 주도한 주몽이 부여에서 남하했다는 역사 기록을 염두에 둔 즉물적 해석이라고 할 수 있다. 결국 고구려 고고 자료를 보는 중국의 시각은 고구려가 중국 동북지방 여타 민족의 정권과 마찬가지로 중국 역사의 일원이라는 인식에서 비롯된 것이며, 궁극적으로는 다민족 통일국가론을 표방한 중국의 대중화주의 전략의 일환이라고 할 수 있다.

북한의 시각은 중국과 대척점에 있다. 즉, 역사의 주체적 발전을 강조하는 북한에서 고고학 연구는 평양을 중심으로 역사가 주체적으로 발전했음을 증명하는 수단이 되어버렸다. 최근 대동강 유역이 인류문명의 발상지라는 명제 하에 '대동강문화론'을 표방하는 것이 단적인 예이다. 고구려 유적도 그러한 시각의 연장선상에서 해석된다. 동명왕릉의 개건도 그 한 예이다. 동명왕릉은 진파리에 위치한 기단봉토석실분인데, 평양으로 천도와 함께 시조묘를 평양으로 옮겨왔다는 전제 하에 동명왕릉을 복원한 것이다. 개건된 동명왕릉은 평양일대가 고구려의 정통성을 계승 발전한 역사의 중심임을 선전하는 도구가 되었다.

이렇듯 중국과 북한의 고구려를 보는 시각은 첨예하게 대립되어 있으므로 새로운 고분자료가 보다 사실에 가까운 고구려사를 역동적으로 복원해주기 보다는 자국 중심적인 역사 해석을 강화하는 도구가 되어버렸고, 최근 한반도를 둘러싼 정세의 변화로 양국의 시각은 더욱 골이 깊어졌다. 남한의 일부에서는 민족주의적인 해석이 중국의 역사 왜곡에 대한 반작용으로서 반향을 일으키기도 했다.

그러나 아무리 새로운 유적과 유물을 발굴·조사한다고 하더라도 편향된 시각으로는 역사적 실체에 접근할 수 없다. 현재 고구려의 유적·유물이 중국과 북한의 영토 범위에 있으며 우리가 연구하고 복원하려는 고구려는 이미 과거사로 현재의 고구려가 아니라는 점을 직시할 필요가 있다. 따라서 고조선, 고구려, 발해로 이어지는 만주 일대에 있었던 우리 역사의 흐름에 대한 인식과 함께 고구려에 대한 객관적인 시각으로 문헌자료와 고고자료에 근거한 실증적인 연구를 수행하는 것이 어느 때보다 필요하다.

2) 연구의 진전을 위하여

고구려는 한반도 삼국 중 가장 먼저 고대국가로 발전해 삼국의 물질문화를 선도했다는 것이 학계의 통설이었다. 이는 고구려가 지정학적으로 대륙의 선진 문화를 받아들이기에 유리한 곳에 자리했기 때문이다. 고구려를 보는 이러한 시각은 태왕릉이나 장군총 같은 거대한 적석총과 강서대묘 같은 사신도가 그려진 벽화분 등에 의해서 증명되는 듯했다. 따라서 백제나 신라, 가야의 문물 해석이나 연대 판단에서 고구려가 기준이 되었다. 그러나 1980년대를 거치면서 한반도 각지에서 많은 고고학 자료가 축적됨으로써 고구려를 경유한 대륙의 문물이 백제나 신라, 가야의 형성과 발전에 영향을 미쳤다는 단선 전파에 의거한 문화진화론적 시각은 수정되었다.

그렇다고 해도 삼국의 물질문화에 고구려가 끼친 영향을 부정할 수는 없다. 그동안 축적된 고구려 고고학 자료가 고구려사의 복원에 건설적인 기여를 할 만큼 풍부하다고 할 수 없지만, 고구려 고고학 연구 성과는 고구려의 성장·발전과정의 복원에 많은 물질증거를 제공했다. 고구려가 소국단계에서 고대국가로 발전되어가는 과정을 압록강과 혼강 본·지류의 적석총으로부터 유추할 수 있으며, 적석총의 외형과 규모가 분화되어가는 과정을 통해 고구려가 초기 사회에서 강력한 왕을 정점으로 하는 중앙집권국가로 성장하는 과정을 추적할 수 있다. 아울러 4·5세기에 병존했던 적석총과 봉토분, 벽화분 등 여러 형식의 무덤이 변화해가는 과정을 통해 고구려가 왕을 정점으로 한 일원적 지배를 완성했음도 알 수 있었고, 동시에 6세기 묘제의 제일화와 함께 고총의 변질로 부터 고구려가 안정적인 제도화된 국가였음을 읽을 수 있었다.

그럼에도 불구하고 여전히 해결되지 않는 문제는 바로 역사 기록과 고고학 자료가 반드시 일치하지 않는다는 점이다. 기록에 의하면 고구려는 일찍부터 주변 지역을 복속해 영역을 확장했으나 실제 복속지에서 고구려의 정체성을 보여줄 만한 고고학적 증거는 확실하지 않아서 역사 기록과 고고학 자료를 연결시키는 데 어려움이 있다. 그 대표적인 예가 천도와 도성의 위치 비정이다. 오녀산성의 발굴 결과에서 고구려 초기의 생활상이 구체적으로 드러나지 않는다. 발굴 결과에 따르면 오녀산성의 중심 시기는 오히려 4·5세기대가 된다. 마찬가지로 유리왕 때 국내로 천도한 것으로 기록되어 있지만 통구 분지에서 이를 증명해줄 만한 고고학적 증거는 확실하지 않다. 국내로의 천도와 관련해 여러 입장이 제시되고 있는 것도 고고학 자료가 문헌 기록을 실증하지 못하기 때문이다. 이것은 역사고고학에서 종종 부딪치는 문제이다. 고고학 자료와 역사 기록 중 어느 것을 선택하고 신뢰할 것인가에 대한 논의는 고고학 자료가 충실히 축적되기 전까지는 앞으로도 지속되어야 한다.

고고학 자료가 충실해지기 위해서는 왕도 중심의 고고학 조사와 함께 지방 각지에서의 조사가 필요하다. 중앙과 지방 각지에서의 조사는 단편적이고 일회적인 것이 아니라 유적의 전면 발굴조사로 유구와 유물의 층위적 맥락을 파악할 필요가 있다. 중국이나 북한의 문화층위 조사는 시간 변화의 구체적인 내용을 놓칠 수 있기 때문이다. 아울러 발굴 보고는 종합적이어야 한다. 대표 유물이나 대표 유구의 보고로는 유적의 전반적인 상황을 파악할 수 없다.

이러한 문제들은 유적의 개방과 공동조사로 해결할 수 있을 것이다. 유적을 공개하지 않거나 공동조사를 하지 않는 것은 중국이나 북한의 폐쇄적인 역사인식에 기인한 것이므로, 유적의 개방과 공동조사는 역사인식의 차이를 극복할 수 있는 계기가 될 것으로 기대된다. 그렇게 됨으로써 남한에서 고구려 고분 연구에서의 커다란 장애였던 객관적 자료의 확보도 해결될 것이며, 고구려에 대한 객관적이 복원이 이루어진다면 최근 진행되고 있는 중국의 역사 왜곡도 바로잡을 수 있을 것이다.

제2장

고구려 고분의 구조

　고구려 고분은 분구 축조재료와 매장방식에 따라 여러 모습을 띤다. 분구는 돌로 쌓거나 흙으로 쌓았고, 매장은 수혈식 방법이나 횡혈식 방법으로 하였다. 돌로 쌓은 분구와 수혈식 매장방식은 서로 대응하지만, 횡혈식 매장방식의 분구는 돌로 쌓은 것과 흙으로 쌓은 것이 있어서 분구나 매장부 어느 특정한 기준으로 고구려 고분을 일관되게 설명하기는 어렵다.

　그간 고구려 고분이 적석총과 벽화분으로 나누어 연구된 것은 두 무덤의 구조와 분포의 중심지가 서로 달라서 상이한 묘제로 인식했기 때문이다. 따라서 중국 길림성 집안을 중심으로 한 압록강 중·하류역에 주로 분포하는 적석총을 설명하는 주요 속성은 분구의 축조 재료와 기술에 따른 분구 형태였고, 평양을 중심으로 한 서북한 일대에 분포하는 벽화분의 형식과 변천과정을 설명하는 주요 기준은 묘실 구조였다. 이처럼 적석총과 봉토분 혹은 벽화분을 상이한 묘제로 인식하는 틀로는 적석총에서 봉토분으로의 변화나 4·5세기에 병존하는 여러 형식의 고분 관계를 설명하는 데 한계가 있었다.

　다행히 1990년대 이후 지속적인 고분 조사의 증가로 예전에는 알지 못했던 구조가 알려지기도 했고, 미처 의미를 파악하지 못했던 구조가 주목을 끌게 되었다. 계장식이라 부르는 적석총의 축조방법이나 벽화로 장식된 적석총, 기단봉토분구, 벽돌로 묘실을 축조한 전실적석총과 전실봉토분 등의 자료들이 그러한 예이다. 이 무덤들은 적석총과 봉토분, 전실과 석실의 과도기 형태를 하고 있어서 적석총의 등장과 발전과정은 물론 적석총에서 봉토분으로의 변화나 벽화분의 등장에 대한 설명의 단서가 되었다.

　여기서는 고구려 고분을 적석총, 봉토분과 기단봉토분, 벽화분 세 가지로 나누어 살펴볼 것이다. 벽화분은 횡혈식 장법이라는 점에서 봉토분·기단봉토분·석실적석총과 특징을 공유하지만, 벽화분을 별도로 살피는 데는 두 가지 이유가 있다. 하나는 적석총에서도 벽화가 검출되지만 벽화로 장식된 적석총의 예가 적기 때문이다. 또 다른 이유는 봉토분의 다수는 중·소형분인데 반해, 벽화분은 소수이며, 구조는 오히려 벽화분이 더 복잡하여 자칫 다수를 점하는 중·소형분에 의해 벽화분이 갖는 구조적 특징이 희석되어 벽화분이 갖는 시공간적 의미가 부각되지 않을 우려가 있기 때문이다.

1. 적석총

적석총은 지상에 돌을 깔고 그 위에 주검을 안치한 후 돌을 덮어 매장을 마감하므로, 지상에 드러난 분구墳에 매장부墓가 위치한 분묘일체형의 무덤이다(그림 2-1). 지하의 매장부와 지상의 분구로 이루어진 중국이나 중국 동북지방의 분묘가 분리된 무덤과는 구조적으로 뚜렷하게 구별되며, 압록강 중·하류역과 혼강 본·지류역이라는 일정한 공간범위를 갖고 있어서 적석총은 고구려의 정체성을 잘 드러내는 원고구려 주민의 묘제라고 할 수 있다.

적석총의 여러 구조 중 가장 두드러진 특징은 분구에 있다. 분구의 형태와 규모는 시간의 흐름에 따른 기술 발전은 물론, 무덤 축조에 소용된 비용과 관련된 사회의 분화 정도를 보여준다. 따라서 적석총에 투영된 사회적 의미는 분구를 통해 읽을 수 있으며, 그러한 점에서 적석총은 분구 지향적인 묘제라고 할 수 있다. 이에 반해 매장부는 수혈식 장법에서 횡혈식 장법으로 일정한 방향성을 갖고 변화하지만, 매장부의 구조와 매장방식은 분구의 형태와 잘 대응되지 않으며, 분구의 규모에 종속되지도 않는다.

1) 분구

적석총이란 용어가 분구에 초점을 둔 것인 만큼 그 규모와 형태는 축조에 사용된 석재의 종류, 치석 정도, 축조기술 등과 결부되어 시간의 변화와 함께 피장자의 사회적 지위를 가시적으로 드러낸다. 따라서 분구의 형태墳形와 사용된 돌의 종류와 치석정도 등이 적석총의 주요 분류기준이 되기도 했다(표

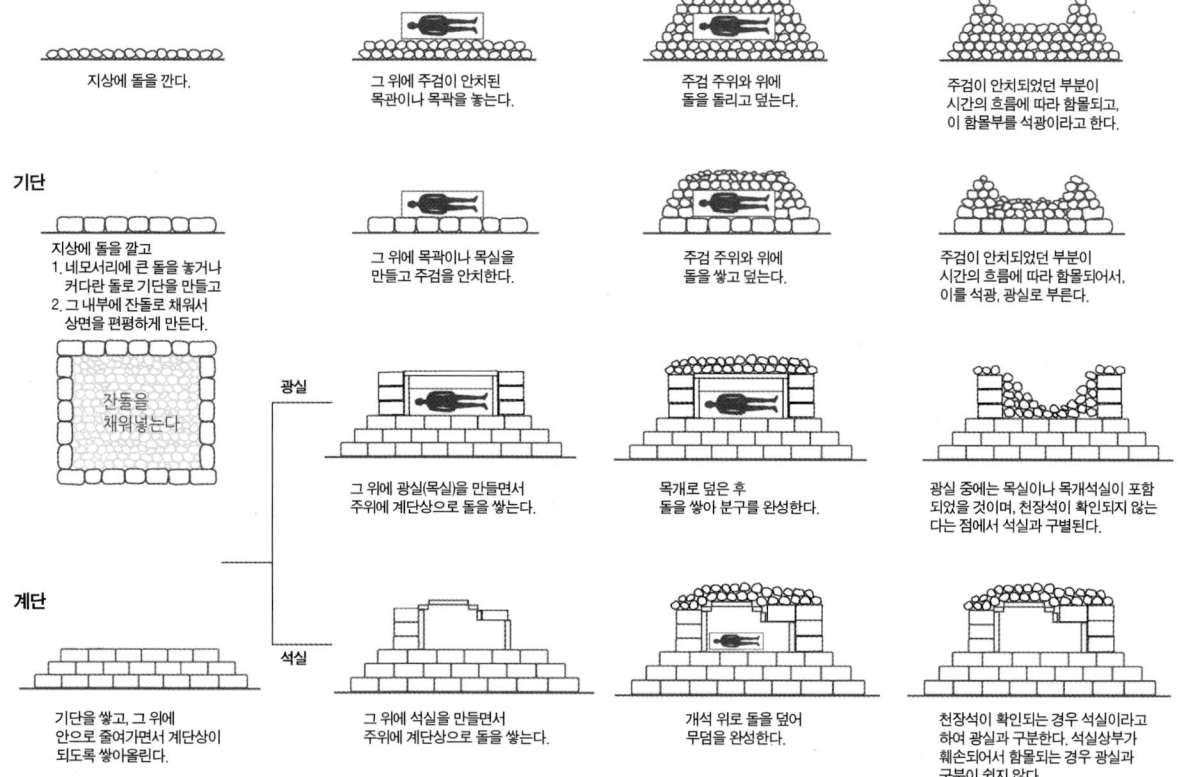

그림 2-1. 적석총 축조 방식

1-1 참조).

　분형은 무기단, 기단, 계단으로 설명되지만 이외에도 원구, 계장, 방단, 계대, 방단계제, 봉석 등이 혼용된다. 혼용된 여러 용어는 분구의 축조방식과 관계있다. 계장식은 아직 하나의 형식으로 설정할 만큼 자료가 축적된 것은 아니고, 방단은 방형 평면을 가진 기단이라는 점에서 기단의 다른 표현이며, 계대·방단계제·방계제·계단도 방형 평면에 계단상으로 쌓아 올렸다는 점에서 같은 분형에 대한 서로 다른 표현이다.

　무기단과 봉석묘는 서로 같은 분형이지만 매장부 구조에 따라 구별된 용어이다. 즉, 무기단은 수혈식 매장부를 가진 무덤인 반면, 봉석묘는 지면에 횡혈식 매장부를 가진 무덤으로 석실무기단적석총이라고 할 수 있다*. 분형을 표현하는 가장 기본이 되는 용어는 무기단, 기단, 계단이고, 이러한 분형

* 봉석묘 중에는 석실의 외부에 돌을 보강하여 축조한 토·석혼축의 봉토분도 포함되었을 것이다. 분구의 흙들이 시간의 흐름에 따라 없어지면서 석실 주위의 보강석만 남아있는 경우 무기단적석분구와 구분하기 어려운 경우도 있다.

은 축조기술, 규모와 결부되어 시간적·사회적 의미를 지닌다.

　무기단적석총은 냇돌이나 가공하지 않는 할석을 쌓아올린 것으로(그림 2-1 참조) 평면은 방형, 장방형, 타원형, 원형 등 정형화되어 있지 않으며, 분구 한 면에 반원형이나 방형 평면의 부석시설이 더해져서 전방후원형, 전원후방형, 전방후방형 등을 띠기도 한다(그림 2-8 참조). 가공하지 않은 자연석을 이용하였고, 높은 기술이 필요하지 않는 간단한 방식으로 쌓아서 잔존상태가 양호하지 못한 편이다. 때문에 정식 발굴조사를 거쳤다고 하더라도 외형을 구체적으로 판단하기 어려운 경우가 많다. 중국에서는 적석묘라는 포괄적인 표현을 쓰기도 하며, 북한에서는 돌무덤, 돌무지무덤으로 표현하는 이유가 여기에 있다. 무기단적석총의 분구 규모는 한 변의 길이가 2~3미터인 작은 것부터 5~7미터, 큰 경우에도 10미터 내외이며, 20미터를 넘는 대형분은 예외적이라고 할 수 있다. 잔존하는 분구의 높이는 1미터 내외로 그리 높지 않으며 집안 양민68호분이나 집안 상활용2호분처럼 40~60센티미터 정도의 돌을 덮은 즙석에 가까운 것도 있다.

　기단적석총 또는 방단적석총은 비교적 커다란 돌로 네 모서리를 만들어 방형 평면이 되도록 둘레돌을 돌린 후, 그 안에 작은 돌을 채워 기단상면을 고른 후 그 위에 주검을 안치하고 다시 돌을 덮어 매장을 마감한 무덤이다(그림 2-1 참조). 평면은 대개 방형이나 장방형을 띠므로 굳이 방단식이라고 한정할 필요는 없다. 기단석은 자연 상태의 커다란 냇돌이나 깨진 돌을 사용하며, 밖으로 드러난 부분은 부분적으로 가공하기도 했다. 돌 한 매로 축조한 경우도 있지만, 작은 돌로 2~3층 쌓아 한 단을 만들기도 했다. 기단의 내부를 돌로 채우게 되는데, 규모가 큰 경우 기단 내부를 석열로 구획한 후 돌을 채우며, 채움돌은 깨진 작은 산돌이나 냇돌이다. 채움돌의 상면을 평면하게 하고 그 위에 주검을 안치했다. 따라서 기단적석총을 축조하려면 사전에 무덤의 규모와 그에 소용되는 축재 등에 대한 계획이 필요하다. 현재 보고된 자료에 의하면 잔존하는 기단 분구의 높이는 2미터 정도로 그다지 높지는 않지만, 규모는 무기단적석총보다 커서 대부분 한 변의 길이가 5~11미터 정도이며, 큰 것은 20미터를 넘는다. 특히 우산하2111호분과 우산하2117호분은 한 변이 30미터를 넘는 초대형분이다.

계단식, 계대식 또는 계제식, 방계제식은 모두 같은 분형의 서로 다른 이름이다. 분구의 평면이 방형이어서 방계제, 방단계제식이라 부르지만, 계단식도 방형이나 장방형 평면이므로 방형 평면을 분형에 넣어 한정할 필요는 없다. 커다란 돌로 방형 평면의 기단을 만든 후 각 변에서 조금씩 안으로 들이면서 단을 올려 전체 형태가 계단상이 되도록 쌓았으며, 위로 올라갈수록 층단의 높이를 낮추어 전체적으로 안정감을 더했다. 계단은 대개 3단 이상이며, 계단 축조에 사용된 돌은 부분 가공된 것도 있지만 외부에 드러나는 면 전체를 가공한 장대석도 있다. 계단은 3~4매의 돌을 층층히 쌓기도 하여 각 단의 높이를 높게 하였다. 그 중 천추총, 태왕릉, 장군총과 일부 대형 적석총 중에서는 계단을 이룬 돌을 전면 가공하고 아래 계단석의 상면을 위에 올려진 돌이 놓일 수 있도록 파내어서, 위에 올려진 돌이 튕겨나가지 않도록 기술적 고려를 했고, 계단의 네 모서리 상면도 기와지붕 처마처럼 가공하였다. (그림 2-2). 높은 치석기술은 집안 마선구 석묘자3호, 4호, 5호분처럼 한 변이 5~7미터 정도의 작은 무덤에서도 확인되지만, 대개는 한변길이 20~30미터를 넘는 대형 계단적석총에서 두드러진다. 분구 전체 높이는 5미터를 넘는 것이 많으며, 임강총은 10미터, 장군총은 13미터를 넘는다. 크고 높게 쌓을 수 있었던 것은 치석기술과 축조기술이 상호 결합되어 기단을 중층적으로 쌓아올릴 수 있었기 때문이며, 중층적으로 높은 무덤을 축조한 것은 분구의 고대화를 의도한 것이라는 점에서 사회적 의미를 갖는다. 이처럼 계단식은 발달된 축조기술을 배경으로 사전에 충분한 기획의도를 갖고 축조했다는 점에서 무기단이나 기단식과 구별된다.

그러나 사전에 기획의도를 갖고 축조한 기단적석총이나 계단적석총도 분구가 지상에 노출되어 후대의 인위적·자연적 변형을 겪다보니 원래의 분형을 판단해 내기가 쉽지 않다. 집안 하활용24호분처럼 기단적석총의 다수는 네 모서리에만 큰 돌을 이용하고 각 변에는 크고 작은 부정형의 돌을 2~3층 올려쌓았기 때문에 네 모서리가 남아 있지 않다면 잔존 상태만으로는 무기단과 구별이 어렵다. 기단과 계단식의 구별도 마찬가지인데, 기단이나 계단이 하나의 돌로 이루어지지 않고 여러 매의 돌을 층층이 쌓아 올렸기 때문에 무너진 상황에서는 기단과 계단을 판단하기가 쉽지 않다. 북한에서 기단과

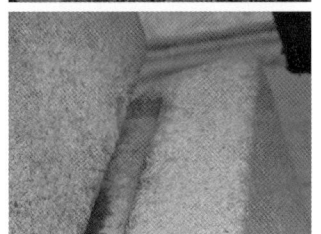
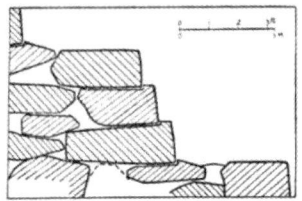

그림 2-2. 장군총 계단축조방식

계단을 구별하지 않는 것은 이런 이유일 것으로 보인다. 실제로 기단과 계단을 구분하지 않고 방단적석총 혹은 기단적석총이라고 모호하게 표현하는 것이 적절한 경우도 적지 않다. 때문에 방단적석총이라는 용어는 기단적석총을 의미하기도 하지만 기단식과 계단식을 포괄해 사용되기도 하므로, 계단 형성 여부는 원 보고서를 통해 확인할 필요가 있다.

　원구식적석총은 돌로 덮여 있는 분구의 형상이 둥근 언덕圓丘 같아서 붙인 이름이지만, 적석총의 원상을 고려한다면 분형을 표현한 적절한 용어로 보기 어렵다. 글자의 의미대로 원형 평면의 반구상半球狀 분구로 오해될 소지가 있기 때문이다. 원구식적석총은 중국의 학자 진대위陳大爲가 환인지역의 대형 적석총을 다른 무덤들과 구별하기 위해 사용한 표현이지만, 그가 원구식적석총으로 제시한 환인 고력묘자15호분의 축조방식은 계단적석총 2기가 연접된 연접묘이다. 따라서 원구식은 분구 축조방식에 따른 기준과 대·중·소라는 규모에 따른 기준이 혼용된 표현이어서, 원구식적석총으로 보고된 무덤 중에는 무기단적석총도 있고, 분구 바닥의 한 면에 울타리를 돌리듯 돌을 쌓아서 전체 평면이 전원후방형인 경우도 있다. 따라서 원래 원형을 의도한 것인지 혹은, 방형 분구가 무너져 내리면서 원형에 근사한 평면이 된 것인지는 겉으로 드러난 형상만으로 판단할 수 없는 경우가 왕왕 있다. 오히려 매장이 완료된 후의 변형과정을 염두에 둔다면 시간의 흐름에 따라 적석분구가 원래의 형태를 유지하지 못하고 무너져 내린 결과일 수도 있으므로 원구식은 분형의 한 형식으로서는 적절한 용어가 아니다. 유단도 마찬가지이다. 경사진 아래면에 단을 형성한 것을 유단이라고 하여 내변 모두 단을 쌓은 유기단 혹은 방단과 구분하기도 하지만, 이는 입지 조건에 따른 것으로 굳이 별도의 형식으로 분류할 필요는 없겠다.

　이외에도 최근 중국에서 출간된 보고서인 『집안 고구려 왕릉』에서는 계장식을 하나의 형식으로 설정하였고, 장백 간구자 적석무덤도 계장식이라는 용어를 사용했다. 계장식적석총은 일찍이 환인 고력묘자 적석총과 집안의 산성하 전창145호분, 우산하44호분, 산성하185호분의 설명에서 사용했던 축조방식이다. 계장식이란 평면상으로는 안쪽에서 바깥쪽으로 가면서 울타리를 쌓듯 돌을 쌓고 돌로 그 내부를 채움으로써 무덤의 평면적을 확대하는 방식으로 울타리는 분구의 외연을 표시하게 된다. 수직적으로는 울타리 위에 다시 울타리를 올려쌓아 분구를 높게 하는 동시에 높은 분구가 무너져 내리는 것을 방지하는 다중의 기능을 갖는다. 그러나 네 모서리가 서로 맞지 않고 각 변 울타리의 높이가 서로 다르다는 점이 계단적석총과 구별된다. 따라서 계장식 축조는 무기단이나 기단적석총보다 분구를 크고 높게 쌓을 수 있는 방법으로 계단식처럼 보일 수도 있다. 현재 보고된 자료에 의하면 계장식 축조에 사용된 돌은 대개 강돌이나 깨진 산돌로 별도의 가공을 거치지 않아서 계단적석총처럼 높고 크게 쌓을 수 없다는 점에서 확연하게 구별된다. 그러한 점에서 볼 때 계장식적석총은 계단식 축조기술이 정착되기 이전에 무덤의 고대화를 위한 기술적 모색의 결과라고 할 수 있다. 아직까지 계장식은 고구려 고분의 분구 형식으로 설정될 만큼 정형화된 모습을 갖추지 못했고 자료 또한 충분하지 않다. 다만 현재 중국에서 왕릉으로 비정한 초대형 적석총에 국한시킨다면, 무기단계장식→기단계장식으로의 변화를 상정할 수 있으며 앞으로 자료가 축적되면 무기단과 기단, 계단과 구별해 계장식을 별도의 고분 형식으로 설정될 가능성은 있다.

2) 매장부

적석총의 매장부는 지표면이나 지면에서 떨어져 분구에 위치하다보니 후대의 자연적·인위적 교란이나 훼손으로 잘 남아있기 어렵다. 설사 남아있다고 해도 원상 그대로 보존되어 있는 예는 극히 드물다. 그런 까닭에 적석총 조사는 분구에 치중되었고, 매장부에 대한 정보는 제한될 수밖에 없었다. 매장부에 관한 연구자 마다 엇갈린 설명의 원인이 여기에 있다. 적석총의 매장부는 석광, 석곽, 광실, 석실, 동실, 석붕형 석실 또는 석상石箱 등 여러 용어로 표현된다*. 적석총에서 사용하는 석광·석곽은 땅을 파고 주검을 안치하는 것은 아니지만 1회 1인 매장으로 합장이 가능하지 않은 구조라는 점에서 남한에서 사용하는 수혈식 장법에 대응되며, 광실·석실·동실 혹은 석붕형 석실은 동실합장이 가능한 구조로 횡혈식 장법에 대응된다.

* 적석총에서도 전실 매장부가 있다. 우산하3319호분이나 마선구682호분이 전실계단적석총이다. 그 중 발굴조사된 우산하3319호분의 전실은 석실의 유사두칸구조와 같다.

(1) 석광과 석곽

석광과 석곽은 혼용되어왔다. 중국에서는 석광을, 남한에서는 합장이 가능하지 않는 구조라는 점에서 석곽으로, 일본 학자들도 석곽으로 표현했다. 북한에서는 돌무지무덤 혹은 돌각담무덤으로 표현함으로써 매장부를 별도로 설명하지 않았으나, 매장부 표현에 석곽이라는 용어를 사용하였다. 그러나 북한에서 사용하는 석곽에는 수혈식 장법 뿐 만 아니라 묘도만 있는 횡구식도 포함되어 있어서 중국이나 남한 학자들과도 차이가 있다. 이처럼 중국이나 북한, 또는 연구자마다 사용하는 용어의 차이는 있지만, 석광이나 석곽은 주검을 위에서 아래로 안치하며 1회 1인 단장이라는 점에서 수혈식 장법에 대응된다고 할 수 있다(그림 2-3).

그러나 조사가 축적됨에 따라 석광과 석곽을 구별할 필요가 생겼다. 같은 수혈식 장법이라고 하여도 엄밀한 의미에서 석광과 석곽은 완전히 다른 구조이기 때문이다. 석곽은 네 모서리를 잘 맞추어 만든 돌로 된 상자며, 석광은 말 그대로 돌구덩이다. 즉, 석광은 지상에 목관이나 목곽을 놓고, 그 주변에 쌓고 위를 덮은 분구 돌들이 시간의 흐름에 따라 목관이나 목곽이 부식하면서 생긴 분구 중간에 함몰갱의 상태를 말한다. 그러한 점에서는 인위적으로 쌓은 석곽과 구별된다*.

기존의 조사보고서에서 이를 구별하지 않아서 석광과 석곽을 구별해내는 것이 쉬운 일은 아니지만, 발굴조사 과정에서 인위적으로 매장부를 만들었는가에 따라 석광과 석곽을 판단해야 한다. 목관이나 목곽을 돌아가며 돌을 쌓은 석광과는 달리, 석곽의 경우 벽 하단석과 모서리 돌로 판단할 수 있을 것이지만 보고된 도면만으로는 확인하기 어렵다. 더욱이 중국의 보고서는 석곽이라는 표현을 쓰지 않을 뿐만 아니라, 보고된 도면에서 석곽으로 추정되는 경우에도 석광으로 보고하여서 석광과 석곽의 기준을 가름할 수 없는 경우도 있다. 또한 압록강 이남의 초산 운평리 4지구8호분이나 4지구9호분은 보고 내용으로 보아 종렬 배치된 주부곽식이지만 사진으로는 석곽이라고 판단하기 어렵고, 강돌로 가지런하게 쌓은 것으로 보고된 자성 송암리3호분은 석곽일 가능성이 있다.

한편 현재 광실로 보고된 집안 우산하3232-1호분, 우산하3241-2호분, 우산하1340호분, 우산하249호분 등과 하활용24호분은 도면상으로 네 모서리를 맞춘 것으로 보여서 석곽일 가능성이 크다. 석곽을 매장부로 한 무덤들은

* 필자도 박사학위 논문에서 석곽이라는 용어를 사용하였다(강현숙, 2000, 『고구려 고분연구』). 1인 단인장이라는 의미에서 남한학계에서 보편적으로 사용하는 석곽의 개념을 차용한 것이다. 그러나 석광이 내벽을 잘 짜 맞춘 석곽은 아니어서 석광과 석곽을 구분할 필요가 있다.

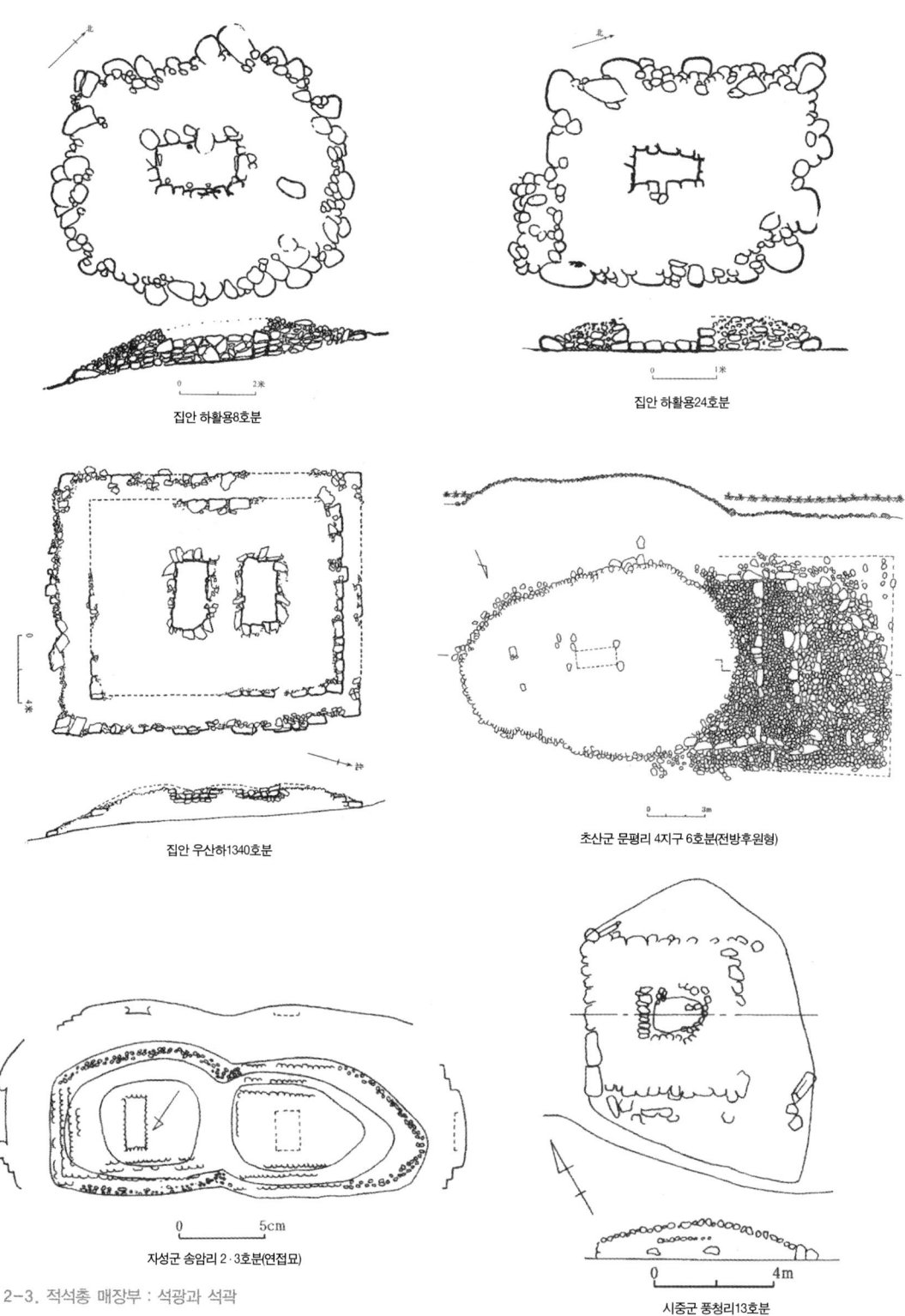

그림 2-3. 적석총 매장부 : 석광과 석곽

대개 4세기대로 보이는 기단적석총이나 계단적석총이어서 무기단적석총에서 석곽을 매장부로 했다고 판단하기 조심스럽다. 또한 집안 지역에 국한시켜보아도, 적석총의 매장부가 석광에서 석곽, 석실로 순차적으로 변화했다고 하기 어렵다.

　매장부가 석광이든 석곽이든 간에 장구葬具로는 목관이나 목곽이 사용되었을 것이다. 비교적 이른 시기의 무덤으로 추정되는 무기단적석총인 심귀리73호분에서 꺾쇠가 출토되는 등 관못과 꺾쇠가 함께 발견되는 등 그 예가 적지 않아서 장구에 초점을 둔다면 석광적석총은 목관이나 목곽적석총이 될 수 있다. 상당수의 석광적석총에서 관못이나 꺾쇠 등 목질 장구와 관련된 증거가 출토되지 않았지만, 지상의 분구 중에 매장부가 자리하므로 직장했을 가능성보다는 짜맞춘 목관을 사용했을 가능성이 크다. 따라서 매장시설에 초점을 두면 목관이나 목곽적석총으로 구분해야겠지만, 목관이나 목곽으로 구분할 기준이 확실하지 않기 때문에 목관이나 목곽적석총이라고 세분시켜 정의한다면 오히려 더 혼란을 야기할 수도 있다. 때문에 현재의 자료로는 석곽이 확실하지 않은 1인 단인장의 매장부를 석광적석총이라고 하고, 석곽 구조를 확인할 수 있는 경우에 한해 석곽적석총으로 표현하는 것이 오류를 최소화하는 것이라고 판단된다.

(2) 광실

　광실은 중국측 연구자들이 사용하는 용어로 횡구·횡혈식 장법의 매장부이지만, 천장까지 완비된 석실이 아니어서 이를 광실로 분류한다(그림 2-4). 즉, 광실은 합장을 했다는 점에서는 석광과 구별되며, 네 모서리를 잘 맞추어 쌓은 벽석이나 천장을 덮었을 만한 커다란 돌이 보이지 않는 점에서 횡구식이나 횡혈식 석실과 구별된다. 북한에서 사용하는 무덤안길 표시가 있거나 무덤안길을 가진 것 또는 연도가 있는 석곽 등으로 표현되는 매장부가 중국에서 사용하는 광실에 해당될 것이다. 그러나 현재 보고된 자료로는 석광과 광실, 광실과 석실을 구별하는 기준이 명확하거나 구체적이지 않아서 혼돈을 초래하기도 한다. 따라서 광실을 판단하는 기준이 마련될 필요가 있다.

　광실을 석광과 구별하는 기준으로 함몰갱의 크기를 상정해 볼 수도 있다.

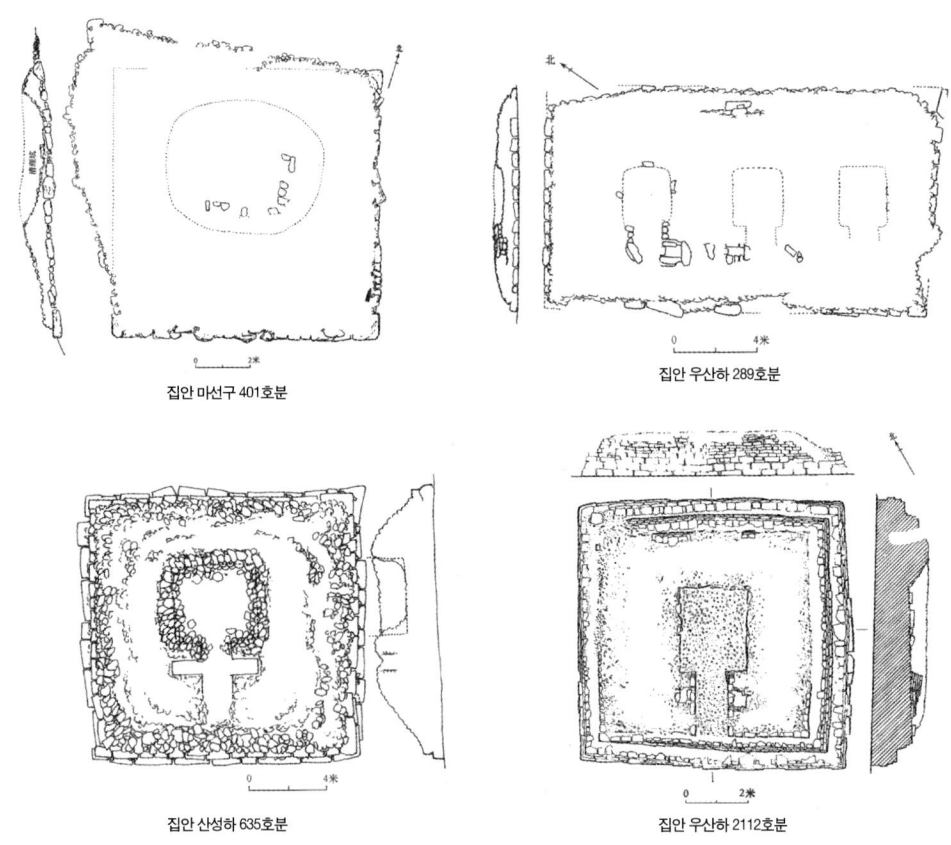

집안 마선구 401호분   집안 우산하 289호분

집안 산성하 635호분   집안 우산하 2112호분

그림 2-4. 적석총 매장부 : 광실

합장을 위해서는 매장부가 일정 정도의 규모를 갖추어야 하기 때문이다. 그러나 후대의 변형을 감안해보면 함몰부의 크기가 석광과 광실을 판단하는 절대적 기준은 되지 못한다. 분구 상부에서 한 변 길이가 5~6미터 정도의 커다란 함몰갱이 있기도 하지만, 광실로 보고된 칠성산211호분이나 마선구 2100호분, 서대총처럼 무덤 상부가 완전히 훼손·변형되어서 함몰갱의 규모만으로는 광실 여부를 판단하기 어려운 경우가 적지 않다. 반면, 우산하992호분의 경우 상부 함몰갱이 한 변 4~5미터로 석광으로 보고된 함몰갱보다 작은 경우도 있어서 함몰갱의 규모가 석광과 광실을 구별하는 기준은 되지 못한다.

현재 광실로 보고된 무덤에서는 천장석이 확인되지 않아서 천장석의 유무가 광실판단의 기준이 될 수 있다. 물론, 후대의 변형을 고려한다면 천장석의 유무가 광실과 석실 판단의 안정적인 기준이라고는 할 수 없다. 다만, 천장석으로 사용되는 돌이 커서 이동이 쉽지 않은 경우가 종종 있기 때문에 천장석의 유무가 광실과 석실을 판단하는 소극적인 기준은 될 수 있다. 따라서 천장석이 확인되지 않고, 다음과 같은 조건을 갖춘 경우 광실로 판단할 수 있다. 첫째는 관못이나 꺾쇠 그리고 장막걸이쇠 등이 확인되는 경우이다. 장막걸이쇠는 장막 또는 휘장을 치었음을 확인시켜주는 물건으로, 석실에서 종종 확인되는 것이다. 때문에 장막걸이쇠가 있으나, 천장석이 없는 경우 광실로 판단할 수 있다. 둘째는 묘도와 묘도 좌우의 측실이나 부곽이 확인되는 경우이다. 묘도가 있다는 것은 추가합장을 의도한 것으로 판단할 수 있기 때문이다. 이 경우 묘실 벽을 돌로 축조한 것이 확인되지만, 천장석이 확인되지 않아서 천장은 돌이 아닌 나무로 만들었을 가능성이 있다.

전자는 매장부가 횡구식 귀틀무덤과 유사한 구조로, 관못과 꺾쇠, 장막걸이쇠로 미루어 목곽보다 큰 목실의 이중구조 또는 목관·목곽·목실의 삼중구조가 상정된다. 그런 점에서 볼 때 광실은 동실합장의 목곽묘 또는 목실 매장부에 대응시킬 수 있다. 왕릉으로 비정되는 초대형분 중 임강총, 우산하2110호분, 칠성산211호분, 서대총, 우산하992호분, 마선구2100호분을 비롯하여 마선구401호분이나 산성하12호분이 목실에 해당된다*. 그러나 이러한 예를 제외하고는 목실로 추정할 수 있는 무덤의 예가 많지 않고 관못이나 관고리만 출토되는 경우가 적지 않아서, 광실로 보고된 무덤을 모두 목실의 범주에 넣어서 목실적석총이라고 정형화시킬 수는 없다.

후자는 목개석실로 판단된다. 실제 광실로 보고된 무덤 중에는 천장석이 확인되지 않을 뿐 정연한 벽석 또는 묘도, 묘도 좌우의 측실이나 부곽 등은 유사두칸구조의 석실과 같은 평면을 갖고 있다. 산성하636호분, 산성하635호분, 산성하633호분, 칠성산69호분, 마선구684호분, 우산하2112호분, 우산하540호분 등이 그러하다. 분구를 돌로 쌓아올렸음을 감안해볼 때 어떤 형태로든지 천장은 있었을 것이므로 목개석실의 가능성이 있으며, 분구 상부의 인위적·자연적 훼손을 감안해볼 때 석실의 가능성도 완전히 배제할 수 없다. 실제 이 무덤들은 목실이나 석실적석총과 비슷한 시기로 비정되어서 양

* 천추총이나 태왕릉의 가형석곽으로 미루어 볼 때 임강총, 우산하2110호분, 칠성산211호분, 서대총, 우산하992호분, 마선구2100호분 등 초대형 적석총은 가형 목곽을 사용했을 가능성이 있다.

자는 일정기간 병존하였을 것이다.

결국 광실은 석광처럼 분구의 함몰상태에 따른 표현이지만, 잔존 상황으로 보아서 광실은 동실합장이나 동혈합장을 의도한 구조라는 점에서 횡구, 횡혈식 장법을 구현한 것이며, 매장부 축조 방식에 따라 목실과 목개석실로 세분될 수 있다.

(3) 석실과 동실

석실과 동실洞室은 실질적 추가 합장이 가능한 구조라는 점은 서로 같으나, 매장부의 위치가 다를 뿐이다. 일찍이 알려졌던 장군총이나 태왕릉이 석실 구조를 가지고 있어서 적석총의 석실은 매장부가 지표면에서 떨어져 분구 중에 위치하는 것으로 이해했었다*. 그러나 조사가 증가됨에 따라 적석총이지만 지표면에 매장부가 있는 경우도 있어서, 이를 석실과 구별하기 위해 동실이라는 용어를 사용하게 되었다. 동실은 주로 규모가 크지 않는 소형 적석총의 매장부로, 매장부가 지표면에 있다. 그러나 동실이란 원래 중국에서 사용했던 용어로 지하 깊숙이 무덤을 만들고 한쪽으로 입구를 낸 횡혈식 구조를 말하며, 산기슭이나 단애면의 한쪽을 파고 들어가서 무덤을 쓴 동혈묘洞穴墓를 의미하기도 하여서 고구려 매장부와는 차이가 있다**. 그럼에도 1997년도 통구 고묘 고분 실측조사 보고서에서는 석실만 남아있고, 분구를 확인할 수 없는 경우에 동실묘로 표현하였다. 동실은 횡혈식 구조라는 점에서 중국에서 사용한 동실이란 용어를 차용한 것이지만, 매장부가 지상에 위치한 고구려 적석총에서는 적절한 표현은 아니다. 그러나 중국에서는 여전히 동실이라는 용어를 사용하기도 하여서 이에 대한 개념을 보완, 정리할 필요는 있으며, 고구려고분의 매장부 설명에는 석실로 표현하는 것이 더 적절하다(그림 2-5).

석실 내에는 대개 2인이 합장되었고, 주검은 석실 내에서 확인되는 관못이나 관고리로 미루어 목관에 안치되었을 것이며, 목관은 관대 위에 안치되거나 바닥에 직접 놓이기도 한다. 관대는 3개 놓인 예도 있지만, 대개 무덤의 장축 방향과 나란하게 두 개를 배치하였다. 많지는 않지만, 두 개의 관이 놓일 만한 폭을 가진 커다란 관대 하나를 장축방향과 직교되도록 마련한 예도 있다.

---

* 석실봉토분인 환인고력묘자8호분을 봉토동실묘로, 석실적석총인 환인고력묘자1호분을 봉석동실묘로 표현한 것이 그 한 예가 된다. 한편 봉토석실분 중에 규모가 작은 환인 고력묘자 12호분은 소석묘로 보고하여 고분 분류에서 일관된 기준이 적용되지 못하였다(陳大爲, 1960, 「桓仁縣考古調査發掘簡報」, 『考古1960-1』, 集安縣文物保管所, 1983, 「集安高句麗墓發掘簡報」, 『考古1983-4』).

** 范犁는 중국 동실묘의 개념을 고구려에 적용하여 고구려에는 동실묘가 없다고 하였다. 하지만, 고구려 고분 보고나 설명에서 중국측에서는 동실묘라는 용어를 지속적으로 사용하여서 중원지방의 동실 개념과 구별할 필요가 있다. 앞으로 조사가 구체적이고 체계적으로 이루어진다면 동실묘의 개념은 보완되어야 할 문제이다(范犁, 1997, 『高句麗古墓的几个問題』, 高句麗歷史與文化研究).

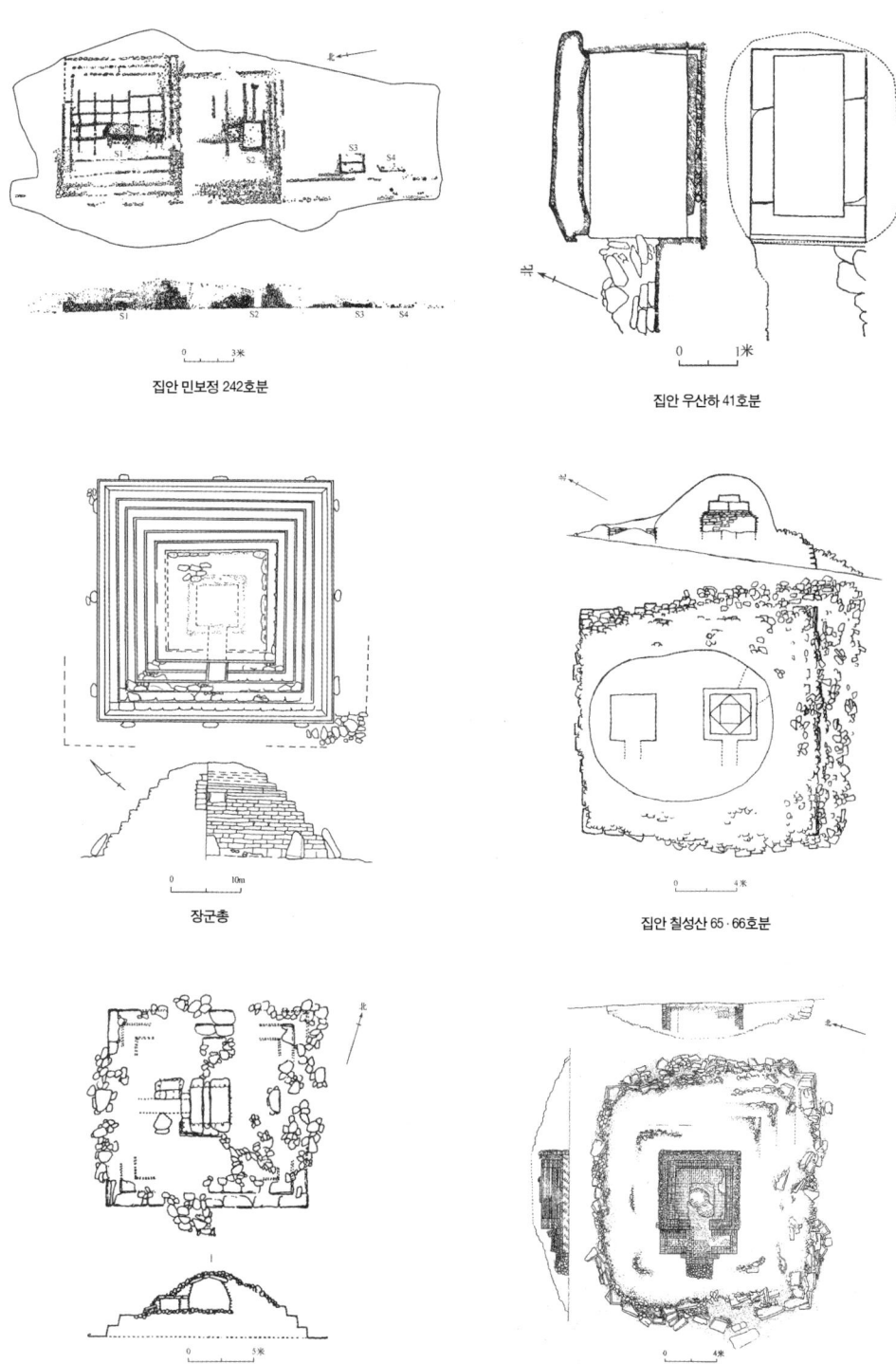

그림 2-5. 적석총 매장부 : 석실

제2장 고구려 고분의 구조

적석총의 석실은 연도와 현실로 이루어진 단칸구조가 대부분이지만, 연도나 묘도 좌우에 측실을 가진 유사두칸구조도 있고, 연도를 갖지 않은 횡구식도 있다. 유사두칸구조는 주로 계단적석총에서 확인되는데, 이러한 무덤은 주로 집안과 만포, 위원 등 압록강 중·하류역에 분포하며, 해당 고분군에서 대형분에 해당된다. 축조 방법은 무덤의 규모와 석재에 따라 차이가 있으며, 대형분에서는 주로 전면 가공되거나 부분 가공된 커다란 장대석을 벽의 하단석이 되도록 한 후 그 위에 비슷한 크기의 돌을 뉘어서 층층이 쌓아올려 벽체를 형성한 후 천장 가구하였다. 천장가구는 돌을 평행고임과 삼각고임으로 쌓아 올려 천장부를 형성하고, 한장이나 두장의 돌로 천장부를 막았다. 중·소형분에서도 큰 돌을 아래에 놓고 작은 돌을 벽석 위가 되도록 쌓은 예도 있지만, 대부분의 중·소형분은 부분 가공하거나 가공하지 않은 크고 작은 돌을 적절히 쌓아올린 구조이다. 이 경우 가공된 면이나 편평한 면이 석실의 내면이 되도록 했으며 현실 벽면과 천장에 백회를 발라 면을 고르기도 했다.

3) 능각(陵閣)과 분구 위 구조물

적석총의 특징 중의 하나가 적석분구의 흘러내린 돌더미에서 암·수키와가 다량 출토되었다는 점이다. 특히 초대형 적석총의 흘러내린 돌더미에서 암·수키와와 함께 막새, 벽돌 등이 출토되어 『집안 고구려 왕릉』 보고서는 분구 위에 목조가옥이 있었던 것으로 판단해 이를 왕릉 판단의 기준으로 삼기도 하였다.

그러나 왕릉으로 비정된 모든 초대형 적석총에서 분구 위에 목조가옥이 있었다고 할 수 없다. 석광이나 광실매장부의 경우 목관이나 목곽, 목실이 분구 위에 구조물을 받칠 만큼 힘을 갖고 있지 못하기 때문이다. 따라서 현 자료 상으로 분구 위의 가옥형 구조물 즉, 능각이 있었다고 상정할 수 있는 초대형 적석총은 석실을 매장부로 한 천추총, 태왕릉, 장군총 등이다.

천추총과 태왕릉, 장군총은 왕릉으로 비정된 적석총 중에서 천장까지 돌로 잘 쌓아 올린 석실을 갖고 있으며, 적석분구의 최상면이 어느 정도 수평면을 유지하여서 그 위에 구조물이 축조될 만한 공간을 갖고 있다. 더욱이 무덤 축조 전에 돌로 기초시설을 해서 상부로부터의 압력에 버틸 수 있도록 기술

그림 2-6. 장군총의 능각 추정 복원도

적으로 고려하였다. 분구 기저부 주위의 산수석散水石이나 배수시설이 처마에서 떨어지는 낙수의 배수를 고려한 시설물이었을 것이므로, 분구 위의 능각을 상정할 수 있다.

능각의 모습은 분구의 상부까지 남아있는 장군총을 통해 추정해 볼 수 있다. 장군총은 최상층인 7층 계단석에는 둘레를 돌아가면서 직경 10센티미터, 깊이 15센티미터 정도의 작은 원공이 40~60센티미터의 일정한 간격으로 배열되어 있으며, 이는 무덤에서 출토된 철제 연결쇠와 결부되어 난간시설의 흔적으로 해석되었다. 분구 상부를 돌아가면서 난간을 돌렸다면, 난간 내부에는 목조 가옥형의 능각이 있었을 개연성이 크다(그림 2-6).

능각의 원래 모습을 알 수 없지만 그 성격에 대해서는 여러 견해가 있다. 그 중 하나가 향당享堂으로 보는 견해이다. 설사 목조건물이 있었다고 하여도 향당이 제의가 행해지는 공간임을 고려해볼 때 분구 중에 매장부가 있는 적석총의 경우 적석분구 위에 향당이 있다는 점은 자연스럽지 못하다. 다른

제2장 고구려 고분의 구조   73

한편으로 향당이 아니라 중국 상대商代 부호묘 婦好墓*의 능침처럼 관념적인 구조물이라는 견해도 있다. 즉, 주검을 지하 깊숙히 안치하고 지상에 분구 대신 침전을 만들었다는 것인데, 중국 능침 관념을 고구려 적석총에서 구현했다고 보기에는 시간적 공백이 크고, 적석분구 중에 매장부가 있는 적석총에서 굳이 능침이 필요했겠는가 하는 의문도 든다. 다만 현재 보고된 자료에 비추어 볼 때 천추총, 태왕릉, 장군총과 같이 왕릉임을 부정하기 어려운 고분의 경우 능각은 분구를 보호하는 역할과 함께 초대형분을 다른 고분과 구별하는 외적 상징물로서 기능했을 것이라고 상정할 수 있다. 만약 그러하다면 능각은 4·5세기 고구려 왕릉의 커다란 특징이라고 할 수 있다.

그렇다면 다수의 무덤에서 확인되는 기와는 어떻게 해석할 수 있을까? 북한에서는 전 동명왕릉을 왕릉이라는 전제하에 기단 분구 바깥쪽으로 잔돌이나 냇돌을 깔아 만든 부석시설을 기와 건물의 낙수 처리를 위한 시설로 해석해 분구 위에 목조건물이 있었을 것으로 파악하고 기단 위의 봉토분구를 보호하는 능각을 도상 복원한 바 있다(전제헌 1994:60). 이러한 도상 복원은 기단봉토분에는 가능하지만, 구조적으로 석광이나 광실의 기단이나 계단적석총에 그대로 적용시킬 수는 없다.

역으로 기와가 어떤 역할을 하였는가를 생각해보면 기와가 어떤 모습으로 존재하였는지 파악할 수 있을 것이다. 이에 대한 단서를 제공하는 것이 우산하3319호분에서 출토된 '정사丁巳'년 명문이 있는 권운문 와당이다. 이 와당은 주연을 돌아가면서 '太歲在丁巳五月廿日爲中郞及夫人造盖墓瓦又作民四千餕盒釟用盈時興詣得享萬世'의 명문이 확인되었다. 무덤에 덮을 기와를 만들었다는 내용으로 보아서 기와나 와당으로 무덤을 덮었음을 알 수 있다. 실제 기와는 왕릉급 무덤 뿐 아니라 중·대형적석총의 적석분구 중심과 주변에서 출토된다. 따라서 기와는 분구를 덮음으로써 분구 중에 있는 매장부를 보호하는 역할을 했을 것이며, 중·대형분을 덮고 있는 기와나 와당은 왕릉급의 초대형 적석총에서 보이는 상징물로서의 기능보다는 방수·방습에 1차 목적이 있었을 것이다. 이는 적석총의 적석분구 가운데 석광이나 광실 매장부에서 천장석으로 사용되었을 만한 석재가 확인되지 않는다는 점에서 충분히 유추 가능하다.

* 부호묘는 매장부가 지하 깊숙이 있고 지상에 초석이 있어서 지상의 건물이 분구와 같은 기능을 했을 것으로 보고 있다. 이는 능(묘실)은 죽은 자의 영혼이 있는 공간이고 침은 죽은 자의 영혼이 생활하는 공간이라는 중국의 관념이 표현된 것이다. 이처럼 무덤과 침전이 결합된 구조가 능침이며, 침전은 지하 무덤의 지상 표식으로 분구와 같은 기능을 한다.

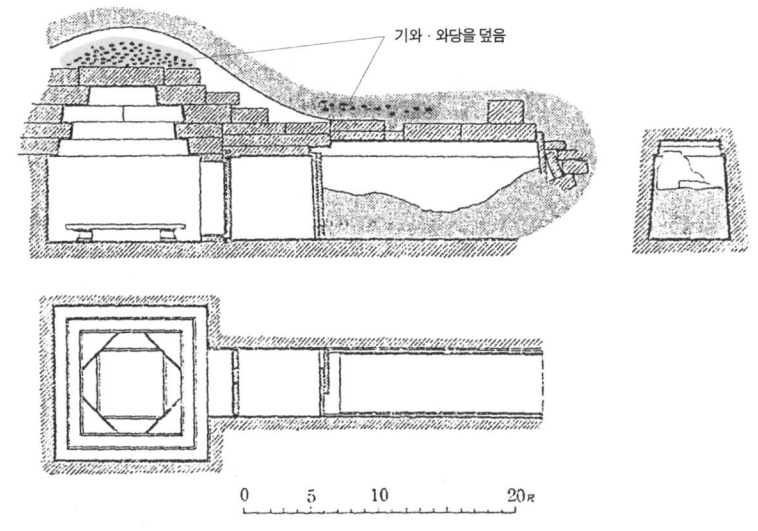

그림 2-7. 평성 경신리1호분 석실 위 즙와

방습이나 방수의 목적은 기단봉토석실분인 경신리1호분에서도 확인된다. 경신리1호분에서 현실 천장석 윗부분, 즉 분구에서 아래로 30~40센티미터 떨어진 지점에서 현실 천장과 연도 천장을 기와와 와당이 두세 겹으로 덮고 있음이 확인되었다(그림 2-7). 현실 천정 위에 덮여 있는 기와와 와당은 묘실 내로 물이 스며드는 것을 방지하기 위한 방수·방습을 고려한 것으로 보인다. 장천2호분에서도 와당과 기와가 묘실 내에서 확인되어서, 분구에 있던 기와와 와당이 묘실 내로 떨어진 것으로 추정된다. 이러한 정황에 비추어 볼 때 적석총 분구 위에서 수습된 기와나 와당은 매장부를 보호하는 방수·방습 시설물이었을 것이라고 판단된다.

그렇다면 적석총에서는 기와가 어떤 모습으로 분구를 덮었을까? 왕릉으로 비정된 석광이나 광실적석총에서는 암·수키와가 함께 출토되었고, 칠성산871호분, 임강총, 우산하2110호분, 칠성산211호분에서는 분구의 상부를 덮었을 만큼 많은 양의 기와가 출토되었다고 하는 것으로 보아서 분구에 기와와 와당을 덮어서 처마 없은 기와지붕처럼 표현했을 가능성이 있다(그림 2-6 참조). 그래야만 초대형 적석총 이외의 많은 무덤에서 출토된 기와에 대한 설명이 가능해진다. 그러나 소형분에서 기와가 출토된 예가 드물뿐 아니라, 중형분에서도 기와가 출토 된 예는 1/4정도라고 하여서 모든 적석총에 기와를 덮어 목조가옥처럼 표현하지는 않았을 것이다. 또한 기와가 다량 출토되었다고 하는 경신리1호분이나 장천2호분에서도 그러한 모습은 보이지 않아서 봉토분은 적석총과는 달랐을 것이다. 최근에 출간된 『집안 고구려 묘장』은 분구에서 수집된 기와가 석광이나 광실을 덮었던 것으로 파악하고 왕릉의 기준에서 묘상 구조물을 제외시켰는데, 이러한 이유에서인지도 모르겠다.

4) 분구 주변 시설

『집안 고구려 왕릉』에 따르면, 분구 주변에서 부석시설, 호분석, 산수석과 배수시설 등이 확인되었다고 한다.

부석시설은 분구의 아래쪽 둘레 한 변에 돌을 덧대어 쌓은 장방형이나 반원형 평면으로 높이는 그다지 높지 않다(그림 2-8). 이 부석시설을 제의행위

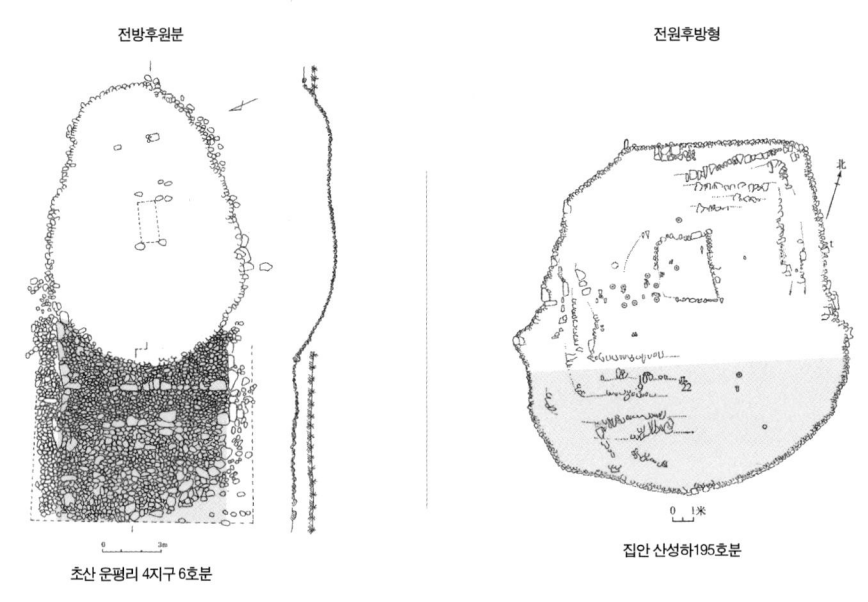

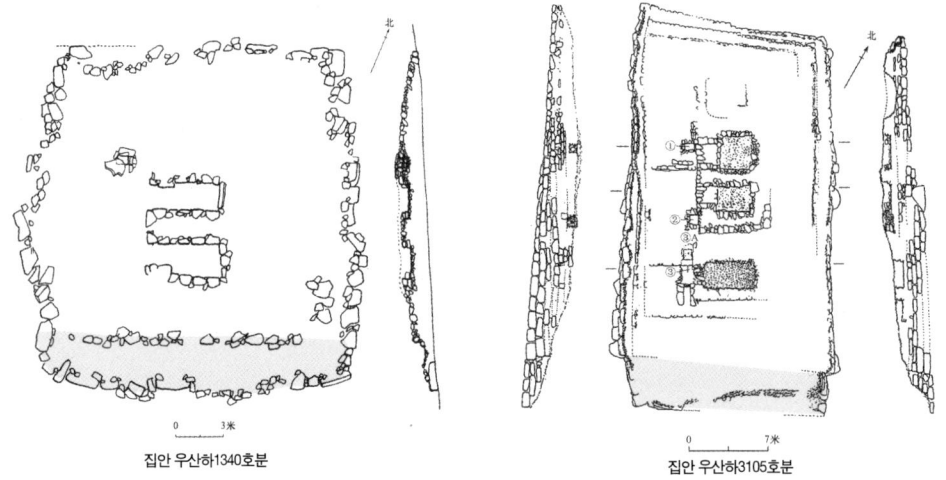

그림 2-8. 적석총의 부석시설

가 있었던 제단으로 보는 입장과 분구가 흘러내리는 것을 방지하기 위한 보강시설로 보는 입장이 있다. 제의시설로 보는 입장은 초산 운평리 4지구6호분에서 먼저 제기되었다. 이 무덤은 타원형 분구 앞쪽으로 방형의 부석시설을 가지고 있는데, 이와 같은 구조의 적석총이 드물어서 정형화시킬 수 없었다. 한편, 전체 평면이 전방후원형이어서 일본 고분시대 전방후원분의 기원으로 보기도 하였지만(金浩天 1991), 시공적으로 일본과 연결시킬 수는 없다.

이와는 달리 방형 분구 앞에 반원형으로 돌을 덧대어 쌓은 전원후방형 적석총도 있다. 주로 환인·집안 일대의 적석총에서 확인된다. 초기 고구려 왕릉으로 비정된 바 있는 마선구2378호분, 산성하 전장36호분, 마선구626호분 등도 이러한 평면형의 무덤으로, 보고자는 반원형의 부석시설을 제사유구로 간주하였다. 그러나 제의 행위가 이뤄지기 위해서는 부석시설의 상면이 같은 높이의 평면을 유지해야하지만, 상면이 평면을 유지하지 않을 뿐 아니라 평면을 유지하기 위한 시설도 확인되지 않았다. 따라서 이 반원형의 부석시설은 제단으로서 적당한 구조가 되지 못하여서 제의행위가 이루어졌음을 상정할 수 없다.

부석시설을 무덤의 보강시설로 보는 입장도 있다. 이러한 시설이 초대형분 외에도 중·소형분에서 다수 확인되기 때문이다. 우산하3105호분, 우산하3296호분, 산성하195호분 등이 대표적인 예로, 방형 분구 앞에 장방형이나 반원형 평면의 부석시설이 있어서 전방후방형 또는 전원후방형을 띤다. 이러한 부석시설은 무기단적석총뿐만 아니라 기단적석총, 계단적석총에서 확인되므로 이른 시기에 한정되거나 특정 위계의 무덤에 국한된 시설은 아니다. 오히려 이 무덤들이 입지한 조건이 산기슭의 경사면임을 감안해볼 때 분구의 한쪽에 반원형이나 장방형으로 돌을 덧댄 부석시설은 분구가 위에서부터 흘러내리는 것을 방지하기 위한 보강시설이라는 것이 합리적인 해석이며, 일부 중국 학자는 이를 묘설墓舌로 부르기도 한다(吉林省文物考古研究所 1993:76).

호분석護墳石은 중국 학자들이 사용하는 표현으로, 분구의 네 면에 장대석을 길이로 세워 버틴 것으로 분구를 보강해주는 역할을 하며 분구버팀석 또는 지탱석이라고 할 수 있다. 호분석은 왕릉으로 비정된 초대형 적석총에서 잘 드러나지만, 이외에도 장백 간구자 적석무덤과 만보정242호분의 남쪽 면에서도 확인되어서 왕릉에만 국한된 구조물은 아니다. 다만 호분석은 천추총, 태왕릉, 장군총 등에서 정형성을 갖고 있어서 4세기 말에서 5세기 초에는 왕릉을 구성하는 요소의 하나였던 것으로 보인다.

이외에도 산수석散水石과 배수시설이 확인된다. 산수석은 분구 주위에 돌아가며 잔 냇돌이나 할석을 깔아서 기와 낙수 면에서 떨어지는 물이 지면에 튀는 것을 방지하는 한편 배수 역할을 한다. 분구에서 출토된 기와와 결부시켜 볼 때 산수석은 분구 위의 구조물과 관련을 가질 것이지만, 산수석만으로는 능각의 존재를 상정할 수 없다. 산수석은 초대형 적석총인 마선구626호분, 칠성산871호분, 마선구2100호분 그리고 기단봉토분인 전 동명왕릉 등에서 확인되며, 서대총, 천추총, 태왕릉, 장군총 등에서는 배수시설도 함께 확인된다. 태왕릉의 경우 황토층 위에 판석을 깔고 그 위에 다시 냇돌을 깔아 산수시설을 만들었으며, 산수시설 일부에서 배수관이 확인되기도 하였다. 이외에도 태왕릉에서는 북측에 별도의 배수시설이 확인되었고, 고분의 동북모서리와 담장 밖으로 연결되는 배수관도 확인되었다. 이처럼 산수석은 배수시설과 함께하지만 산수석 없이 배수시설만 있는 경우는 드물어서 산수석이 배수시설보다 이른 시기에 만들어졌다고 추정할 수 있다.

2. 봉토분과 기단봉토분

봉토분은 흙을 덮어 매장을 마감한 무덤으로, 봉토분 중에는 돌로 기단을 만든 기단봉토분도 있다(그림 2-9). 기단봉토분은 기단적석총과 마찬가지 방법으로 기단을 축조하고 그 위에 매장부를 만든 후 흙을 덮어 분구를 만듦으로써 매장을 마감한 무덤이다. 따라서 석실(기단)봉토분 또는 (기단)봉토석실분으로 부르거나 분구를 생략한 채 석실분으로 부르기도 하지만, 석실분에는 적석분구도 있으므로 분구를 표현해 줄 필요가 있다. 분구는 원형 평면의 반구형도 있으나, 대개 방형 평면이다. 매장부를 덮은 전체 형태는 방대형인데, 후대의 변형과정을 감안하면 원래는 방추형에 가까웠을 것이다.

매장부는 대부분 석실이며, 지면이나 반지하에 위치한 매장부는 지하 깊숙이 자리하는 낙랑이나 중국의 매장부와 구별된다. 드물지만 매장부를 벽

전 동명왕릉(기단봉토분)

진파리7호분(봉토분)

그림 2-9. 기단봉토분과 봉토분

돌로 쌓은 것도 있다. 황해도 일원에서는 무덤에 사용된 명문 벽돌 중에 낙랑·대방군 축출 이후로 비정되는 것이 포함되어 있어서* 고구려 영역 하에서 전실묘가 축조되었음이 확인된다. 장무이무덤張撫夷墓나 안악 로암리무덤이 이 일대 고구려의 대표적인 전실묘이지만, 그렇다고 황해도 일원 고구려의 주묘제가 전실묘는 아니다.

봉토분 축조는 지상이나 반지하에 면을 정지하고 축조하는데, 일부 무덤에서는 땅에서 올라오는 습기를 방지하기 위해 무덤 축조 전에 지면의 일부를 파서 목탄과 자갈을 깔고 다지는 기초시설을 하고 그 위에 석실을 쌓았다. 벽은 점토나 백회로 틈새를 메우고, 그 위에 다시 백회로 회미장을 하였다. 벽 위로 천장돌을 받치는 돌을 고이고, 그 위에 서너단 이상의 돌을 고여 올려서 천장부의 면적을 줄인 후 1~2장의 막음돌로 마무리했다. 석실 내 바닥에는 비교적 크고 넓적한 돌을 깔고 돌 위에 백회를 발라 정면하기도 했다. 벽과 천장 축조에 사용된 돌은 비교적 커다란 장대석이지만, 가공하지 않은 크고 작은 석재를 사용하기도 했다. 석실의 일부 또는 전체가 봉토분구 내에 위치하므로 일정 높이로 석실의 벽을 쌓은 후 분구와 석실을 함께 조성했을 것이다. 그리고 방수·방습을 위해 석실 상면에 기와나 와당을 덮거나, 목탄과 백회를 켜켜이 쌓은 후 봉토를 함으로써 완전한 밀봉을 의도했다. 이처럼 봉토분은 분구보다 묘실 축조에 보다 높은 수준의 기술을 요하여서 묘실 축조에 많은 비용이 소용된 무덤으로, 적석총처럼 분형에서 시간에 따른 변화나 피

* 낙랑·대방 고지의 무덤 축조에 사용되었던 벽돌에서 확인되는 연호는 동진東晋의 건흥建興(315~316년), 태령泰寧(323~236년), 함화咸和(326~334년), 건원建元(342~344년), 영화永和(345~356년), 원흥元興(402~404년) 그리고 후조後趙의 건무建武(335~348년), 후연後燕의 건시建始(397년) 등이 있어 고구려에서도 벽돌무덤이 축조되었음을 알 수 있다.

장자의 사회적 지위가 드러나지 않는 묘실 지향적인 무덤이라고 할 수 있다.

봉토분이 묘실 지향적인 무덤인 만큼 그 구조는 다양하다. 현실과 연도로 이루어진 단칸구조가 기본이지만, 현실과 전실, 좌우 측실 등 여러 칸으로 이루어지기도 한다. 단칸구조 중에는 연도 좌우에 대칭되도록 측실을 만들어 마치 횡장방형 전실을 가진 유사두칸구조도 있다. 두칸구조는 주로 벽화분의 매장부로 채용되며, 평성시 지경동 1·2호분은 두칸구조지만 벽화가 없는 봉토분이다. 유사 단칸구조는 주로 집안 일대의 석실적석총이나 벽화분에서 관찰된다.

단칸구조의 현실 평면은 방형, 장방형, 횡장방형 세 가지이지만*, 방형이나 장방형이 다수이며 횡장방형은 그리 많지 않다(그림 2-10). 무덤의 규모는 방형이 장방형이나 횡장방형보다 큰 경향이 있으나 절대적인 것은 아니다. 연도는 현실의 한쪽 벽에 위치하는데, 연도 위치는 중앙 연도, 우편재 연도, 좌편재 연도로 나뉜다. 중국 동북의 집안·환인·통화현 등지에서는 중앙 연도와 좌편재 연도가 우세한 반면 우편재 연도는 소수이고, 평양과 서북한 일대에서는 중앙 연도와 우편재 연도가 비슷한 비중을 점하는 반면 좌편재 연도는 드물어서 압록강 중·하류역의 원고구려 지역과 서북한 일대에서 연도 위치의 선호도 차이가 있었음을 알 수 있다.

고구려 전역에서 확인되는 단칸구조는 방형 현실은 중앙 연도와, 장방형 현실은 편재 연도와 높은 상관성을 보인다. 이에 따라 봉토분의 단칸구조는 방형 현실+중앙 연도, 방형 현실+치우친 연도, 장방형 현실+중앙 연도, 장방형 현실+치우친 연도, 횡장방형 현실+중앙 연도, 횡장방형 현실+치우친 연도의 6가지 평면형으로 나뉜다. 그중에서 방형 현실에 중앙 연도인 무덤이 가장 많고, 횡장방형 현실에 중앙 연도인 무덤이 가장 적다.

방형 현실의 중앙연도가 비교적 대형분에서 채용되지만 중, 소형분에서도 채용되며, 장방형 현실이나 횡장방형 현실 중에도 대형분들이 포함되어 있어서 현실의 평면형이 가지는 사회적 의미는 절대적이지는 않다. 좌편재 연도와 우편재 연도는 집안일대와 서북한 일대에서 선호도의 차이가 있기는 하지만, 이 또한 경향성을 차이일 뿐 절대적인 것은 아니다. 따라서 단칸구조의 여러 평면형이 가지는 시공간적 또는 사회적 의미를 부여하기는 어렵다. 다만, 횡혈식 구조가 추가 합장을 전제로 하고 있음을 감안할 때, 방형이나 장방

* 현실이나 전실의 평면형을 판단하는 기준은 연도가 있는 쪽을 길이로, 이와 직교하는 쪽은 너비로 하였다. 방형은 길이와 너비의 비가 0.9이상 1.3미만, 장방형은 1.3이상, 횡장방형은 0.6이상 0.9미만인 경우와 0.6미만으로 세분하였다.

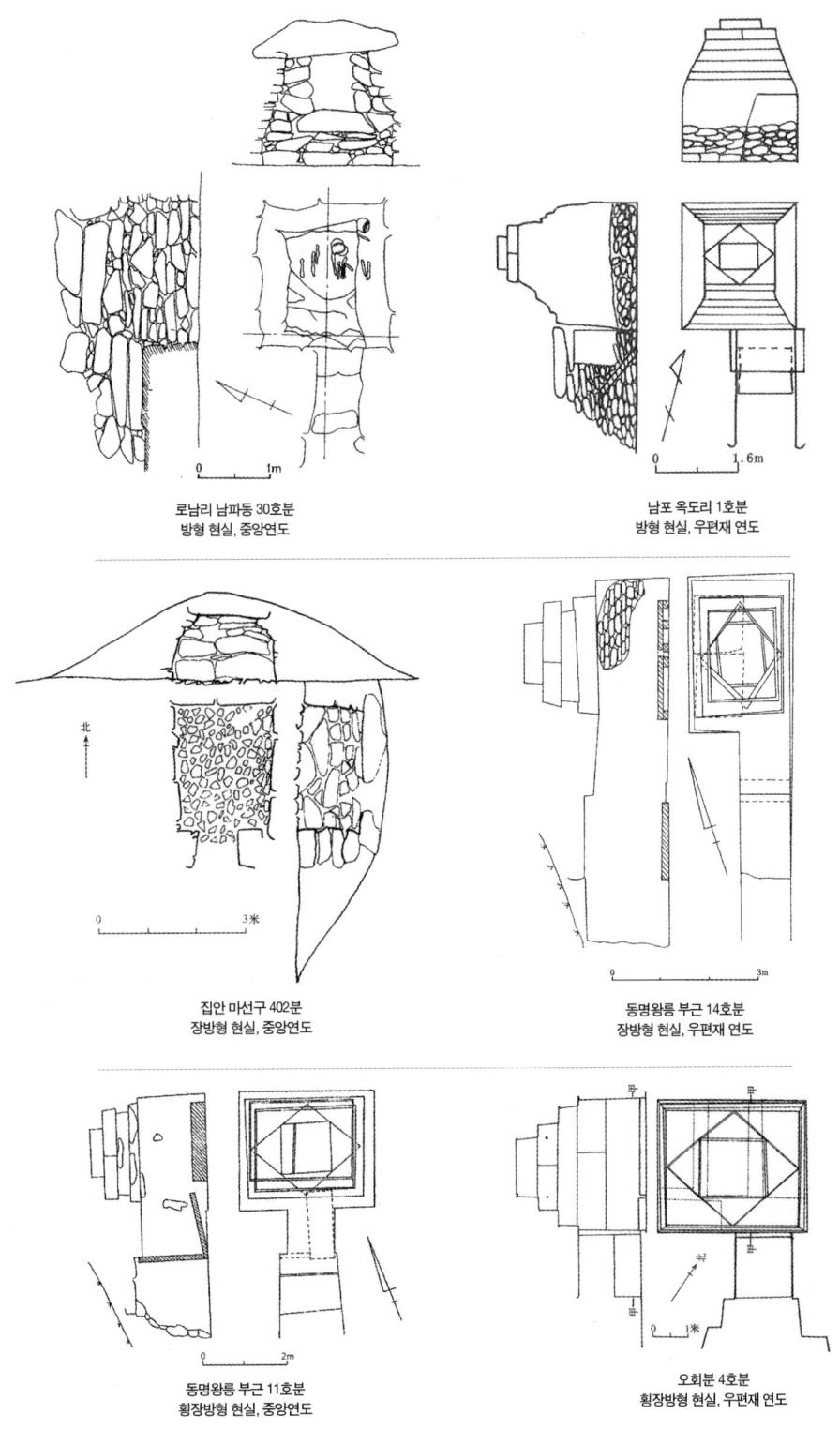

그림 2-10. 봉토분 단칸구조의 석실 평면

형 현실과 횡장방형 현실은 현실의 규모와 함께 합장에서의 차이를 보여준다.

실질적 동실 합장이 가능하기 위해서 현실은 일정한 규모를 갖고 있어야 할 것이다. 확인되는 관대의 장축이 대개 연도가 있는 방향과 같이 하므로, 합장이 가능한 크기를 보여주는 것은 현실의 폭이다. 현실의 폭은 방형 현실의 경우 너비 146센티미터에서 534센티미터로 다양하며, 평균 273센티미터 정도로 현실 내 추가 합장이 가능한 크기이다. 횡장방형 현실의 길이는 방형과 비슷하나, 너비의 평균이 383센티미터 정도로 너비만 넓어졌다. 실제로 통구 오회분4호분이나 5호분의 경우 현실 내에서 3개의 관대가 확인되어서, 현실 폭은 다인합장의 결과 넓어진 것으로 보인다. 이에 비해 장방형 현실의 평균 너비는 144센티미터 정도로 세 평면형 중 현실의 폭이 가장 좁다. 그런데 장방형 현실 무덤 중 안악 오국리고분은 현실 너비가 85~87센티미터 내외이며, 4개의 관실이 병렬배치된 요동성총의 경우 현실 너비가 80~112센티미터이다. 이러한 점을 감안하면 한 사람을 안치하려면 최소한 80센티미터 이상의 너비가 필요하며, 관대 사이의 간격이 10여 센티미터 이상인 것으로 보아서 1인 매장하기 위해 확보되어야 할 공간은 100센티미터 내외로 추정되며, 동실합장이 가능하려면 현실의 폭은 160센티미터 정도가 되어야 한다. 160센티미터 미만의 너비가 좁은 무덤은 규모가 확실한 44기의 장방형 현실 중 28기로 60퍼센트를 넘는다.

그런 점에서 볼 때 장방형 현실 중에는 실질적으로 동실합장이 이루어지지 않은 경우가 적지 않았을 것으로 판단된다. 때문에 동분이혈합장 무덤에는 장방형 현실이 다수이고, 그 중에는 실질적 합장이 가능하지 못한 경우가 많다. 실제 동일 분구에 추가 합장이 가능한 매장부가 여러 기 있는 다실묘의 경우 현실의 평면형은 길이와 너비 비율이 평균 1.7:1로서 석곽의 평면형과 유사하다는 점에서도 방증된다. 이런 점을 종합하면 실질적 합장이 가능하지 못한 장방형 현실 두기 이상이 동분내 있는 동분이혈합장무덤도 있고, 방형 현실 중에는 실질적 동실합장에 따라 현실의 너비가 늘어나면서 장방형에서 방형 평면으로 변한 것도 포함되었을 것이다. 마찬가지로 횡장방형 현실은 실질적인 다인의 추가 합장에 따라 현실이 너비가 더욱 확대된 것으로 보인다(그림2-11).

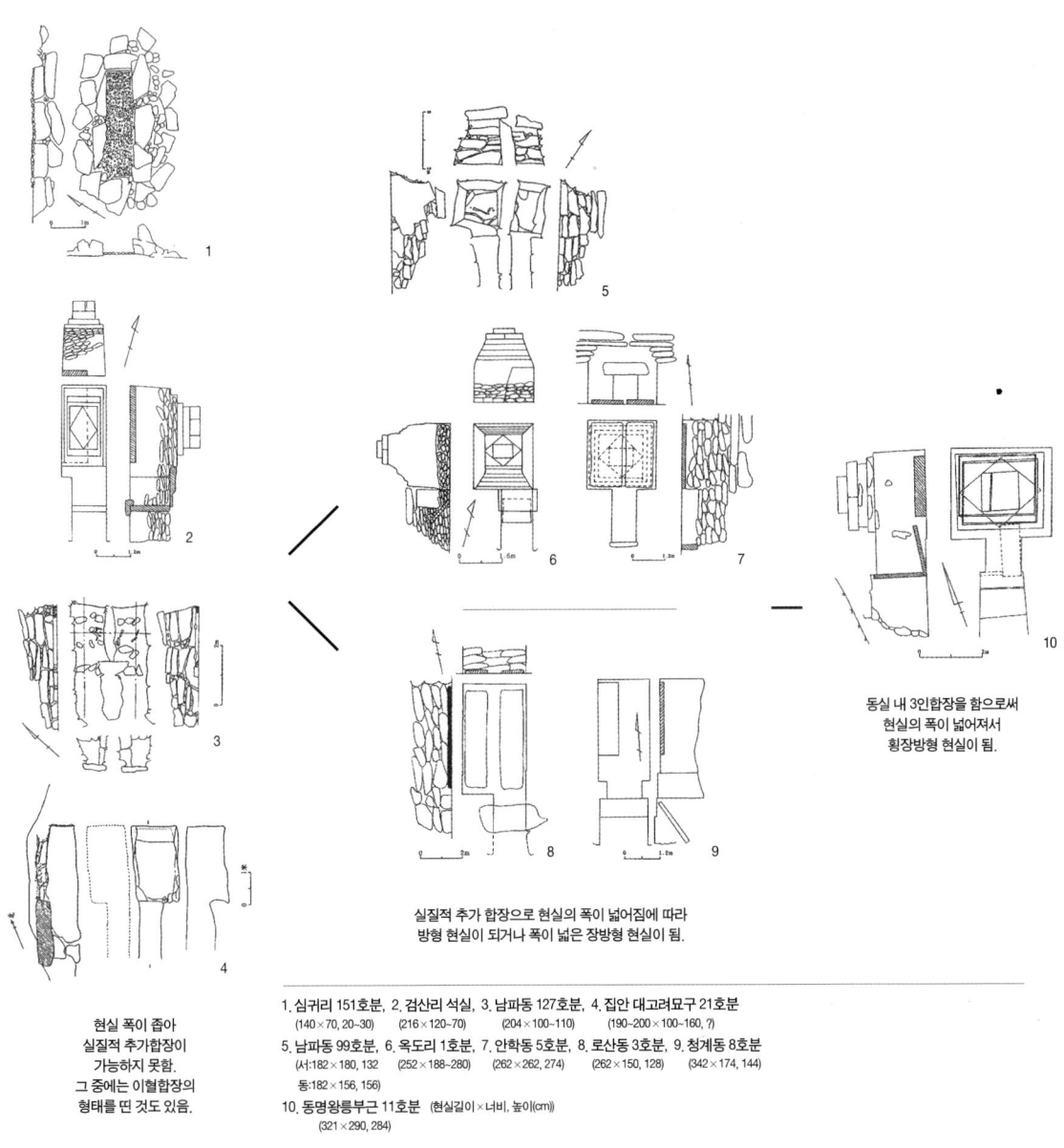

그림 2-11. 동실합장에 따른 현실 평면의 변화(괄호 안의 수치는 현실길이×너비, 높이(cm))

    기단봉토분은 적석총의 기단 축조방식과 마찬가지로 지상에 기단을 만든 후 그 내부를 돌로 채우고 묘실을 안치한 후 그 위를 흙으로 덮어 무덤을 봉한 것으로 기단적석총의 축조방식과 봉토분의 축조방식이 결합된 것이라고 할 수 있다. 잘 가공된 장대석을 사용했다는 점에서 기단봉토분은 기단적석

제2장 고구려 고분의 구조   83

그림 2-12. 황산남록의 노출된 석실(朝鮮總督府, 1916, 『大正五年度古蹟調査報告書』, 도406, 408, 410)

총보다는 계단적석총과 더 유사하다. 석실은 방형 현실에 중앙 연도 평면의 단칸구조가 우세하며, 전 동명왕릉처럼 종장방형 전실 좌우에 작은 측실이 있는 두칸구조도 있다. 경신리1호분이나 전 동명왕릉은 5세기 전, 중엽으로 비정되지만, 호남리사신총이나 우산하2115호분의 경우 6세기대로 비정되어서, 기단봉토분이 적석총에서 봉토분으로 변화하는 과도기에 나타나는 일시적 현상이라고 보기 어렵다. 다만 집안 통구 분지에서 확인 가능한 기단봉토분은 24기에 불과해 그 의미를 찾기 어렵지만 좀 더 자료가 소개된다면 기단봉토분구에 대한 시간적·사회적 의미를 부여할 수 있을 것이다.

한편 석붕石棚형 석실이라 부르는 무덤은 커다란 판석 1~2매를 이용해 벽을 만들고 커다란 돌 1~2장으로 뚜껑을 하고 한쪽에 입구를 낸 것으로 마치 북방식 지석묘 같은 형태이다. 이로부터 고구려 석실분의 기원을 청동기시대 지석묘에서 구하기도 했지만, 분구가 돌인지 흙인지 확실하지 않는 것이 다수이다. 통화현, 환인, 관전, 봉성 등지에서는 소형의 무기단적석총의 매장부로 확인되기도 하지만, 서북한 일대에서는 봉토분구였을 것으로 상정된다. 용강군 황산남록의 이실총, 삼실총, 칠실총 등은 지상에 석실이 자리하고 봉토가 삭평 멸실되어 석실이 노출되어서 마치 개석이 없어진 북방식 지석묘와 같은 형상이다(그림 2-12). 그러나 현재하는 자료에서 볼 때 고구려 무덤과 청동기시대의 석붕은 시간적 공백이 너무 크고 공간적으로도 서로 연결될 만한 고고학적 증거는 확실하지 않다.

3. 벽화분

벽화분은 석실 내부에 그림을 그려 장식한 무덤으로, 현재 110여 기에 달하는 것으로 확인되었다. 벽화분은 대부분 봉토분으로, 묘실 구조나 벽화 내용에서 다양한 양상을 띠고 있기 때문에 벽화분 연구는 벽화분의 묘실과 벽화 내용에 초점이 맞추어졌다. 그러나 최근 중국에서의 조사 증가로 적석총 석실 내부에 벽화를 그린 무덤이 확인되었다. 우산하41호분, 절천정총, 산성하725호분, 산성하1405호분, 산성하1408호분 등은 벽화로 장식된 석실적석총이고, 우산하3319호분은 전실적석총이다.

1) 묘실 평면구조

벽화분의 묘실은 현실과 연도로 이루어진 것도 있지만, 현실 외에 별도의 공간을 갖고 있는 것도 있다. 따라서 묘실의 수에 따라 단칸구조와 유사두칸구조, 여러칸구조로 나눌 수 있다. 유사두칸구조나 여러칸구조는 벽화분의 커다란 특징이며, 고구려 석실의 특징이기도 하다(그림2-13).

단칸구조는 현실과 연도로 이루어졌으며, 현실평면형은 방형이 우세하며 횡장방형과 장방형도 있지만, 장방형이나 횡장방형 현실은 벽화분의 주된 평면형은 아니다. 연도위치는 중앙 연도가 좌, 우 편재연도보다 우세하다. 따라서 단칸구조는 방형 현실에 중앙 연도가 다수를 점하며, 장방형이나 횡장방형 현실은 중앙 연도나 우편재 연도가 함께 하며 좌편재 연도는 드물다. 일부 무덤에서는 현실 한쪽이나 양쪽에 벽감이 있는 경우도 있다. 안악2호분은 현실 벽 한쪽에, 그리고 태성리2호분은 현실 동장벽에는 측실이, 서장벽에는 벽감이 있다.

유사두칸구조는 현실과 연도 그리고 연도 양쪽의 측실이 대칭되게 있어서 마치 방형 현실과 횡장방형 전실, 중앙연도의 두칸구조와 같은 평면형이다. 그러나 현실, 연도, 좌·우측실이 통로 없이 연결되어있고, 천장가구를 공유하여서 두칸구조와는 차이가 있다. 이 평면형은 주로 집안 일대의 계단석실적석총이나 봉토석실분에서 확인되며, 집안 우산하고분구역과 산성하고분구역에 주로 분포한다. 절천정총, 산성하725호분은 계단석실적석총이며 산성하983호분과 산성하332호분 등은 봉토벽화분이다.

여러칸구조는 전실과 현실의 배치와 연결방법, 현실과 전실의 평면에 따

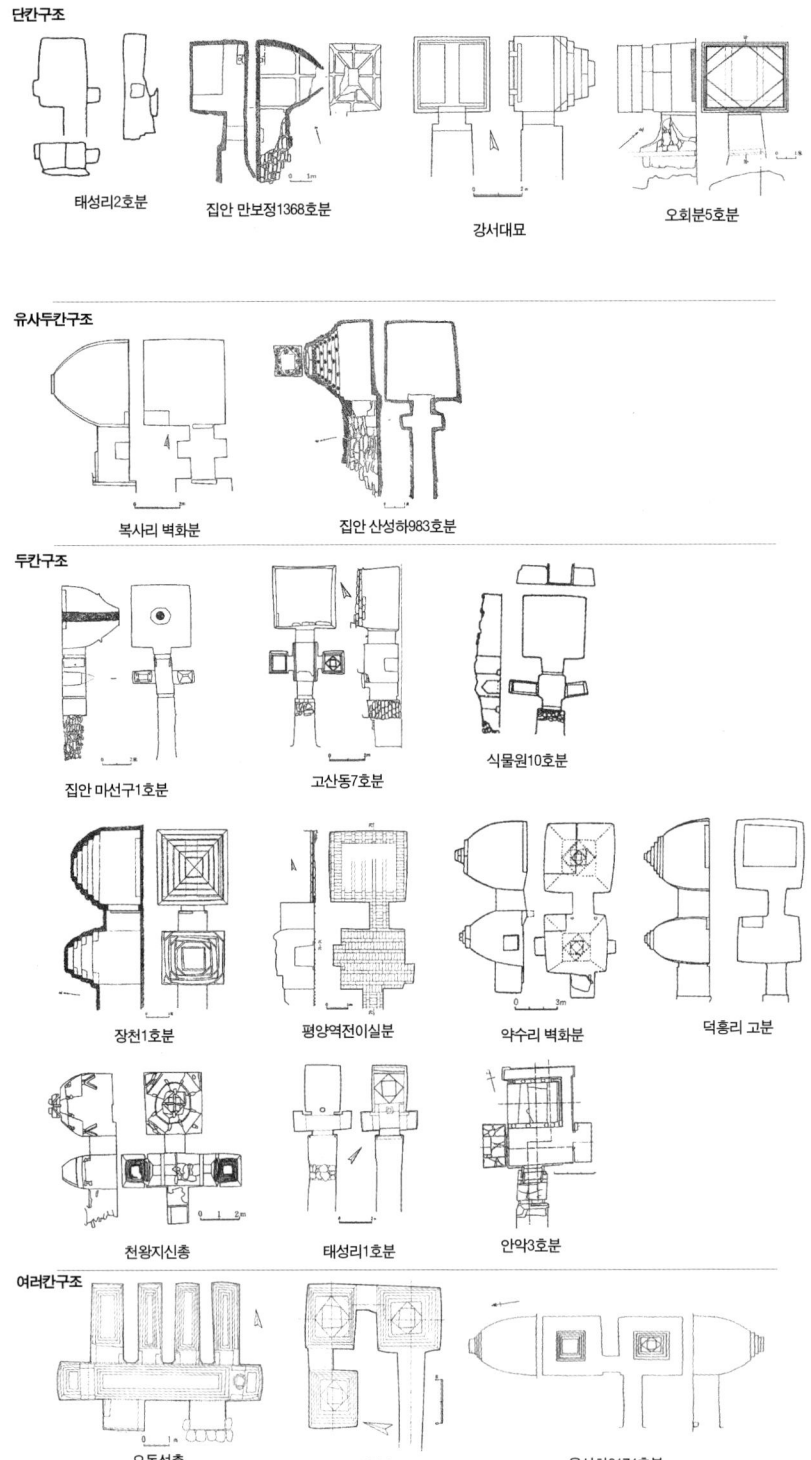

그림 2-13. 고구려 벽화분 구조

라 여러 형태가 있다. 현실과 전실이 종렬배치되거나, 여러 개의 현실이 병렬배치되기도 하여서 공간 배치에 따라 전·현실 종렬배치의 두칸구조, 관실 병렬배치의 두칸구조, 그 외 여러칸구조 등으로 나눌 수 있으며, 두칸구조 중에는 전실 좌우에 측실이나 벽감이 있는 경우도 있고 현실 주위에 회랑을 돌린 경우도 있다.

  종렬배치의 여러칸구조는 현실과 전실로 이루어진 두칸구조가 다수를 점하며, 두칸구조는 현실 규모가 전실보다 크거나 반대로 전실이 큰 경우가 있다. 현실이 큰 경우는 동평양에, 전실이 큰 경우는 서평양에 주로 분포하여서, 평면형은 지역적 차이를 보인다. 평면구조는 현실과 전실의 평면 형태에 따라 여러 양상을 보인다. 방형 현실의 경우 전실은 종장방형·횡장방형·횡세장방형으로 나뉜다.* 전실은 없지만 연도 좌우에 측실이 있는 경우 마치 횡세장방형 전실처럼 보이기도 하며, 종장방형과 횡장방형 전실인 경우 전실 좌·우 양쪽에 측실이나 감실이 있기도 하며, 종장방형 전실의 경우 현실이 전실보다 규모가 커서 유사두칸구조와 비슷한 평면을 보이기도 한다. 천왕지신총이나 용강대총 같이 횡세장방형 전실은 천장 가구를 각기 달리해 마치 3칸으로 구획된 것처럼 축조된 것도 있다. 장방형 현실 중 전실을 가진 것은 태성리1호분 한 기인데, 태성리1호분은 횡세장방형 전실을 가지며 전실 벽 북측으로 벽감을 만들었다. 이외에도 안악3호분과 태성리3호분은 전실과 현실이 통로로 연결되지 않고 기둥으로 구획되어 있는데, 특히 이 두 무덤의 현실 주위에는 ㄱ자 모양의 회랑이 돌아간다.

  병렬배치의 여러칸구조는 동혈의 다인합장을 의도한 집단묘적 성격을 갖는 고구려에서는 드문 예로, 벽화분의 예외적인 구조라고 할 수 있다. 요동성총은 실질적으로 합장이 가능하지 않은 관실 4기가 병렬배치되고 4개의 관실은 하나의 횡세장방형 전실을 공유한다. 우산하2174호분은 방형 현실 2기가 통로로 병렬배치되었다. 이외에도 방형 현실 3기가 통로로 ㄱ자 모양으로 배열된 삼실총도 있다. 특히 우산하2174호분이나 삼실총은 다인합장을 의도했다는 점에서 적석총의 집단묘적 성격이 남아있다고 할 수 있다.

  벽화분의 종렬배치나 병렬배치의 다양한 구조는 중국 석묘나 낙랑·대방의 전실묘 구조와 공통되기도 하여서 고구려 벽화분의 계보를 중국 요령성

---

* 전실 평면은 현실과 연도를 잇는 중심축 방향을 길이로, 이와 교차하는 방향을 너비로 하여 길이에 비해 너비가 길어질수록 횡장방형, 횡세장방형이 된다.

일대의 석묘와 낙랑 전실묘에서 구하기도 한다. 회랑으로 둘러싸인 현실과 전실이 종렬 배치되었다는 점에서 안악3호분은 요동반도 남단의 영성자벽화분과 구조적 특징을 공유하지만, 축조재료와 전체 형태에서 차이가 있어 이들 무덤을 바로 연결시킬 수는 없다. 회랑구조는 멀리는 중국 한나라의 제후묘인 황장제주黃腸題湊에서 보이며, 기둥에 의한 공간 구획은 중국 한대 화상석묘에서 보이는 구조이다. 또한 관실이 병렬배치된 것은 요양遼陽 일대 석실벽화분의 구조이기도 하다. 때문에 어느 하나에서 벽화분의 계보를 구할 수 없다. 이에 반해 전실과 현실이 종렬 배치된 두칸구조는 낙랑의 전실묘와 같은 구조이어서 전실묘에서 그 계통을 구할 수 있다. 전실·현실이 종렬 배치된 두칸구조이면서 실질적 기능이 없는 기둥을 현실 입구나 전실에 세워 전축분과 석묘가 결합된 양상을 보이기도 하는데, 이러한 무덤은 주로 평양 서쪽의 남포와 강서 일대에서 확인된다.

2) 천장가구

묘실의 다양한 평면구조 외에 눈에 띄는 벽화분의 구조적 특징은 천장 가구이다. 일정 높이로 벽을 쌓은 후 그 위에 여러 가지 방식으로 올려 쌓음으로써 천장부를 높게 형성했다. 높게 쌓은 천장은 실내 공간의 확대뿐만 아니라, 상서로운 천상세계를 표현한 벽화와 결부시켜볼 때 천상세계를 표현하기 위한 구조적 고려로 보인다. 그런 점에서 볼 때 생활풍속도 계열 벽화분의 천장가구는 계세관념을 구조적으로 표현한 것이라고 할 수 있다.

천장 가구에 사용된 방법은 크게 궁륭식과 고임식으로 나눌 수 있다(그림 2-14). 궁륭식은 일정 높이로 벽을 쌓은 후 조금씩 안으로 들여 좁혀가면서 쌓아 올려 둥글게 천장을 형상한 것으로 흔히 돔으로 불리거나 조립식으로 불리기도 한다. 궁륭상 천장은 서북한의 낙랑, 대방고지의 전실묘에서 사용되었던 천장가구로 이른 시기부터 확인되지만, 고구려 석실분에서는 석재가 갖는 한계로 인하여 천장부를 반구상의 돔으로 표현하지는 못한 경우가 있다. 따라서 덕흥리벽화분처럼 네 벽의 모서리 부분이 직선적이 되거나, 둥글게 쌓아 올렸다고 하여도 천장 막음부분까지 곡선을 이루지 못하는 경우도 있고, 전 동명왕릉처럼 직선으로 좁혀가기도 해서 이를 절천정, 꺾음천정, 사

1. 전 동명왕릉 현실(꺾음천정/절천정), 2. 각저총 전실(사아식궁륭+팔각고임천정), 3. 덕흥리벽화분 전실(사아식궁륭+평행고임천정), 4. 천왕지신총 현실(팔각고임+삼각고임천정),
5. 대안리1호분 현실(팔각고임천정), 6. 덕화리1호분 현실(팔각고임천정), 7. 통구 12호분(남) 현실 (평행고임천정), 8. 간성리 연화총 전실(평행고임+삼각고임천정)

그림 2-14. 벽화분 천장가구

아식 천정 등으로 부르기도 한다. 또한 각저총처럼 천장의 일정 높이까지는 둥글게 올라가지만 그 위는 고임식으로 올리기도 한다. 이러한 천장가구들은 궁륭상으로 완벽하게 쌓아 올리지는 못하였더라도 모두 궁륭상을 의도하여 축조하였다는 점에서는 공통된다.

고임식은 일정 높이로 벽을 쌓아 올린 후 장대석을 층층이 고여 올려서 천장부를 형성하는 것으로, 고임 방법에 따라 평행고임과 팔각고임, 벽의 네 모서리 각을 죽이는 삼각고임 등이 있다. 다층의 팔각고임이나 평행고임은 석재로 천장을 높게 쌓기 위한 기술적 고려로 그 의도는 궁륭상과 같았을 것이다.

석실에서 가장 많이 사용되었던 천장가구는 2~3단의 평행고임 위로 1~2단의 삼각고임을 한 후 천장 막음돌을 덮은 것이다. 흔히 평행삼각고임으로 불리는 이러한 천장가구는 이른 시기의 벽화분인 안악3호분에서 사용되었던 천장 가구로, 무덤의 평면구조와 결부시켜 볼 때 고구려 석실이 전실묘와 다른 계보가 있었음을 시사한다. 적석총의 석실 매장부에서 궁륭상 천장이 확인되지 않는 점도 이를 방증한다.

　중·소형 규모의 벽화분에서는 벽면 상부에서 조금씩 안으로 들여쌓아서 궁륭상을 의도했는지 고임식을 의도했는지 확실하지 않는 경우가 적지 않다. 그러나 대부분의 벽화분에서는 하나의 무덤에 한 가지 방법으로 천장을 가구하기 보다는 궁륭상이나 고임식 각각의 고임방법 두 가지 이상을 사용함으로써 석실의 천장부를 높게 형성했다. 생활풍속도 내용을 주 제재로 하는 4, 5세기대의 벽화분에서는 여러 천장가구가 병존하지만, 사신도를 주 내용으로 하는 벽화분에서는 궁륭상식은 확인되지 않으며 평행삼각고임식 천장가구가 중심이 된다. 따라서 생활풍속도 벽화분에 비해 사신도 벽화분의 천장부는 상대적은 낮아지게 되었다. 생활풍속도 계열 벽화에서 사신도 계열 벽화로의 변화에 따른 천장가구의 차이는 계세관념의 변화와도 관계 될 것이다.

3) 그 외 시설

　현실이나 전실 내부에 석상이나 석주 등의 구조물도 벽화분의 특기할 만한 점이다. 이러한 구조물은 통구 사신총을 제외한 생활풍속도 벽화분에서 주로 확인되며, 집안의 마선구1호분을 제외하고는 대부분 서북한 일대 벽화분에서 관찰된다.

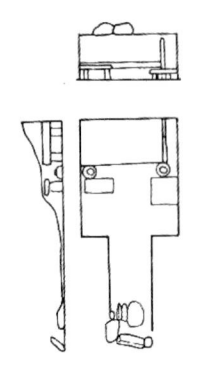

그림 2-15. 장산동 1호분

석상은 전실과 현실 두칸구조의 무덤에서는 전실에, 단칸구조의 무덤에서는 현실 입구 쪽에 놓여 있어서 제단과 같은 기능을 했을 것으로 추정된다. 장산동1·2호분은 석상이 있는 단칸구조 무덤이며, 약수리벽화분, 복사리벽화분, 팔청리벽화분, 동암리벽화분, 덕흥리벽화분 등은 석상이 있는 두칸구조 무덤이다. 덕흥리벽화분의 석상은 전실의 서측 북벽의 남묘주도 앞에 놓여 있어서 배례나 제의와 관련된 시설물이었음을 보여준다.

기둥은 현실 내나 현실과 전실 사이에 혹은 전실에 세워져 있어서 현실 내부 공간이나 현실과 전실 사이의 공간을 구획하는 역할을 한다. 마선구1호분은 현실 중앙에 세워져서 천장 막음돌을 받치고 있어서 천장을 받치는 역할과 함께 현실의 공간을 둘로 나누는 기능을 한다. 장산동1호분과 2호분은 현실 내에 기둥을 세워 제의공간과 매장공간을 구획했으며(그림 2-15), 안악3호분의 석주는 전실과 현실의 공간을 구획하는 기능을 한다. 그러나 팔청리벽화분과 쌍영총에는 실질적으로 공간을 구획하지는 않지만 전실과 현실 사이 통로에 기둥을 세워 기둥으로서의 기능보다는 장식적인 기능을 갖고 있다고 할 수 있다.

지금까지 살펴본 벽화분에서 관찰되는 여러 가지 구조는 시간에 따른 변화뿐만 아니라 지역적 차이를 보여주며, 피장자의 사회적 의미를 반영하기도 한다(표 2-1).

	시간	공간	사회	기타
현실	등장시점: 방형, 장방형→횡장방형	전역에서 확인	방형, 횡장방형 평면이 장방형 평면보다 상위	방형 현실+중앙 연도가 상위.
연도	중앙, 편재(좌·우 편재)	편재연도 중에는 집안, 환인:좌편재우세, 서북한일대 우편재우세	중앙 연도가 상위	연도는 현실에 종속된 속성이나, 편재연도의 경우 집안·환인과 서북한일대 차이를 보임.
전실	등장시점 횡장방형→세횡장방형, 장방형, 방형→소멸 전실규모가 작아짐	동평양:방형, 장방형 집안:유사두칸구조 서평양일대:전실규모가 현실보다 큰 경우 동평양:전실 규모가 현실보다 작은 경우	전실을 가진 두칸구조가 단칸구조보다 상위	생활풍속도의 묘주도, 행렬도에서 지역적 차이가 있음.
천장	궁륭, 팔각고임 등 다층 고임식→평행삼각고임	절천정, 사아천정 등 적석총과 기단봉토분의 특징(집안지역)	대형분 천장부 높음	생활풍속도와 결부, 계세관 관련 사신도-평행삼각고임
석상 석주	특정 무덤에 국한	서평양 일대 (마선구1호분 제외)		석상:제례, 석주:공간 구획 마선구1호분 현실 내 기둥은 공간구획, 천장 받침.
통로 연결	복도로 연결되는 것. 기둥으로 구획된 것. 무덤 계통 파악에 유의	기둥 구획은 서평양 일대에서 확인		안악3호분:기둥으로 전실과 현실 공간분할 요동성총:통로없이 관실과 전실 연결
분구	적석, 봉토, 기단봉토 병존→봉토	적석:집안 기단봉토:평양)집안		
묘실 위치	분구 중→지면·반지하			

표 2-1. 벽화분의 구조가 갖는 의미

제3장

고구려 고분의 유물

　고구려 고분에서는 금, 은, 금동, 청동, 철, 토기, 자기, 석기 등 여러 재질의 다양한 유물이 출토되었지만, 정작 보고되어 활용할 수 있는 고분 유물은 그리 많지 않다. 적석총이나 봉토분 모두 지상에 분구와 매장부의 일부가 노출되어 있는 까닭에 자연적으로 변형되고 인위적으로 훼손되었기 때문이다. 이후 근래까지 고구려 고분에 대한 관심이 적석총의 외형과 벽화분의 구조나 묘실 벽화에 치중되어 유물의 출토 상황을 충실하게 기록하지 못한 것도 원인의 하나가 되었다. 이와 같은 까닭으로 고구려 고분 연구는 구조 연구라고 할 정도로 유물 연구는 활발하지 못했다. 그러나 최근 고구려 고분에 관한 발굴보고와 조사의 증가로 출토맥락을 알 수 있는 유물 자료가 늘고 있고, 그중에는 원형을 복원할 수 있는 것도 포함되어 있어서 유물에 대한 관심이 높아지고 있다.

1. 출토 맥락으로 본 고분 유물의 성격

　고분에서 출토된 유물은 매장과 관련된 여러 행위에서 소용된 기물이나, 부장품으로 매납된 것, 매장행위 과정에서 매납된 것이다. 때문에 출토 상황에 따라 분구·묘도·연도 근처에서 출토된 유물과 매장부나 부장곽에서 출토된 유물을 구별해 보면, 매장과 관련된 여러 행위의 단서를 얻을 수 있을 것이다.

1) 분구 출토 유물

　고구려고분 분구에서 행해졌던 의례와 관련하여 어떤 행위가 이루어졌는지 현재로서는 알 수 없다. 다만 『수서隋書』 고구려전高句麗傳에 사람이 죽으면 생시에 사용했던 의복과 수레를 무덤 옆에 두고 장사지낸 사람들이 다투어 가져간다고 한 것으로 보아 매장을 마친 후 분구 주위에서 특정 의례가 있었음을 알 수 있다. 만보정242호분, 태왕릉의 출토유물로부터 분구 주위에서 행해졌을 의례행위의 일면을 엿볼 수 있다.

만보정242호분은 4기의 무덤이 연접된 계단적석총으로, 북쪽에서부터 남쪽으로 내려오면서 무덤을 축조했다. 가장 북쪽의 242-1호의 1층 계단 남쪽에서 철제 재갈과 금동방울이, 동쪽에서 대금구, 북편에서 토기편이 출토되었고, 242-2호의 묘도 부근에서 사미와 토기가 1층 계단의 서북 모서리에서 토기편이 출토되었다. 242-3호의 석실에서 회색토기, 동쪽 묘실에서 철도편, 적석무지에서 홍색 토기편과 철괭이가 출토되었다(그림3-1). 유물이 출토된 곳은 242-3호를 제외하고는 계단의 남쪽이나 묘도쪽이다. 보고자는 242-1호의 마구류 출토 상황을 도굴 혹은 장속과 관련이 있는 것으로 파악

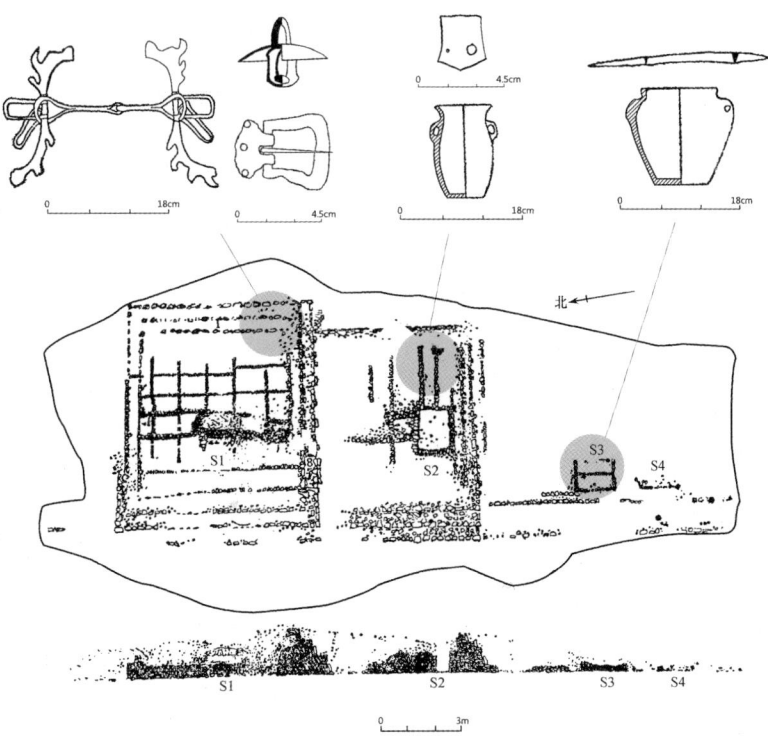

그림 3-1. 집안 만보정242호분 유물과 출토지점

제3장 고구려 고분의 유물　93

하였다. 그러나 이와 유사한 예가 태왕릉에서 확인되어서 도굴보다는 분구 주위에서 행해진 의례와 관련있을 것으로 추정된다.

　태왕릉에서는 여러 차례 걸친 조사에서 많은 유물이 확인되었다. 유물의 주요 출토 지점은 남쪽 1층 계단석과 남쪽면의 동쪽에서 두 번째 분구보호석(호분석) 아래 두 곳으로(그림3-2), 두 지점 사이의 거리는 얼마 되지 않는다. 분구보호석 아래 구덩이에서는 금동제 등자, 운주, 신묘년명 청동방울 등의 마구류와 금동제 만장걸이, 장막걸이쇠, 두 개체분의 상다리案足와 금제 보요관과 장식띠, 청동 화덕 등이 출토되었다. 계단에서는 각종의 금, 금동제 보요와 보요가 달린 장식, 보요관과 장식띠, 금동제 행엽 등이 출토되었다. 보고자는 분구보호석 아래의 구덩이를 도굴행위의 결과로 추정했지만, 마구류나 보요관의 출토 상황을 고려하면 도굴행위의 가능성은 배제하여도 좋을 듯 하다.

　계단과 구덩이에서 출토된 마구류는 장식성이 강한 것으로 문양과 제작기법이 서로 유사해서 동시에 제작, 사용되었던 일괄유물로 보인다. 그런데 장식마구인 행엽만 떨어져 남쪽의 1층 계단석에서 출토되었다는 것은 자연스럽지 못하다. 태왕릉과 비슷한 시기의 칠성산96호분이나 만보정78호분의 경우 마구류가 한 벌로 같은 곳에 매장된 것으로 미루어, 태왕릉에서도 원래 행엽과 등자는 같은 곳에 매납되었을 것이다. 때문에 같은 곳에 매납되었을 마구류를 도굴시 선별하여 수습했을 가능성은 희박하다. 이는 청동방울이나 보요관도 마찬가지이다. 태왕릉에서 출토된 청동방울 4점은 두 점씩 서로 같은 형태이다. 구덩이에서 신묘년 명문이 음각된 청동방울이 출토되고 나머지 청동방울은 남쪽 1층 계단석 부근에서 출토되었다. 보요관도 2점이 출토되었는데 남측 1층 계단과 구덩이에서 각각 한 점이 출토되었다.

　이러한 출토정황은 도굴행위의 결과라기보다는 의도적 행위와 이의 시간에 따른 변형의 결과로 보인다. 즉 유물을 나누어 부장했기보다는 부장된 유물이 시간의 흐름에 따라 자연적 변형과정을 겪었을 가능성이다. 마구류가 일괄로 출토되는 다른 고분의 예에 비추어 볼 때 장식마구를 나누어 부장했을 가능성은 커보이지 않는다. 따라서 행엽은 띠연결금구나 등자와 같은 곳에 놓여 졌을 것이다. 원래 남쪽의 1층 계단 위에 놓여졌던 물건들이 시간의

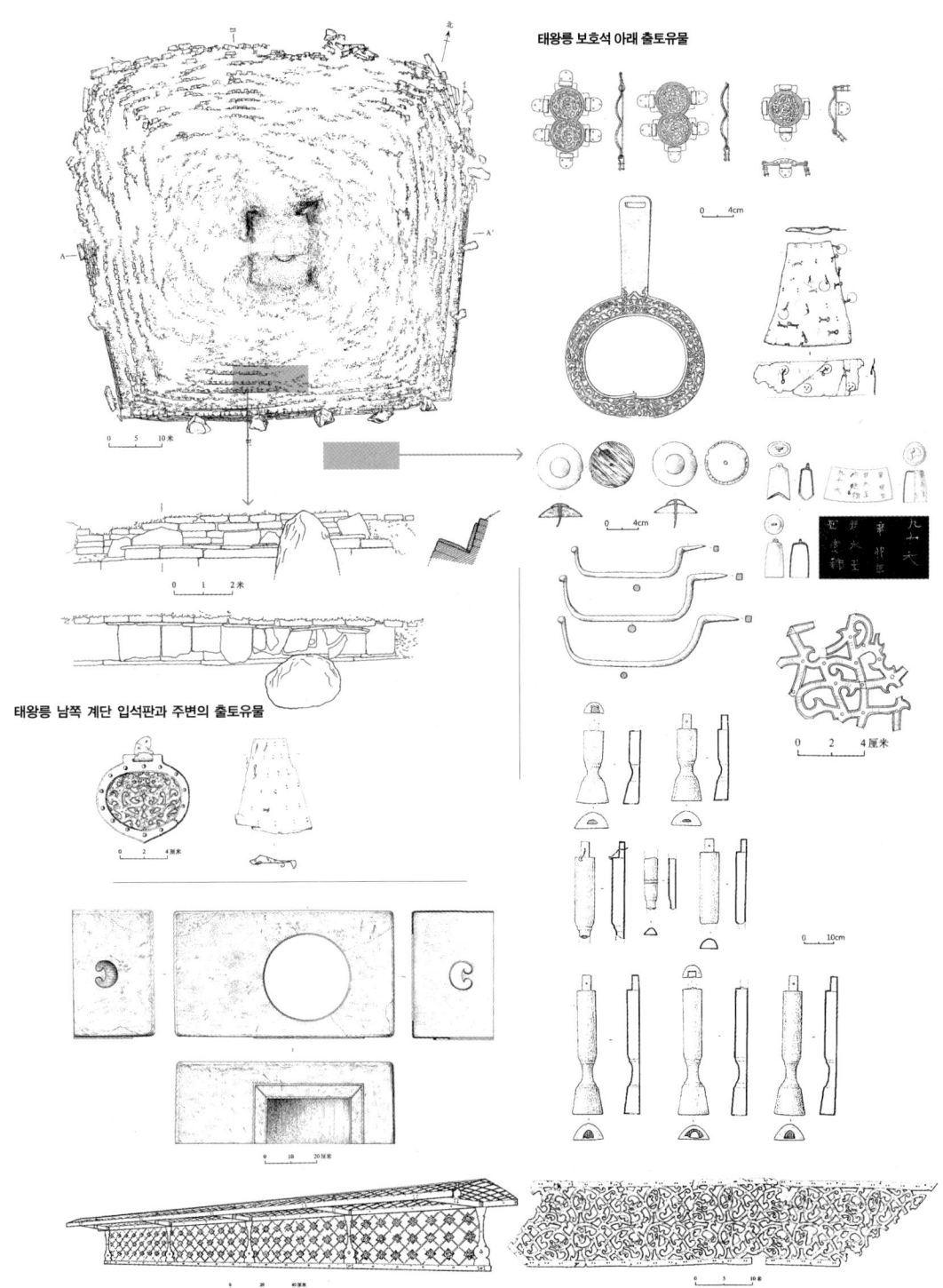

그림 3-2. 태왕릉 유물과 출토지점

제3장 고구려 고분의 유물

흐름에 따라 굴러 떨어지면서 원위치에서 이탈하였을 것이다. 매장시 어떠한 행위가 일어났는지 알 수 없지만, 남쪽 1층과 2층 계단석에 붙어있는 입석판과 관련을 가졌을지도 모르겠다. 이는 마구류가 장송관념으로 고분에 부장되는 다른 고분의 예에 비추어 보면 태왕릉에서도 마구가 장송관념의 표현으로 분구에 놓였을 가능성을 상정해 볼 수 있다.

  마구가 일괄로 출토된 것은 아니지만, 산성하195호분도 분구에 마구가 놓였을 가능성을 시사한다. 산성하195호분은 반원형의 부석시설이 부가된 계장식 계단적석총으로 묘광서쪽 모서리 근처에서 반량전 1매와 전곽오수를 포함한 오수전 32매가 출토되었고, 금동제 허리띠 장식과 마구로 보이는 금동방울, 철촉 등은 묘광의 외곽, 즉 상층 계단의 서남쪽에서 출토되었다. 다수의 유물이 출토되는 것은 후대의 인위적 훼손에 의해 부장품이 외부로 흩어진 결과이거나 계단에 놓였던 유물이 분구의 자연 붕괴로 매몰되었다가 조사로 노출되는 두 가지 경우로, 유물이 특정한 곳에 집중되어 있는 출토 정황과 생시에 사용하던 의복과 수레를 무덤 옆에 두고 장사지낸다는 기록을 결부시켜보면 산성하195호분에서도 인위적 훼손의 가능성보다 계단에 유물이 놓였을 가능성이 크다. 여기서 출토된 금동방울은 덮개가 있는 방울로 만보정242-1호 계단 주위에서 재갈과 함께 출토된 것과 유사하다.

  유사한 출토 예가 많은 것은 아니나, 만보정242호분이나 태왕릉, 그리고 산성하195호분의 출토양상에서 공통점을 갖고 있어서, 이를 매장행위 당시의 의도적 행위의 결과로 볼 수 있다. 즉 분구의례의 결과로 해석할 여지가 있다. 덧붙여 칠성산96호분의 계단에서는 말뼈가 출토되었다. 이는 말의 순생으로 말의 순생은 마구의 부장과 같은 관념의 표현이라고 할 수 있다. 즉 말이나 마구는 죽은 이가 천상 세계로 가는 수단으로서, 장송관념의 또 다른 표현이라고 할 수 있다.

2) 묘도, 묘실입구 출토 유물

  매장부에서 출토되었더라도 매납 위치에 따라 매납된 의미는 달랐을 것이다. 묘실 입구나 연도 또는 묘도 근처에서 출토된 유물이 그러할 것이다. 묘실입구나 묘도 근처에서 유물이 출토된 예는 칠성산96호분이나 만보정78호분에서 잘 관찰된다(그림 3-3).

칠성산96호분은 한 분구 안에 3기의 매장부가 있는 동분이혈의 다실묘로, 그 중 2호 묘도와 묘실 입구로 추정되는 곳에서 금동제 마구일습, 청동 초두와 정, 합 등의 금속제 용기, 황색 유약을 바른 시유기와 토기 등이 출토되었다.

만보정78호분은 가공된 장대석으로 쌓은 계단적석총으로 동남 모서리에서 묘도가 확인되어 광실 또는 석실적석총으로 추정된다. 묘실 바닥으로 추정되는 곳에서 황색을 띠는 화덕, 분, 관, 전연호의 시유기가 출토되었고, 묘도의 입구 쪽에 금동제 마구와 철제 마구 일습이 복수부장되어 있었다. 만보정78호분의 예에 비춰 볼 때 칠성산96호분의 마구는 묘도에서, 청동용기는 묘실 입구에서 출토되었을 것으로 추정된다.

이외에도 우산하68호분은 파괴가 심해 다진 황토층 위에서 대형의 장대석 방단이 확인될 뿐 외형과 매장부의 파악이 불가능한 적석총이다. 유물은 무덤의 중심에서 약간 남동쪽으로 치우친 곳에서 출토된 청동정과 시루와 솥 등 청동기 4점이 보고되었다.

만보정78호분과 칠성산96호분, 우산하68호분의 출토 양상을 종합해 볼때 묘실 입구에는 토기 특히 시루와 솥 등의 조리기와 개인 식음기가 부장되고, 묘도 입구 쪽에 마구가 부장되었던 것으로 추정된다.

이러한 양상은 묘도 양측이나 석곽의 단벽 쪽에 별도의 부장곽을 만든 무덤에서도 관찰된다. 집안 우산하3296호분, 우산하3105호분, 우산하2891호분, 우산하249호분, 우산하3146호분이 그러하다. 부장곽은 광실에서 떨어져 독립되어 있는 것(우산하249호분, 우산하3296호분), 연도의 서측으로 하나만 있는 것(우산하3146호분, 우산하3105호분), 연도 좌우에 대칭으로 있는 것(우산하2891호분) 등 구조적으로는 차이가 있지만, 그 안에서 시루와 솥 또는 호 등의 용기류나 장식마구 등이 출토된다는 점에서 어느 정도 정형성을 갖고 있다(표3-1).

두칸구조나 유사두칸구조 무덤에서도 마찬가지 부장양상이 확인된다. 장천2호분에서는 전실의 한쪽에서 화덕과 사이전연호가 출토되었고, 우산하540호분의 오른쪽 동측실에서 주로 출토된 유물은 금동제 거마구였다. 우산하3319호분에서 보고된 유물의 대부분은 연도의 좌우 측실에서 출토되었는

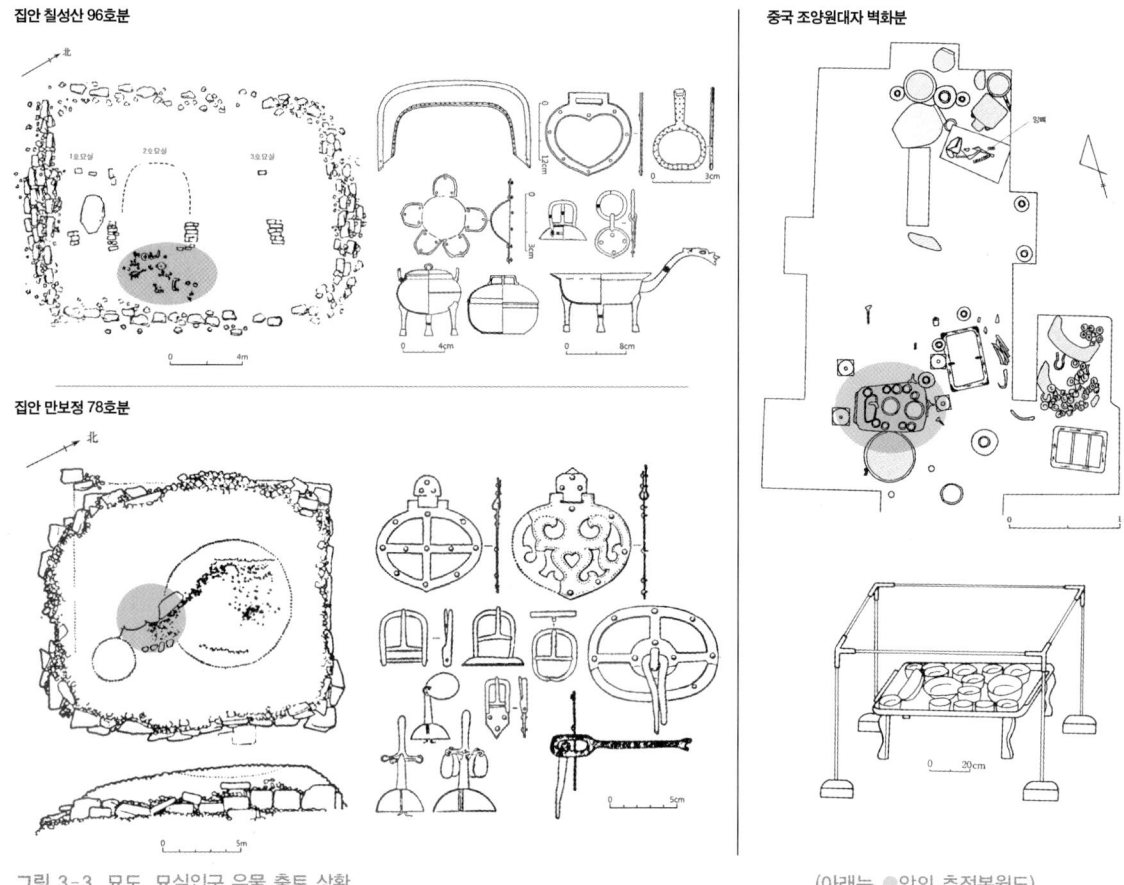

그림 3-3. 묘도, 묘실입구 유물 출토 상황 　　　　　　　　　(아래는 ●안의 추정복원도)

데, 남쪽의 우측실에서 금동제 마구류와 청자 및 시유기가, 북쪽의 좌측실에서 철제 갑옷편이 출토되었다. 부장양상을 알 수 없지만, 현실 내부를 기둥으로 두 개의 공간으로 나누고, 입구 쪽에 석상이 마련된 장산동 1·2호분도 마찬가지일 것이다. 이처럼 별도의 독립된 부장공간이 마련된 경우에도 부장양상은 묘실이나 묘도 근처에 부장된 예와 유사하다.

　묘실입구에서 조리와 식음기가, 묘도에서 마구류가 부장되는 것은 두 가지 측면에서 해석가능하다. 하나는 묘실 내에서 행해진 제의이고, 다른 하나는 사후세계로 가는 장송관념의 표현이다. 이는 결국 계세관념의 또 다른 표현이라고 할 수 있다. 계세관념을 그림으로 표현한 안악3호분의 경우, 전실 우측실의 네 벽에 식생활과 관련된 여러 제재와 함께 마구간과 외양간 등 식생

유적명	무덤형식	부장곽			
		위치	축조방법	규모*	출토유물
우산하 3296-1호분	계단광실, 연접	서쪽 벽 끝	단벽: 판상석, 수적 장벽: 할석, 평적 2단	1×0.6×0.7	토기호 3점
우산하 3296-2호분		서쪽 (파괴)			
우산하 3296-3호분		서쪽 벽 끝	4벽: 판상석, 수적 바닥 냇돌, 뚜껑돌	1×0.6×0.6	전연호 3점
우산하 3105-2호분	계단광실, 연접, 동분이혈	묘도 좌우 (동쪽 잔존)	판석조, 뚜껑	0.8×0.5×0.3	호 3점, 솥 1점
우산하 3105-4호분		묘도 (좌우 남쪽 파괴)			측실 내 토기 4점
우산하 2891-1호분	계단석실, 동분이혈	묘도 좌우 (한쪽 파괴)	가공 석재	1.1×0.7×0.8	행엽
우산하 2891-2호분		묘도 좌우 (파괴)	뚜껑	1×0.6×0.8	토기
우산하 249호분		서쪽 벽 끝 (파괴)			토기
우산하 3146호분				0.6×0.5×0.8	토기호 2점, 관 1점

표 3-1. 부장곽이 있는 적석총과 부장곽 출토 유물   *규모는 가로×세로×높이, 단위는 미터

활 전 과정과 출행을 표현하여서 식음기나 마구류의 부장도 같은 맥락에서 해설할 수 있다.

식생활을 반영한 기물의 부장이나 마구의 부장이 갖는 의미는 중국 요령성 조양 원대자벽화분을 통하여 조금 더 구체적으로 살펴 볼 수 있다. 원대자벽화분은 묘주초상화와 생활풍속도가 그려진 단칸구조의 석실분으로, 묘주의 표현이 고구려의 안악3호분이나 덕흥리벽화분과 흡사하다. 원대자벽화분은 출토 유물과 벽화로 미루어 4세기 중엽 전연 시기의 한인 관료 출신의 무덤으로 비정된다. 용기는 묘실입구와 뒤편 봉식도 그림 아래에 집중되어 있다. 비교적 큰 용기는 묘실 뒤편에 놓이고, 묘실 입구 쪽에는 칠기 상과 상 위에는 흑갈색 자기가 놓였다. 묘실 입구의 오른쪽에 있는 측실에서 마구가 출토되었다(그림 3-3 참조). 묘실 내 입구 쪽에 음식기가 놓여 있는 칠기 상으로 미루어 제의 모습을 연상할 수 있으며, 묘실 입구나 묘도 근처는 제의 행위가 행해진 공간으로 추정된다. 한편, 묘도나 전실이나 측실, 측감에 부장된 마구류는 기마 출행과 관련된 것으로 장송행위의 표현일 것이다.

결국 묘실 입구나 묘도 근처에서 출토된 유물들은 단순 부장품이라기 보다는 일련의 매장 행위 과정의 산물일 것이다. 금속제나 토제, 시유기의 식음

기와 관련한 유물들은 매장 후 행해진 제의행위를, 각종의 마구류는 사후 세계로 나아가는 장송관념을 표현한 것으로, 유물의 이러한 매납은 당시 유행하였던 계세관념의 물적표현이라고 할 수 있다.

2. 고분 유물의 종류와 특징

고분에서 출토된 유물은 재질과 용도에 따라 여러 가지로 구분할 수 있다. 금, 은, 금동, 청동, 철 등의 금속기, 토기와 시유도기, 청자·백자 등의 자기, 석기 등으로 장신구, 무기와 마구류, 식음기와 조리기 등 일상생활의 용기류, 기와와 벽돌 등이 출토되었다. 이처럼 고구려 고분에서 출토된 유물은 재질과 용도에 따라 그 종류가 다양하지만, 의미를 부여할 만큼 양적으로 충분한 것은 아니다. 그 가운데 형식 변이가 관찰되는 대금구, 청자와 초두, 마구류 등이 중국과의 교차편년으로 고분 편년의 상대서열 기준이 되고 있다.

1) 기와와 와당

분구에서 기와와 와당이 출토되는 것은 삼국의 무덤 구별되는 고구려 고분이 가지는 특징의 하나이다. 기와는 왕릉급으로 비정되는 초대형적석총에서 출토되어서 적석분구 위에 건물이 있었을 것으로 생각하였다. 그러나 규모가 작은 중, 소형의 적석총에서도 기와가 출토되어서 적석더미에서 출토된 기와가 모두 묘상건물의 부재는 아닐 것이다.

적석총에서 출토된 기와는 가는 모래가 섞인 고운 점토로 빚었으며, 회색을 띠는 것과 적색을 띠는 것 두 종류가 있다. 기와는 원통이나 모골와통을 사용하여 2분이나 4분 분할하고, 분할한 면을 깎아서 다듬었다. 내면에는 포흔이 있으며, 겉면에는 승석문繩蓆紋과 격자문格子紋 등 두들긴 무늬, 집선문 등의 무늬가 있으며, 무늬가 없는 것도 있다. 승석문과 격자문은 종방향으로 두들겨 무늬효과를 내고, 그 위에 이와 반대되는 횡방향으로 음각선을 3~4줄 긋거나, 손으로 물결무늬를 그리기도 하고, 예새나 다른 도구를 이용하여 두들긴 무늬를 지우기도 하였다. 기와의 끝 면을 손가락으로 누른 지두흔을 남기기도 한다. 현재 알려진 기와가 출토된 고분 가운데 가장 연대가 올라가는 것은 계장식으로 축조한 무기단 적석총인 마선구2378호분이며, 토수기와는 칠성산871호분에서는 처음으로 확인된다. 모서리 기와는 임강총에서 확인되기 시작하며, 임강총의 무늬가 없는 기와 중에는 겉면을 종방향으로 깎아낸 흔적도 보인다.

기와의 겉면에 글자나 부호, 숫자 등을 새기기도 하는데, 마선구2100호분, 천추총, 태왕릉에서 주로 발견된다. 그 중 천추총에서 확인된 글자 중에는 "○○未在永樂○○"은 광개토왕의 연호인 영락으로 미루어 영락 연간의 을미乙未년(395)이나 정미丁未년(407)의 하나로 비정되고 있다.

와당은 이른 시기의 무기단적석총에서부터 계단적석총에 이르기까지 긴 시간폭을 가진 무덤에서 출토되는 기와와는 달리 4·5세기의 왕릉으로 비정되기도 하는 초대형 적석총인 천추총, 태왕릉, 장군총과 서대총, 우산하992호분 그리고 우산하2112호분과 우산하3319호분 등 특정 고분에서만 출토되었다.

적석분구에 기와를 사용하는 것은 방수·방습이 그 일차적인 기능이라고 할 수 있지만, 4·5세기의 초대형적석총에서 출토되는 와당의 기능이 기와와 같았다고 할 수 없다. 특히 천추총이나 태왕릉, 장군총처럼 천장까지 잘 갖추어진 석실의 경우 구조적으로 상부로부터 압력을 견딜 수 있고, 분구 상부에 일정 범위의 수평면을 갖고 있기도 하여 분구 위의 구조물을 상정해 볼 수 있다(그림 2-6 참조). 더욱이 적석분구 기저부에 배수시설이나 산수석 등은 분구 위의 목조 구조물을 상정케 하며, 그 목조 구조물은 다른 초대형적석총과 구별시켜 줌으로써 왕릉이면서 동시에 기념물로서의 왕릉을 상징했을 것이다.

고구려 고분에서 분구 위의 구조물을 상정케 하는 와당은 권운문과 연화문 두 종류가 있으며, 그 각각은 여러 형식으로 나눌 수 있다. 특히 권운문 와당에서는 간지나 연호 등이 있어서 고분 간 상대연대의 기준이 되고 있다.

(1) 권운문 와당

권운문 와당은 당면의 무늬가 선을 둥글게 말아 감아 구름을 표현했다고 붙여진 이름으로 운문, 운기문 또는 궐수문, 권선문 와당이라고도 한다. 주연이 돌출되지 않았다는 점이 고분 출토 연화문 와당이나 중국, 낙랑의 권운문 와당과 구별되며, 거치문대가 있거나 연호문과 거치문대 사이에 명문이 위치한다는 점은 중국이나 낙랑의 권운문 와당과 구별된다(그림3-4).

환원 소성하여 회색이나 회청색을 띠며, 주연이 돌출되지 않은 평편한 당면을 갖고 있다. 당면은 중방과 중앙부, 외연으로 구성된다. 중앙부는 중방을 중심으로 4분 또는 8분 구획하고, 구획선의 끝과 끝은 호선으로 연결되었다. 구획된 면에 선을 둥글게 말린 권운을 배치하고, 호선과 구획선이 만나는 모서리에는 삼각상이나 편삼각형의 돌기를 만들었다. 외연에는 거치문대를 배치하였다.

명문 권운문 와당은 서대총, 우산하992호분, 우산하3319호분 등에서 출토되었다. 서대총에서는 '기축己丑'명이, 우산하992호분에서는 '기축己丑'명과 '무술戊戌'명이 있는 권운문 와당이 출토되었고, 우산하3319호분에서 출토된 여러 형식의 권운문 와당 중에는 "太歲在丁巳五月廿日爲中郎及將夫大人造盖墓瓦又作民四千餟盦权用盈時興詣得享萬世", "을묘년乙卯年 계유癸酉", "십곡민조十谷民造" 명문이 있다.

권운문 와당은 국내성에서도 출토되었다. 국내성내 인민욕지人民浴地 영극원映劇院과 남문리南門里에서 출토된 권운문 와당에서 태령太寧 연호가 확인되었다. 인민욕지 영극원에서 출토된 것은 명문이 주연의 거치문 안쪽으로 돌아가며 "太寧四年太歲○○閏月六日己巳造吉保子宜孫"이 찍혀 있고, 남문리에서 출토된 것은 거치문대와 연호선 사이의 공간에서 "太寧○年四月造作"이 확인되었다. 태령은 중국 동진東晉 명제明帝 사마소司馬紹의 연호로 323년에서부터 325년 사이이다. 따라서 태령4년은 없는 셈이어서 태령4년을 태령3년이 되는 325년으로 보거나 또는 326년으로 보기도 한다. 국내성 남문리에서 출토된 태령명 권운문 와당은 서대총과 우산하992호분의 간지명 와당과 특징을 같이 하고 있어서 서대총이나 우산하992호분의 기축이나 무술년은 태령 년간과 가까운 시기로 비정된다. 따라서 기축은 329년, 무술은 338년으로 비정할 수 있다. 우산하3319호분의 정사丁巳명이 있는 와당은 명문대가 주연에 있는 점은 태령4년명 와당과 특징을 같이 하지만, 8분구획과 연호문은 서대총이나 우산하992호분의 와당과 특징을 같이 하여서 태령4년보다 늦은 357년으로 비정되며, 이에 따라 을묘년乙卯年 와당은 355년으로 비정된다.

한편, 마선구2100호분이나 천추총의 권운문 와당은 연호문 사이에 새가 날아가는 형상을 한 무늬가 배치되거나, 꺾음 선으로 거치문을 표현하거나 연호문과 거치문 사이의 공백이 흐트러지는 등 전형적인 권운문 와당에서 벗어난 퇴화된 모습을 보여준다. 특히 천추총 권운문 와당의 경우 마선구2100호분보다 권운문 와당의 전형에서 더욱 벗어난 형태이며, 구획선있는 연화문 와당과 공반되기도 한다. 따라서 권운문 와당은 마선구2100호분 단계부터 전형에서 벗어나기 시작하여 천추총 단계를 지나면서 구획선있는 연화문 와당으로 대체되었다고 할 수 있다.

간지명과 권운문 와당의 문양 구성과 배치를 통해 볼 때 고구려에서 가장 먼저 사용된 권운문 와당은 4세기 초에 제작되기 시작하여 4세기 중엽경까지 고분과 국내성의 일부 건물지 등에 제한적으로 사용되었다고 할 수 있다.

권운문 와당이 중국에서는 전국시대 말부터 사용되기 시작하여 진·한대 와당의 주류를 이루고 있음을 감안하여 고구려의 권운문 와당이 중국의 영향을 받았을 것으로 생각하기도 하였다. 그러나 고구려의 권운문 와당은 권운문의

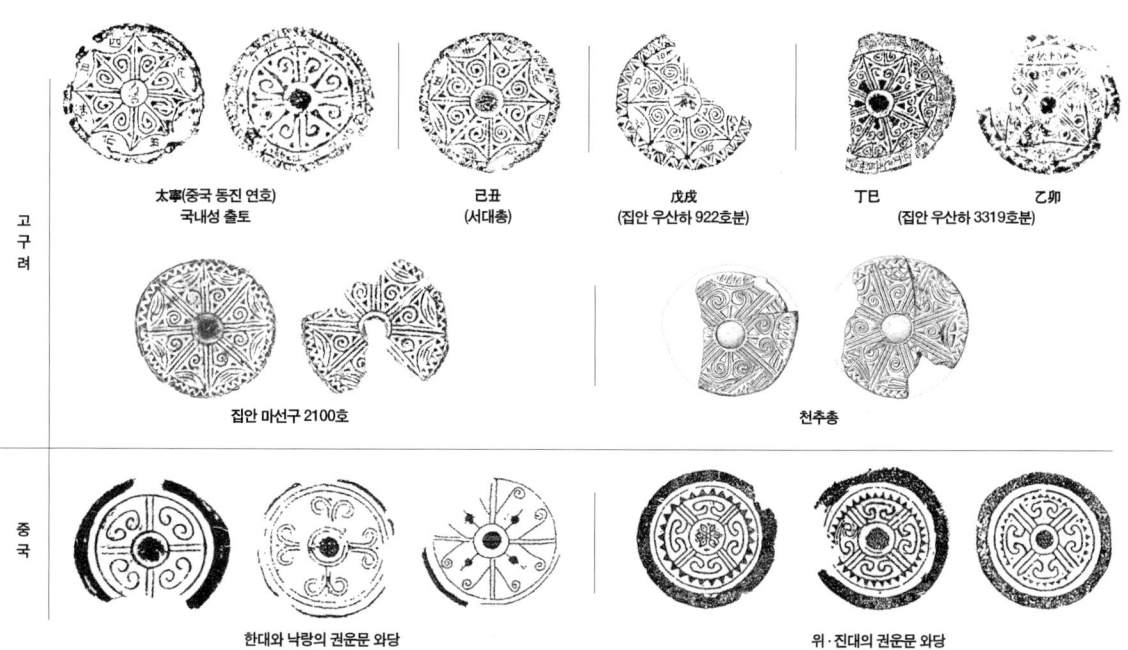

그림 3-4. 고구려 권운문 와당과 중국 한·위·진대 권운문 와당

표현과 중방의 문양, 거치문대와 원권, 구획선을 연결한 연호문 등에서 중국의 것과 뚜렷하게 구별된다(그림 3-4 참조). 더욱이 고구려와 국경을 접했던 중국 요령성이나 낙랑 토성지에서 출토된 권운문 와당과도 구별되어서, 고구려에서 자체 제작된 것으로 보인다. 따라서 권운이라는 문양 요소는 중국의 영향을 받았겠지만 고구려의 권운문 와당이 낙랑을 경유한 중국 한대의 권운문 와당 또는 위·진대 권운문 와당을 단순 모방제작하였다고 단정할 수는 없다.

(2) 연화문 와당

고분에서 출토되는 연화문 와당은 구획선을 가졌다는 점에서 일반 생활유적에서 출토되는 연화문 와당과 구별되며, 중국 연화문 와당과도 구별되는 중요한 특징이다*. 우산하2112호분, 천추총, 태왕릉, 장군총 등의 적석총과 장천2호분, 경신리1호분 등의 봉토석실벽화분이나 기단봉토석실벽화분 등 여러 형식의 무덤에서 출토되었다. 적석총의 경우 적석분구에서 평기와와 함께 출토되었으며, 기단봉토석실벽화분인 경신리1호분**에서는 봉토분구 아래에서 평기와와 함께 석실을 덮은 상태로 출토되었다(그림 2-7 참조). 봉토석실벽화분인 장천2호분에서는 묘실 내 관대에서 평기와와 함께 출토되었다는 점으로 미루어 천정 위를 덮었던 것이 떨어진 것으로 추정되어서, 적석총과는 출토 맥락이 서로 달랐던 것으로 보인다.

고분 출토 구획선있는 연화문 와당은 환원염 소성의 회색이나 회청색을 띠며, 적색 와당은 확인되지 않는다. 당면에 붉은색 칠을 하거나 백회가 붙어있는 것도 있지만, 이러한 현상이 모든 연화문 와당에서 확인되는 것은 아니다. 주연은 높고, 당면은 중방을 중심으로 두 줄 또는 세 줄로 6등분이나 8등분으로 구획하고 구획사이에 연화문을 배치하였고, 구획 수, 연관의 표현에 세부적인 차이가 있다. 구획선의 수는 두 줄과 세 줄이 있는데 두 줄이 다수를 점한다. 중방과 돌출된 주연 내측에 각각 2개의 원권이 있고, 중방 중앙에 작은 원형 돌기가 있고, 연판 양 옆에도 작은 원형 돌기가 있다. 연판의 형태는 연판 최대경이 중방 쪽, 즉 아래쪽에 있는 것, 중앙에 있는 것, 가늘고 긴 것 등 세 가지 형태가 있고, 연관의 표현은 2~3줄의 음각선으로 잎맥을 표현한 것과 연봉우리를 형상화한 것 두 종류가 있다. 그 중 연봉우리 표현은 태왕릉과

---

* 평양의 청암리토성, 안학궁 일대에서도 구획선이 있는 연화문와당이 출토되었다. 그 중에는 고분에서 출토된 것과 특징을 같이 하는 것도 있지만, 고분에서 보이지 않는 4분 구획된 것도 포함되어 있다. 이로 미루어 볼 때 구획선이 있는 연화문와당은 고분 뿐 아니라 사찰과 궁실 등 그 소용처가 제한되었던 것으로 보인다.

** 경신리1호분은 일제 강점기에 조사된 이래 북한에 의해서 재조사되었는데, 일제 강점기 하의 조사에서는 벽화가 검출되지는 않았지만, 북한의 재조사에 의해 1978년도에 벽화분임이 밝혀졌다(사회과학원 고고학연구소, 2009, 조선고고학전서32 고구려 벽화무덤(1), 진인진).

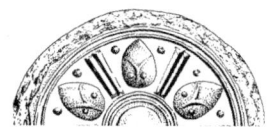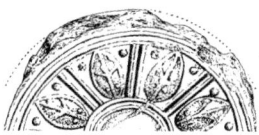

그림 3-5. 태왕릉 출토 연봉우리무늬 와당

우산하2112호분에서만 보고되어서 태왕릉형 연화문 와당이라고 부를 만하다(그림 3-5). 연봉우리의 표현은 Y선으로 봉우리를 표현한 것, 연판 중앙에 돌기선이 있고 돌기선의 2/3 되는 지점에서 양측으로 사선을 그려 봉우리를 표현한 것, 연봉우리의 양측 사선이 연판 좌우의 원형 돌기와 연결된 것 등이 있어서 전체적으로 여러 모양을 띤다.

여러 형태의 구획선있는 연화문 와당은 한 고분에서 한 가지 형태만 출토되기도 하지만 두 가지 이상의 형태가 공반되기도 하였다. 천추총에서는 퇴화된 권운문와당과 함께 6분 구획된 연화문 와당이, 장군총과 장군총 배총에서는 8분 구획된 연화분 와당 한 형식이 출토되었고, 태왕릉에서는 6분 구획된 것과 8분 구획된 연화문 와당이 출토되었다. 그리고 장천2호분에서는 8분구획 연화문 와당이, 경신리1호분에서는 6분 구획된 연화문 와당이, 그리고 우산하2112호분에서는 연봉우리무늬 연화문 와당이 출토되기도 하였다(그림 3-6). 따라서 권운문 와당과 구획선있는 연화문 와당의 공반과 연화문 와당 형식 간의 공반관계와 유행에 따른 빈도 등을 종합해 볼 때 구획선있는 연화문 와당은 천추총→우산하2112호, 태왕릉 → 장군총 순으로 상대서열되며, 일부만이 보고된 경신리1호분은 태왕릉과 장군총 사이에, 출토 예가 적은 장천2호분은 장군총 단계로 위치지울 수 있다. 천추총에서 퇴화된 형태의 권운문 와당과 구획선있는 연화문 와당이 공반되는 것으로 보아서 4세기 후엽경 구획선있는 연화문 와당이 제작되기 시작하여 태왕릉이 조성되는 4세기말이나 5세기초에는 구획선있는 연화문 와당이 권운문와당을 대신하여 고분에 본격적으로 사용되기 시작하였다고 할 수 있다.

고분에서 출토되는 구획선있는 연화문 와당은 권운문 와당이 고분과 국내성에서 출토되는 것과는 달리 당시의 국내성이나 환도산성에서는 확인되지 않고 있어서 고분 축조를 위해서 특별히 제작되었을 것이다. 다만, 평양 일대

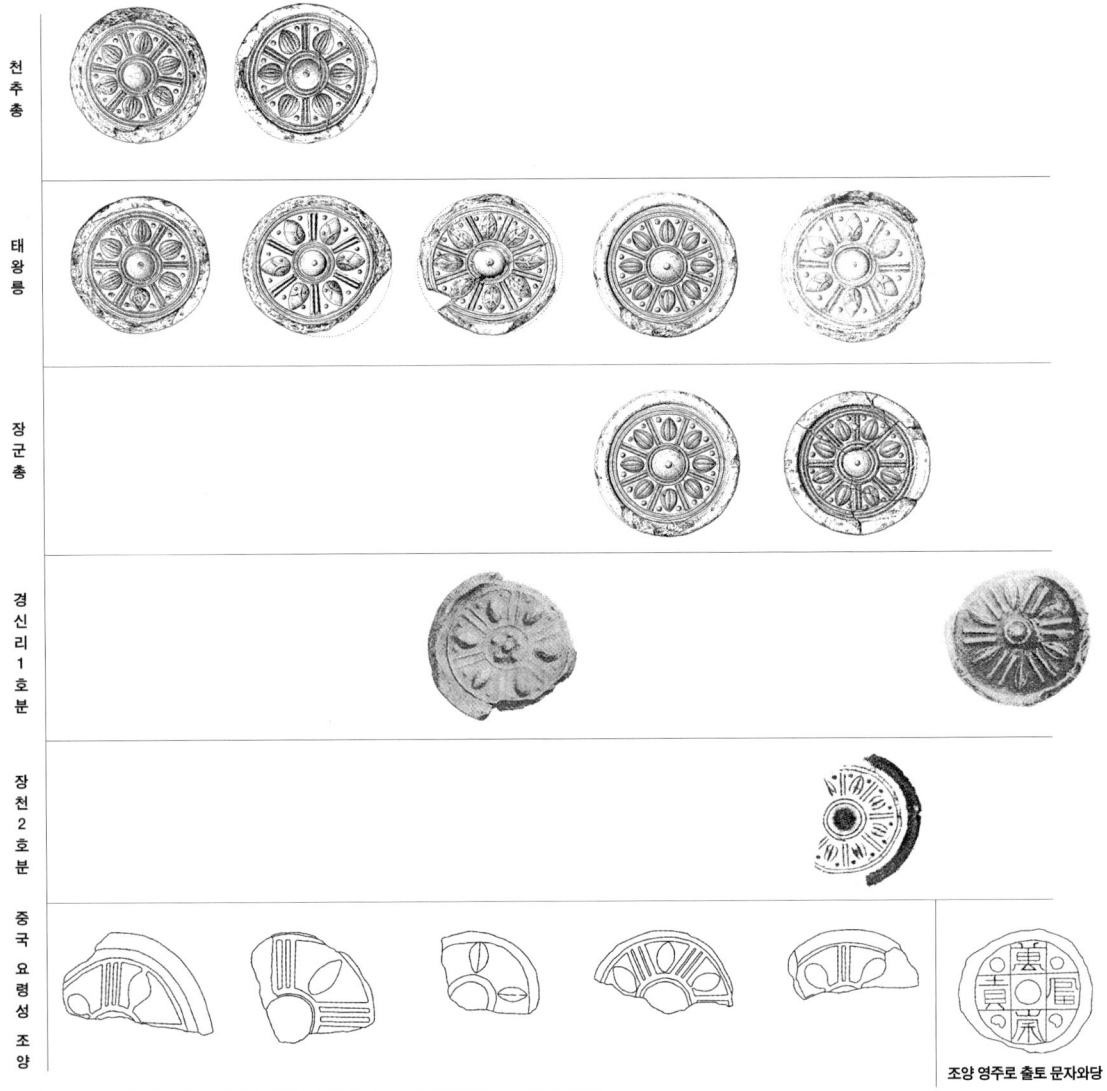

그림 3-6. 고구려 고분과 중국 요령성 조양 출토 구획선있는 연화문 와당

토성리와 청암리에서도 구획선있는 연화문 와당이 보고되기도 하여서 광개토왕이 평양에 축조한 9개의 절과 관련시켜 볼 여지가 있다. 따라서 구획선있는 연화문 와당은 고분과 사찰에 사용되었을 가능성이 있으며, 연화문 와당이 크게 확산된 사회적 배경으로는 불교의 전래와 공인을 상정해 볼 수 있다.

고구려의 구획선있는 연화문 와당은 중국의 영향을 받을 것으로 이해되었었다. 중국에서는 한대의 권운문 와당이 위·진대까지 지속되지만, 남북조시대가 되면 연화문 와당이 권운문 와당을 대체하여서 고구려 구획선있는 연화문 와당도 그러한 맥락에서 중국의 영향을 받은 것으로 생각하였다.

한편, 구획선 있는 연화문 와당을 중국 동북지방 전연의 와당과 연결시키기도 하였다(万雄飞·白宝玉 2006:305~310). 이는 조양이 전연대부터 도성이 자리하였던 곳이었다는 전제에서 이곳에서 구획선 있는 연화문 와당이 출토되었기 때문이다. 구획선있는 연화문 와당은 조양朝陽 영주로營州路 유적 하층에서 문자 와당과 함께 출토되었는데, 이 문자 와당은 산서성 대동의 북위 유적에서 출토된 것과 같다(그림 3-6 참조). 따라서 전연대 유적이라기 보다는 후연 이후의 와당일 가능성이 크다. 실제 전연이 전진에 의해 망하고, 후연이 조양일대로 복귀하면서 대규모 왕성 복구 사업을 실행했음을 고려해 볼 때 구획선있는 연화문 와당은 전연보다는 후연대일 가능성이 크므로 시간적으로는 고구려 보다 늦은 셈이다. 뿐 만 아니라 삼연의 구획선있는 연화문 와당은 4분 구획된 것으로, 6분이나 8분 구획된 고구려의 연화문 와당은 확인되지 않으며, 구획선도 두줄이나 세줄 있고, 중방이나 연판 좌우의 원형 돌기가 없는 등 고구려의 전형적인 구획선 있는 연화문 와당과는 차이가 있다(그림 3-6 참조). 때문에 고구려의 구획선 있는 연화문 와당이 전연의 영향이라고 할 수 없다. 오히려 구획선 있는 연화문 와당은 불교의 수용에 따라 고구려에서 독자적으로 제작한 것이고, 고구려 구획선있는 연화문 와당의 영향을 받아 후연에서 제작되었을 가능성도 생각해 볼 여지가 있다.

2) 장신구

(1) 관과 관식

고구려 고분에서 출토된 관과 관식 또는 뒤꽂이는 그 유례가 많지 않을 뿐 아니라 완전한 것은 더 더욱 드물다. 다만 중국 기록에는 대가大加와 주부主簿의 관모인 책幘은 중국의 것과 비슷하며, 소가小加는 고깔처럼 생긴 절풍을 썼으며, 벼슬이 있는 사람은 그 위에 새 깃을 꽂았다고 하며, 귀한 사람이 쓰는 소골蘇骨이라고 하는 관은 자주색 비단 위에 금이나 은으로 장식했다고 한다. 실제 개마총·쌍영총·무용총·장천1호분에 묘사된 인물 중에는 새 깃을 꽂은 인물이 있어서 고구려에서는 새 깃을 꽂거나 금이나 은으로 장식함으로써 신분의 차이를 드러냈다고 하는 중국 기록과 어느 정도 부합한다.

깃털 장식이 있는 완전한 형태의 관은 아니지만, 태왕릉에서는 새날개모양의 세움장식과 함께 관모로 추정되는 금제 원통형 2점이 출토되었다(그림 3-7-①). 이외에 집안출토품으로 전해지는 것은 대관으로 추정된다. 이것은 띠 위에 세 개의 세움장식이 있는 것으로, 세움장식에는 투조된 삼엽문 8개가 일렬로 배치되어 있다(그림 3-7-②). 경북 의성 탑리고분 I곽에서 출토된 금동관이 이와 유사한 형태이다(그림 3-7-③).

새날개모양 관식은 우산하3105호분과 집안에서 출토된 것으로 전해지는 것이 있다. 우산하3105호분에서 출토된 것은 완전하지는 않으나, 집안에서 출토된 것과(그림 3-7-④) 동형이다. 집안에서 출토된 것은 중앙의 솟음장식 가장자리를 깃털처럼 만들었고, 맨 위에는 삼엽문을 투조하고, 좌우 새 날

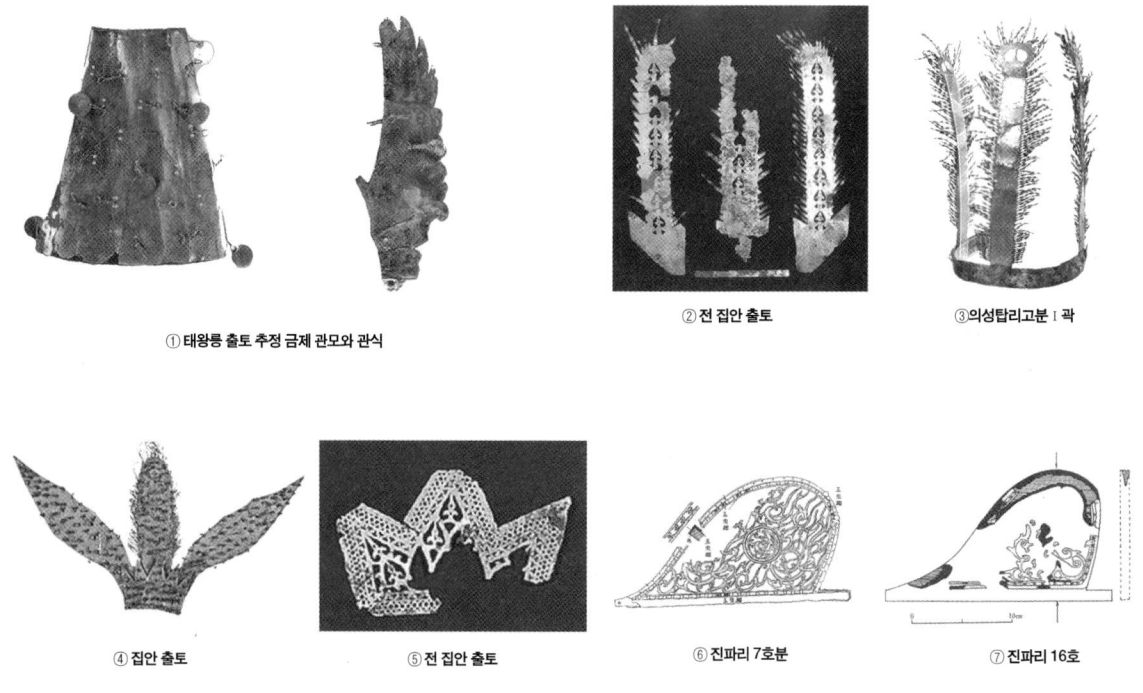

① 태왕릉 출토 추정 금제 관모와 관식　② 전 집안 출토　③ 의성탑리고분 I곽

④ 집안 출토　⑤ 전 집안 출토　⑥ 진파리 7호분　⑦ 진파리 16호

그림 3-7. 관과 관식(②·③ 국립경주박물관, 2001, 신라황금)

개모양의 세움장식에는 둥근 영락이 달려 있다. 또한 전체 형태를 알 수 없지만 우산하3560호분에서 금동제 관식편이 출토되었다. 한 점은 삼엽문과 T형 도안이 투조되어 있고, 다른 것은 능형과 세장방형 투조된 것으로 각기 다른 개체였을 것으로 보이나 원래의 모습을 복원하기는 어렵다.

이외에도 집안출토품으로 전해지는 것 중에 山자형의 금동관식이 있다(그림 3-7-⑤). 산자형 내부에 삼엽문을 투조하고 그 외각으로 T자형 도안과 능형과 삼각상 거치문이 투조된 것으로, 어떻게 착용하였는지는 알 수 없다. 한편, 평양 청암리토성 출토 화염문 금동관은 불상의 보관으로 추정되며, 금동관모로 보기도 하였던 진파리7호분과 진파리16호분*에서 출토된 삼족오가 투조된 금동장식판은 베개의 마구리로 추정되고 있다(그림 3-⑥, ⑦).

(2) 귀걸이

고구려 고분에서 출토된 귀걸이는 30여 점이 보고되어서, 고구려 장신구 중에서 차지하는 비중이 크지만, 삼국과 비교해보면 수적으로 많은 것은 아니다(그림 3-8). 귀걸이는 고리가 없는 것과 있는 것 두 종류인데, 다수는 고리가 있는 것이다. 고리가 있는 귀걸이는 태환식과 세환식 두가지이며, 주환과 유환, 중간식과 수하식을 모두 갖춘 귀걸이는 많지 않고 형태도 단순한 편이다.

고리가 없는 귀걸이는 환인 망강루적석총 4, 6호분, 운봉댐 수몰지인 석호 왕팔발자 적석총, 우산하3283호분에서 출토되었다. 환인 망강루적석총에서 출토된 귀걸이는 금실을 꼬아서 고리를 만든 것으로, 부여 유수노하심 중층 유적에서 출토된 것과 유사한 형식이다. 이러한 형식의 귀걸이는 중국 한대 동부선비의 유적에서도 출토되는 것으로 북방계 특징을 갖고 있다. 석호 왕팔발자 적석총에서는 유리제 이전耳璽과 함께 금제 귀걸이가 출토되었다. 이와 유사한 것은 부여 유수노하심 중층 93호묘에서 출토된 바 있으며, 경기도 김포 운양동 2지구 4호 주구묘에서 출토된 것도 이와 흡사하다. 우산하3283호분에서 출토된 귀걸이는 금제로 원형판 아래 금실을 꼬고 편오각형 영락을 단 것이다.

태환식 귀걸이는 집안 마선구1호분, 평양 만달산록7호분, 남포 보림리 대동6호분, 남포 용흥리7호분, 대성구역 안학동과 대동군 등에서 출토되었고, 집

* 진파리 16호분은 1호와 2호 사이에서 묘실 바닥만 확인된 무덤으로, 매장부 두 기가 동서로 배치된 동분이혈 석실분이다. 분구를 감안해 볼 때 16호분은 1호분이나 2호분보다 먼저 조성된 무덤으로 보이며, 유구의 중복상황과 유물 내용으로 미루어 16호분에서 출토된 금동조 관모형 장식은 16호분 유물이라기 보다는 1호분의 유물일 가능성이 있다.

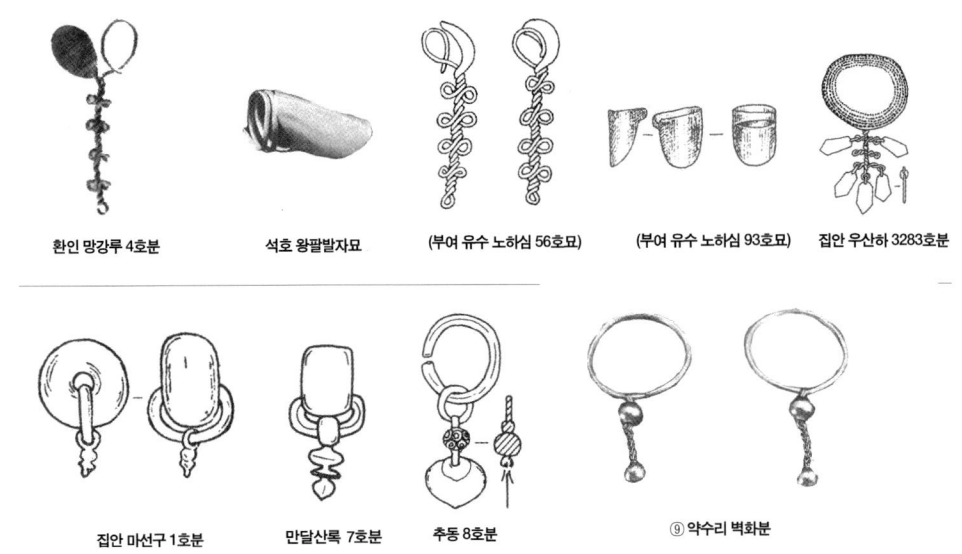

그림 3-8. 귀걸이

안 칠성산무덤에서 출토된 것으로 전해지는 것이 여러 점이 알려졌다. 수하식은 추형과 심엽형 두가지가 있으며, 각각은 중간식과 수하식의 연결기법에 따라 다시 나눌 수 있다. 땜으로 연결시킨 추형수하식의 귀걸이는 마선구 1호분과 칠성산 고분과 평양 만달산록7호분에서도 출토되었다. 청원 상봉리와 서울 능동에서도 이와 유사한 귀걸이가 출토되었으며, 황남대총 북분에서 출토된 귀걸이는 고구려산으로 보고 있다(이한상 2005). 심엽형 수하식을 가진 귀걸이는 집안 마선구와 평양 대동군에서 출토된 것으로 전해지는 것이 있지만 출토 상황이 확실하지는 않다. 마선구에서 출토된 것은 수하식이 땜질로 연결되었으며 소환연접구체아래에 3매의 심엽형 수하식이 달려있으며, 진천 회죽리에서 출토된 귀걸이도 심엽형 수하식이 있는 태환식 귀걸이이다. 마선구412호분에서는 중간식이 소환연접입방체이고 심엽형 수하식이 달린 이식이 출토되었다.

　세환식 귀걸이는 평양시 상원구 소구절3호분, 지경동2호분, 남포 대동19호분, 추동8호분, 약수리벽화분, 대동 덕화리3호분, 시중 로남리 남파동에서 출토되었다. 세환식 귀걸이는 중간식과 수하식의 모양과 연결기법에 따라 여러 형태가 있어서 태환식에 비해 다양하다. 영원 출토품으로 전해지는 것은 땜질 기법으로 중간식과 수하식을 연결시켰는데, 중간식은 소환연접구체이고 수하식은 추형이다. 대동19호분, 추동8호분, 태성리에서 출토된 것은 중심 고리에 유환과 폭이 좁은 금판으로 소환연접구체, 심엽형 수하식을 차례로 연결했다. 약수리벽화분 귀걸이는 중심 고리에 금실로 만든 연결금구 아래에 사슬을 이용해 속이 빈 구슬을 매달았다. 이와 유사한 것이 집안 칠성산 무덤에서 출토된 것으로 전해진다. 칠성산 무덤에서는 땜으로 연결된 추형 수식이 달린 세환이식과 심엽형 수하식이 달린 세환이식이 출토되었다.

이외에 연결금구가 금실이고 속이 빈 구슬형 중간식 아래에 심엽형 수하식이 달린 귀걸이도 있으며, 북한에서 고조선 시기로 보고 있는 강동군 순창리 굴바위2호묘와 5호묘에서 출토된 금동 귀걸이는 형태와 제작방법이 만달산록7호분 출토 귀걸이가 유사해 고구려 귀걸이로 판단된다.

(3) 대금구

고구려 고분에서 출토된 대금구는 금, 은, 금동제로 과판, 수하식과 요패로 이루어졌다. 그 중에는 진식대금구도 포함되어있다. 진식대금구는 비교적 정형화된 형태의 과판과 수하식, 교구 등으로 구성되어 있으며, 중국 중원지방과 동북지방 그리고 한반도 삼국 및 일본 고분시대의 주요 부장품으로 고구려와 중국, 한반도 삼국과 일본 등 동아시아의 관계를 설명하는 고고학적 근거로 활용되기도 한다. 그러나 고구려 대금구는 요패가 있다는 점에서 중국의 진식대금구와 다르다(그림3-9-1).

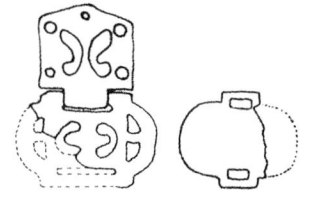

집안 우산하 3162호분   집안 우산하 3296호분

그림 3-9-1. 대금구 요패

완전한 형태는 아니지만, 대금구는 산성하159호분, 산성하152호분, 산성하725호분, 산성하330호분, 산성하159호분, 우산하3560호분, 우산하3142호분, 우산하3162호분, 우산하3296호분, 우산하3105호분, 칠성산96호분 1호묘실, 집안838호분, 집안151호분, 장천4호분, 환인 연강향19호분, 평양 고산동10호분, 서해리 2지점1호분, 호남리사신총 등에서 출토된 것이 알려지고 있다. 고분에서 출토된 대금구는 과판과 수하식의 형태와 무늬, 결합방식 등이 여러 모습을 갖고 있어서, 이들의 조합과 공반을 고려해 볼 때 고분에 부장된 대금구를 네 가지 형태로 나누어 볼 수 있다(그림3-9-2).

I형은 종장방형 과판과 횡장방형 과판의 조합이 특징이다. 산성하152호

분, 산성하159호분, 우산하3560호분, 우산하3142호분의 대금구가 이에 해당되며, 중국 의흥宜興 주처묘周處墓, 낙양洛陽 서교西郊 진묘晉墓, 요령성 북표北票 라마동喇嘛洞275호분 등에서 출토된 과판과 유사하다. 특히 낙양 서교 진묘의 대금구는 용문투조 교구와 심엽형 수하식이 달린 종장방형 과판이 한

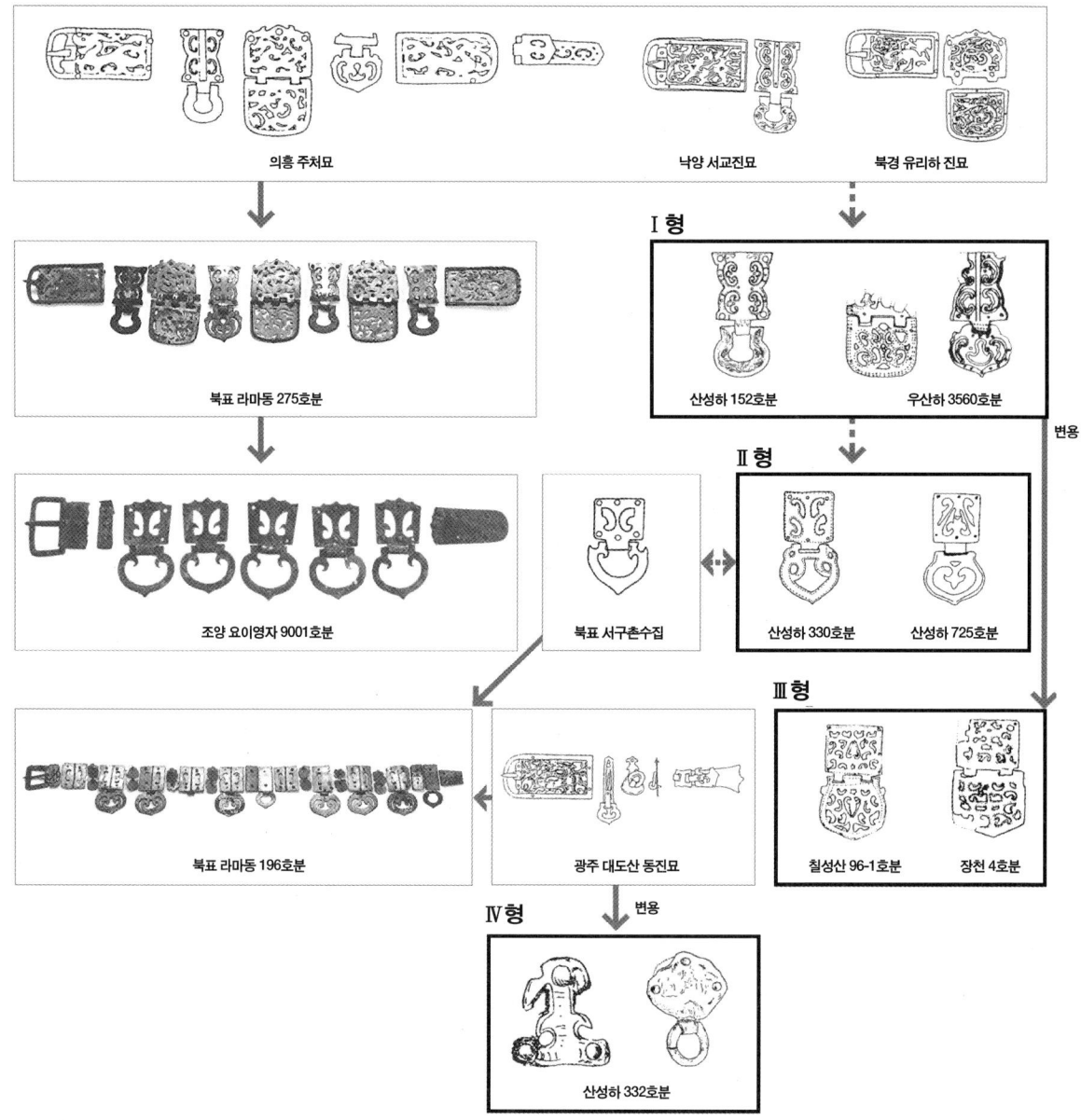

그림 3-9-2. 고구려 대금구와 중국의 진식대금구

조를 이루며, 산성하152호분의 과판과 수하식이 이와 매우 흡사한다. 한편, 우산하3560호분의 수하식은 중국 북표 라마동275호분에서 출토된 횡장방형 과판의 수하식과 유사하지만, 연결고리 수에서 차이가 있다. 라마동의 과판은 연결고리가 세 개인데 반해 고구려와 중국 중원왕조의 것은 두 개이다. 따라서 I형의 대금구는 중국 요령성을 경유했다기보다는 서진 왕조로부터 완제품의 상태로 들어왔을 가능성이 크다.

II형은 심엽형 수하식이 달린 방형 과판으로, 산성하330호분, 환인 연강향19호분, 집안151호분, 산성하725호분에서 출토되었다. 심엽형 수하식은 중국 중원 왕조의 것과 같으나 방형 과판은 중국 중원왕조의 것과 다르며, 중국 요령성 북표 서구촌에서 수집된 것과 유사하다. 그러나 북표 서구촌西溝村의 방형 과판은 삼엽문이 한 열만 투조되었다는 점에서 상·하로 배치된 고구려와 차이가 있다. 또한 조양 왕자분산 요이영자腰尔營子9001호분의 방형과판은 상면이 화염상을 띠고 있어서 고구려의 방형 과판과 다르다. 더욱이 아직까지 중국에서 상·하 2열로 무늬를 배치한 방형 과판은 보고예가 없으므로, 방형 과판의 삼엽문이 2열 배치된 대금구는 고구려에서 변용된 것으로 보인다. 따라서 II형의 대금구는 중국 요령성을 경유하였다기 보다는 서진 왕조의 것을 조형으로 고구려에서 변용·제작됐을 것이다.

III형은 횡장방형 과판을 특징으로 하며 수하식이 과판보다 큰 경향을 띤다. 칠성산96호분 1호묘실, 고산동10호분, 장천4호분, 집안873호분, 서해리2지점1호분, 호남리사신총 등이 이에 해당된다. 고구려 대금구 중 가장 많은 수를 점하고, 넓은 범위에서 출토되었다. 횡장방형 과판은 상변이 화염상인 중국 서진의 횡장방형 과판에서 변한 것으로 볼 수 있고, 수하식도 심엽형과 하원상방형의 변형으로 볼 수 있다. 반면, 이와 유사한 예는 아직까지 중국 중원 왕조나 요령성의 삼연 왕조에서 출토된 바 없다. 따라서 수적으로 가장 많으며, 넓은 시공적 범위를 갖고 있는 III형 대금구는 고구려에서 제작된 고구려화된 대금구라고 할 수 있다.

IV형은 심엽형 과판에 고리형 수하식이 달린 것으로 칠성산96호분, 우산하3305호분, 태왕릉, 산성하332호분에서 출토되었다. 그 중 산성하332호분에서는 심엽형과 수지형 과판이 함께 출토되었다. 심엽형 과판은 중국 서진의 대금구에는 없고, 수지형 과판은 동진대 무덤인 중국 광주廣州 대도산大刀山의 무덤(342년)과 무한武漢 웅가령熊家嶺 무덤에서 출토되었다. 중국의 예로 미루어서 IV형의 산성하332호분 출토 대금구는 동진대 대금구의 영향을 받았을 것이다. 그러나 과판 조합이 동진의 대금구와 다르므로 완제품의 상태로 유입되었다기보다 동진의 대금구를 조형으로 고구려에서 변용·제작된 것으로 보인다.

(4) 신발

고구려 고분에서 신발 바닥에 작은 못이 박힌 못신이 출토되었다. 장군총에서는 끝이 둥근 못이 있는 금동신이 출토되었으나 못신의 대부분은 끝이 뾰족한 못신이다. 끝이 뾰족한 못신은 집안 우산하3109호분, 칠성산1223호분 그리고 집석공로간의 우산하고분, 마선구의 고분과 마선구 저장猪場에서 출토되었다(표 3-2). 못신은 통구12호분이나 삼실총, 장천2호분의 고분 벽화에서 갑옷 무사가 착용한 것으로 표현되어 있어서 실제 착용했을 것이다.

우산하3109호분 못신은 바닥 길이 30센티미터, 폭 11.6~9센티미터이고, 바닥에 23개의 못이 있다. 못은 끝이 뾰족한 방체로 3.2센티미터이다. 신발의 가장자리가 접히고 접힌 면의 위쪽 둘레를 돌아가면서 두 개씩 쌍을 이룬 작은 구멍이 있어서 신발 측면과 상면은 가죽이나 섬유였을 것으로 추정된다. 정확한 출토지를 알 수 없으나 집안에서 수습된 것으로 알려진 금동제 못신은 바닥만 남아 있는데 한 짝 바닥에는 못 65개를 박았고(60개 잔존), 다른 쪽에는 못 59개를 박았다(58개 잔존).

이외에도 만보정151호분과 집안 산성하151호분에서 한쪽이 둥근 방형의 테두리에 못을 박은 철제 못신이 출토되었다*. 산성하151호분에서는 2점의

* 두 유적에서 출토된 신발의 크기와 설명이 비슷하고, 두 유적이 서로 인접하여서 만보정151호분과 산성하151호분이 같은 무덤의 오기일 가능성도 배제할 수 없다.

출토 무덤	바닥 길이와 폭(cm)	못의 수	못의 길이(cm)	
마선구 무덤	32.5×8.7	35	3.3	1959년 수집
마선구 저장	32×11	35	-	1960년 수집
우산하 무덤	32×11	22(잔존 18)	1.2	1959년 수집
칠성산1223호분	23×10.3	23(잔존 8)	3.2	1983년 수집
우산하3109호분	30×11.6~11.9	23	3.2	-

표 3-2. 고분 출토 금동제 못신

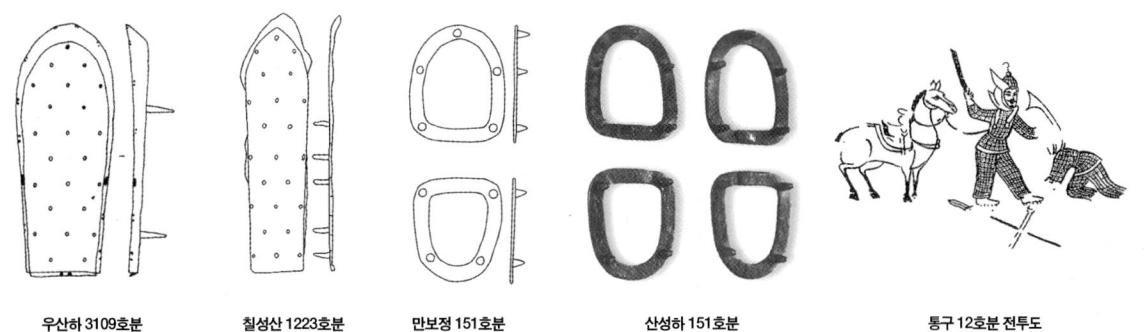

| 우산하 3109호분 | 칠성산 1223호분 | 만보정 151호분 | 산성하 151호분 | 통구 12호분 전투도 |

그림 3-10. 금동제 못신

못신이 출토되었는데, 하나는 발굽형으로 바닥 길이 12센티미터, 너비 10.2센티미터이며, 5.4센티미터의 못이 5개 박혀 있으며, 다른 하나는 바닥 길이와 너비가 9센티미터인 방형으로 1센티미터 정도되는 4개의 못이 박혀 있다. 바닥의 형태로 보아 전자는 신발 앞쪽에 해당되며 후자는 신발 뒤쪽에 해당되는 것으로 보인다. 만보정151호분에서는 신발 한 켤레에 해당하는 4점이 출토되었다. 앞쪽은 길이 11.5센티미터, 너비 9.8센티미터 정도이며 1.4센티미터의 못이 5개 박혀 있다. 뒤꿈치 쪽에 사용된 것은 길이 11센티미터, 너비 9.2센티미터이고, 4곳에 못이 박혀 있다. 이 못신은 신발이라기보다 신발 바닥에 대고 가죽이나 끈으로 묶어 사용한 것으로 겨울에 눈길 다니는 데 유용했을 것으로 보여서 일상용으로 사용되었을 것이다.

(5) 기타

팔찌, 반지, 비녀뒤꽂이, 그리고 목걸이에 사용되었을 구슬, 용도를 알 수 없지만 여러 형태의 영락과 장식판 등이 고구려 고분에서 출토되었다.

팔찌는 은이나 청동을 가지고 판을 구부려 만든 것, 단면 형태가 삼각형, 〉형, 사다리형, 원형, 단면 원형 바깥쪽에 눈금을 그은 것 등 여러 가지 방법으로 만들었다. 그 가운데 가장 많은 것은 아무런 장식이 없는 것으로 심귀리 75호분, 대성산 식물원구역4호분, 용강 후산리 내동4호분, 추동9호분, 순천 용악동의 팔찌이다. 표면에 장식이 된 것은 만달산록15호분과 강원도 고성 봉화리1호분에서 출토되었다. 고분은 아니지만 판차령板岔嶺에서 출토된 금제 팔찌는 단면 삼각형이다. 이를 무덤의 구조와 결부시켜볼 때 팔찌는 판에

그림 3-11. 판차령 출토 금제팔찌

서 차츰 삼각형이나)형, 원형으로 바뀌며, 여기에 각목이 들어가는 변화를 보인다.

반지는 금, 은, 청동, 뼈로 만들었다. 금제 반지는 덕화리3호분, 약수리벽화분에서 출토되었다. 약수리벽화분에서 출토된 금제 반지는 3점으로 모두 원형이며, 1점은 지름 2센티미터이고 다른 2점은 지름 1.5센티미터이다. 은제 반지는 적석총인 법동리 하구비고분과 집안 우산하2183호분, 봉토분인 평양 역전이실분, 태성리1호분, 순천 용봉리2호분, 대동 보림리 소동12호분, 집안 노호초4호분 등에서 출토되었다. 그중 우산하2138호분과 보림리 소동12호분에서 출토된 반지는 얇은 은띠를 말아 만들었고, 보림리 소동12호분에서 출토된 반지는 손 위로 드러나는 면이 마름모꼴로 넓어지는 모양이다. 그 외 고분에서 출토된 반지들은 원형으로 은사를 말아 만들었다. 한편 안학궁터2호분에서 청동제 반지가 출토되었는데, 손 위로 드러나는 면이 조금 넓어지는 모양이다. 또한 초산 운평리10호분에서 가는 뼈를 휘어서 둥글게 만든 것이 출토되었는데, 반지로 추정한다.

머리장식품인 비녀와 뒤꽂이는 은이나 청동으로 U자형으로 만들었다. 전 동명왕릉 출토 비녀는 청동제이며, U자형 정부를 한 번 눌러 장식을 한 우산하3160호분, 평양 대동5호분, 우산리7호분 출토 비녀는 모두 은제이다. 순천 용악동에서 출토된 것은 컴퍼스 모양으로 가늘고 길다. 마선구1호분에서 출토된 것은 Y자형으로 Y자의 갈라진 끝에 작은 구멍이 있어서 거기에 영락이 달려 있었을 것으로 보인다(그림 3-12). 마선구1호분에서 출토된 것과 같은 모양의 것이 황남대총 북분의 주피장자의 머리 옆에서 운모, 백화수피제 관모와 함께

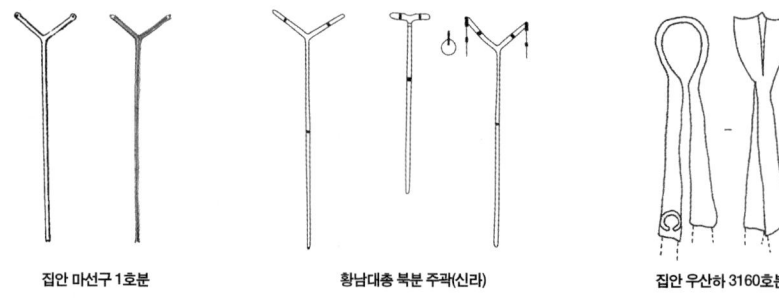

집안 마선구 1호분   황남대총 북분 주곽(신라)   집안 우산하 3160호분

그림 3-12. 비녀·뒤꽂이

출토되어서 머리장식이었음을 확인할 수 있다. 현재까지 보고된 비녀나 뒤꽂이가 부장된 무덤은 4·5세기의 적석총이나 봉토분이다.

3) 청자와 백자

청자는 우산하3319호분과 마선구2100호분 그리고 국내성 체육장 부지 내 회갱 등 생활유적에서 출토된 것을 포함하여 보고된 개체 수는 20점을 넘지 못하며 기종도 단순하다. 고분에서 출토된 청자는 반구호와 뚜껑 두 종류가 있다(그림 3-13).

반구호는 우산하3319호분에서 5점이 출토되었다. 1979년에 수습된 1점은 높이 24.4센티미터, 최대경 22센티미터로(그림3-13-①), 1997년 조사에서 출토된 반구호에 비해 크기가 작은 편이다. 나머지 4점은 1997년 발굴조사에서 출토된 것으로 그 중 3점이 기형 복원이 가능하다. 높이는 32~36센티미터 정도이며, 3점은 어깨 양쪽에 귀가 있는데, 귀는 고리형으로 두 개가 한 쌍으로 되어 있거나(그림3-13-②), 하나로 되어있다. 유색은 청록이나 청색조이며 바닥에 시유를 하지 않았다는 점이 공통된다. 종으로 붙인 원형 고리竪橋耳와 크기, 전체 형태 등에 비추어 볼 때 우산하3319호분 출토 청자반구호는 중국 동진 전기에 해당되는 남경 북교의 온교묘溫嶠墓와 남경 인태산人台山 왕흥부부묘王興夫婦墓 출토 청자반구호와 유사하여 4세기 중엽 무렵의 것으로 보인다.

뚜껑은 마선구2100호분의 동남 모서리에서 출토되었다. 상면이 평편한 원형의 뚜껑으로 뚜껑 턱이 있는 자모구子母口이다. 뚜껑의 지름은 6센티미터이며, 태토는 흐린 회색이고 청록색 유약은 투명하다. 태토와 유색 및 시

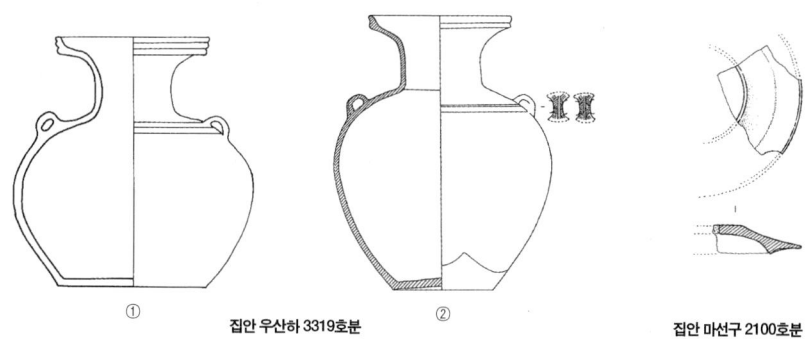

① 집안 우산하 3319호분 ② 집안 마선구 2100호분

그림 3-13. 청자

유 상황은 우산하3319호분 청자와 유사하다. 중국에서 이와 유사한 뚜껑이 동진 전·중기의 사이호와 공반되어서, 중국의 청자예에 비추어 볼 때 마선구2100호분에도 청자 사이호가 부장되었을 개연성을 배제할 수 없다.

이처럼 청자는 동진대 청자의 특징을 갖고 있으며 4세기 중·후엽의 고분에서 출토되나, 이후 시기의 고분에서는 그 유례가 보고되지 않았다. 반면 5세기대 고분에서는 시유기가 출토되고 있어서 시유기는 청자를 번안하여 제작한 것으로 보인다.

백자는 묘도 좌우에 측실을 가진 광실계단적석총인 우산하540호분 광실에서 출토되었다. 이 백자는 완이며, 백색 태토이고 회백색 유약을 발랐으나 유태는 고르지 못하며, 바닥은 유약을 바르지 않았고 완의 내저면에 물레흔이 남아 있으며 바닥 지름은 6센티미터이다. 중국에서 백자의 부장이 수대 이후에 본격적으로 이루어지고 있음을 감안하면 우산하540호분의 구조와 백자는 서로 부합되지 않은 면이 있으므로 재고가 필요하다. 한편 우산하2208호분에서도 유백자호가 출토된 것으로 소개되었으나(魏存成, 신용민역 1996:도151), 그 크기와 특징은 자세하지 않다.

4) 시유기와 토기

(1) 시유기

시유기는 고운 니질 태토에 유약을 발라 소성한 것이다. 유색은 황색, 황갈색, 녹갈색 등 전반적으로 탁하고 어두운편이다. 기종은 화덕, 시루, 솥 등의 조리용기, 사이호, 깊은 발과 얕은 발, 이배, 호자, 향로 등으로, 이배와 호자, 향로는 중국식 기종이다(그림 3-14). 청자에 비해 유존 예가 많을 뿐 아니라 기종이 다양하고, 여러 형식의 무덤과 생활유적에서 출토되고 있어서 고구려에서는 시유기가 청자를 대신한 것으로 보인다.

사이호는 시유기에서 가장 많은 비중을 점하는 기종으로, 동체 상부에 띠 모양의 손잡이가 있는 것을 특징으로 하며, 목에 따라 장경호와 전연호 두 형태가 있다. 우산하3319호분, 칠성산96호분, 마선구2100호분, 우산하540호분, 마선구1호분, 산성하332호분, 우산하1897호분, 우산하1340호분, 우산하3501호분, 장천2호분, 우산하41호분, 삼실총, 동대파365호분, 동대파345호분 등 적석총과 봉토분 그리고 벽화분에서 출토되었다.

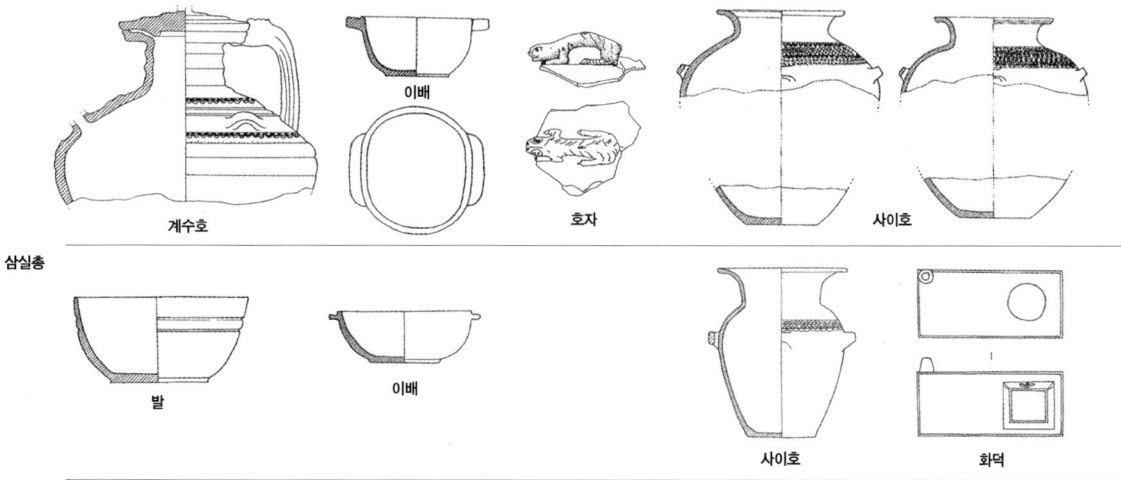
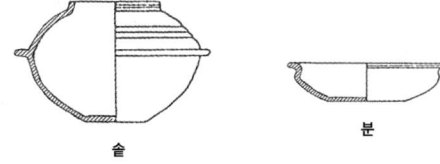
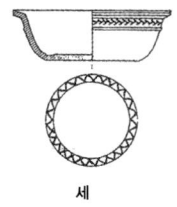

그림 3-14. 시유도기

    우산하3319호분에서는 사이호와 함께 계수호鷄首壺, 호자虎子, 향로, 뚜껑, 얕은 발, 이배, 반이 공반되었다. 유색은 어두운 황색, 오렌지색, 녹갈색을 띤다. 전체 모습을 알 수 없지만, 사이호는 목에서 어깨로 내려오는 부분에 밀집파상선문, 꺾은선무늬, 단사선문 등이 3~4줄 시문되어 있으며, 그 아래에 4곳에 대상파수가 있다. 사이호와 공반된 계수호는 유색은 녹색이며, 계수 부분은 남아있지 않고, 반구형의 구연과 구연에서 어깨로 이어지는 손잡이, 그리고 동체 상부의 고리형 귀가 남아있다. 호자는 손잡이만 남아있다. 향로는 오렌지색을 띠며 2점이 출토되었지만, 원형 복원이 가능하지 않다. 이배, 대접이나 발, 반은 오렌지색이나 다록색 유색을 띠며, 뚜껑은 황색유약을 입혔다.

　사이호는 여러 고분에서 화덕이나 다른 기종 시유기와 공반되었다. 마선구2100호분에서는 4점의 사이호가 발과 공반되었다. 사이호의 태토는 홍색과 회색 두 종류이며, 발은 황색조의 청록색이다. 마선구1호분에서 사이호는 화덕과 얕은 발이 공반되었는데, 사이호는 홍색의 고운 니질 태토이고 유색은 진한 홍색을 띠며 동체의 어깨부분에 4개의 대상파수가 있다. 사이호와 화덕의 공반은 삼실총의 1실, 장천2호분, 우산하41호분에서도 확인된다. 삼실총의 1실에서는 사이호와 발, 이배, 화덕이 공반되었으며, 사이호는 동체 중상부에 대상파수가 있고, 발과 이배는 내외 면이 모두 짙은 녹색을 띤다. 장천2호분의 사이호는 황색을, 화덕은 오렌지색을 띤다. 우산하41호분의 사이호는 구경부가 외반한 사이전연호로, 사이전연호 3점이 화덕과 공반되었다. 사이전연호는 흐린 홍색 태토에 황록색을 띤 내외 면을 가졌다. 이외에도 산성하332호분에서 출토된 사이호도 구연이 크게 벌어진 전연호로 태토는 니질의 회색토이다. 만보정78호분과 산성하983호분에서도 화덕과 호가 공반되었다고 하나 보고는 자세하지 않다.

　이외에도 솥과 시루, 소호와 발, 병, 호자 등 여러 기종이 있다. 솥은 우산하1897호분에서 얕은 발과 함께 출토되었다. 솥은 내외 면을 모두 시유했고 황색·오렌지색·녹갈색을 띠며, 얕은 발은 황색을 띤다. 우산하3501호분에는 유경호, 솥, 시루, 반과 발, 이배 등이 부장되었는데, 모두 유색은 청록색을 띤다. 유경호는 동체 상부만 남아있는데, 견부에 꺾음선문과 파상밀집선문이 시문되어 있고, 반은 구연 외측 아래와 내저에 꺾음선문이 시문되어 있다. 시루는 우산하1340호에서 유개소호와 얕은 발 등 여러 점의 시유기와 함께 출토되었다. 시루 바닥에 구멍이 9개 있으며 황록색유이다. 공반된 유개소호는 홍색 태토이고 유색은 황록색을 띠며 원형의 횡교상 귀가 두 곳에 있다. 얕은 발의 유약도 황록색이다. 이외에도 우산하1340호분에서는 직구호와 반이 공반되었다. 연봉형 손잡이가 달린 뚜껑을 가진 유개직구호로 어깨부분에 고리형 손잡이 두 개가 대칭되게 부착되어 있다. 동대파365호분에서는 녹색을 띠는 장경병이, 동대파345호에서는 홍색 태토의 압형鴨形 호자가 출토되었다.

현재 보고된 자료에 의하면 고분에 부장된 시유기는 사이호를 중심으로 화·덕·시루·솥·발 등 식생활과 관련 기종이 두드러지며, 4세기 중엽 무렵부터 5세기대의 석실적석총이나 석실벽화분 등에서 주로 관찰된다.

(2) 토기

고구려 고분 부장품 중 가장 많은 수를 점하는 토기는 제작방법이나 기종, 기형이 생활유적에서 출토된 토기와 뚜렷하게 구별되지 않아서, 고분 부장용으로 별도 제작되었을 가능성은 크지 않다.

토기는 굵은 모래가 섞인 갈색토나 고운 점토질 태토로 빚었으며, 고운 점토질 태토는 홍색과 회색이 다수이다. 이른 시기의 토기에는 모래가 섞인 갈색토가 많으나, 4세기 이후에는 고운 점토질 태토가 다수를 점한다. 성형은 물레를 사용하지 않고 손으로 빚은 것도 있지만 물레를 사용한 것이 많으며, 장동호 같은 일부 큰 기종은 테쌓기를 한 후 다시 물레로 조정하였다. 그릇 표면은 정면 도구로 문질러서 광택을 내거나 암문의 무늬효과를 내기도 했다. 토기의 표면은 갈색, 검은색, 황색, 회색을 띠는데, 고운 점토질 태토는 검은색, 황색, 회색을 띠고, 모래가 섞인 갈색토는 갈색을 띠는 경향이 있다. 갈색은 상대적으로 이른 시기의 특징을 보여주는데, 4세기 이후에는 갈색보다 고운 점토질의 황색, 회색이나 흑색을 띤다. 1,200도 이상의 높은 온도에서 소성되지 않아서 유리질 막이 형성된 회청색 경질의 신라나 가야토기와 구별된다. 고분에 부장된 토기의 종류는 병, 합, 시루, 솥, 반, 이배, 병, 호자 등이며, 주종은 심발과 호이며, 기종별 형태 변이가 두드러지지 않아서 시간판단의 기준으로서 적절하지는 않다(그림 3-15-1, 2).

심발은 저부와 구연부의 지름이 비슷하거나 구연부가 조금 넓으며 저부 지름에 비해 동체 높이가 높은 형태로, 중국에서는 관罐이나 호壺 등으로 분류되기도 한다. 모래가 섞인 거친 태도로 만들고, 갈색을 띠는 것이 많다. 시간과 지역에 따른 기형상의 변이가 두드러지지 않는다. 산성하19호분, 산성하152호분, 우산하3232호분, 우산하3161호분, 칠성산96호분, 상활용2호분, 우산하3296호분, 자성 법동리 하구비 석실분, 봉성 호가보2호분 등 비교적 넓은 분포범위의 고분에서 출토되며, 수적으로도 많은 비중을 점한다.

심발 중에는 귀가 달린 것도 있다. 귀는 띠로 만든 대상파수이거나 단면 원

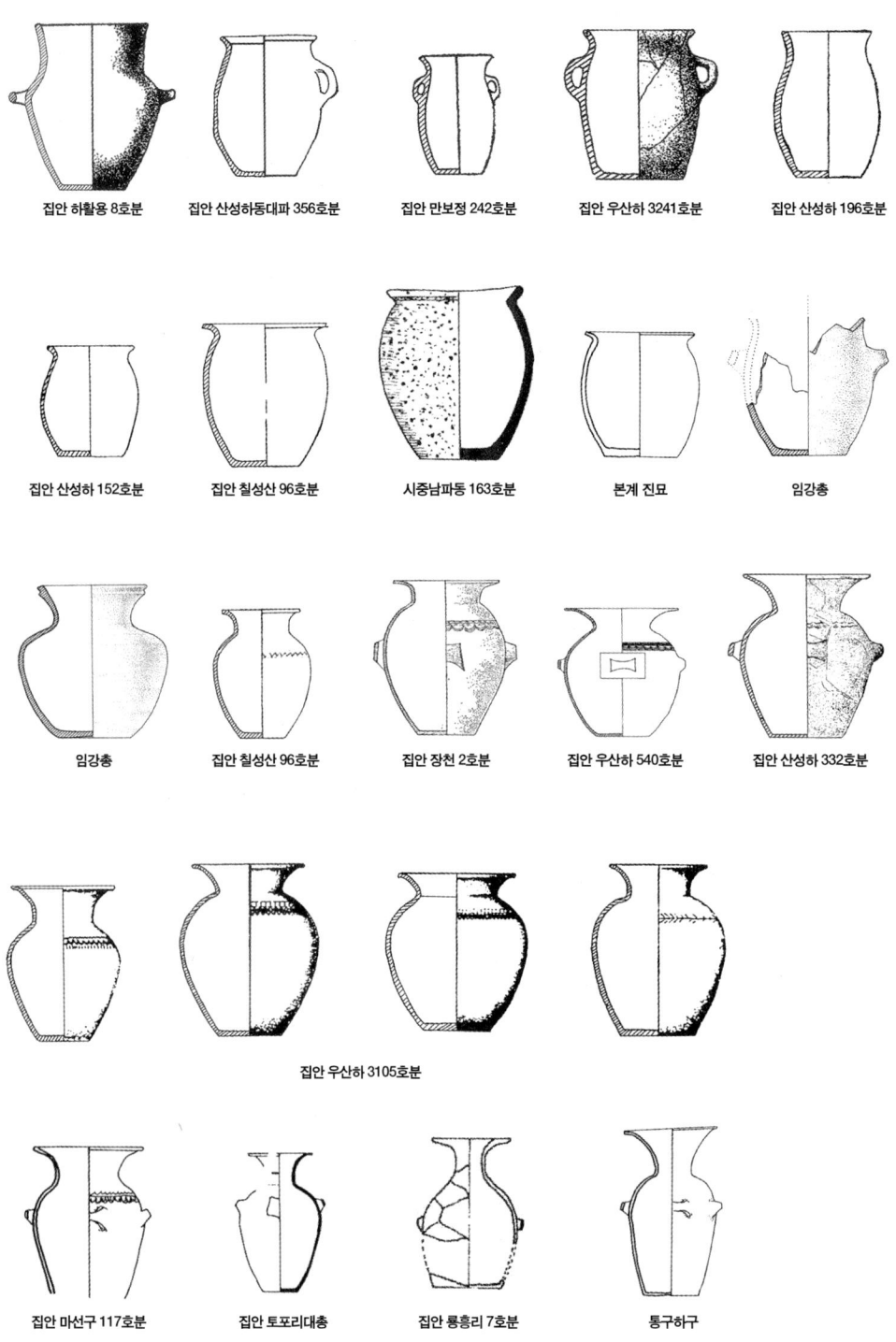

그림 3-15-1. 토기 각종(축척부동)

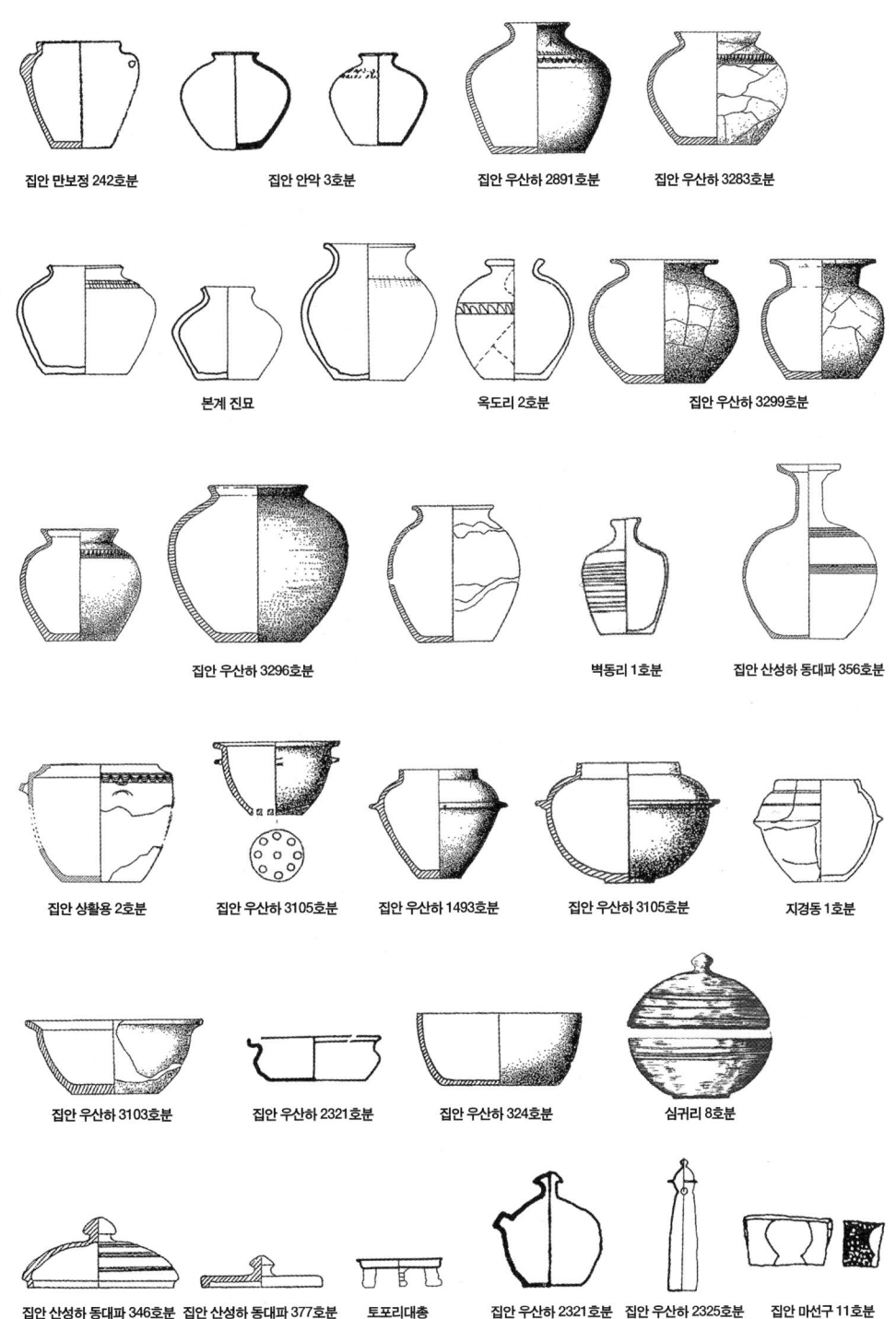

그림 3-15-2. 토기 각종(축척부동)

제3장 고구려 고분의 유물

형의 고리형, 그리고 짧은 막대기 모양의 봉상형 세 종류이고, 동체 상부에 대칭 또는 한쪽에 부착되며, 횡으로 부착되어 있거나 종으로 부착되기도 한다. 이른 시기에는 세 종류가 모두 확인되나, 시간이 흐름에 따라 봉상형은 차츰 줄어든다. 하활용8호분에서는 같은 형태의 심발 중 하나에는 4곳에 봉상파수가 부착되어 있고, 다른 하나에는 단면 원형의 파수가 양쪽에 대칭으로 부착되어 있다. 봉상 파수는 우산하2891호분에서도 출토된 예가 있지만 봉상파수가 달린 심발은 고분출토 토기 중에서 많은 비중을 점하지는 않는다. 단면 원형인 고리형 파수는 횡보다는 종으로 부착된 예가 많다. 종으로 부착된 파수는 산성하356호분, 만보정242호분, 우산하3241호분에서 출토되었다. 산성하356호분에서 출토된 심발의 파수는 한쪽에만 부착되어 있고, 만보정242호분와 우산하3241호분의 경우 대상파수가 양쪽에 부착되어 있다.

호는 저부에 비해 구연이 좁아진 것으로, 모래가 섞인 거친 태토보다는 고운 점토로 만든 것이 많으며, 회색이나 황색 또는 흑색을 띤다. 호는 목이 길어진 장경호, 목에서 구연까지 크게 외반하는 전연호, 저부에 비해 몸체 높이가 두 배 이상 길어진 장동호, 저부와 동체의 비가 2:1이 안 되는 단지류로 나눌 수 있다. 각각은 다시 귀의 유무와 그 수에 따라 여러 형태로 나뉘지만 개체수가 적어서 범주화하기는 어렵다.

장경호는 배부른 몸에 곧은 목을 가진 것으로, 목의 길이는 일정하지 않다. 긴 목을 가진 것으로는 산성하196호분에서 출토된 사이장경호가 있다. 이것은 동체 중간보다 약간 위로 올라간 곳에 대상파수 4개가 횡으로 부착되었다. 대부분의 장경호는 목부분을 형성한 후 외반된 구연을 가졌으며 목이 길지 않아서 유경호로 부르기도 하며, 목에서부터 구연까지 크게 벌어진 것을 이와 구별하여 전연호라고 부른다. 전연호는 동체 어깨에서 바로 밖으로 크게 벌어진 구연을 가진 점이 장경호와 서로 다르지만 장경호나 전연호 중에는 동체 상위에 대상파수가 부착되어서 서로 특징을 공유한다. 대상파수는 모두 횡으로 달려 있으며, 두 곳보다는 네 곳에 부착된 사이호가 다수를 점한다. 장경호나 전연호는 적석총, 봉토분, 봉토벽화분 등 여러 형태의 무덤에서 출토되는데, 무덤 구조의 변화를 고려해 볼 때 전연호가 먼저 소멸되고, 장경호는 시기가 내려갈수록 동체가 세장해지며 경부가 길고 좁아지면서 장경병으로 변화한다. 그 중에 칠성산96호분에서 출토된 것이 신라 금관총의 청동호와 유사형태이다.

호 중에 높이가 낮고 배부른 동체를 가져 단지로 분류되는 것은 동체 상부에 문양이 시문되기도 하며 파수가 달리기도 한다. 대상파수가 횡으로 네 곳에 부착된 호는 우산하3105호분, 우산하3160호분의 부장곽에서 출토되었다. 생활유적에서는 파수가 두 곳에 부착된 양이호가 많은 편이며, 고분에서는 사이호가 많은 편이다. 귀가 달리지 않은 호는 동체와 구연의 형태에 따라 몇 가지로 나눌 수 있다. 하나는 구연이 짧게 외반하고 동체의 최대경이 중상위에 있으며 최대경에 밀집파상선문이나 밀집사격자문 등의 문양대가 있기도 하다. 우산하3161호분, 우산하3296호분, 안악3호분 등에서 동형의 무늬 없는 호와 공반되기도 한다. 그 중심 연대는 안악3호분의 예에 비추어볼 때 4세기 중엽 무렵으로 비정할 수 있다. 다른 하나는 어깨에서 구연까지 낮은 목을 형성한 뒤 외반 구연을 가진 것으로 동최대경은 동체 중위나 중상위에 있으며 무늬가 없다. 우산하3560호분, 우산하3299호분, 고산동11호분, 대안리1호분, 황산남록7실총 등 적석총과 봉토분, 벽화분 등에서 출토되었다.

이외에도 시루와 솥은 한 기종만 부장되기도 하지만, 서로 공반되기도 한다. 고분에서 출토된 시루는 바닥에 작은 구멍이 뚫렸다는 점에서 커다란 구멍이 뚫린 생활유적에서 출토된 시루와 구별된다. 시루의 구멍은 37개 구멍이 뚫린 지경동1호분 출토 시루를 제외하면 모두 9개이다. 상활용2호분, 우산하1340호분에는 시루만 부장되었고, 상활용2호분의 시루에는 뚜껑받이 턱이 있어 다른 시루와 형태에서 차이가 있다. 솥은 우산하1897호분, 우산하1815호분, 우산하1493호분에서 출토되었다. 지경동1호분과 우산하3105호분, 우산하3510호분에서 시루와 솥이 공반되었다. 우산하68호분에서 청동시루와 솥이 공반되었는데, 시루와 솥의 공반은 중국 의기 중 다리가 셋 달린 언甗 또는 역鬲과 같은 역할을 하는 것으로 언이나 역이 고구려식으로 변용된 것이라고도 할 수 있다. 그러한 점에서 볼 때 시루와 솥은 생활용기이면서 의례용기라고 할 수 있다.

이외에도 만보정940호분과 심귀리8호분의 유개합, 병, 토포리대총에서 출토된 연봉형 손잡이가 달린 뚜껑 등 여러 기종이 있다.

5) 금속용기

(1) 정

정鼎은 다리가 셋 달린 중국의 대표적인 의기 중 하나이다. 중국에서는 한대 고분에 많이 부장되었으나, 이후 고분 부장 예는 드물다. 고구려 고분에서도 출토된 사례가 많지 않고, 칠성산96호분과 우산하68호분에서 각각 1점씩 출토예가 있다.

칠성산96호분 2호묘실의 정은 뚜껑이 있는 것으로 뚜껑에 둥근 고리형 손잡이가 달려 있고 다리가 수각형이고 동체 중간에 한 줄의 융기선이 있으며 어깨 양쪽의 손잡이가 직립한 원형 고리 형태이다(그림 3-16). 전체 높이는 17.2센티미터, 구경은 10.8센티미터이다.

우산하68호분에서 출토된 정도 칠성산96호분 정과 같은 형태이며, 뚜껑 위에 '숯' 글자가 음각되어 있는 점이 다르다. 전체 높이 16센티미터, 구경 10센티미터로 칠성산96호분 정보다 약간 작다. 뚜껑 위에 있는 명문으로 고구려에서 자체 제작된 것으로 보기도 한다. 그러나 부조된 것이 아니라 음각되었다는 점에서 제작하면서 새긴 명문이라고 단정하기는 어려우며 전체 형태로 보아 완제품이 반입된 것으로 판단된다.

(2) 초두

초두鐎斗는 중국 남북조시대 무덤에서 청자와 공반되는 기물로, 중국 춘추시대 말에 처음 나타나 전국시대를 거쳐 한대까지 이어졌으며, 남북조시대에 성행하다가 당대 이르러 점차 소멸하였다. 시간에 따라 손잡이 부분과 두신의 구연과 저부형태, 다리 등에서 변화가 보이므로 시기 판단에 중요한 청동기물이라고 할 수 있다.

현재까지 고분에서 출토된 초두는 한 점이 알려지고 있다. 칠성산96호분 2호묘실에서 출토된 것으로, 수각형 다리에 두신은 평저의 외절구연이며, 손잡이는 단면 원형이고 손잡이 끝에 용머리 장식이 되어 있다(그림 3-17). 전체 높이는 10센티미터, 두신의 지름은 13.6센티미터, 용머리 장식의 손잡이 길이는 6.4센티미터이다. 4세기 초·중반 중국의 무덤인 남경 등부산 벽봉사1호분, 남경시 부귀산4호분과 노호산4호분, 산동 임기세연지 진묘, 조양 원대자벽화분,

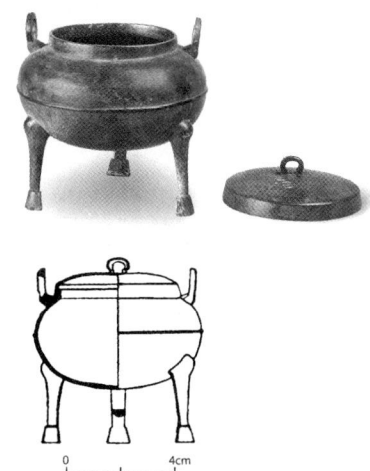

그림 3-16. 집안 칠성산96호분 청동정

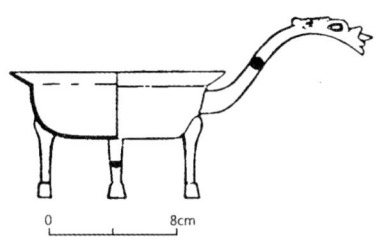

그림 3-17. 집안 칠성산96호분 청동초두

북표 창량교묘에서 출토된 것과 특징을 공유하여서 칠성산96호분 2호묘실의 초두는 교차편년 자료로 이용된다.

(3) 세

세洗는 의례 전에 손을 씻는 용도로 사용하는 의기로, 중국에서 다리가 셋 달린 청동세는 삼국시대에서 서진시기에 걸쳐 성행했고 남북조시대에는 청동을 대신해 청자로 만들어 고분에 부장되기도 했다.

고구려 고분에서 세는 우산하68호분과 마선구2351호분에서 각각 1점씩 출토되었다(그림 3-18). 우산하68호분에서 출토된 세는 짧은 다리가 셋 달린 삼족 세로 바닥은 평편하고 외절구연이며 구연단이 살짝 위로 올라갔고 동체 중간에 세 줄의 융기선문이 있다. 구경 28센티미터, 동경 24.5센티미터, 높이 6.3센티미터이다. 마선구2351호분에서 출토된 세는 다리가 달리지 않았지만, 바닥에 세 개의 돌기가 있어서 삼족을 의도한 것으로 보인다. 깊고 넓으며 구연이 내만하고, 내면 저부 와선문이 부조되어 있고, 신부 외면으로는 세 줄이 융기되어 있다.

(4) 기타

청동합은 칠성산96호분 2호묘실에서 1점, 집안현 제1중학교에서 1점 출토되었다(그림 3-19). 칠성산96-2호의 합은 자모합으로 뚜껑 손잡이는 十자형이다. 신라 서봉총에서 출토된 연수延壽 명 은합이 이와 유사한 형태이다. 고분은 아니지만, 집안현 제1중학교에서 출토된 청동 합은 반구형의 뚜껑과 연봉우리 모양의 둥근 손잡이가 달렸는데, 손잡이는 화판 장식 위에 부착되었다. 신라 호우총에서 출토된 광개토왕호우가 이와 유사한 형태이다.

시루와 솥은 우산하68호분에서 출토되었다(그림 3-20). 시루에는 중앙을 중심으로 네 곳에 작은 구멍이 있으며, 솥과 조합된다. 시루와 솥의 조합은 중국 언이나 역에 해당되므로 생활용기이면

그림 3-18. 고분 출토 청동세

서 의례용기였을 것이다. 이외에도 솥은 우산하 고분과 북구촌에서 수집된 것이 있는데, 우산하고분에서 출토된 것은 우산하68호분 솥과 같은 모양이지만, 북구촌에서 수집된 것은 저부에 돌기가 있고, 전이 발달하지 않았다.

복鍑은 북방족의 특징적인 취사용기로, 고구려에서는 집안 하해방고분구역과 임강 동전자 무덤 그리고 우산하고분에서 수집된 것이 전해진다(그림 3-21). 하해방촌의 무덤에서 출토된 복은 평저이고 구연 상부 양쪽에 원형 고리가 있다. 전체 높이 12센티미터, 입지름은 긴 지름 10센티미터, 짧은 지름 8센티미터, 저경 7센티미터, 고리 높이 2센티미터의 소형이다.

이외에도 청동호가 마선구고분에서는 수집된 것으로 전해지는데, 동체 대부분은 멸실되었다. 견상부 양쪽에 고리가 두 개 있고, 고리 받침은 귀면문으로 중국 한대 청동호의 특징을 갖고 있다.

집안 칠성산96호분   집안현 제1중학교 출토

그림 3-19. 청동합

집안 우산하68호분   집안 하해방촌 수집   집안 우산하 수집

그림 3-20. 청동시루와 솥   그림 3-21. 청동복

6) 철제 무기와 도구

고구려에서 사용된 무기와 생활도구의 대부분은 철제이다. 무기로는 원거리용인 철촉과 근거리용인 철모와 철도 등이 있다. 생활도구로는 농경도구와 어로구, 공구류 등이 있으나 출토 상황이 확실치 않은 단편적인 자료가 많다(그림 3-22).

(1) 철촉

고구려 철촉은 무경식과 유경식 두 종류이다. 무경식 철촉으로는 오녀산성에서 출토된 것으로 전해지는 삼각만입형 철촉이 있으나, 고분에서 출토된 것은 대부분 유경식 철촉이다. 유경식 철촉은 촉신의 단면과 형태에 따라 여러 형태를 띤다. 단면이 세횡장방형이고 도끼날형인 것, 평면이 납작한 렌즈형이면서 마름모꼴인 것, 단면이 장방형이며 전체 형태가 세장방형의 착형인 것, 능형 단면의 유엽형인 것, 그리고 삼익촉, 명적 등이 있다.

도끼날 철촉은 고구려의 특징적인 철촉으로 인부가 부채살처럼 곡선인 것과 직선인 것이 있다. 곡선인 것은 집안 오도령구문 적석무덤과 시중 로남리 남파동104호분 그리고 오녀산성에서도 출토되었다. 장성리 적석총에서는 역자식의 곡인도끼날 철촉이 출토되었다. 특히 고구려 초기 도성으로 비정되는 오녀산성과 청동검과 거울이 출토된 오도령구문 적석무덤에서 곡인의 도끼날 철촉이 출토되어서 곡선의 도끼날 철촉이 이른 시기부터 사용되었음을 알 수 있다. 직인 도끼날 철촉은 칠성산96호분, 장천2호분, 우산하3105호분, 우산하3296호분, 마선구2100호분, 통구17호분, 평양 고산동7호분, 고산동10호분, 평성 지경동1호분 등의 4·5세기 적석총과 봉토분, 벽화분에서 출토되었다. 역자식의 직인 도끼날 철촉은 송암리에서도 그 유례가 보고되었으나 출토 맥락이 자세하지 않다. 그러나 출토된 고분 형식으로 보아서 곡인의 도끼날 철촉이 직인의 도끼날 철촉보다 먼저 사용되었음을 알 수 있다.

마름모꼴 철촉은 단면 편렌즈형으로 크기가 일정하지 않다. 우산하3305호분, 우산하3560호분, 공귀리 적석총에서 출토되었으며, 무덤이 아닌 로남리 주거지에서도 출토되었다. 착두형 철촉은 도끼날 철촉에 비해 촉신이 좁고 긴 형태를 갖고 있는데, 우산하3296호분, 우산하3103호분, 남파동125호분, 중강 장성리 적석총, 서해리 2지점1호분 등 모두 적석총에서 출토되었다.

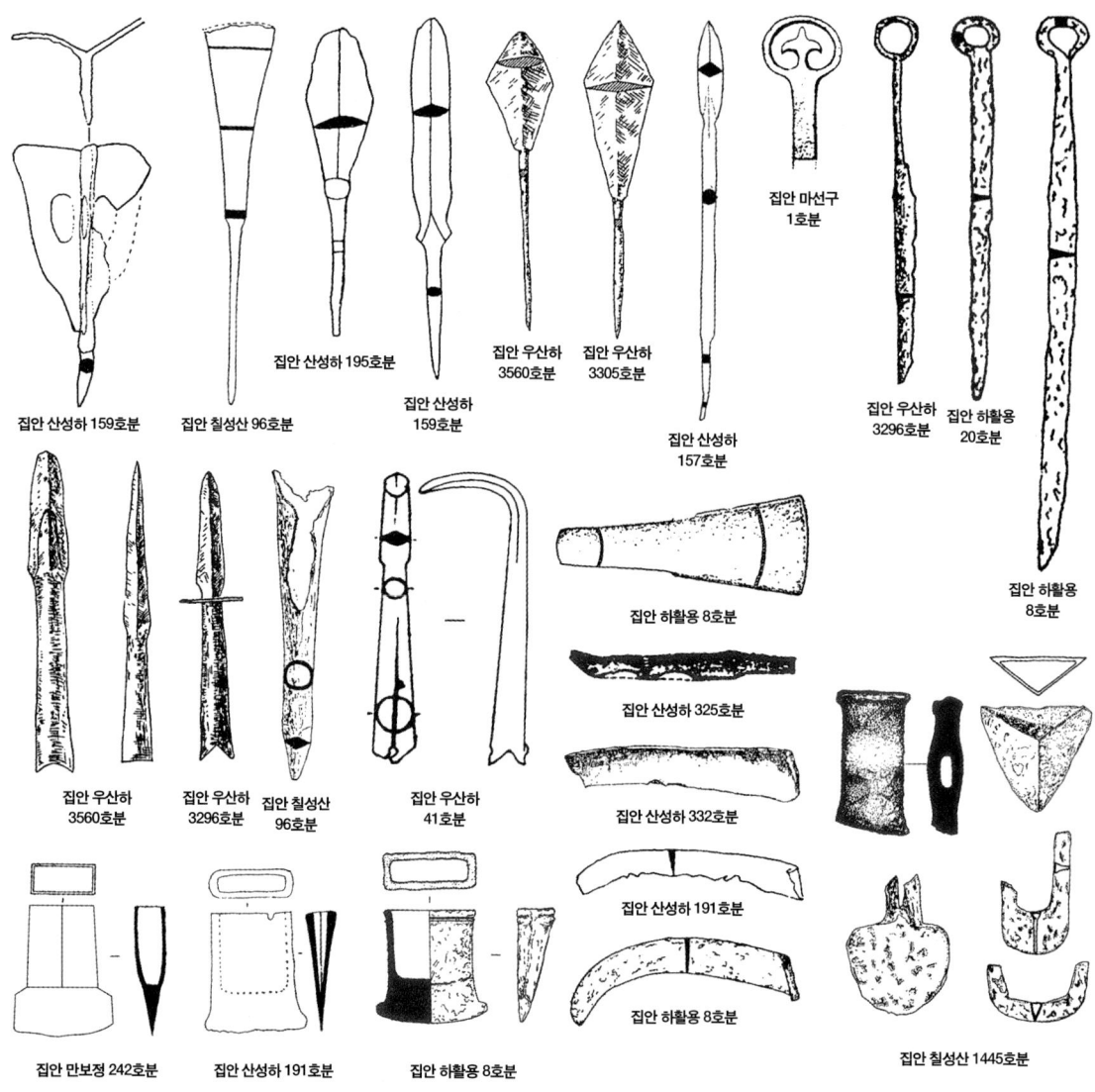

그림 3-22. 철제 무기와 도구

유엽형 철촉은 크기와 세부 형태에서 변이가 많다. 고분 출토 철촉에서 가장 많은 수를 점하고 있으며, 우산하159호분, 우산하3162호분, 동대파217호분 등 주로 적석총에서 출토되었다. 또한 촉두가 뾰족한 능형 촉신의 철촉은 우산하3162호분, 우산하3105호분, 지경동1호분에서 출토되었으며, 명적 기능을 했을 삼익형 촉은 산성하159호분, 우산하2110호분, 우산하42호분에서

130 고구려 고분 연구

출토되었다.

이외에 부여 유수노하심 중층 56호묘에서 출토된 것과 형태와 크기가 같은 철제 화살주머니가 하활용8호분에서 출토되었다. 말 탈 때 사용하였던 활과 화살을 함께 넣을 수 있는 화살가방은 고구려에서는 실물 자료는 없지만, 마선구1호분에서 화살가방을 장식했던 금동제 장식이 출토되기도 하였다.

(2) 철모

철모는 철촉 다음으로 많은 비중을 차지하는 무기이다. 철모는 전체 길이는 20~40센티미터이고, 신부는 11~13센티미터 내외로 짧은 것이 다수를 점한다. 신부가 긴 것도 모신의 길이가 17센티미터 내외로, 신부와 경부의 길이가 비슷한 비율을 점하고 있다. 예외적으로 우산하3296호분에서는 모신의 길이가 26센티미터 가량되는 가늘고 긴 철모가 출토된 바 있지만, 고분 부장품 중 장신의 철모는 아직까지는 보고예가 확실하지 않아서, 장신의 철모가 많이 확인되는 백제나 신라와 비교된다.

철모는 경부의 끝이 양갈래로 갈라진 연미형이 다수이다. 보고된 연미형 철모는 시중 풍청리33호분, 초산 운평리 4지구8호분, 우산하3296호분, 우산하3560호분, 우산하3598호분 등 모두 적석총에서 출토되었다. 연미형 철모는 부여 유수노하심 중층 목관·목곽묘에서 확인된 바 있는데, 노하심 유적의 철모는 37~38센티미터이며, 긴 것은 55센티미터 정도 되어서 고구려 철모보다 긴 편이다. 경부에 반부가 달린 것도 있지만, 현재 알려진 반부있는 철모는 고분 부장품보다는 집안의 국내성과 기상참유적 등 생활유적에서 출토된 것이다.

우산하992호분과 우산하41호분에서 연미형 철모를 구부려 부장한 예가 확인되어서 철모의 훼기가 있었음을 엿볼 수 있다. 철제 무기를 구부려 부장하는 것은 부여 유수노하심 중층 유적에서도 관찰되었다. 고구려 고분에서 부여와의 관련을 보여주는 유물이 부장된 고분이 대개 3세기 후반에서 4세기 초에 집중되고 있음을 감안해 볼 때 고구려의 연미형 철모의 등장도 3세기 중엽 무렵까지 소급될 가능성이 있다.

(3) 철도와 대도

도는 크기에 따라 길이 30센티미터 정도, 50센티미터 정도, 70센티미터 정도 세 부류가 있으며, 그 중에는 손잡이에 둥근 고리가 있는 환두대도도 있다. 길이 30센티미터 내외의 도는 남파동104호분과 자성 법동리 하구비1호분에서 출토되었고, 50센티미터 내외의 대도는 산성하331호분에서 출토되었다. 70센티미터를 넘는 대도는 고분에서는 확실하지 않지만, 집안 판차령과 룽오리산성에서 보고된 바 있으며, 평양 평천구역에서도 출토되었다. 평천구역에서 출토된 대도는 90센티미터 정도의 길이로 손잡이에 둥근 고리가 있는 환두대도이다.

환두도는 대개 30~40센티미터 정도의 길이이다. 자성 송암리2호분, 하활용20호분, 우산하3296호분에서 보고된 바 있다. 우산하3296호분의 환두도는 길이 26.7센티미터 정도이어서 대도로 보기 어렵다. 삼엽문 환두대도는 환인 고력묘자15호분에서 출토되었고, 평양 평천구역에서도 삼엽환두대도가 보고된 바 있다. 마선구1호분에서는 삼엽문 금동제 손잡이 부분만이 남아았으며, 우산하992호분에서는 길이 13.2센티미터 정도의 비늘무늬로 장식된 금동제 칼집 끝 장식이 출토되었다. 이외에도 최근 평양의 고분에서도 금동제삼엽문 환두대도가 출토되었다고 한다. 이로 미루어 고구려의 장식대도는 금동제의 삼엽문이 중심이 되었음을 알 수 있다.

한편 임강총에서는 철도를 90도 꺾어서 부장한 철도의 훼기가 관찰되었다. 철도의 훼기는 중국 길림성 부여 유수노하심 중층 유적에서도 확인된 바 있어서 철모의 훼기와 함께 장속에서의 고구려와 부여의 관련을 시사한다.

(4) 생활도구

생활도구의 다수는 농경과 수공업과 관련된 것이다. 농경구로는 보습, 가래, 괭이, 낫 등이 있으며, 공구로는 도끼, 자귀, 끌, 톱, 대패, 송곳, 망치 등이 있다. 이외에 낚싯바늘 등 어로와 관련된 도구도 있다(그림 3-22 참조). 그러나 고분에 부장된 생활도구의 종류와 양이 많지 않을 뿐 더러 출토 상황을 알 수 있는 예는 더욱 드물다.

고분에 부장된 농경과 관련된 도구는 보습과 낫, 괭이 등이 주이다. 봉토분인 상원 소구절 상원2호분에서 출토된 철제 보습 1점은 주조품으로 잔존 길이 35센티미터, 폭 30센티미터이며, 원래 모습은 이등변 삼각형이었을 것으로 추정된다. 낫은 집안 하활용8호분, 집안191호분, 우산하3214호분에서 출토되었다. 하활용8호분은 무기단 석광적석총으로 여기서는 도끼와 화살주머니가 함께 출토되었고, 낫과 화살주머니의 공반은 부여 유수노하심 중층 56호묘에서도 출토된 바 있다. 괭이는 만보정242호분에서 출토되었는데, 공부는 장방형이며 길이 9.5센티미터, 날 부분의 폭 7.2센티미터이다.

수공업 관련 도구 중 고분에 부장된 것 중 가장 많은 수를 점하는 것은 도끼이다. 도끼는 주조해서 만든 것과 단조해서 만든 것 두 가지이다. 장방형 공부를 갖는 주조 도끼는 초산 운평리 4지구8호분, 집안 동대파365호분, 하활용8호분, 우산하191호분, 마선구1445호분, 시중 심귀리73호분 등의 적석총에서 출토되었는데, 초산 운평리 4지구8호분은 하활용8호분처럼 비교적 이른 시기의 특징을 가진 적석총이다. 단조 도끼는 시중 풍청리38호분에서 출토되었다. 한편 마선구1445호분에서 출토된 도끼는 측면에 자루를 끼우게 되어 있는데, 이런 형태의 도끼는 고분은 아니지만 집안에서 출토된 적이 있다. 이외에도 우산하3283호분에서 40여 개의 낚싯바늘과 어망추가 출토되었다.

7) 갑주와 마구

(1) 갑주

고구려 고분에서 갑옷은 소찰 상태로 확인되어서 찰갑을 착용하였던 것으로 보인다. 그러나 형태를 복원할 만큼 많은 양의 소찰이 출토되지 않아서 완전한 갑옷의 복원은 어렵다. 현재 산성하159호분, 만보정242호분, 칠성산871호분, 마선구2100호분, 천추총, 태왕릉, 우산하41호분에서 철제 소찰이 출토되었고, 마선구2100호분, 천추총, 태왕릉에서는 금동제 소찰도 출토되었다. 재질에 상관없이 상부가 둥글고 수결공이 1열식이라는 점에서 특징을 같이 하지만, 부위에 따라 소찰의 크기와 형태는 다양하다. 완전한 투구는 집안에서 출토된 것으로 전하는 복발형 투구가 있다.

금속제 갑옷의 부장은 산성하159호분, 만보정242호분, 칠성산871호분에서 철제 소찰이 출토된 것으로 미루어 3세기 후엽이나 말경에 이루어진 것으로

　　　안악3호분　　　　　쌍영총　　　　　　삼실총

그림 3-23-1. 벽화분에 표현된 기마병

보인다. 한편, 안악3호분의 갑옷을 입은 무사는 다른 고분의 기마무사와는 달리 상·하의 모두 긴 장방형으로 표현되어 있기도 하여서 판갑의 가능성을 생각해 볼 수도 있지만, 실제 고분에서 판갑이 출토된 바는 없다.

　고분에서 출토된 소찰만으로는 갑옷을 복원하기 어렵지만 안악3호분, 덕흥리벽화분, 동암리벽화분, 약수리벽화분, 통구12호분, 감신총, 삼실총, 개마총 등의 벽화분에 묘사된 무사를 볼 때 투구는 폭이 좁은 소찰을 연결했으며 정부에는 깃털을 꽂거나 세움 장식을 했다(그림 3-23-1). 안악3호분 벽화에는 투구와 연결되어 양쪽에 볼가리개를 표현했고, 감신총 벽화의 볼가리개는 투구에 덧대어 있으며, 쌍영총과 삼실총 벽화에는 투구양쪽으로 뿔처럼 생긴 장식이 있다.

　고분벽화에 표현된 갑옷을 보면, 기마병과 보병 갑옷에는 차이가 있다. 안악3호분의 행렬도를 보면, 기마병의 갑옷은 목가리개에 손목까지 덮는 상의와 발등까지 내려오는 바지로 되어 있는 한편, 보병은 상의만 있거나 하의에 정강이가리개를 했다. 상의는 몸통을 가리는 단갑으로, 목가리개와 팔꿈치가 없으며, 단갑의 길이는 엉덩이를 덮는 정도이다.

(2) 마갑주와 마구

　갑옷을 입은 기병이 타고 있는 말에도 갑옷을 입혔다. 말 얼굴가리개馬冑는 우산하992호분과 태왕릉에서 출토되었다. 태왕릉에서는 철편 일부가 출토되어 전체 모습을 알 수 없으나, 우산하992호분의 마주는 3장의 얇은 철판을 서로 연결해 만들고, 위에는 반원형의 세움장식을 하였는데, 벽화에 표현된 것과 같은 모양이다.

개마총

그림 3-23-2. 개마총 현실천장고임 개마도

벽화에 표현된 말 갑옷과 투구는 모두 소찰로 만들었다 (그림 3-23-1 참조). 말 얼굴가리개는 3매의 장방형 철판을 이어 만들었으며 좌우에 눈구멍을 뚫고 반원형 양볼가리개를 했다. 이마 위에는 반원형이나 반원을 셋으로 연결한 세움장식이 있다. 말 갑옷은 앞과 뒤를 포함해 몸통 전체를 감싸서 발굽 정도만 노출된다. 한편 쌍영총의 갑옷을 입은 기마무사의 경우 말 안장 뒤편으로 사행상 기꽂이가 있고, 개마총의 말 뒤쪽으로는 기생이 장식되어 있다(그림 3-23-2). 기생은 고분에서 실물 자료는 출토되지 않았고, 묘실벽화의 장송의례용 말 장식에서 확인될 뿐이다. 고분에 그려진 벽화로 미루어 마갑주는 실전에서도 이용되었으나, 개마총처럼 장송의례용으로도 이용되었음을 알 수 있다.

고분에 부장된 마구는 말을 제어하는 재갈, 기승용의 등자와 안교, 각종의 말띠 꾸미개가 있다. 재갈은 모두 이련식으로, 단조한 철봉을 구부려서 만든 것과 철사를 꼬아서 만든 두 종류가 있다. 철봉을 구부려서 만든 것은 서해리1호분, 만보정242호분, 칠성산96호분, 만보정78호분, 지경동1호분에서 출토되었고, 철사를 꼬아서 만든 것은 환인 고력묘자19호분, 환인 연강향15호분, 우산하3283호분, 우산하3241호분, 우산하3560호분에서 출토되었다.

재갈멈치는 막대형표비과 판형판비 두 가지가 있으며, 판형이 다수를 점한다(그림 3-24). 법동리 하구비 적석총과 만보정242호분의 것은 S자상의 막대형이다. 판형 재갈멈치는 칠성산96호분, 장천4호분, 만보정78호분, 지경동1호분에서 출토되었다. 칠성산96호분의 재갈멈치는 타원형판에 역사다리꼴

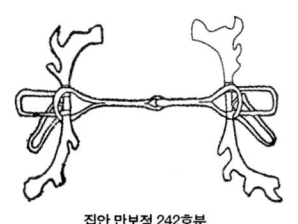

집안 만보정 242호분

집안 칠성산 96호분

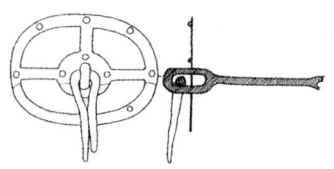

집안 만보정 78호분

그림 3-24. 재갈

현수공이 있어 전체적으로 복주머니형을 띠며, 만보정78호분의 것은 타원형이며 중간에 십자걸이쇠가 덧대어 있다. 장천4호분의 재갈멈치는 타원형 동판 위에 금동판을 덧댄 것으로, 금동판에는 십자형으로 점각을 하였다. 지경동1호분에서 출토된 경판은 심엽형으로, 내부 중간에 두 줄로 갈라진 걸이쇠가 있다.

안교는 완전한 형태로 출토된 예가 없다. 만보정242호분, 산성하160호분, 산성하191호분, 산성하152호분, 장천4호분, 만보정78호분, 지경동1호분에서 철제나 금동제 안교 테두리가 출토되었다(그림 3-25). 칠성산96호분의 안교는 금동판을 덧댄 고안교이고, 만보정78호분에는 금동 투조 장식한 안교와 철제 안교 두 개가 부장되어 있었다. 그 외 고분에서 출토된 안교는 철제테두리만 출토되었다. 안교 테두리는 아니지만, 마선구1호분와 우산하41호분에서는 좌목선구와 좌목선교구가, 칠성산96호분과 우산하2891호분, 우산하41호분에서 좌복선구에 부착되었던 교구가 출토되었다.

등자는 말을 타고, 또 말을 달릴 때 발을 걸어두는 역할을 하므로, 발을 얹는 윤부와 자루로 이루어졌다. 고분에서 출토된 등자는 나무로 심을 만들고 금속판을 덧대거나, 철로 만들었으며, 나무로 심을 만들고 그 위에 철판이나 금동판을 덧대어 만든 목심등자가 주이다. 칠성산96호분, 태왕릉, 장천4호분, 만보정78호분, 지경동1호분과 2호분에서 확인되었고, 하해방에서 출토

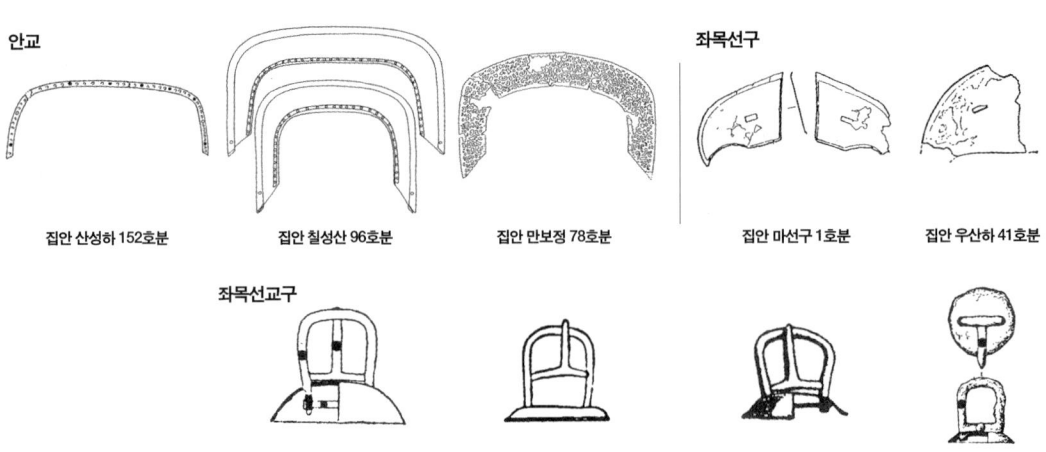

그림 3-25. 안교와 부속 교구

된 것이 알려진다.

칠성산96호분의 등자는 금동판을 덧대고 등자 전면에 작은 금동못을 박아 장식했으며, 태왕릉의 등자는 금동판 위에 투조된 금동판을 덧대어 장식성이 강조됐다. 태왕릉에서 출토된 등자는 사신을 투조한 것으로 보고 있는데, 윤부에 용과 호랑이 그리고 답수부에 주작을 투조했으며, 자루에는 현무를 투조한 것으로 보고 있다. 장천4호분은 목심 전체를 전,후면과 측면으로 나누어 금동판으로 덮고 가장자리를 돌아가면서 금동못으로 고정시켰고, 답수부 돌기는 없다. 만보정78호분에서는 철제와 금동제 등자 각각 한 쌍이 안교와 함께 부장되어 있었고, 지경동1호분에서도 등자 한쌍이 출토되었다. 하해방에서 출토된 것으로 알려진 것은 윤부의 답수부가 두 갈래로 갈라진 것이다.

이와 같이 고분에서 출토된 등자는 윤부의 형태와 답수부 돌기의 유무에 따라 네가지로 나누어 볼 수 있다(그림3-26). I형은 답수부 중앙에 약간 돌기된 원형에 가까운 윤부를 가진 것으로, 칠성산96호분과 태왕릉의 등자가 이에 해당된다. II형은 답수부 돌기는 없고, 윤부 형태가 횡타원형인 것으로 장천4호분 등자가 이에 해당된다. 그리고 III형은 II형과 같은 형태지만 답수부에 돌기가 있는 것으로, 만보정78호분과 지경동 1·2호분의 등자가 이에 해당된다. 만보정78호분 등자의 돌기는 4~5개 정도이고, 지경동1·2호분 등자의 돌기는 3개이다. 답수부에 돌기를 만드는 것은 발이 미끄러지지 않도록 기능적 고려를 한 것이어서 I, II형보다 발달된 형태이다. IV형은 답수부가 두 가닥으로 나뉜 것으로, 출토 상황은 자세하지 않으나 집안 하해방에서 출토된 것으로 전해지는 것이 있다. 답수부를 두 갈래로 나눈 것은 답수부 폭을

그림 3-26. 등자

넓힘으로써 발과 답수부의 접지면을 넓게하는 효과가 있어서 앞의 세가지 형태보다 안정적이다. 뿐만 아니라 두 가닥으로 나눔으로써 등자의 무게를 줄여서 말에게 부가되는 무게도 줄일 수 있는 효과도 있어서 답수부가 두 가닥으로 나뉜 것은 기능성과 실용성을 모두 향상시킨 것이라고 할 수 있다. 따라서 시간에 따른 기능성 향상이라는 점에서 볼 때 등자는 Ⅰ형에서 Ⅳ형으로 시간에 따른 변화를 보여준다.

띠를 장식하는 것으로는 행엽과 운주가 있다. 행엽은 띠에 매다는 장식이고, 운주는 띠에 부착하는 장식이다. 고구려 고분의 행엽은 심엽형 한 가지이다. 심엽형판에 테두리를 덧댄 것, 테두리와 내부에 십자형으로 장식한 것, 투조 장식판을 덧댄 것 등 세 가지이다(그림3-27). 끈과 연결시켜주는 연결고리는 폭이 넓은 것과 좁은 것 두 가지인데, 테두리만 덧댄 행엽의 고리 폭이 더 넓다. 심엽형 판에 테두리를 덧댄 행엽은 금동제로 연결고리가 비교적 넓으며, 칠성산96호분과 우산하2891호분에서 줄토되었다. 철판에 금농제의 테두리와 십자형 장식을 덧댄 행엽은 마선구1호분, 우산하3105호분, 장천4호분, 만보정78호분, 장천2호분, 동대파217호분에서 출토되었는데, 우산하3105호분을 제외하고 연결고리의 폭은 좁은 편이며, 지판과 덧댄 판을 고정시킨 못의 수는 9개이다. 그 중 장천4호분은 점각으로 십자형 장식 효과를 내

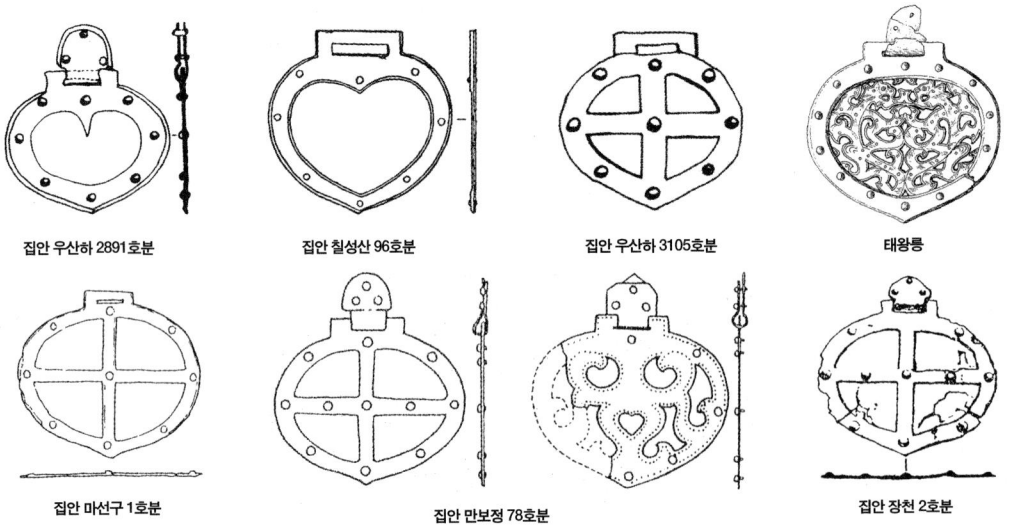

그림 3-27. 행엽

었으나, 고정 못의 수나 전체 형태는 만보정78호분과 유사하다. 철판에 금동제 투조 장식판을 덧댄 후 테두리를 돌린 행엽은 모두 금동제로 태왕릉과 만보정78호분 두 곳에서 출토되었다. 태왕릉에서 출토된 행엽은 지판 위에 호랑이를 대칭되도록 투조한 판을 올리고 심엽형 테두리를 돌렸으며, 테두리에 금동 못 14개를 박았다. 만보정78호분의 투조된 행엽의 무늬도 서로 대칭되어 있다.

운주는 띠에 부착되는 고정판과 세움식 그리고 영락으로 이루어졌고, 고정판의 형태에 따라 화판형 운주와 반구형 운주로 나뉘며, 화판형 운주는 세움식의 유무에 따라 다시 세분되어서 총 3가지 형태로 나눌 수 있다(그림 3-28).

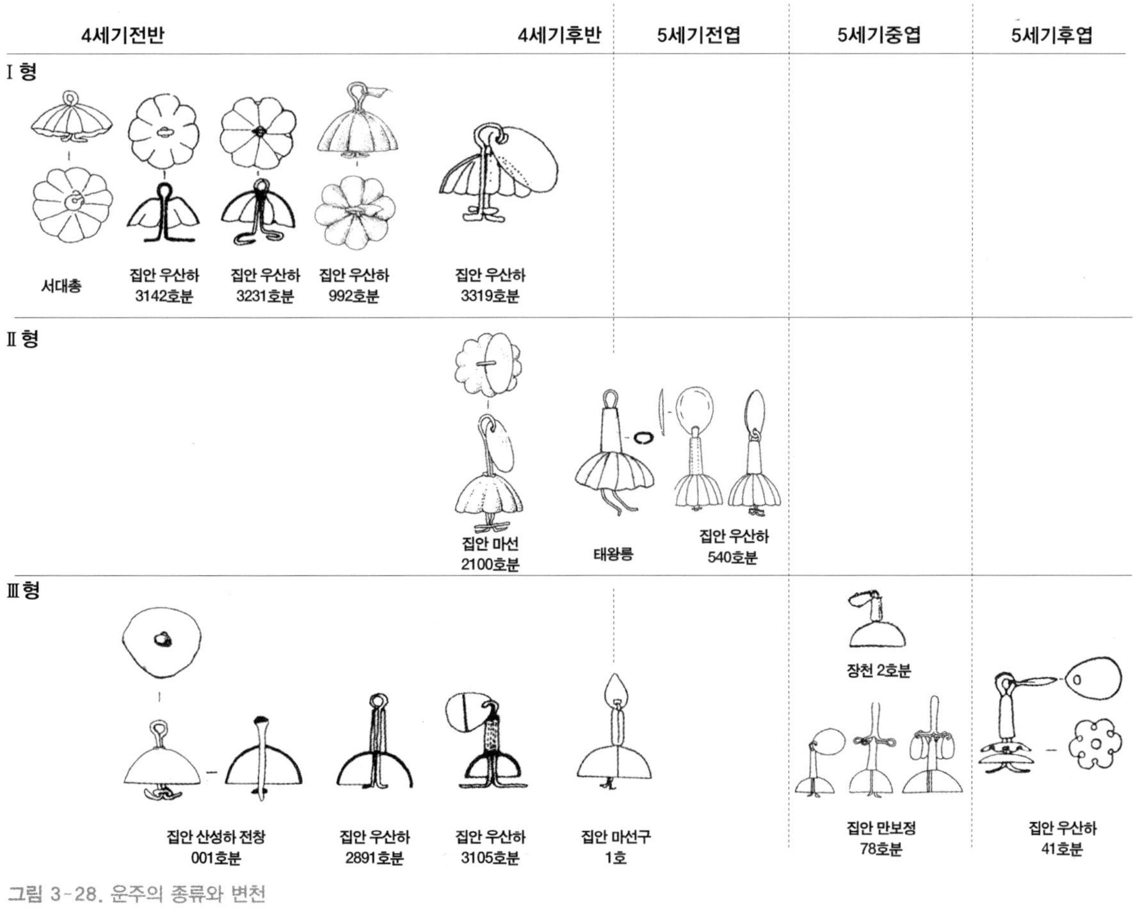

그림 3-28. 운주의 종류와 변천

I형은 고정판은 화판형이고, 세움식이 없는 것으로, 서대총, 우산하992호분, 마선구2100호분, 우산하3319호분, 우산하3283호분, 서해리1호분, 우산하3560호분, 우산하3282호분, 우산하3142호분, 우산하3154호분에서 출토되었다. 화판은 8판과 10판이 있고, 영락은 하나가 달렸다.

II형은 화판형 고정판에 세움식이 있는 것으로 I형 운주에 세움식이 더해진 것이다. 마선구2100호분, 태왕릉, 우산하540호분, 장천2호분, 지경동1호분에서 출토되었다.

III형은 고정판이 반구형인 것으로 산성하 전창1호분에서는 세움식이 없는 것이 확인되기도 하였지만, 세움식이 있는 것이 다수이다. 세움식이 있는 것은 우산하3105호분, 만보정78호분, 장천2호분, 우산하3598호분, 우산하41호분 등 석실계단적석총이나 석실벽화봉토분에서 출토되었다. 영락은 대개 하나만 달려있는데, 만보정78호분에서는 영락이 하나 달린 것과 여러 개 달린 것 두 가지가 출토되었다. 우산하41호분에서는 원형판 위에 화형판 두 개가 겹쳐 있다.

이와 같이 운주가 출토된 고분 중 가장 연대가 올라가는 것은 서대총이어서 4세기 초에는 I형 운주가 사용되었음을 알 수 있다. II형 운주는 마선구2100호분에서 세움식은 없지만, 연결가지가 긴 것으로 보아서 I형에 세움식이 더해졌음을 알 수 있고, 태왕릉, 우산하540호분의 예로 미루어 늦어도 5세기초까지 사용되었던 것으로 보인다. 반구형의 III형운주는 우산하2891호분이나 우산하3105호분의 행엽으로 미루어 4세기 중엽경에 등장하기 시작하여 5세기 말까지 지속적으로 사용되었다.

이처럼 고분에서 출토된 운주는 4세기초부터 중엽까지는 I형이 사용되다가, 4세기 중엽이 되면 III형이 등장하여 I형의 화판형 고정판에 III형의 세움식이 더해져서 4세기 후반이 되면 화판형입식부운주(II형)가 만들어지는 것으로 보인다. II형은 5세기 초까지 III형과 병존하였고, 5세기 초엽 이후에는 III형이 유행의 중심이 되어서 5세기말까지 고분에 부장된다. 따라서 운주는 유행의 중심으로 보아서 화판형의 세움식이 없는 운주에서 반구형 세움식이 있는 운주가 등장함으로써 세움식이 있는 화판형 운주가 만들어지고, 세움식이 있는 화판형 운주와 반구형 운주는 병존하다가 차츰 반구형 운주로 변화하여서 고분에 부장된 운주는 세 단계의 변화과정을 겪은 것으로 보인다.

교차하는 띠를 서로 고정시켜주는 역할을 하는 절약節約 또는 십금구辻金具라 부르는 띠 연결 고정금구는 칠성산96호분, 산성하동대파217호분, 태왕릉, 마선구1호분, 우산하41호분에서 출토되었다(그림3-29). 중앙판은 반구형과 방형판 두 종류가 있으며, 띠를 연결시켜 고정하는 판은 두 줄에서 여섯 줄에 이르기까지 여러 종류가 있다. 칠성산96호분의 띠고정금구는 반구형 중앙판에 띠 연결시키는 연결판이 4개인 것과 5개인 것 두 종류가 보고되었다. 모두 고정판은 끝이 뾰족한 반원형이며, 고정판에는 세 곳에 못을 박았다. 이와 유사한 형태로 6개의 줄을 연결시켜주는 것으로 산성하동대파217호분에서 출토된 것이 있다. 태왕릉에서 출토된 띠고정금구는 세 점으로, 모두 반구형 중앙판에 횡장방형의 연결공이 있고, 연결공에 상원하방형 연결판이 부착되어 있다. 반구형 중앙판은 호랑이가 투조된 판을 얹어 장식했다. 연결판은 4줄, 5줄, 6줄을 연결하도록 되어 있고, 4줄을 연결하는 것은 반구형 중앙판이 하나이고, 5줄과 6줄 연결되는 것은 반구형 중앙판 두 개를 연접하였다. 우산하41호분에서는 반구형 중앙판에 방형 띠연결판이 십자로 네 개 달린 것이다. 이외에도 띠를 서로 연결해주는 띠고리와 띠끝이음판 등이 여러 무덤에서 출토되었다.

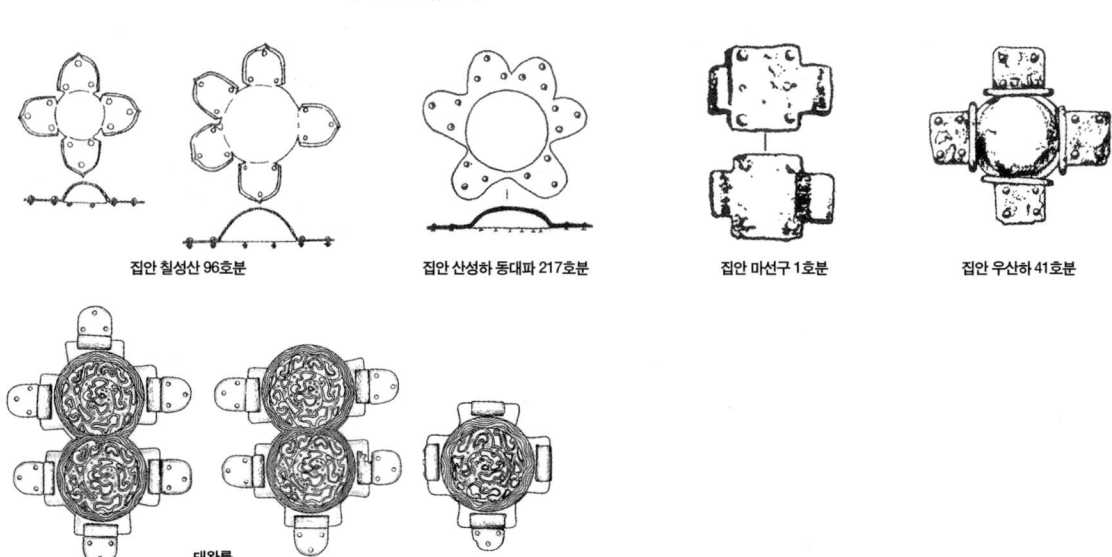

그림 3-29. 띠 연결고정금구

마구는 아니지만, 말을 탈 때 어깨에 메는 화살가방의 장식구는 마선구1호분에서 확인되었다.

8) 기타

차할은 수레바퀴의 차축을 고정시킬 때 끼우는 막대로 한쪽에 장식이 있으며, 철제와 청동제가 있다. 마선구626호분에서 출토된 철제 차할은 단면 장방형의 철봉의 한쪽을 둥글게 접어 말았고, 아래쪽에는 구멍이 있다. 임강총과 우산하2110호분에서 출토된 차할은 주조된 청동제로 서로 흡사한데, 원추형의 모자를 쓴 인물로 양손을 허리에 모은 자세이다(그림 3-30). 임강총에서는 제대로 추정되는 구조물에서 1점 출토되었고, 우산하2110호분에서는 무덤 동쪽에서 2점 출토되었다. 이와 유사한 형태의 차할은 부여 모아산 유적에서 출토된 것으로 전해지고 있다.

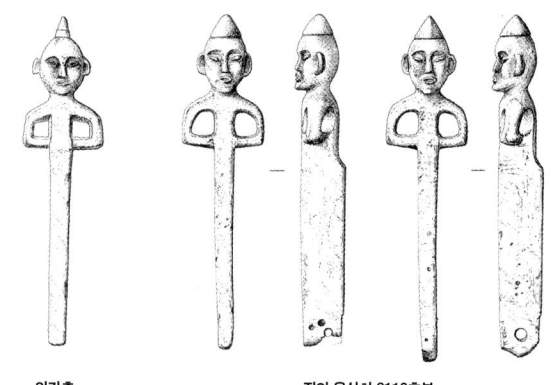

임강총　　　　집안 우산하 2110호분

그림 3-30. 차할

방울은 금동제와 청동제가 알려지고 있는데, 형태에 따라서 두 종류로 나뉜다(그림 3-31). 하나는 뚜껑 덮개를 가진 것이다. 만보정242호분에서 출토된 방울 걸이는 고리형태이다. 완전한 형태는 아니지만 산성하159호분에서는 방울 덮개가, 산성하195호분에서는 만보정242호분 것과 유사한 고리를 가진 청동방울이 출토되었다.

다른 하나는 천추총과 태왕릉에서 출토된 청동방울이다. 태왕릉에서는 청동방울이 4점 출토되었는데, 그 중 한 형태는 편원통형, 연미형 저변이며, 다른 하나는 저변이 직선인 원통형이다. 원통형 방울 중에 한 점에 "辛卯年 好太王 巫造鈴 九十六"이라는 글자를 새겼다. 신묘년은 391년으로 연구자에 따라 광개토왕 즉위를 기념하여 만든 방울로 태왕릉이 광개토왕의 무덤임을 증명하는 증거로 보기도 하고, 광개토왕이 선왕인 고국양왕을 위해 만든 것으로 보아서 태왕릉을 고국양왕무덤으로 비정하기도 한다. 이외에도 우산하540호분에서 출토된 청동방울은 육면체로 방울 저변을 연호문처럼 만들었다.

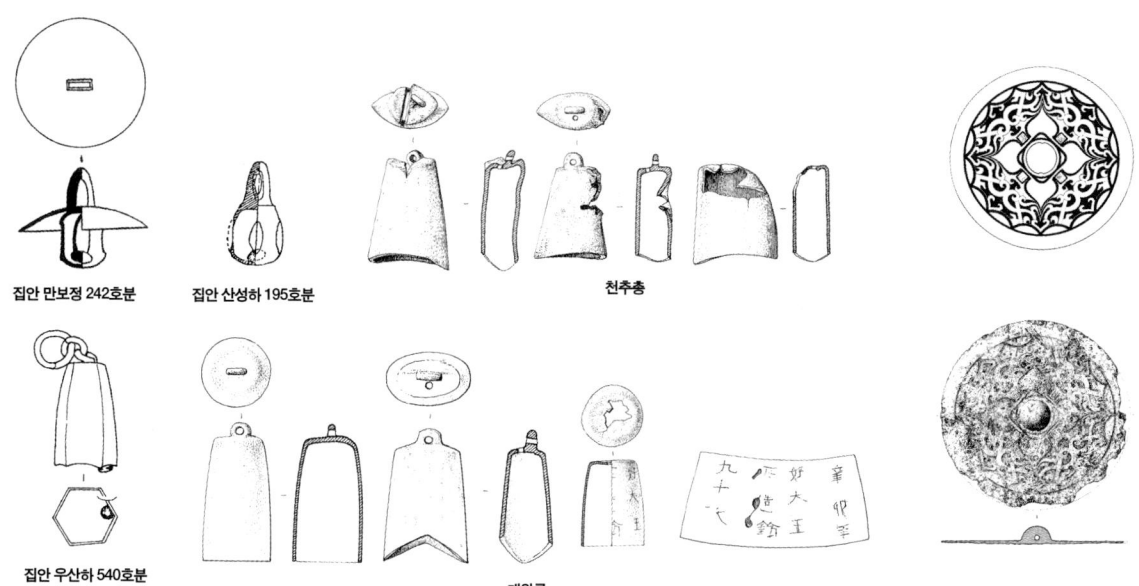

그림 3-31. 청동방울

그림 3-32. 집안 마선구 2100호분 철경

    마선구2100호분에서는 철경이 출토되었다(그림 3-32). 직경 38센티미터로 비교적 큰 편이며, 표면에 섬유흔적과 칠흔이 남아 있다. 꼭지 주위에 사엽문이 배치되어 있고, 사엽문 사이 방형 틀 안에 양각된 명문이 있다. 명문은 "子孫富貴"로 추정된다. 외연에는 16개의 연호문이 있다. 이외에도 집안 오도령구문적석무덤에서는 청동거울이 출토되었다. 이 청동거울은 중간에서 약간 치우쳐 꼭지가 두 개 달리고, 전면을 구획하여 잎사귀무늬 효과를 낸 것으로, 청동기와 초기철기시대의 청동거울과 같은 형태이다.

    태왕릉에서는 금동제 만장걸이장식과 안족 등이 출토되었다(그림 3-2 참조). 금동제 만장걸이장식은 청동 화덕과 함께 접혀진 상태로 출토되었고, 이와 80센티미터 떨어진 곳에서 안족과 장구, 마구 등이 출토되었다. 만장걸이장식은 길이 2.68미터로 맞배지붕형태로 폈다 접었다 할 수 있게 만들어졌다. 안족은 청동으로 주조되었으며 모두 10점이 출토되었고, 그 중 4점이 완전하다. 높이를 기준으로 43~45센티미터, 25.5센티미터 내외, 그리고 부러진 것으로 잔존 높이 17.7센티미터 정도의 세 종류가 있다.

    이외에도 금동제 개궁모蓋弓帽도 출토되었다. 유사두칸구조의 우산하540

호분의 동측실에서 4점이 출토되었는데, 전체 높이가 8.3센티미터로 4점 모두 비슷한 크기이다. 그 중에 한 점은 목질흔과 함께 확인되어서 일산을 부장한 것으로 추정된다.

3. 고분 편년 기준으로서 유물

1) 명문 자료

명문 자료가 고분의 연대를 말해주는 것은 아니지만 벽화분의 묵서명이나 묘지, 벽돌무덤의 명문, 권운문 와당의 연호와 간지 등은 고분의 시간 판단에서 중요한 기준이 된다.

안악3호분의 묵서명은 357년에 죽은 동수의 행적을 기록한 것으로, 동수의 관직, 출신지와 69세되는 영화 13년에 죽은 것으로 되어있다. 덕흥리벽화분의 묵서는 전실 북벽의 천장부에서 유주자사를 지낸 진의 묘지명으로, 이에 따르면 진은 408년(영락18)에 안장하고 409년에 무덤을 닫은 것으로 되어 있다. 또한 전실분의 벽돌 중에서 명문전이 확인되는데, 평양의 영화9년명 동리무덤, 황해도 태봉리의 장무이무덤, 안악 로암리무덤이 대표적이다. 동리佟利 무덤에서는 "永和九年三月十日遼東韓玄菟太守令佟利造"라는 명문전이, 장무이張撫夷무덤에서는 "太歲在戊漁陽張撫夷塼", "太歲在申漁陽張撫夷塼", "使君帶方太守 張撫夷塼", "趙主簿令塼懃意不臥 張使君塼" 등의 명문전이, 안악 로암리무덤에서는 "建武八年 西邑太守", "西邑太守張君塼" 등의 명문전이 출토되었다. 영화는 중국 동진대 연호로, 영화 9년은 353년이 되며, 장무이무덤의 술戊은 술신戊申년으로 보아 동진 영화4년인 348년이 되며, 건무建武는 중국 후조의 연호로, 로암리 무덤의 건무建武 8년은 342년이다.
_{345~356년}
_{335~348년}

권운문 와당에서는 태령 연호와 기축, 무술, 정사, 을유 등의 간지가 확인된다. 태령은 중국 동진 사마소司馬紹의 연호로 323년부터 325년까지 사용되었다. 국내성 남문리의 '太寧□年四月造作'명 권운문 와당과 국내성 인민욕지 영극원의 '太寧四年太歲□□閏月六日己巳造吉保子宜孫'라는 권운문 와당의 명문은 길상구와 제작과 관련된 내용으로 이루어졌다. 이와 유사한 형태의

권운문 와당에서 연호는 확인되지 않았지만, 간지가 확인된다. 따라서 '기축己丑'명 와당이 출토된 서대총은 329년, '무술戊戌'명 와당이 출토된 우산하992호분은 338년으로 비정된다. 마찬가지로 우산하3319호분의 '정사丁巳', '을묘년乙卯年' 와당은 권선과 거치문, 명문의 위치 등을 고려해볼 때 태령 연간의 와당보다는 늦으므로 을묘년은 355년으로, 정사년은 357년으로 비정된다. 따라서 명문이 있는 권운문 와당이 출토된 고분의 상대 서열은 서대총, 우산하992호분, 우산하3319호분, 마선구2100호분, 천추총 순이 된다.

이외에도 고구려 고분에서 출토된 것은 아니지만, 신라 서봉총의 연수명 은합이나 호우총의 광개토왕호우도 있다. 그 중 광개토왕호우는 "乙卯年國崗上廣開土地好太王壺杅十"이라는 명문으로 415년에 제작되었음을 알 수 있고, 서봉총의 연수명 은합은 뚜껑 안쪽에는 "延壽元年太歲在卯三月中 太王教造合杅用三斤六兩"이, 합의 바닥에는 "延壽元年太歲在辛 三月□太王教造合杅 三斤"이 새겨져있다. 신묘년은 서봉총 출토 유물에 비추어 451년 경으로 비정하기도 하였으나, 고구려로부터 신라로의 유입과 고분에 부장되기까지의 과정을 고려해 본다면 451년보다 앞서며, 칠성산96호분의 청동합과 형태적 유사성을 감안해 볼 때 331년 가능성이 더 크다고 할 수 있다.

2) 교차편년의 기준

고구려 고분 유물이 형식 편년을 할 만큼 동종의 유물이 수적으로 많지 않을 뿐더러 다른 기종에 비해 시간에 민감한 토기의 경우에도 시간에 따른 형태 변화가 두드러지지 않아서 편년의 안정적인 기준이 되지 못한다. 그러나 청동 초두와 청자, 대금구 등의 유물은 중국의 절대연대를 알 수 있는 무덤에서 출토예가 있어서 중국과의 교차편년이 어느 정도 가능하다.

초두는 중국 남북조시대 지배층의 무덤에서 출토되는 대표적인 금속제 의기로, 춘추시대 말에 처음 나타나 전국시대와 한대를 거쳐 남북조시대에 성행하다가 당대 이르러 점차 소멸했다. 한대 이후의 초두는 시간에 따라 손잡이 부분과 두신의 구연과 저부 형태, 다리 등에서 변화를 보여 청동용기 중 시간적 위치를 판단하는 데 안정적인 기준으로 사용되는 기물이라고 할 수 있다. 특히 수각형 다리와 용머리 장식 손잡이를 가진 초두는 중국에서는 한대에 처음 사용되었지만 유행한 시기는 주로 4세기대이다. 용머리 장식 손잡이를 가진 초두는 시간에 따라 몸체 바닥은 둥근 것에서 말각평저로, 용머리 장식 손잡이의 꺾임은 완만한 데서 횡으로 누웠다가 직립하며, 다리는 점점 높아지는 변화를 겪는다. 이러한 변화에 비추어볼 때 칠성산96호분 2호묘실에서 출토된 초두의 수각형 다리, 용머리 장식 손잡이, 발의 형태 등은 4세기 초의 남경 등부산 벽봉사1호분, 서진 말에서 동진 초로 비정되는 산동 임기세연지 진묘, 그리고 354년으로 비정된 전연의 무덤인 조양 원대자벽화분에서 출토된 것과 형태상 가장 유사하다. 따라서 칠성산96호분 초두는 4세기 중엽 무렵으로 연대 비정할 수 있다.

청자 반구호는 중국 청자 중 비교적 많은 비중을 점할 뿐만 아니라 기년명을 알 수 있는 무덤에서 출토된 예가 여럿 있어서 이와 우산하3319호분의 청자 반구호를 교차편년하는 것은 비교적 안정적이라고 할 수 있다. 중국에서 1,200~1,300도의 고온에서 구운 청자는 삼국시대와 양진시기를 거쳐 남북조 시기에 유행했다. 특히 양자강 이남의 여러 요지에서 제작된 청자가 중국 남경 일대에 산재한 삼국에서 남북조에 이르는 수백 기의 고분에 부장되어서 시간의 변화를 잘 보여준다(朱白謙 2000). 중국 청자는 유색은 청회색에서 서진 말 이후 청황색이 더해지고 동진 후기에는 청황색이 중심이 되며, 다시 남조 중·후기가 되면 황록색 유약이 더해져서 청황색과 황록색 유약이 병존하지만 차츰 황록색 유약이 많은 비중을 점하며 앞선 시기의 청회색 유색은 소량에 불과하게 된다. 반구호는 작은 것에서 차츰 큰 것으로 변화하는 한편 동체 최대경이 동체 중위에서 차츰 위로 올라가는 형태상 변화를 겪는다. 높이와 동체의 비율이 서진시기에는 1:1이었다가 차츰 높이가 높아져 동진 전기에는 1.2:1, 동진 후기에는 1.5:1, 남조 중·후기에는 2:1로 변화한다. 경부는 가늘고 길어지며, 반구는 얕은 데에서 깊고 밖으로 벌어지는 변화를 겪는다. 귀의 형태는 반원의 고리 형태가 장방형 고리 형태보다 먼저 등장해 사용되다가 동진시기에 들어서면서 장방형 귀가 더해져서 한동안 반원형 고리 형태와 병존하지만 차츰 장방형 귀가 다수를 점하게 된다. 문양은 없거나 동체의 상부나 어깨 쪽에 시문되는데, 오吳·서진西晉대에는 인화문 시문이 많은 비중을 점하나 시기가 내려올수록 횡선대와 횡선대 사이에 격자문이 부가되는 등의 변화를 겪는다. 중국 청자 반구호의 변화의 경향성을 고려해볼 때 우산하3319호분 출토 반구호는 청회색의 유색, 원형 고리의 수교이, 크기와 전체 형태 등에서 동진 전기의 청자와 대응되며, 특히 남경 북교의 온교묘[329년]와 남경 인태산 왕흥부부묘[341년, 348년]에 대응된다고 할 수 있다. 따라서 우산하3319호분의 청자 반구호는 4세기 중엽 무렵으로 비정할 수 있다. 이러한 편년안은 앞서 설명한 정사丁巳명 권운문 와당의 편년안과도 잘 부합된다.

대금구는 서진의 것이 완형으로 유입된 것, 서진의 대금구를 조형으로 변용한 것, 고구려화된 것, 동진의 것을 조형으로 제작된 것 등으로 나뉜다. 이를 중국과 비교해볼 때 서진의 것으로 비정되는 대금구가 출토된 산성하152호분, 산성하159호분, 우산하3560호분, 우산하3142호분은 3세기 말 어느 시점부터 4세기 중엽을 전후한 시기로 비정된다. 삼엽문대금구는 서진대 대금구를 조형으로 4세기 전반경에 제작되기 시작하였을 것이다. 환인 연강향19호분이나 집안151호분의 대금구가 비교적 이른 시기에 해당될 것이며, 변용이 큰 산성하330호분이나 산성하725호분의 대금구는 그보다 늦은 시기로 추정된다. 삼엽문대금구의 사용기간은 길었을 것이나, 6세기대로 내려가지는 않을 것이다. 고구려화된 대금구가 출토된 칠성산96호분 1호묘실, 고산동10호분, 장천4호분, 집안873호분, 서해리 2지점1호분은 4세기 중엽 무렵부터 5세기 전반으로, 동진의 것을 변형한 산성하332호분의 대금구는 무덤의 구조와 부장 토기, 벽화 내용에 비추어볼 때 5세기 전반 무렵으로 연대 비정된다.

3) 주요 고분의 편년

앞에서 살핀 유물을 종합해 볼 때 청자나 청동초두 등은 중국과의 교차편년이 가능하며, 마구류는 교차편년 뿐 아니라 고분들 간의 상대서열이 가능하다. 이러한 유물이 부장된 우산하3319호분과 칠성산96호분, 만보정78호분 등은 고분 편년의 기준이 될 수 있다.

(1) 우산하3319호분

우산하3319호분은 고구려 고분 중 매우 이례적인 구조이다. 계단적석총이면서 매장부는 벽돌로 축조한 후 그림을 그려 넣은 벽화분이기도 하다. 벽화는 자세하지 않고, 벽돌로 축조한 매장부는 묘도와 연도, 연도 중간에 좌우 대칭되는 측실, 방형 현실로 이루어져 전체적인 평면은 방형 현실과 횡장방형 전실의 두칸구조처럼 보이는 유사두칸구조이다(그림 2-5 참조). 분구의 규모는 한 변 길이 21미터 내외로 대형분에 해당되는 단독분이어서 왕릉 후보군으로 보기도 하지만, 묘역시설 등 주변 시설은 확인되지 않았고 넓은 조망권도 확보되지 않아서 왕릉으로 비정하기 어렵다. 중국에서는 이 무덤의 주인공을 중국계 인물인 최비崔毖로 보기도 한다(吉林省文物考古研究所·集安博物館 2005). 매장부가 벽돌이고, 청자를 포함한 부장품의 조합상이 중국식인 점을 감안해 볼 때 최비로 단정하지는 않더라도 무덤의 주인공은 고구려 중앙에 진출한 중국계 인물일 가능성은 충분하다.

여기에서 시간 판단에서 중요한 자료는 명문이 있는 권운문 와당이다. 분구 조사에서 수습된 정사丁巳명 와당은 무덤을 덮은 기와라는 명문내용으로 보아서 무덤의 연대와 가장 가깝다고 할 수 있다. 이 권운문 와당은 8분 구획하고, 주연을 돌아가면서 명문대가 있는 점은 태령4년명 권운문 와당에서 관찰되는 속성이지만, 연호문 사이에 문양이 배치된 것은 비교적 늦은 속성에 해당된다. 이와 공반된 을묘년 와당은 4분 구획되어서 고구려 권운문 와당이 중국 권운문 와당의 영향을 받았다는 전제에서 권운문 와당의 가장 이른 형식으로 파악되기도 했으나, 주연의 거치문 시문이 퇴화형 권운문 와당에서 관찰되는 속성이어서 시간적으로 늦은 특징이라고 할 수 있다. 따라서 태령 연간의 권운문 와당과의 관계를 감안해보면 정사명은 357년으로, 을유년은 355년으로 비정하는 것이 가장 합리적이다.

이러한 연대는 청자 반구호를 통해서도 확인할 수 있다. 청자 반구호 5점 중 기형 복원이 가능한 3점은 높이 32~36센티미터 정도이고, 최대경이 동 상부에 위치하며 그릇 높이와 동 최대경의 비가 1.2:1 정도라는 점에서 형태가 서로 비슷하다. 단지, 차이는 어깨 양쪽에 있는 귀가 쌍으로 된 것과 하나로 된 것 두 종류인데, 쌍으로 된 귀는 중앙이 오목하게 들어간 띠 모양이며 상면에 음각 시문이 있으며, 하나로 된 것은 고리형이고, 무늬가 없다. 이 청자 반구호는 국내성에서 출토된 것보다 유태가 양호한 것으로 보아서 중국에서 수입된 것으로 보이므로 중국 청자의 변화과정을 통하여 연대 추정이 가능하다.

　변화과정을 고려해볼 때 우산하3319호분의 청자 반구호는 남경 북교의 온교묘와 남경 인태산 왕흥부부묘에서 출토된 청자와 형태적으로 대응된다고 할 수 있다. 이외에도 호자, 계수호, 이배, 등잔, 발, 반 등의 시유기가 부장되어 있는데, 이러한 기물의 부장은 중국 동진대 무덤에서 흔히 관찰되는 기물 조합이다. 한편, 시유 사이장경호는 칠성산96호분의 장경호와 유사 기형이다.

　마구는 재갈과 화판형 운주 두 종류만이 잔존한다. 재갈은 줄을 꼬아서 만든 이련식이고, 재갈멈치는 남아있지 않는 것으로 보아서 금속제가 아닐 가능성도 있지만 확실하지 않다. 운주는 입식이 없는 화판형으로, 화판은 10판이며 타원형 영락이 하나 달려 있다. 입식이 없는 것에서 있는 것으로 화판형 운주의 변화를 고려해보면 이 화판형 운주는 비교적 이른 특징을 갖고 있다고 할 수 있다. 퇴화형 권운문 와당이 출토된 마선구2100호분의 화판형 운주는 8판과 10판이며, 원통형 세움식은 확인되지 않았지만, 연결식이 길어진 점으로 보아서 세움식이 있을 가능성이 있으므로 우산하3319호분의 운주는 마선구2100호분보다 앞선다고 할 수 있다. 마선구2100호분의 퇴화형 권운문 와당은 천추총의 권운문와당과 특징을 공유한다. 그러나 연화문 와당은 보이지 않아서 마선구2100호분은 천추총보다 앞선 무덤으로 비정되며, 권운문와당의 특징과 연화문와당과의 공반관계를 고려해 볼 때 우산하3319호분, 마선구2100호분, 천추총 순으로 상대서열되어서, 앞서 살핀 4세기 중엽경의 편년안과도 부합된다고 할 수 있다.

　부장품에서 보이는 이러한 편년안은 장무이무덤을 통해서도 검증할 수 있다. 장무이무덤은 우산하3319호분과 구조적으로 가장 유사한 전실분이다. 장무이무덤은 기존에는 벽돌무덤은 낙랑·대방군의 무덤이라고 생각하여 대방군 하에 조성된 것으로 보아서 288년으로 비정되기도 했다. 그러나 이 일대에서 5세기 초에 해당되는 명문 벽돌이 확인되어서 고구려가 이 일대에 진출한 후에서 지속적으로 벽돌무덤이 축조되었음이 밝혀지게 되었다. 이에 따라 장무이무덤의 '술○戌○'은 술신戌申으로 348년으로 비정되어서, 구조적으로 유사한 우산하3319호분도 4세기 중엽경의 구조임을 방증한다.

이와 같이 구조와 부장품을 종합해볼 때 우산하3319호분을 4세기 중엽의 무덤으로, 구체적으로 정사丁巳명 와당을 통해 357년으로 볼 수 있으며, 우산하3319호분은 고구려 고분의 시간 판단에서 비교적 안정적인 고분이라고 할 수 있다.

(2) 칠성산96호분

칠성산96호분은 계단적석총으로 묘실이 3기 있는 다실분이다(그림 3-3 참조). 3기의 묘실은 독립분의 형태로 연접된 것이 아니라 동일 분구 내에 자리하는 동분이혈의 다실묘인 점으로 미루어 각 묘실 간의 시간 간격은 그리 크지 않을 것이다. 동북쪽 우측에 자리한 3묘실은 파괴가 심해 구조는 물론 부장유물을 알 수 없고, 1묘실과 2묘실은 한쪽 장벽을 공유하여서 격벽으로 구획된 묘실일 가능성이 있다.

1묘실에서는 천정석이 확인되었는데, 천정석과 잔존 서렬로 미루어 매장부는 횡혈식 석실이었을 것이라고 추정되며, 2묘실에서는 벽석과 묘도가 확인되었다.

1976년 조사 당시 1묘실에서 수하식이 달린 금동제 과판이 수습되었다(그림 3-33). 과판은 삼엽문이 투조된 횡장방형이며 수하식과의 연결고리는 두 개다. 수하식은 오각형에 근사한 형태로 좌·우변 위에 돌기가 있다. 과판과 수하식에는 삼엽문이 투조되었는데, 과판과 수하식의 문양배치가 상하로 대칭되는 형상이다. 과판의 이러한 형태는 중국 동진대 과판과는 형태차이가 크다. 오히려 서진대 대금구에서 종장방형 과판과 조합을 이루고 있는 횡장방형 과판과 하변의 양쪽이 말각된 횡장방형 수하식을 모본으로 변용제작된 것으로 볼 수 있다. 고구려에서 서진대 과판과 수하식이 우산하3560호분과 산성하152호분에서 출토된 바 있어서 이가 모본이 되었을 가능성이 있다. 따라서 고구려 고분에서 확인되는 서진대 대금구와의 관련을 고려해 볼 때 그 상한연대는 4세기 중엽 이전으로 올라가기 어렵다.

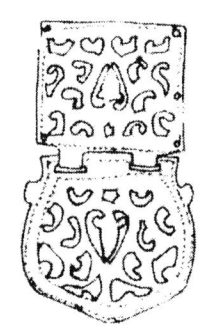

그림 3-33. 칠성산96-1호묘실 출토 대금구

2묘실에서는 묘실 입구와 묘도 부분에 해당되는 곳에서 토기와 시유기, 청동용기와 마구 등 다량의 유물이 출토되었다. 칠성산96호분의 유물로 소개된 것이 이곳에서 출토된 것이다. 그 중 장경호는 황색 시유기와 토기에서 모두 확인되었다. 시유기는 외반 구연과 어깨 부분의 횡선문대 사이에 여러 줄의 밀집파상선문이나 사격자문, 삼각거치문 등이 음각되어 있는 특징을 갖고 있다. 이러한 특징은 우산하3319호분이나 마선구2100호분 출토 장경호와 특징을 같이한다. 청동용기 중 용머리 장식 손잡이를 가진 초두의 수각형 다리와 꺾여 올라간 손잡이, 평저에 가까운 발 등은 중국 4세기 초·중반의 무덤에서 출토된 것과 특징을 같이 한다. 한편 안교와 등자, 재갈, 행엽, 운주, 절약 등 기승용 마구가 일괄로 출토되었는데, 그 중 원형에 상변이 긴 역사다리꼴 띠연결고리가 달려 전체적으로 복주머니형태를 가진 재갈멈치는 조양朝陽 원대자袁台子벽화분과 삼합성三合成 무덤에서 출토된 것과 특징을 같이하며, 근원형 윤부와 답수부 중앙이 약간 평탄해진 등자 등은 조양 원대자벽화분이나 조양 십이대영자台營子 전창磚廠88호분, 안양安陽 효민둔孝民屯154호 목곽묘의 등자와 형태가 유사하다. 조양 원대자벽화분의 축조 시기는 354년으로 비정되기도 하며, 안양 효민둔 목곽묘는 전연의 중원 진출이 350년에 이루어졌고, 370년에 전진에 의해 멸망되었으므로, 고분의 조성 시간은 350년에서 370년 사이에 해당된다. 2묘실에서 출토된 장경호, 초두, 그리고 재갈과 등자의 시간적 위치가 모두 서로 비슷한 점을 종합해 볼 때 2묘실의 유물은 350년 후의 어느 시점으로 비정할 수 있으며, 370년으로 내려가지는 않을 것이다.

이와 같이 2묘실의 편년안은 1묘실의 과판과도 어느 정도 부합되어서, 이러한 점을 모두 고려해 볼 때 칠성산96호분의 연대는 4세기 중엽의 늦은시기로 비정된다.

(3) 만보정78호분

만보정78호분은 광실계단적석총으로, 천정석은 확인되지 않았지만 묘도가 있는 합장이 가능한 구조이다. 만보정78호분의 서북쪽으로 구조와 규모가 같은 적석총이 있고, 동남쪽으로 봉토분이 있어서, 적석총과 봉토분이 열상 배치되어 있다는 점으로 보아서 적석총에서 봉토분으로의 과도기 모습을 보여준다. 이 무덤에서는 여러 유물이 출토되었다. 자세히 보고되지 않았지만 묘실 입구 쪽에서 출토된 화덕, 전연호, 장경호, 분 등의 황색 시유기 등 부장

기물의 구성은 마선구1호분이나 장천2호분과 비슷하다. 묘도 쪽에 해당되는 계단 근처에서는 금동제 안교와 재갈, 등자, 행엽 등 마구 일습이 복수부장되었다(그림 3-3 참조).

마구는 재갈은 남아있지 않고 재갈멈치만 잔존하는데, 재갈멈치는 타원형 판 중앙에 십자대가 있는 형태로, 이러한 형태의 재갈멈치는 중국 전연의 무덤에서 아직까지 그 유례가 없어서 고구려식으로 볼 수 있다. 안교는 금동제 투조판을 덧댄 것과 금동제가 복수부장되어 있었는데, 투조 장식되지 않은 것은 칠성산96호분의 안교와 비슷한 형태의 고안교이지만, 투조 장식판을 덧대어 장식성을 부각시켰다는 점에서 칠성산96호 마구와 다르다. 등자는 목심에 철판을 두른 것과 금동판을 댄 것 두 종류인데, 철판을 두른 등자는 윤부는 횡타원형이고, 답수부에 철제 못이 5개 박혀 있어서 발이 미끄러지지 않도록 기능적으로 고려했다. 등자의 시간에 따른 기능성 향상이라는 점에서 칠성산96호분이나 태왕릉의 등자보다 만보정78호분 등자가 발전된 형태이다.

장식마구로는 행엽과 반구형입식부운주가 있다. 그 중 행엽은 두 종류이다. 행엽은 심엽형철판에 십자상으로 구획된 금동판을 덧댄 것과 금동 투조판을 덧댄 것, 두 종류인데 장식성에서 차이가 있으나 전체 형태에서는 서로 같다. 십자상으로 구획된 금동판을 덧댄 행엽은 11개의 못을 박아 고정했으며, 투조된 장식판을 덧댄 것은 잔존상태가 완전하지 않지만, 권운문과 같은 무늬를 대칭되도록 투조하고, 무늬 주위를 돌아가면서 점각하였다. 이 두 행엽은 전체 형태와 제작방법은 장천2호분의 행엽과 유사하다.

장천2호분은 생활풍속도 벽화가 그려진 벽화분으로, 여러 점의 유물이 출토되었는데, 장경호와 화덕의 공반은 만보정78호분과 유사하다. 다만, 만보정78호분에서는 파손이 심하여 원형 복원이 되지 않지만 구연부의 벌어진 정도가 장천2호분보다 좁다고 보고된 것으로 보아 장천2호분보다는 이른 특징을 갖고 있다고 할 수 있다. 장천2호분은 사이장경호의 동체와 귀의 위치 등을 고려해 볼 때 마선구1호분과 삼실총 사이에 위치된다.

반구형입식부운주는 입식부에서 한 가닥 줄이 나온 것과 네 가닥의 줄이 나온 것 두 종류이며, 영락은 원형이다. 이러한 반구형입식부운주는 마선구1호분에서도 출토된 바 있으나, 영락가지의 수에서 차이가 있다. 운주가 화판형에서 반구형입식부운주로 변화하며, 5세기 이후 반구형입식부운주의 비중이 커지고 있음을 감안해보면 화판형 입식부 운주가 없다는 점에서 만보정78호분이 태왕릉보다는 상대적으로 늦은 시기임을 알 수 있다.

출토된 유물을 종합해보면, 만보정78호분의 마구는 칠성산96호분이나 태왕릉, 마선구1호분 보다 늦으며, 장천2호분과 비슷하거나 조금 이를 것이다. 칠성산96호분은 4세기 중엽 늦은 시기, 두칸구조의 벽화분인 마선구1호분은 4세기 말에서 5세기 초, 장천2호분은 5세기 중엽으로 비정되므로, 만보정78호분은 5세기 전반으로 비정된다. 칠성산96호분과 마선구1호분에는 마구가 복수부장되지 않았고 태왕릉에는 장식이 강화된 마구가 부장되었음을 감안해볼 때 만보정78호분의 축조시기를 5세기 전반으로 비정할 수 있다.

만보정78호분을 5세기 전반으로 비정하게 되면 자연 태왕릉의 시간적 위치도 알 수 있다. 등자 답수부 돌기의 기능성과 투조 장식이라는 두 측면에서 볼 때, 답수부 돌기가 없는 칠성산96호분이나 태왕릉의 등자가 만보정78호분 등자보다 앞서고, 투조 장식이 있는 태왕릉 등자는 칠성산96호분 등자보다 늦을 것이다. 이러한 등자의 변천과정을 고려하면 만보정78호의 등자는 태왕릉의 등자보다 발달된 형태라고 할 수 있으며, 태왕릉 등자는 칠성산96호분과 만보정78호분 사이의 시기로 4세기말이나 이른 5세기초로 비정된다.

4) 고구려 고분 편년

고구려 고분의 편년 기준이 될 만 한 안정적인 기준은 그다지 많지 않다. 앞에서 살핀 바와 같이 명문이 있는 권운문 와당이나 장경호나 전연호의 형식변천, 그리고 대금구와 등자와 행엽, 운주 등 마구 일부와 청자와 청동 초두 등의 기물이 중국과 교차편년의 기준이 된다.

절대연대를 알 수 있는 고분으로는 서대총, 우산하992호분, 우산하3319호분과 안악3호분, 장무이무덤, 안악 로암리무덤과 평양 영화9년명 동리무덤, 덕흥리벽화분 등을 들 수 있다. 이 무덤들은 명문 권운문 와당이나 벽돌, 묵서명에 의해 절대연대를 알 수 있거나 절대연대 비정이 가능하다. 명문 권운문 와당에 의해 서대총은 329년, 우산하992호분은 338년, 우산하3319호분은 357년으로 비정되고, 명문 벽돌에 의해 장무이무덤은 348년, 안악 로암리 무덤은 342년 그리고 평양의 영화9년명 동리무덤은 353년으로 비정된다. 그리고 묵서명에 의해 안악3호분은 357년으로, 묘지명에 의해 덕흥리벽화분은 408년으로 비정된다.

중국과의 교차 편년은 부여 유수노하심 중층 유적 출토 유물과 청동 초두나 청자, 마구류, 진식대금구 등이 기준이 된다. 유수노하심 중층 유적과 대응되는 것으로는 만보정242-1호의 재갈, 하활용8호분의 화살주머니 등이 있으며, 임강총과 우산하2110호분의 차할은 부여 모아산에서 출토된 것과 흡사하다. 청동초두나 마구류는 조양 원대자벽화분과 칠성산96호분이 서로 대응되며, 우산하3319호분의 동진제 청자는 명문 와당에 의한 편년안을 다시 확인시켜준다.

고분의 편년안에 따라 고분 유물의 변화를 다시 정리하자면 다음과 같다. 먼저, 와당은 4세기 후엽을 경계로 권운문 와당이 소멸되고 구획선있는 연화문 와당이 중심이 된다. 권운문 와당은 중국의 권운문 와당과는 달리 주연이 돌출되지 않은 평편한 당면을 갖고 있으며, 당면 중앙의 중방을 중심으로 선으로 8분이나 4분 구획하고, 각 구획선 사이에 연호문을 두고, 주연에는 거치문을 배치하는 특징을 갖고 있다. 구획선은 하나에서 둘이나 셋으로 변하며, 거치문의 표현은 삼각문에서 거치선문으로, 연호문 사이에 명문 대신 차츰 새가 날아가는 추상화된 도안이 들어간다. 퇴화형 권운문 와당과 연화문 와당은 천추총에서 공반되나 이후 권운문 와당은 더 이상 제작·사용되지 않아서 구획선있는 연화문 와당이 권운문 와당을 대체하였다. 구획선있는 연화문 와당은 6분과 8분 와당으로 대별되며, 천추총과 태왕릉, 장군총의 관계를 고려해보면, 6분 연화문 와당에서 8분 연화문 와당으로 변화한다. 천추총에서는 퇴화형의 권운문 와당과 6분 연화문 와당이 공반되며, 장군총에서는 8분 연화문 와당이 공반되어 연화문 와당은 6분에서 8분으로 변화함을 알 수 있다.

토기나 시유토기 중 시간의 변화는 전연호나 장경호에서 보이는데, 동체가 차츰 장동형으로 변하는 방향은 전연호나 장경호가 같다. 전연호는 구연부가 크고 넓게 벌어지다가 차츰 높이가 낮아지는 방향으로 변화하며, 장경호는 목이 좁고 길어지는 방향으로 변화하여, 6세기 이후에는 장경병이 된다. 사이호나 양이호는 그 위치가 동체 상부 즉 어깨 가까이에서 차츰 동체 중상부쪽으로 내려오는 경향을 띤다.

마구 가운데 등자와 행엽, 운주가 시간의 변화를 보여준다. 등자는 윤부와 답수부의 형태에 의해 네 단계의 변화를 겪는다. 첫 단계는 답수부가 약간 내측으로 돌출한 윤부를 가진 것으로 칠성산96호분과 태왕릉이 이에 해당된다. 둘째단계는 횡타원형의 윤부를 갖고 답수부 돌기가 없는 것으로 장천4호분 북실 등자가 이에 해당되며, 셋째 단계는 횡타원형 윤부의 답수부에 돌기가 있는 것으로 만보정78호분과 지경동1호분이 이에 해당된다. 그리고 답수부가 두 갈래로 갈라진 것이 마지막 단계로, 하해방에서 수습된 바 있으나 아직까지 고분에서 답수부가 두 갈래로 갈라진 것의 출토 보고예는 확실하지 않다.

행엽은 현수공이 넓은 것에서 좁아지고, 고정 못의 수가 많아지는 변화를 보이며, 변화는 두 단계로 나눌 수 있다. 우산하2891호분이나 칠성산96호분이 전단계에 해당되고, 장천4호분 북실이나 마선구1호분, 만보정78호분 행엽이 둘째 단계에 해당된다. 양 단계의 과도기 형태가 태왕릉이나 우산하3501호분의 행엽이다.

운주는 4세기초 화판형 운주가 먼저 사용되다가 4세기 중엽경 세움식이 있는 반구형 운주가 등장하면서 화판형 운주에 세움식이 더해지고, 세움식있는 화판형 운주와 반구형 운주가 병존하다가 5세기 전반 이후가 되면 반구형 운주가 중심이 된다.

대금구는 교구와 과판, 요패 등으로 이루어졌고, 과판은 종장방형, 방형, 횡장방형과 심엽형 네 종류가 있다. 이 가운데 종장방형과 횡장방형 과판은 서진대 대금구와 동형이지만, 삼엽문을 모티브로 한 방형과판과 심엽형 수하식, 횡장방형 과판과 편오각형수하식은 고구려에서 변용된 것으로, 고구려식이라고 할 수 있는 이러한 과판에서 차츰 심엽형 과판으로 변화한다. 그러나 횡장방형 과판의 편오각형 수하식과 심엽형 과판은 4세기 중엽이후 일정기간 병존하여서 그 자체만으로는 시간 판단의 안정적인 기준이 되지는 않는다.

이외에도 하활용8호분의 화살주머니, 만보정242호분이나 산성하195호분의 뚜껑을 가진 방울이나 임강총과 우산하2110호분의 인면 차할은 부여계 유물로 3세기말이나 4세기 초로 비정되어 시간 판단의 기준이 되지만, 그 유례가 적어서 시간의 흐름을 파악할 수 없다.

한편, 보요영락는 원형과 편오각형의 규형 두가지가 있다. 원형 보요는 칠성산871호분의 예로 보아서 긴 시간 폭을 갖고 사용되었다. 반면 편오각형의 규형보요는 중국 길림 부여 유수노하심 중층 유적의 귀걸이나 중국 전연의 금공 장신구에서 관찰되어서 범북방계 문물이라고 할 수 있는데, 고분에서는 4세기 초, 중엽의 일정 기간 중에만 보이므로 시간 판단의 기준이 될 수 있다.

이러한 고분 구조와 출토 유물의 유사성을 결부시켜 보면 3세기 후반에서 5세기대에 걸친 고분의 편년안을 마련해 볼 수 있다.

3세기 후반으로 비정되는 고분은 만보정242-1호분, 칠성산871호분, 임강총, 우산하2110호분, 산성하195호분 등이 이에 해당된다. 여기서 출토된 재갈이나 청동방울, 차할, 편오각형의 규형보요 등은 부여 유수노하심 중층 유적에서 공통된다.

3세기 말에서 4세기 초로 비정되는 고분은 서진대의 진식대금구로 미루어 산성하152호분, 산성하159호분 등을 들 수 있고, 표비가 출토된 서해리1호분 이외에도 심발형 토기가 부장된 산성하196호분, 산성하152호분과 산성하 동대파356호분도 이 시기에 해당된다.

4세기전엽으로 비정되는 고분으로는 권운문 명문 와당에 의해 서대총(329년), 우산하992호분(338년)과 규형보요 장식 귀걸이가 출토된 우산하3283호분 등이 있다.

4세기중엽으로 비정되는 고분으로는 청자와 정사명 권운문 와당이 출토된 우산하3319호분(357년), 안악3호분(357년), 장무이무덤(348년), 로암리무덤, 영화9년명 동리무덤(342년) 그리고 칠성산96호분과 이와 유사한 부장양상을 보이는 우산하68호분, 고구려식으로 변용된 삼엽문의 대금구가 출토된 환인 연강향19호분 그리고 칠성산96호분과 유사한 행엽이 부장된 우산하3105호분과 칠성산96호분 행엽보다 앞선 특징을 보여주는 우산하2891호분도 4세기 중엽경에 해당되며, 여기서 출토된 것과 유사한 유물이 부장된 서해리 2지점1호분, 우산하3241호분, 우산하3560호분 등도 이 시기에 조성되었을 것이다.

4세기 후엽에서 말로 비정되는 고분으로는 퇴화된 권운문 와당이 출토된 마선구2100호분과 천추총 그리고 우산하3160호분과 우산하3105호분의 장경호는 칠성산96호분보다는 늦은 특징을 보여준다. 4세기말에서 5세기 초에 해당되는 고분으로는 덕흥리벽화분(408년)을 비롯하여, 칠성산96호분보다 늦은 형식의 행엽이 부장된 태왕릉과 태왕릉에서 출토된 것과 같은 형식의 연봉형 와당이 출토된 우산하2112호분 그리고 마선구1호분 등이 이 시기에 해당된다.

  5세기 전반경으로 비정되는 무덤으로는 등자와 재갈, 안교 등 금동제 마구가 부장된 장천4호분과 만보정78호분이 이 시기에 해당되며, 시간에 따른 등자의 기능성 향상을 고려해 볼 때 장천4호분이 만보정78호분보다 조금 앞 설 것이다. 그리고 삼엽문대금구가 부장된 산성하330호분과 산성하725호분, 덕흥리벽화분과 유사구조의 모두루총도 이 시기에 해당될 것이다.

  5세기 중엽경으로 비정되는 무덤으로, 8분 구획 연화문와당과 마구류, 화덕과 사이호가 부장된 장천2호분을 기준으로 장군총은 장천2호분보다 조금 앞설 것이며, 지경동1호분과 2호분, 전 동명왕릉, 경신리1호분이 장천2호분과 비슷한 시기일 것이다. 또한 장식도안이 부가된 벽화분인 산성하332호분, 환인 미창구1호분과 하해방고분구역의 환문총, 하해방31호분 등의 벽화분도 이 시기에 해당될 것이다. 만포 문악리1호분이나 위원 사장리의 유사두칸구조 석실계단적석총도 이 시기로 볼 수 있다.

  5세기 말로 비정할 수 있는 고분으로는 우산하41호분과 우산하3501호분, 우산하1897호분 등의 적석총과 삼실총을 들 수 있으며, 삼실총과 유사한 제재의 벽화분인 고산동1호분, 쌍영총, 개마총, 대안리1호분도 이와 비슷한 시기로 비정된다.

  사신이 화제의 중심이 되는 사신도벽화분은 6세기 전반으로 호남리사신총, 진파리의 사신도벽화분이 이에 해당되며, 토포리대총도 6세기 전반으로 비정된다. 사신도의 표현과 화면구성으로 미루어 볼 때 통구 오회분4호분, 5호분이나 통구 사신총은 6세기 후반으로, 그리고 강서대묘와 중묘가 가장 늦은 시기의 사신도 벽화분으로 6세기 말에서 7세기초 사이로 비정된다.

  이상과 같이 시간 판단의 기준이 되는 유물들이 대개 4, 5세기대의 고분에 집중되어 있어서 고분 구조와 부장품에서의 변화과정을 종합하여 고구려 고분의 편년을 정리한 것이 〈표 3-3〉과 〈그림 3-34〉이다. 다만, 고구려 초기 자료가 충실하지 못하여서 현재 알려진 자료로 고구려 전 기간 중의 고분 편년안을 마련하는 것은 현재로서는 불가능한 실정이다.

	2C BC	1C	0	AD 1C	2C	3C전	후	말 4C초	4C전	중	후	5C전	중	후	6C전	6C후	7C
적석총	집안 오도령 구문 적석묘 / 장백 간구자 적석묘		환인 망강루 적석총	마선구 2378호	하활룡8호 / 초산 운평리 4-8호	풍청리 33호	만보정 242호 / 칠성산 871호 / 임강총 / 우산하 2110호 / 산성하 동대파 356호	칠성산 211호 / 산성하 152호 / 산성하 159호 / 산성하 196호 / 서해리 1호	서대총 (329) / 우산하 992호 (338) / 우산하 3283호 / 우산하 2891호	우산하 3319호(357) / 칠성산 96호 / 우산하68호 / 마선구 2351호 / 환인 연강향 19호 / 서해리 2-1호 / 우산하 3241호 / 우산하 3560호 / 우산하 3241호	마선구 2100호 / 전주총 / 우산하 3160호 / 우산하 3105호	우산하 2112호 / 전군총 / 태왕릉 / 산성하 725호분 / 만보정 78호 / 우산하 540호 / 마선구 1호	장군총 / 산성하 330호분	우산하 41호 / 우산하 3501호 / 우산하 1897호			
봉토분										태성리 1호 / 안악3호 (357) / 로남리 벽돌무덤 (342) / 장무이무덤 (348) / 영화9년명 동리묘(353) / 평양역전 이실분 / 만보정 1368호	요동성총 / 무용총 / 각저총 / 복사리 약수리벽화분	덕흥리 벽화분 (408) / 장천4호 묘실	장천 2호분 / 지경동 1, 2호분 / 산성하 332호분 / 전 동명왕릉 / 경신리 1호분 / 환인미창구 / 모두루총 / 환문총 / 하해방 31호분	삼실총 / 대안리 1호분 / 쌍영총 / 고산동 1호분 / 안약2호분	호남리 사신총 / 토포리 대총	통구 오회분 4, 5호분 / 통구 사신총 / 진파리 1호, 9호분	산성하 동대파 365호 / 강서 대묘, 중묘, 소묘

표 3-3. 고구려 고분 편년표: ( )안은 절대연대

제3장 고구려 고분의 유물

1~4. 환인망강루4호, 5. 히활용8호, 6~8・55. 산성하동대파356호, 9・10. 임강총, 11・13・14. 산성하196호, 12. 산성하152호, 15. 우산하992호, 16. 우산하32883호, 17. 우산하2891호, 18・19. 칠성산96호, 20~24. 우산하3319호/21・22. 청자), 25. 우산하3241호, 26・27. 안악3호, 28. 우산하3296호, 29・30. 본계진묘, 31. 만보정1368호(석제), 32・38. 장천2호, 33・44・48・49. 삼실총, 34~37. 우산하3150호, 39. 산성하32호, 40. 우산하540호, 41. 지경동고분, 42. 상활용2호, 43. 삼귀리8호, 45. 옥도리2호, 46・47. 우산하1897호, 50・53・54. 토포리대총, 51. 통구하구, 52. 백흠리1호, 56. 용흥리7호

고구려 고분 연구

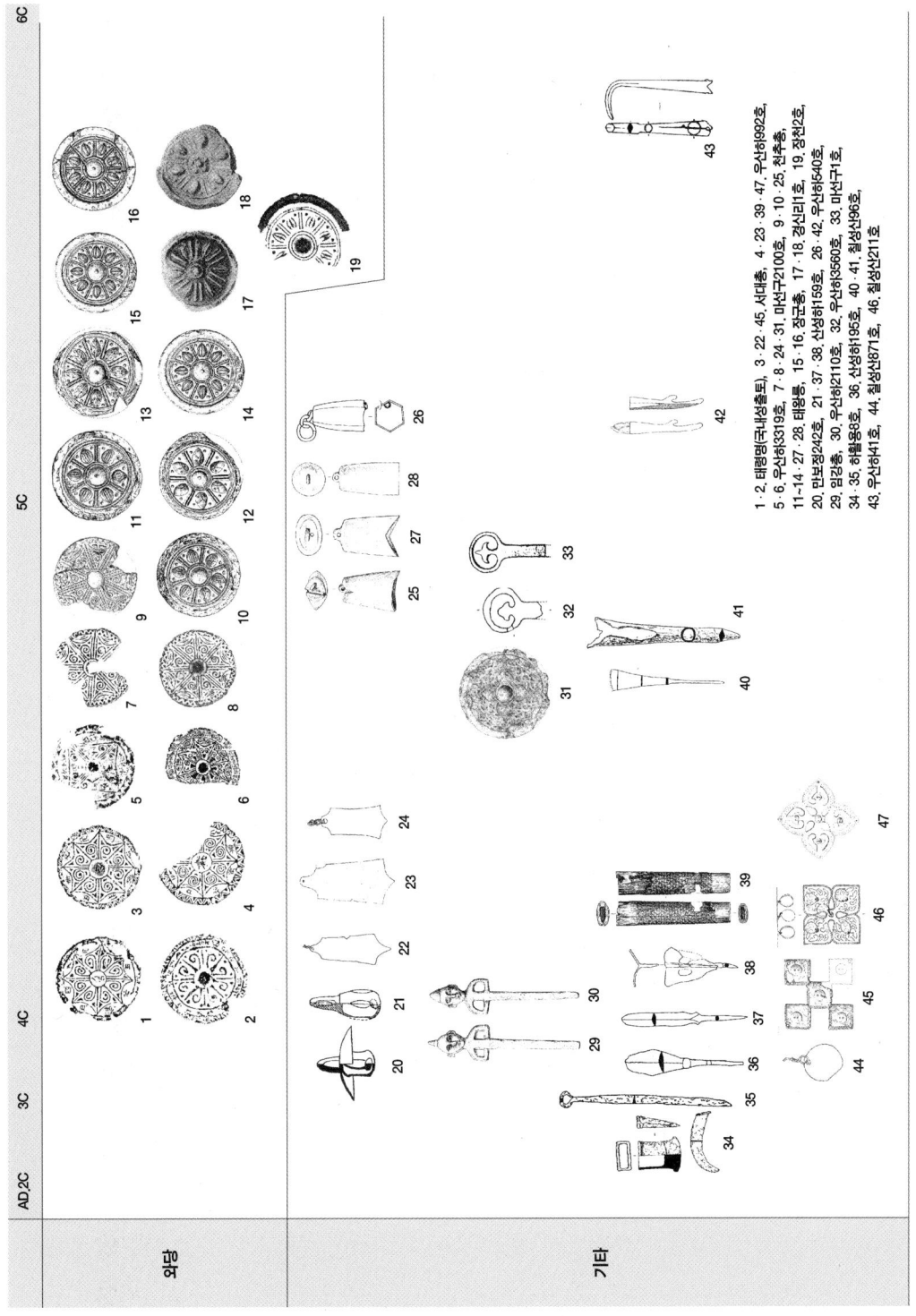

제3장 고구려 고분의 유물

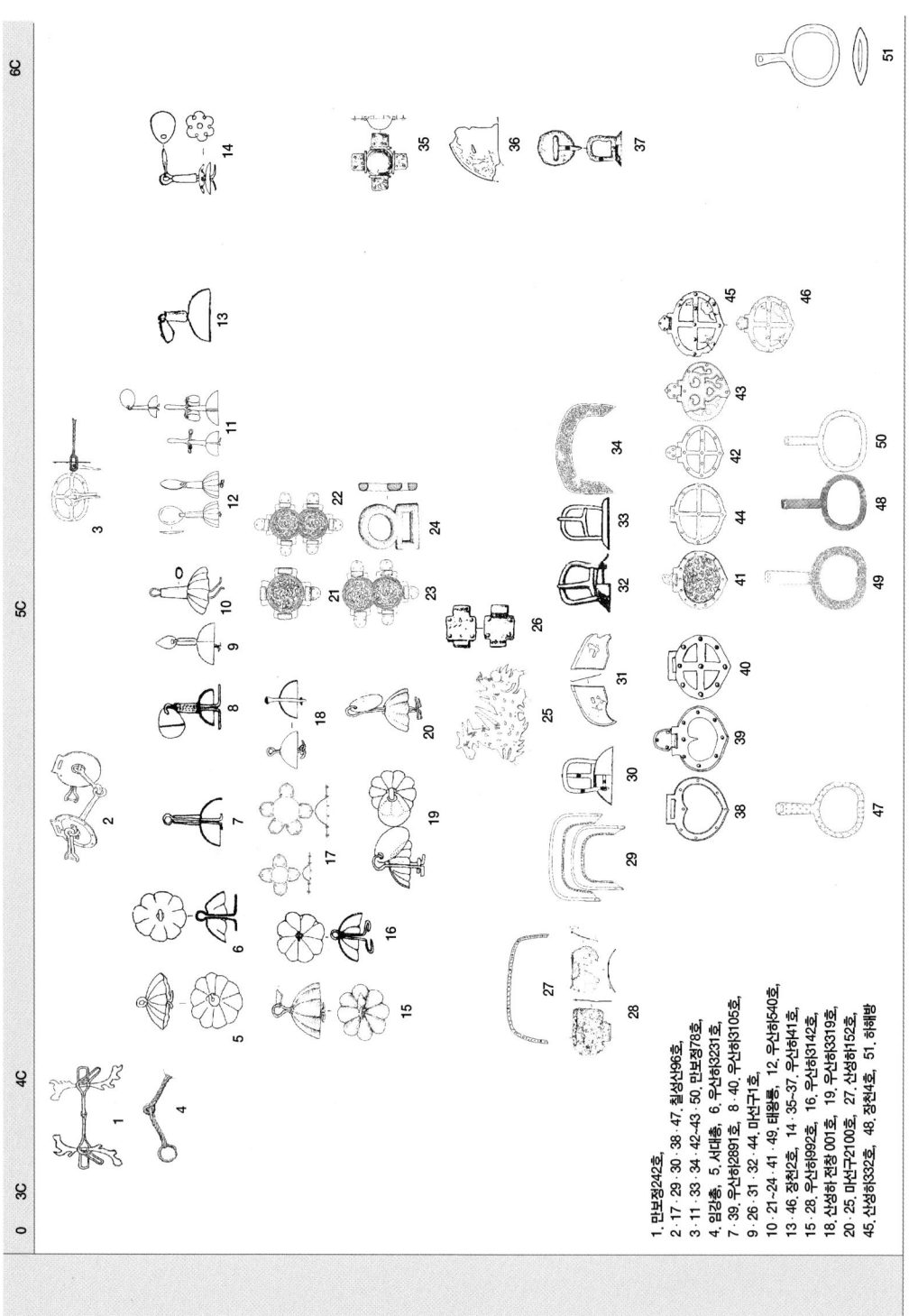

1. 만보정242호
2. 17·29·30·38·47. 칠성산96호
3. 11·33·34·42-43·50. 만보정78호
4. 임강총, 5. 사대총, 6. 우산하3231호
7. 39. 우산하2891호, 8. 40. 우산하3105호
9. 26·31·32·44. 마선구1호
10. 21-24·41·49. 태왕릉, 12. 우산하540호
13·46. 장천2호, 14. 35-37. 우산하41호
15·28. 우산하992호, 16. 우산하3142호
18. 산성하 전창 001호, 19. 우산하3319호
20·25. 마선구2100호, 27. 산성하152호
45. 산성하332호, 48. 장천4호, 51. 하해방

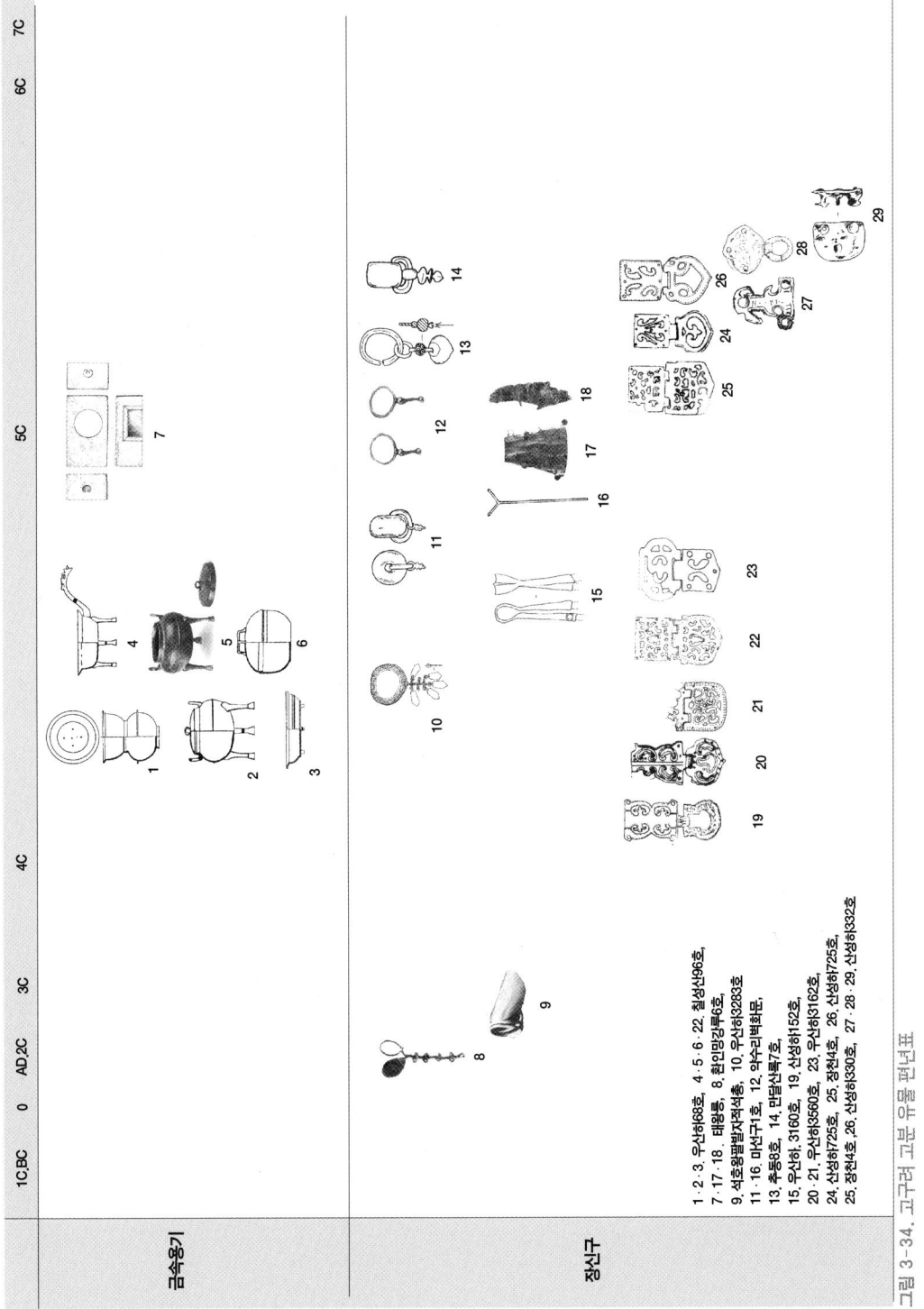

그림 3-34. 고구려 고분 유물 편년표

제3장 고구려 고분의 유물

제4장

고구려 묘제와 장제

묘제는 매장행위의 결과로 만들어진 정형화된 구조를, 장제는 제도화된 매장행위 전 과정을 일컫는다. 따라서 장제의 물질적 증거의 하나가 묘제이며, 장제는 묘제를 포함한 보다 포괄적인 개념이다. 고고학이 물질 증거를 연구대상으로 하는 만큼 고분연구는 묘제에 치중될 수밖에 없었다. 그러나 묘제에서 드러나는 여러 요소들은 매장행위에 의해 나타난 결과의 일부이기도 하므로 이를 잘 분석하게 되면 장제의 일면을 읽어낼 수 있다. 700여 년이 넘는 긴 기간 동안 고구려 고분은 분구는 돌로 쌓은 적석총에서 흙으로 덮은 봉토분으로, 주검은 나무에서 돌로 만든 시설로 변화하였으며, 드물지만 벽돌이 사용되기도 하였다. 이러한 변화는 수혈식 장법에서 횡혈식 장법으로의 매장방식의 변화와 대응되어서 묘제와 장제의 일면을 보여준다.

1. 묘제의 변천

고구려 고분의 분구는 돌로 쌓거나 흙으로 쌓으며, 돌과 흙이 함께 사용되기도 한다. 적석분구는 고구려 건국이전부터 축조되기 시작하여 고구려가 멸망하기까지 긴 기간 동안 축조되면서 분구의 형태와 수혈식에서 횡혈식 장법으로 매장방식에서 변화가 있었다. 더욱이 봉토분의 축조와 함께 적석분구와 봉토분구가 절충되는 모습을 보이기도 하여서 시간에 따른 묘제의 변천은 다양한 양상으로 전개되어갔다.

적석총의 분구는 무기단식에서 기단식, 계단식으로 축재 가공기술과 축조기술에 따른 변화를 보여주며, 매장부는 목관과 목곽을 매장부로 한 석광적석총, 목곽과 목실 또는 목개석실을 매장부로 한 광실적석총, 그리고 석실적석총으로 매장방식에서의 변화를 보여준다. 그러나 가장 이른 형식인 무기단 적석총의 매장부는 석광구조가 다수이지만 광실구조나 석실구조도 있다. 한편, 가장 발달된 기술로 축조한 계단적석총의 경우 광실이나 석실 매장부가 많은 비중을 점하지만 드물게 석광도 있다. 이는 각각의 분형과 매장부는 등장시점에 따른 선후관계를 보이지만, 일정 기간 서로 다른 방식으로 축조하고 매장한 적석총이 병존하였음을 시사하는 것이다. 즉, 무기단에서 기단·계단으로, 석광에서 광실·석실 순으로 등장시점에서의 선후관계를 갖지만, 분구와 매장부의 변화가 서로 상관관계를 갖으면서 계기적으로 일어난 것은 아니어서, 분구나 매장부 형식 어느 하나로 무덤의 시간적 위치를 알 수 있는 것은 아니다. 같은 시기에 축조된 서로 다른 형식의 적석총들은 규모, 시설, 부장내용 등에서 다양한 양상을 띠며 피장자의 사회·정치적 지위를 반영한다.

봉토분은 4세기 이후에 새로 등장한 신묘제이다. 북한의 연구자는 1세기경에 석실이 등장하면서 석실적석총에서 석실봉토분으로 변화하였다고 하지만, 그건 낙랑의 존재를 인정하지 않은 결과이다. 집안 일대에서 봉토분은 4세기 중엽경에 축조되었고, 서북한 일대의 봉토분은 낙랑·대방 축출 이후가 되어야 고구려 봉토분의 범주에 넣을 수 있기 때문이다. 봉토분 가운데 돌로 기단을 쌓은 후 흙을 덮은 기단봉토분은 기단축조방법이 적석총과 같아서 적석총과 봉토분이 서로 배타적인 묘제가 아니었음을 보여준다.

봉토분의 매장부는 지상이나 반지하에 위치하며, 벽돌로 만든 전실도 있지만 다수를 점하는 것은 횡혈식 구조의 석실이다. 석실의 평면형은 여러 가지가 있으며, 그 중에는 석실 내부에 그림을 그린 벽화분도 있다. 그러나 가시적으로 드러나는 봉토분의 분구 형태는 방형 평면의 방대형이 다수이다. 분구 형태에서의 차별성이 두드러지지 않는 점은 적석총과 다르다.

이처럼 적석총과 봉토분 각각의 무덤 형식은 등장시점에서 선후관계를 갖고 무덤의 등장과 관련된 정보를 제공하기도 하지만, 같은 시기에 여러 형식의 무덤이 병존하는 까닭에 고구려 묘제의 전개과정을 어느 한 기준으로 설명할 수 없다. 다만 고분이 매장행위의 결과임을 감안하면 고구려 묘제의 전개과정을 매장방식을 기준으로 살펴볼 수는 있다. 고구려의 매장방식은 1인 1회 단인장을 기본으로 한 수혈식과 2인 이상 동실합장의 횡혈식으로 대표되므로, 고구려 고분은 수혈식 묘제와 횡혈식 묘제로 나눌 수 있다. 수혈식 묘제에 해당되는 것은 목관과 목곽의 석광이며, 드물지만 석곽도 있다. 횡혈식 묘제에 해당되는 것은 석실적석총, 석실기단봉토분, 석실봉토분이며, 큰 목곽이나 목실 또는 목개석실의 광실도 이에 해당된다. 그 중 벽화분은 횡혈식 묘제에서만 관찰된다. 따라서 매장방식을 고려해볼 때 고구려 묘제의 전개는 수혈식 묘제 중심기, 수혈식 묘제와 횡혈식 묘제의 공존기, 횡혈식 묘제 중심기로 나누어볼 수 있다.

1) 수혈식 묘제기: 고구려 묘제의 형성기

수혈식 장법의 석광적석총 또는 석곽적석총으로 대표되는 시기는 기원전 3~2세기부터 기원후3세기대까지의 기간으로, 혼강과 압록강 중·하류역에 집중된 적석총은 강을 따라 또는 산중턱부터 평지로 내려오면서 여러 기의 무덤이 군집을 이루어서 고구려 집단의 형성을 잘 보여준다. 때문에 이 시기는 고구려 묘제의 형성기라고도 할 수 있다.

이 기간 중의 적석총은 무기단에서 기단, 계단으로 시간에 따른 분형의 분화가 일어났다. 가장 먼저 축조된 무기단적석총은 장방형, 방형, 타원형, 원형, 전원후방형, 후원전방형, 전방후방형 평면으로, 분형에서 정형화된 모습을 갖고 있지 않다. 또한 전방후원형 평면은 압록강 이남의 초산 운평리와 자성 송암리에서, 전원후방형이나 전방후방형 평면은 집안과 환인의 적석총에서 관찰되는 등 지역 간 분구형태에서 차이를 보인다. 이에 반해 기단이나 계단적석총은 방형이나 장방형의 정형화된 모습을 갖고, 지역에 따른 분형의 차이도 보이지 않는다. 따라서 분구형태로부터 압록강과 혼강 유역에 분포하는 적석총 축조 집단 간의 차이가 줄어들면서 차츰 통합되어 가는 모습을 볼 수 있다.

동시에 병존하는 무기단과 기단, 계단 등의 분구 형태의 차이는 축조기술을 반영하는 한편, 규모와 부장품에서의 차이를 보이면서 피장자의 사회,경제적 지위와 관련을 갖고 있다. 특히 한 변 길이가 30미터를 넘는 계장식 초대형분인 집안 마선구2378호분, 마선구626호분, 산성하 전창36호분, 칠성산 871호분 등이 집안 통구 분지에서만 확인되어서 집안 통구분지가 수혈식 묘제 시기의 고구려 중심지였음을 볼 수 있다.

그러나 언제부터 수혈식 적석총이 고구려 묘제로 부각되었는지를 보여줄 자료는 아직 충분하지 못하다. 적석총의 구조나 출토유물로부터 시간을 판단할만한 물질 증거가 두드러지지 않기 때문이다(그림 4-1). 이 시기 고분의 부장품은 주로 토기, 철도·부·겸 등의 철제 도구들로, 출토된 양이 많지 않

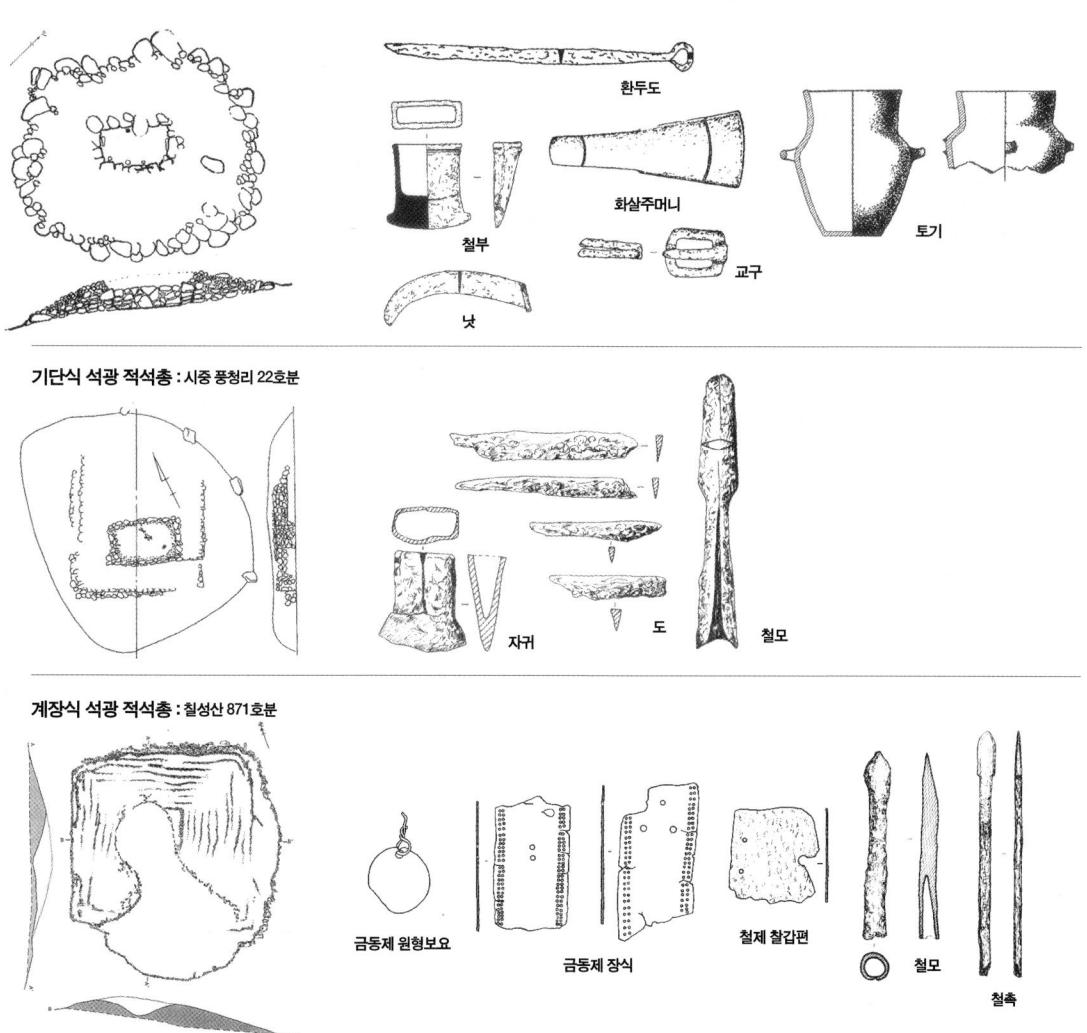

그림 4-1. 석광적석총과 부장 유물

을 뿐 아니라 형태도 단순하여 시간의 변화가 읽히지 않는다. 다만 구조적으로 무기단적석총과 유사한 장백 간구자 적석무덤, 환인 지역의 돌무지무덤, 위원 용연동 적석무지 등에서 출토된 주조 철제 농기구, 타날문 토기, 반량전, 명도전 등 전국시대 화폐로 보아 기원전 3세기까지 올라갈 개연성이 있다. 환인 오도하자나 채아보 등지의 돌무지무덤이나 집안 일대의 퇴장 유적에서 오수전이나 대천오십 등 중국제 화폐가 출토되었고, 진·한대의 중원식 철제 농구, 회색 타날문 토기 등이 출토되었다는 점에서 늦어도 기원전 2세기경에 혼강과 압록강 본·지류역에 거주했던 여러 집단들은 적석총을 매개로 동류의식을 가졌을 것이다. 따라서 기원전 2세기 경에는 적석총이 고구려 묘제로 형성되기 시작하였다고 할 수 있다.

한편, 적석총은 중국 동북의 여타지방과 구별되는 특징적인 묘제이지만, 이 시기의 적석총에 부장된 유물 중에는 고구려 형성의 문화적 배경을 보여주는 것도 있다. 환인 망강루적석총과 석호 왕팔발자 적석총에서 출토된 금제 이식과 하활용8호분에서 출토된 화살주머니가 그 대표적인 예이다. 이러한 유물들은 부여를 대표하는 분묘 유적인 중국 길림성 부여 유수노하심 중층 유적에서 출토된 것과 같은 형태이다. 한편, 하활용8호분에서 출토된 도끼의 자루 구멍이 단면 횡장방형인 주조 도끼는 중국 진·한대 철부의 특징을 갖고 있고, 목긴단지나 띠모양의 손잡이 등은 중국 동북지방의 초기철기시대 여러 유적에서 출토된 토기와 유사하다. 따라서 고구려 문화 형성에 부여와 중국 동북지방의 초기철기시대의 문물 그리고 중국 진·한대의 문물들이 복합적으로 작용하였음을 알 수 있다.

그러나 수혈식 장법이 행해졌던 기간 중에 일어난 변화를 구체적으로 설명하기는 어렵다. 기원전 3세기 늦어도 기원전 2세기경부터 적석총이 압록강과 혼강 본지류역을 중심으로 주민 통합의 구심점이 되기 시작하였고, 이 기간 중에 무기단적석총에서 계장식, 기단식 그리고 계단식 등으로 분형에서의 변화가 일어났음은 확인할 수 있지만, 시간을 판단할 수 있는 자료가 제한적이어서 변화의 시점을 역년으로 제시하기는 어렵다. 중국이나 북한의 연구자들은 유리왕대 국내로 천도하였다는 기록에 따른 역사적 정황을 고려하여 기단적석총이 집안 통구 분지에 집중되는 시점을 1세기경으로 보고 있지만 아직까지는 1세기경으로 확정지을 수 있는 기단적석총 자료는 확실하지 않다. 계단적석총은 만보정242호분의 예에 비추어 3세기 후반에 등장하였을 것으로 비정된다. 특히 4기가 연접된 만보정242호분의 두 번째 매장부는 횡혈식 구조이므로 계단적석총의 등장과 횡혈식 장법의 등장이 비슷한 시기에 이루어졌을 것이다. 한편, 계장식으로 축조한 적석총은 기원전 3~2세기로 볼 수 있는 장백 간구자 적석무덤이나 집안 오도령구문 적석무덤에서부터 3세기 후반경으로 비정되는 칠성산871호분의 예로 보아 긴 기간 동안에 지속적으로 사용된 축조방법임을 알 수 있다. 따라서 계장식 축조방법은 계단식 축조 기술이 정착되기 전에 무덤의 규모를 크게 하거나 보강하기 위한 방법으로 고안된 것으로 보인다. 따라서 3세기 후반 계단적석총이 축조됨으로써 무기단과 기단, 계단식과 계장식적석총이 병존했을 것이다.

 병존하는 여러 형식 적석총 간의 위계는 고분의 규모를 통해 확인된다. 일부 무덤에서 일찍부터 금공장신구가 부장되었지만, 출토 예가 환인 망강루 적석총이나 석호 왕팔발자 적석총 두 예에 불과하여 부장품을 통한 위계는 확인하기 어렵다. 오히려 금공 장신구나 기승용 마구의 부장은 칠성산871호분이나 만보정242호분 등 수혈식 묘제의 마지막 단계에서 확인되기 시작한다. 반면, 한변 30미터를 상회하는 초대형 적석총은 일찍부터 조성되면서 시간에 따른 구조적 정형성이 관찰되어서 수혈식 묘제시기의 적석총의 위계는 무덤의 규모로 판단할 수 있다.

 이처럼 수혈식 묘제기에는 적석총이 고구려 묘제로 형성되어 정형화된 모습을 갖추어 간다. 분구를 쌓는 방식에 따라 무기단적석총에서 시작하여 기단식이 더해지고 3세기 후반 계단식이 더해지면서 계단적석총, 기단적석총, 무기단적석총 순으로 위계화가 이루어졌고, 집안 통구 분지에 최상위 무덤 형식인 계단적석총이 집중되기 시작하여서, 집안 통구분지가 실질적인 고구려 중앙으로 부각되었음을 보여준다.

2) 횡혈식 묘제 수용·정착기: 신묘제의 수용과 확산기

고구려 묘제 변천의 두 번째 단계는 횡혈식 장법이 채용되기 시작하여, 횡혈식 장법이 고구려 매장방식으로 정착되는 4·5세기대이다. 횡혈식 장법과 함께 새로 유입된 요소는 묘실벽화와 봉토분구이다. 돌 대신 흙으로 분구를 쌓아올린 석실봉토분과 석실 내부에 그림을 그려 장식한 벽화분이 새로 등장한 신묘제이다. 집안일대에서는 오랜 전통의 적석총에 횡혈식 장법을 받아들여 광실과 석실 매장부로 변화하기 시작하였고, 일찍부터 횡혈식 장법이 행해졌던 서북한일대에서는 벽돌대신 돌로 축조 재료가 변화하기 시작하였다(그림 4-2). 이처럼 적석총 전통이 있던 지역에서는 적석총과 신요소가 결합, 절충하며, 적석총을 사용하지 않았던 서북한 일대가 새로운 영역으로 편입됨에 따라서 여러 형식의 묘제가 병존하게 되었다. 그러나 전반적인 묘제의 흐름은 석실봉토분과 벽화분이 확산되는 방향으로 전개되어갔다.

횡혈식 장법이라는 관념의 수용은 집안일대의 광실 적석총이 잘 보여준다. 집안일대에서 횡혈식 장법은 한반도 서북한에 있던 낙랑·대방군을 축출하기 이전인 3세기 후반경에 수용되기 시작하였다. 수용 초기의 횡혈식 구조는 현실과 연도를 갖춘 완벽한 구조는 아니었지만, 추가 합장을 고려한 매장부가 적석총에 채용되기 시작하였다. 중국에서 광실구조라고 부르는 것과 북한에서 입구를 가진 석곽이라고 하는 것이 이에 해당된다. 관못, 꺾쇠, 장막걸이쇠 등이 출토되어 목실구조로 추정되는 임강총, 우산하2110호분, 칠성산211호분, 서대총, 우산하992호분, 마선구2100호분 등이 합장이 가능한 매장부를 가진 적석총이다. 이 무덤들은 3세기 말부터 4세기 전반의 왕릉급으로 비정되는 초대형적석총으로 당대 최고의 기술로 축조되었을 것이다. 그런데 매장부가 천장까지 갖춘 석실이 아니었다는 점은 횡혈식 장법의 채용이 곧 석실 축조 기술의 완성을 의미하는 것은 아니었고, 횡혈식 장법이라는 관념의 유입과 석실의 축조 사이에는 시간이 필요했었음을 보여준다. 파괴되어서 그 구조가 확실하지는 않지만, 만보정242호분은 4기가 연접된 무덤으로*, 3기의 매장부가 확인된다. 북쪽에서 남쪽으로 내려오면서 석광, 횡혈식 구조, 쌍곽 순으로 연접되어 있어서, 횡혈식 장법이 고구려에 유입되었지

* 현실과 묘도가 있는 만보정242호분의 두 번째 묘실에서는 천정석으로 쓰인 석재가 확인되지 않아서 목개木蓋 석실일 가능성도 배제할 수 없다.

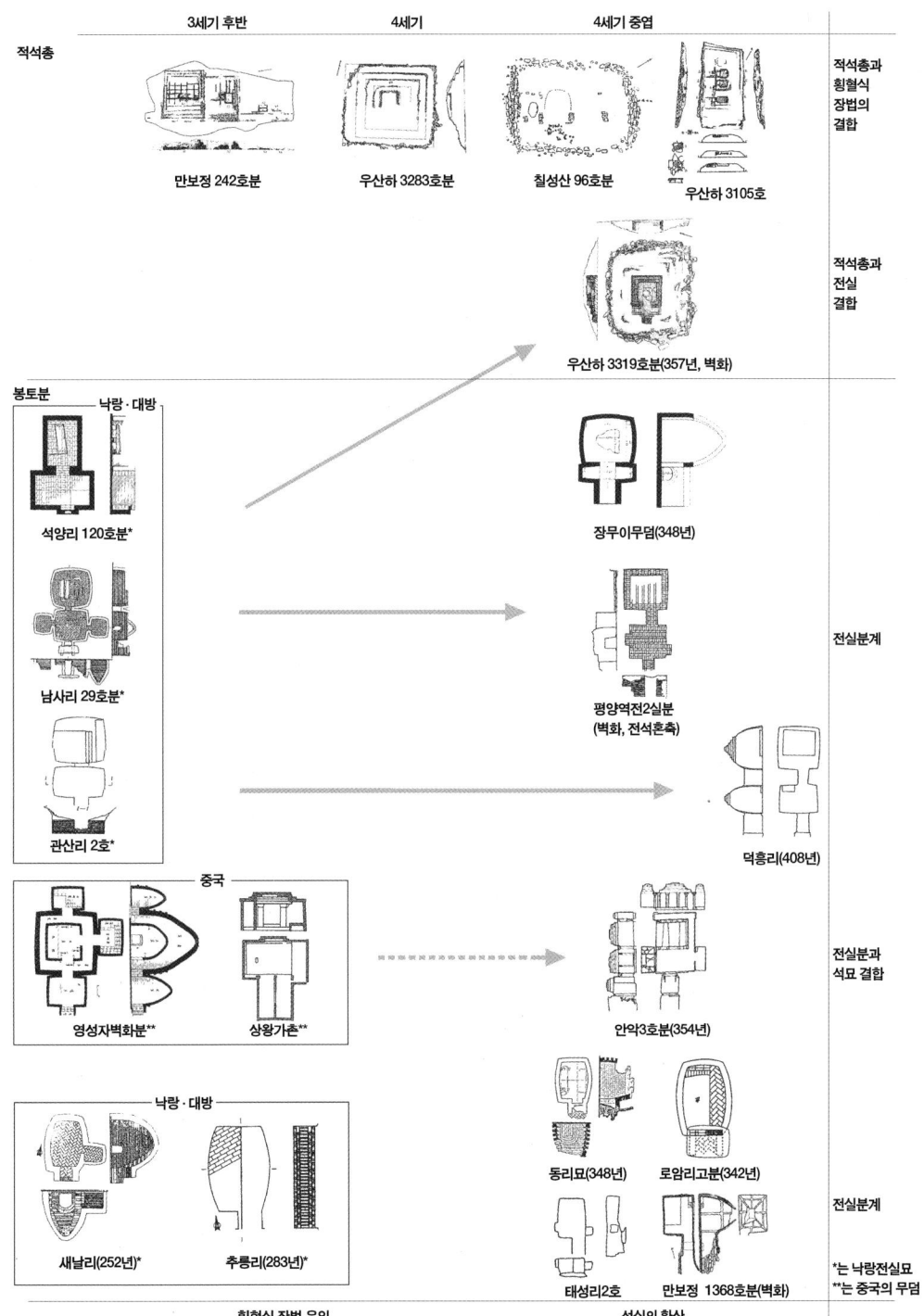

그림 4-2. 횡혈식 장법의 수용과 정착과정

만 적석총 주민 사이에 넓게 파급되지 않았거나 벽에 천장을 올려쌓은 석실을 축조할 만큼 기술적으로 성숙하지 못했던 것으로 보인다. 이미 횡혈식의 전실이 축조되었던 서북한 일대와는 달리 집안일대에서는 3세기말부터 적석총에 횡혈식 장법이 수용되면서 일정기간 석광과 광실이 병존하다가, 천장까지 돌을 덮은 완벽한 구조의 석실은 4세기 중엽경 축조되기 시작하였다.

 한편, 4세기 중엽경에 조성된 우산하3319호분[357년], 평양의 영화9년명 동리무덤[353년], 황해도 안악 로암리무덤[342년], 안악3호분[354년], 봉산의 장무이무덤과 만보정1368호분[348년] 등은 분구와 매장부의 평면구조, 축조재료에 따라 지역적 차이를 보인다. 전실을 매장부로 한 무덤으로는 우산하3319호분과 장무이무덤, 안악 로암리무덤이 있다. 우산하3319호분은 적석총으로 전실은 봉토분인 장무이무덤과 같은 평면구조로, 적석총과 전실의 결합을 보여준다. 벽돌과 돌을 이용한 영화9년명 동리무덤은 주 축재는 벽돌이고 일부 돌을 사용하였다. 매장부 구조는 서로 다르지만 평양역전이실분도 천장부에 돌을 사용한 전실벽화봉토분이다. 평양역전이실분은 전실과 현실로 이루어진 두칸구조로 낙랑의 두칸구조 전실과 유사평면이지만, 묘실벽화의 남묘주도는 돌로 축조된 안악3호분과 유사하다. 그러나 안악3호분은 회랑을 가진 예외적인 구조이다. 한편, 장방형 현실의 우편재연도 벽돌무덤인 안악 로암리무덤은 영화9년명 동리무덤과 구조이며, 돌로 축조된 만보정1368호분도 같은 평면구조이다. 이러한 4세기 중엽경 횡혈식 무덤에서 보이는 구조의 지역간 선택적 상사, 상이점은 횡혈식 장법의 수용·정착 과정이 획일적이지 않았으며, 고구려에서 횡혈식 무덤의 등장 과정이 중국이나 낙랑으로부터의 단선적이지 않았음을 보여준다.

 그러나 4세기말을 거쳐 5세기에 들어서면 석실이 확산되면서 동시에 벽화분도 확산된다. 황해도의 일부 전실묘를 제외하면, 석실은 적석총이나 봉토분의 매장부로 정착된다. 고구려 각지에서 확인되는 석실은 적석총과 봉토분 그리고 벽화분이 구조적으로 결합하고, 공간적으로도 서로 병존하는 양상을 보인다.

 환인과 집안을 포함한 원고구려 지역에서는 석실적석총과 석실봉토분 그리고 석실벽화분이 병존한다. 또한 양자의 절충 형태 매장부를 가진 무덤도 있다. 가령, 적석총의 기단과 봉토분구가 결합된 기단봉토분 중에는 석실 내부를 벽화로 장식하기도 하고(우산하1408호분, 전 동명왕릉, 경신리1호분), 석실적석총이면서 벽화로 장식하는 등 (절천정총, 우산하41호분, 산성하725호분, 우산하1405호분) 적석총과 봉토분, 묘실 벽화가 결합된 양상을 보인다. 아울러 각지에서 축조된 석실벽화분은 여러 칸의 복잡한 구조에서 차츰 적석총의 석실 같은 단칸구조로 변화하여서(그림 4-3), 적석총과 봉토분의 구조적 차이는 줄어드는 방향으로 전개되어 간다.

4세기대 새로 편입된 서북한일대에서는 석실봉토분과 석실벽화분이 병존하며, 석실벽화분의 분포가 공간적으로 확대되어간다. 가령, 전실묘가 축조되었던 지역 뿐 아니라 전실묘가 확인되지 않았던 남포, 평성, 순천 등 일부 지역에서도 석실봉토분이나 석실벽화분이 축조되고, 평양시내에서도 전실묘가 없었던 대성구역이나 승호구역, 강동구역 등지에서 석실벽화분이 축조된다. 또한 강서 태성리나 평양의 낙랑구역에서는 목곽·전실묘에 이어 석실벽화분이 축조되어 계기적 변화를 보이며, 석실벽화분은 해당 지역의 대형분에 해당된다.

이처럼 4세기 말을 경과하여 5세기에 들어서면 횡혈식 석실이 묘제의 중심으로 정착해가면서 전통의 적석총과 새로운 요소인 석실·벽화·봉토 등이 결합하면서 양자 간의 차이가 줄어드는 방향으로 전개되어 간다. 이는 고구려에서 낙랑·대방고지였던 서북한 일대 주민이 고구려 주민으로 편재되어 간 결과일 것이다. 결국 횡혈식 장법의 수용과 확산은 출자가 다른 집단 사이에 활발한 통합이 이루어지는 과정으로 해석할 수 있다.

3) 묘제의 제일성 확립기

묘제 변천의 마지막 단계는 고구려 전 영역에서 석실봉토분이 축조되는 6세기부터 고구려 멸망까지이다. 적석총을 대신하여 석실봉토분이 묘제의 중심이 되고, 일부 지역을 제외하고는 적석총이 더 이상 축조되지 않는다. 초대형분도 적석총에서 대형의 석실봉토분이나 사신도가 그려진 석실벽화봉토분으로 대체되어서 이전 시기와 확연하게 구별된다. 특히 이 시기의 초대형 석실벽화봉토분은 4·5세기의 석실벽화봉토분이 그대로 계승된 것은 아니다. 이

적석총

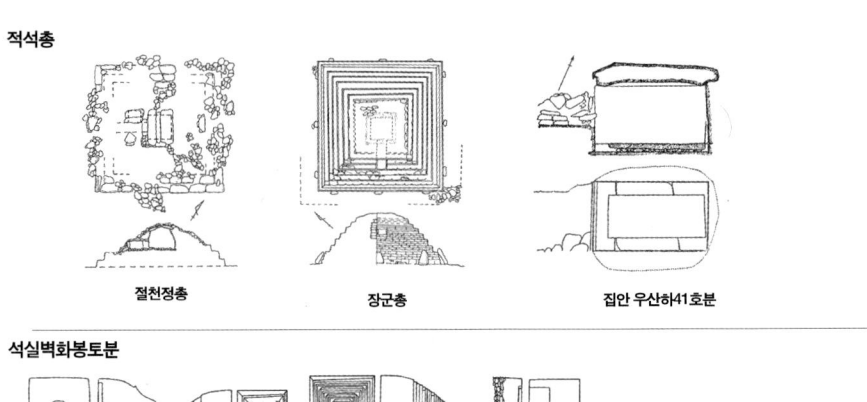

절천정총　　　　장군총　　　　집안 우산하41호분

석실벽화봉토분

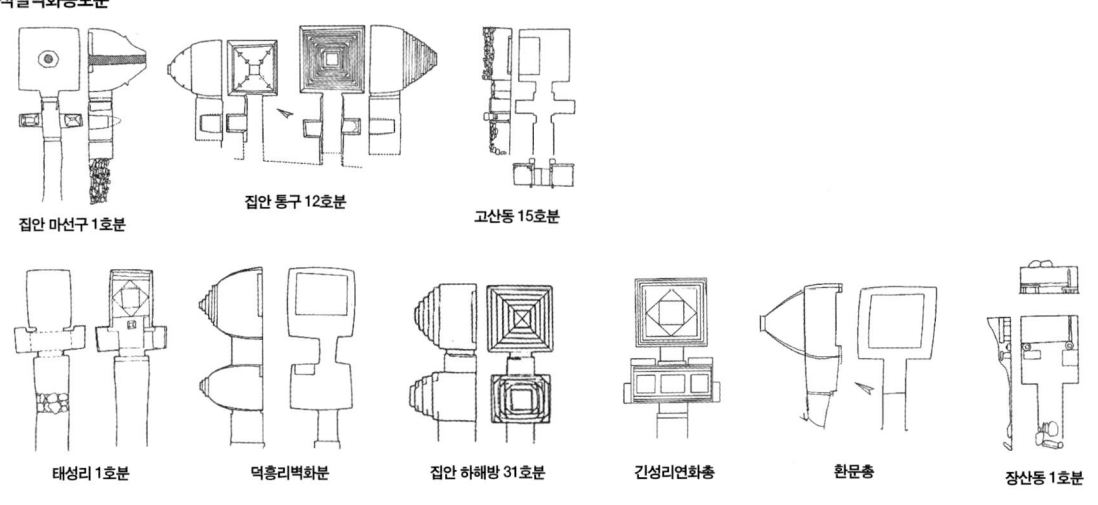

집안 마선구 1호분　　집안 통구 12호분　　고산동 15호분

태성리 1호분　　덕흥리벽화분　　집안 하해방 31호분　　긴성리연화총　　환문총　　장산동 1호분

기단봉토분

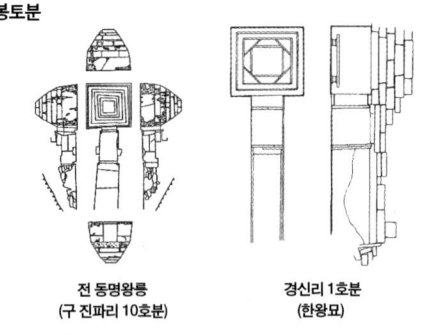

전 동명왕릉　　　경신리 1호분
(구 진파리 10호분)　　(한왕묘)

그림 4-3. 4~5세기의 횡혈식 석실

시기의 벽화분은 사신도 벽화분으로, 무덤 구조와 화면처리 및 벽화 내용 등에서 전 시기와 구별된다. 현실은 방형 평면이나 횡장방형 평면이며, 천장은 평행삼각고임천장이고, 현실 중앙에 연도가 위치하는 평면구조를 가졌다(그림 4-4). 그림은 잘 다듬은 석재 위에 직접 사신을 그려서 4·5세기의 벽화분이

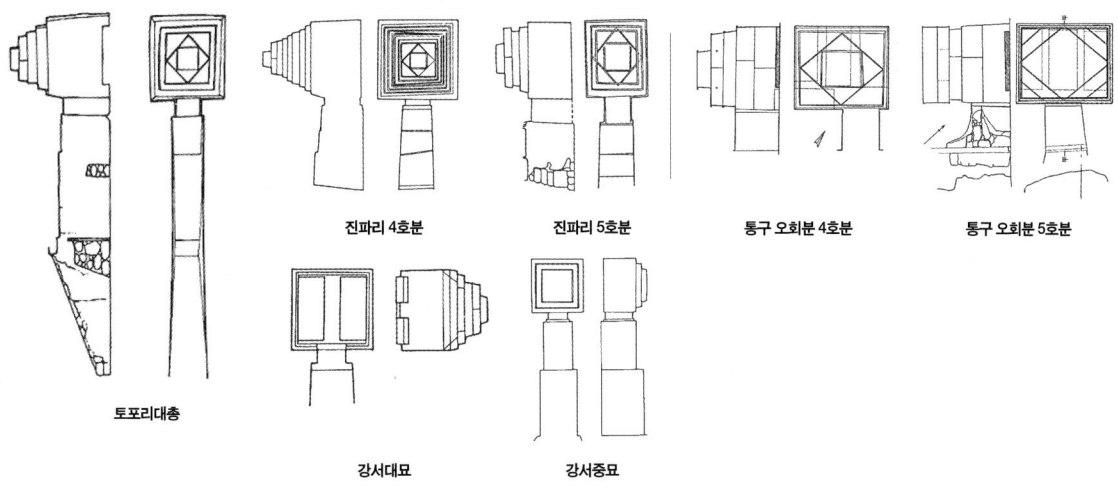

그림 4-4. 6세기의 횡혈식 석실

매장부 구조나 묘실 벽화에서 계세관을 표현한 것과 뚜렷하게 구별된다.

석실벽화봉토분이 최상위 신분의 무덤이 되었다는 것은 고분 변천과정에서 중요한 의미를 갖는다. 먼저, 사신도가 그려진 석실벽화봉토분의 수적 감소와 공간 범위의 축소이다. 사신도는 집안 우산하고분구역의 평지화된 곳 일부 범위와 평양의 대성산성 이동지역에 집중되는 반면, 이와 동형의 중, 소형분의 분포 범위는 더욱 확대된다. 다음으로는 4·5세기대와는 달리 중앙과 지방 간 묘형에서의 차이가 줄어들었다는 점을 들 수 있다. 이 시기를 대표하는 묘형으로는 방형 현실의 중앙연도 그리고 평행삼각고임천정으로, 이러한 묘형이 최상위의 사신도 벽화분 뿐 아니라 지방 각지의 중소형분도 관찰된다는 점이다. 이는 사신도가 그려진 석실벽화봉토분을 정점으로 묘제에서의 일원적 위계화된 모습을 주는 것으로 6세기에 들어서면서 고구려 묘제에서 제일성이 확립되었음을 시사한다. 여러 형식의 묘제가 병존하였던 전 시기와는 달리 묘제에서의 일원적 위계화와 제일성은 다종족으로 이루어진 고구려가 종족적으로 통합된 결과로 해석될 수 있다.

그리고 동시에 실질적인 박장이 이루어졌다. 호남리사신총에서 출토된 것으로 전해지는 금동제 과관을 제외하면 대부분 토기이며, 토기의 기종도 소수에 불과해 토포리대총의 장경호나 동대파365호분의 장경병 등이 보고되

제4장 고구려 묘제와 장제　175

었을 뿐이다. 부장품이 남아있는 예가 많지 않지만, 4, 5세기대의 석실봉토분이나 석실적석총은 오늘날까지 보존되면서 겪은 인위적, 자연적 훼손을 고려하면 박장이라고 볼 수 없다. 분구와 묘실의 상당부분이 훼손된 태왕릉의 금제, 금동제 장신구를 포함한 금공 장식구들과 장식마구들, 만장걸이 장식 등이나 우산하3319호분의 외래계 유물이나 만보정78호분의 장식마구의 복수부장 등을 고려해 볼 때 4, 5세기대는 박장은 아니었다. 그러나 6세기대 무덤에서는 후장의 모습은 읽히지 않는다. 뿐만 아니라 이전 시기의 적석총에서 보였던 번소나 훼기의 장속도 보이지 않아서, 장속의 전반적인 변화는 북방 요소의 소멸과 무덤에 소용된 비용이 줄어드는 방향으로 이루어졌다고 할 수 있다.

 6세기대 묘제 뿐 아니라 매장습속의 변화는 고구려 사회에서 시사하는 바 적지 않다. 고구려 전통의 적석총은 규모와 분형에서 신분에 따른 차이를 드러내는 분구 지향적인 묘제로 피장자의 종족적, 사회경제적 지위는 분구의 형태와 규모에서 가시적으로 드러난다. 따라서 왕릉이었던 초대형 적석총을 통하여 왕릉을 정점으로 한 위계화를 읽을 수 있었고, 그러한 점에서 왕릉은 무덤의 기능 뿐 아니라 왕권을 상징하는 기념비적 기능을 가졌다고 할 수 있다. 반면, 석실벽화봉토분은 무덤 축조에 소용된 에너지가 가시적으로 드러나는 분형이 아니라 무덤의 실질적인 기능을 하는 묘실 내부에 치중된 무덤으로, 내부에 방위신으로서 사신을 그려놓음으로써, 죽은 자를 보호하는 묘실의 고유 기능이 강조된 묘실 지향적인 묘제라고 할 수 있다. 따라서 석실봉토분이 묘제의 중심이 되면서 적석총에서처럼 피장자의 신분이 분형으로 표출되지 않게 되어서 출자와 사회 신분에 따른 묘제에서의 구별이 없어지게 되었다. 그러한 점에서 볼 때 이 시기의 석실벽화봉토분은 위계를 가시적으로 드러내는 고총이 가지는 사회적 의미보다는 매장 자체에 의미를 더 둔 무덤이라고 할 수 있으며, 고총의 사회적 기능이 약화되었음을 보여준다고 할 수 있다. 고대 사회에서 고분이 가지는 상징성의 소멸은 사회적 기능의 약화는 사회제도 완비의 결과라고 할 수 있다.

 이처럼 6세기 이후 고구려 고분에서 보이는 박장과 함께 묘제의 제일성 확립은 고총이 가지는 외적 상징성이 그 의미를 잃었음을 보여주는 한편, 고총의 상징적 기능의 약화는 사회발전의 퇴보가 아니라 사회제도의 완비에 따른 결과임을 보여준다. 결국 고구려 고분은 고구려 멸망과 함께 소멸된 것이 아니다. 무순 시가 고분군, 심양 석대자산성 주변의 고분, 본계의 석실봉토분과 동청 일대 계단적석총, 화룡의 장항, 장인강 석실분에서 고구려 석실분이 계승되고 있음이 확인되며, 적석총 또한 집안 일대의 일부 지역에서 소형 봉석묘 형태로 석실봉토분과 공존하면서 그 전통은 발해까지 이어졌다.

2. 고분의 시공적 양상

1) 분포 양상

고구려 고분은 한반도 중부지방부터 중국 동북지방에 이르기까지 넓은 범위에 걸쳐 분포한다. 집안 통구 고분군을 제외하고는 한 두기 또는 수기로 이루어진 소규모 군집도 있지만, 100여기가 군집을 이루기도 한다. 군집을 이루는 고분은 적석총 또는 석실봉토분의 단일묘제로 이루어진 경우도 있지만, 적석총에서 석실봉토분에 이르는 여러 묘제가 혼재되어 있는 경우도 있으며, 이러한 현상은 대개 대규모 군집무덤에서 관찰된다. 적석총 단일 묘제로 이루어진 고분군은 주로 혼강과 압록강 본·지류역에 분포하며 서북한 일대에서는 석실봉토분 단일 묘제로 이루어진 고분군이 주로 분포한다(그림 4-6, 표 4-1). 따라서 이러한 고분의 분포 양상과 적석총에서 석실봉토분으로의 변화를 결부시켜보면, 고분 조합에 따른 분포 양상을 통해 고구려의 확대된 영역을 그려볼 수 있다.

적석총은 동으로는 장백, 서로는 관전, 남으로는 평양의 대성산성, 북으로는 혼강 유역의 환인과 통화현 일대에 이르는 넓은 분포범위를 갖고 있다*. 그 가운데 적석총 단일묘제로만 이루어진 고분군은 압록강 중·하류 양안과 신개하와 혼강 유역의 환인현에 집중되어 있다(그림 4-5). 군집의 크기는 크지 않아서 수 기에서 십 수 기 정도이다. 따라서 군집을 이루는 적석총의 형식을 통해서 고분군의 조영시기를 유추할 수 있다. 즉 무기단적석총만으로

* 황해도 서흥군, 평산군에서는 각 40여 기가, 량강도 김형직군에서는 10여기, 평안남도 개천시, 순천시, 북창군 일대에서는 수백기의 적석총이 분포하고, 평안북도의 벽동군, 창성군, 삭주군, 의주군, 피현군, 천마군, 운산군, 구장군, 구성시, 태천군, 정주시에서는 수십기에서 300기에 이르는 적석총군이 분포한다고 한다(사회과학원 고고학연구소, 2009, 고구려무덤에 관한연구, 12-13쪽). 그 가운데 벽동군의 일부 적석총과 운산군의 용호동 적석총, 만달산록 적석총은 계단적석총으로 알려졌고 모두 초기적석총은 아니다. 구체적으로 보고되지 않아 알 수 없지만, 적석총군이 국내성에서 평양으로 내려오는 내륙의 길목에 자리한다는 곳에 분포한다는 점에서는 의미가 있다.

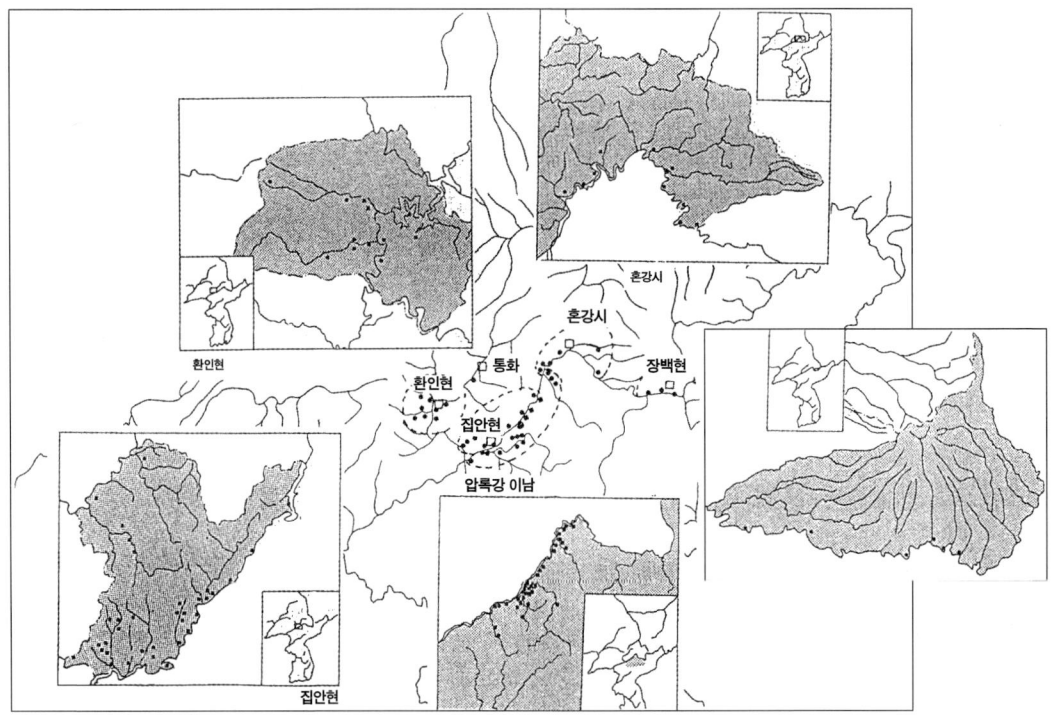
그림 4-5. 압록강·혼강 유역의 적석총 분포

이루어진 고분군이 기단적석총이나 계단적석총으로 조성된 고분군보다 먼저 조성되었고, 여기에 기단·계단석총이 더해진 고분군은 그만큼 조영 기간이 길었을 것이다.

현재 알려진 자료 중 무기단적석총만으로 이루어진 고분군으로는 환인 망강루적석총을, 무기단과 기단적석총으로 이루어진 고분군으로는 환인 상고성자고분군을 들 수 있다. 환인 상고성자고분군은 비교적 이른 시기에 조성되고 다른 고분군에 비해 일찍 고분 조영이 끝난 환인 일대 주요 고분군의 하나라고 할 수 있다. 기단적석총으로 이루어진 고분군으로 집안 호자구 고분군이 있다. 6기의 기단적석총으로 이루어졌고, 그 중 호자구1호분은 집안에서 가장 동쪽에 위치한 초대형분이다. 이 적석총은 계장식으로 축조되었고 분구의 돌 사이에서 기와와 불에 녹은 돌들이 확인되는 마선구2378호분이나 칠성산871호분과 유사한 구조이다. 때문에 중국에서는 호자구 일대를 시원柴原으로 보고 동천왕릉으로 비정하기도 하였으나(張福有·孫仁杰·遲龍

2006), 동천왕릉으로 비정할 근거는 확실하지 않다.

적석총으로 이루어진 상당수의 고분군은 무기단·기단·계단적석총이 함께하며, 그 중에는 봉토분과 함께 군을 이루고 있어서 장기간에 걸쳐 지속적으로 고분이 조영되었음을 확인시켜준다. 그러한 고분군을 대표하는 것이 집안 통구 분지의 고분군이다. 반면, 압록강 하류역의 관전과 평안북도 벽동에서는 석실구조를 한 적석총들이 군집을 이루고 있어서 4세기 이후 고구려의 영역 확대에 따라 조성된 고분군으로 보인다.

적석총과 봉토분이 함께 군을 이루는 장기간에 걸쳐 조성된 고분군들은 수십 기에서 100여 기가 넘을 정도로 군집을 이루는 고분의 수가 많다. 환인 고력묘자고분군과 집안 통구고분군을 비롯해 장천고분군, 집안 상·하활용고분군, 태평구고분군, 양민고분군, 고마령고분군 등이 그러한 고분군에 해당되는데, 그 가운데 환인 고력묘자고분군이나 집안 통구고분군에는 무기단적석총부터 기단적석총, 계단적석총, 석실봉토분이 혼재되어 있어서 고구려 초기부터 연속적으로 조성된 고분군임을 보여준다. 반면, 평양 대성산성의 경우 무기단적석총은 확실하지 않고 기단이나 계단식 석곽이나 석실적석총은 봉토분과 함께 하는 것으로 미루어 평양 진출을 즈음해 축조되었음을 알 수 있다.

봉토분 단일 묘제로 이루어진 고분군은 적석총보다 더욱 넓은 범위에서 확인된다. 화대를 포함하여 함경남도와 북도에도 수백기의 고구려 봉토석실분이 분포한다고 하나, 그 내용은 자세히 알 수 없다(손수호 2001:60). 특히 적석총 없이 석실봉토분으로 이루어진 고분군의 공간 범위는 고구려 영역으로 새로 편입된 확대된 고구려 영역을 시사한다. 서쪽으로는 심양 석대자산성 주변, 동쪽으로는 두만강 유역의 동청 일원, 남쪽으로는 한강 유역과 충청도 일원에서 확인된다. 그러나 집안 통구 분지와 평양을 포함한 서북한 일대를 제외한 그 외 지역의 고분군은 군집을 이루는 고분이 한, 두 기 또는 십 수 기 정도로 규모가 작다.

이러한 고구려 고분의 분포 양상은 고구려가 압록강과 혼강을 중심으로 출발하여, 고분의 최대 밀집지인 집안 통구와 평양일대를 중심으로 영역을 확대하고 있음을 잘 보여준다.

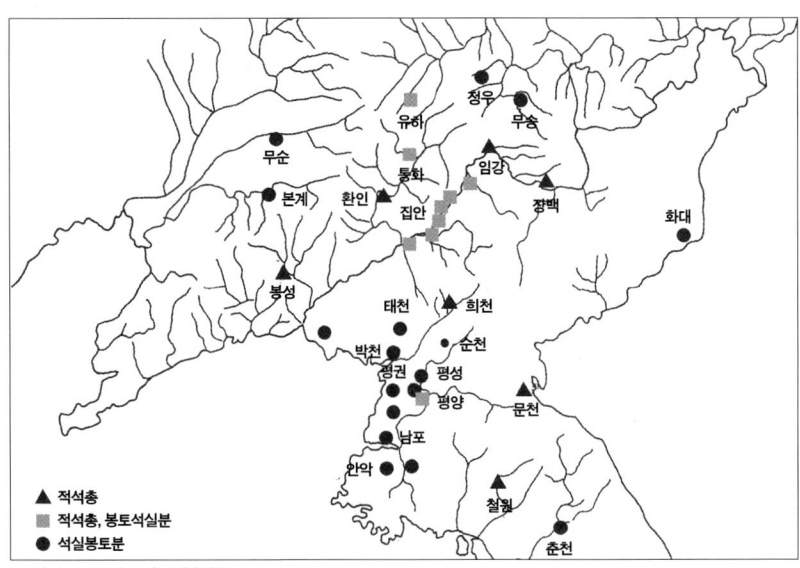

그림 4-6. 고구려 고분 분포

		적석총	적석총과 봉토분	봉토분
압록강 중·상류		호자구, 치안, 양차, 파보촌, 안락, 금화, 십이도구, 입대, 용강, 칠도구, 대장천, 오도령구문, 대수로, 대로촌, 대동구, 노방구, 사도구문, 복흥, 사도령자, 선인동, 가가영, 호로투, 서마록포자, 동전자, 적대, 간구자, 양종장, 자성 서해리, 법동리 하구비, 신풍동, 송암리, 조아리, 토성리, 중강 장성리, 호하리, 위원 용연동, 양강동, 만포 남상리, 고상리	장천, 고지, 대·소고력묘자, 상활용, 양민, 태평구, 흥농,피덕기 둔, 고마령, 합마천, 자성 연풍리, 위원 사장리, 덕암리, 만호동, 만포 미타동, 시중 풍청리, 로남리, 심귀리, 문악리, 연상리	하투, 노호초, 대주선구, 하조구, 고마령(하외자)
혼강유역	신개하	대양구,소청구, 유가포자, 요지구문, 삼도양차, 황차구문, 화전자, 요영자, 묘서, 양목교자, 대양목간자	모배령, 횡로구대, 신건,금가, 반가가, 판차구,	보마
	환인현	망강루,상고성자, 대리수구, 대파, 대협판구, 사도령자, 오도하자, 채아보, 천리,동선영, 연합, 만만전, 양가가, 대청구	고력묘자	미창구, (대전자)
	통화현시·현	만발발자, 남두둔, 하룡두	강연, 향양촌	녹장, 번영, 신계, 태평, 동강, 강구, 승리, 공가가, 석호, 금주
서북한	벽동	룡평리		
	운산	운호동(계단적석총)		
	순천			천왕지신총, 요동성총, 용봉리벽화분,'동암리벽화분
	대동평원			청보리, 덕화리1,2호분, 가장리, 팔청리, 대보산리, 운룡리
	평양		대성산성, 금옥리·만달산록	장산동, 청계동, 안학동, 산동, 고산동, 노산동, 내리, 남경리, 호남리, 진파리
	강서, 남포, 온천			태성리, 삼묘리, 덕흥리, 수리, 수산리, 대안리, 보산리, 만보피, 용강읍, 우산리
	황해도			안악군 월정리, 한월리, 로암리, 평정리, 봉성리, 복사리, 수리, 송죽리
한반도 중부				춘천 신매리, 연천 신답리, 용인 보정리

표 4-1. 고구려 고분 분포

2) 초대형 적석총의 시공적 양상

적석총에서 관찰되는 특징의 하나는 시간에 따른 초대형분의 분포양상이다. 최상위에 해당되는 초대형의 계장식적석총이나 계단적석총이 왕도를 중심으로 제한된 범위에 분포하여서 상위에 해당되는 대형 적석총의 시간에 따른 분포양상의 변화를 통하여 해당 사회 구성에 대한 일면을 엿볼 수 있다.

흔히 초대형 적석총이라고 하면 통념적으로 규모가 큰 것만을 상정하게 되지만, 규모에서 차이는 2세기대 이후의 적석총에서부터 두드러지며, 그 이전의 무기단식적석총에서는 분구 규모의 차이가 뚜렷하지 않을 뿐 더러 인위적, 자연적인 변형이 일어나서 그 규모를 가늠하기도 어렵다. 따라서 그 이전의 상위에 해당되는 적석총의 판단은 부장품을 통해서 가늠할 수밖에 없는데, 환인 망강루적석총이 그러하다.

환인 망강루적석총은 6기가 줄지어 분포하는데 그 중 6호분에서 금제 이식이 출토되었다. 열상배치하는 환인 망강루적석총은 분구 한 변의 길이가 13~15미터이고 잔존 높이는 1.5미터 내외로 고총이라고 할 수 없으며, 그 규모가 다른 적석총과 차별적이지도 않다. 6기의 무덤이 줄지어 자리하고 있다는 점에서 특정 1인의 배타적 권력은 보이지 않으며, 구조적 특수성도 두드러지지 않지만, 혼강이 내려다보이는 구릉의 정상부에 입지한다는 점이 특기할 만 하다. 다만, 금제 이식과 각종의 구슬장식 등은 환인 일대의 비슷한 시기의 다른 고분에서는 출토 예가 없어서 당시 상위 무덤이었음을 보여준다. 특히 금제 이식은 부여 유수노하심 중층 유적이나 서풍 서차구 분묘에서 출토된 것과 흡사하다(그림 3-8 참조). 그런 연유로 중국에서는 이를 동명왕릉으로 비정하기도 한다.

현재까지 집안 통구고분군에서는 기원전으로 연대 비정할 만한 대형 적석총은 확실하지 않고*, 통구 분지에서 대형분이 가시화되는 것은 2세기에 들어와서이다. 마선구2378호분, 산성하 전창36호분, 마선구626호분, 칠성산871호분 등 외에도 여러 기가 있다. 이 무덤들은 계장식으로 축조한 한 변의 길이 30~40미터, 높이 4~9미터에 이르는 큰 분구의 석광적석총으로, 분구 주변에서 제대나 배장묘로 추정되는 구조물이 확인되어서 중국에서는 유리왕22년에 천도하였다는 기사와 결부시켜 고구려 초기 왕릉으로 비정하

* 운봉댐에 수몰된 석호 왕팔발자 적석총에서 부여 유수노하심 중층 93호 무덤에서 출토된 것과 같은 형태의 금제 이식이 출토되었다. 양민일대에서는 8개 지점의 고분군에서 무기단적석총에서부터 석실계단적석총, 석실봉석묘에 이르기까지 기원전1세기에서 5세기에 이르는 2,700여기의 적석총이 확인되었는데, 금제이식만 소개되고, 금제이식이 부장된 적석총이 보고되지 않아서 정확히 알 수 없다(張福有, 孫仁杰, 遲勇, 2009). 다만, 유수노하심 중층 93호와 환인 망강루적석총에서 출토된 것을 감안해 볼 때 집안 통구 분지를 벗어난 곳에서도 유력 집단의 존재 가능성을 상정해 볼 수 있다.

고 있다. 집안 통구 분지에서 계장식으로 축조한 초대형 적석총의 축조시기를 판단할 고고학적 증거가 확실하지 않아서 특정 고분을 왕릉으로 비정하기에는 어려움이 있지만, 대형적석총의 분포지가 환인에서 집안으로 변화하였음은 확실하여서 졸본卒本에서 국내國內로의 천도와 결부시켜 볼 여지가 있다.

집안 통구분지를 제외한 압록강 중하류의 본·지류역에서도 2세기 전에는 계장식 또는 무기단식으로 축조한 커다란 규모의 적석총이 축조되기도 하였다. 분구의 한 변 길이가 20미터를 상회하는 대형분은 초산 연무리와 운평리 고분군, 자성 송암리고분군, 환인 고력묘자고분군, 상고성자고분군과 집안 지구촌, 양민 등지의 고분군에서도 확인된다.

2세기전에는 규모가 큰 적석총이 특정한 어느 한 지역으로 집중되는 현상이 보이지 않지만, 2세기대가 들어서면서 한변 길이 30미터를 상회하는 초대형 계장식 적석총이 집안 통구분지에 집중되기 시작한다. 이어 3세기 말을 경과하면서 환인 고력묘자 고분군을 제외하고 대형분이 자리하였던 곳에서 대형분은 더 이상 축조되지 않는다. 환인 고력묘자고분군은 이미 환인 댐에 수몰되어 그 양상을 구체적으로 알 수 없지만, 산기슭에서 평지로 내려오면서 적석총에서 봉토분으로 지속적으로 고분 조영이 있었고, 연강향19호분에서는 중국 서진대 양식의 금동제 대금구가 출토되었다는 점으로 보아 고력묘자 일대는 4세기에도 어느 정도 위상을 유지했던 것으로 보인다. 즉, 국내로 천도하였지만, 고도 졸본으로서 위상은 고력묘자 일대에서 유지되었던 것으로 보인다.

이와는 달리 환인 상고성자나 초산 운평리·연무리, 자성 송암리일대에서는 4세기에 해당되는 대형분이 존재하지 않을 뿐더러 계단적석총이 없거나 고분의 수가 줄어들고 있어서 집안 통구 분지와 대조를 이룬다. 기단적석총과 계단적석총이 집중된 집안 통구 고분군을 고려해 볼 때 3세기말에서 4세기를 경과하면서 대형분의 공간적 범위 축소, 집안 통구분지를 중심으로 한 적석총 축조집단 간의 통합과 지역 집단 유력자의 세력 약화나 이주 등을 상정해 볼 수 있다.

대형분의 중심지로 부각된 집안 통구 분지에서는 묘지 선정과 무덤 조성에서 일정한 계획성이 관찰된다. 산지에서부터 평지로 내려오면서 적석총이 축조되면서 대형의 계단적석총은 대개 구릉 말단부나 평탄화된 대지에 자리한다. 가령, 우산하 고분군의 경우 우산 기슭에서부터 무기단적석총이 축조되어 내려오면서 기단적석총과 계단적석총이 축조되며, 기슭의 말단부와 평탄화된 대지에는 대형 계단적석총과 봉토분이 축조되어서 묘제선정에서의 의도성이 관찰된다(그림 4-7 하).

동시에 왕릉으로 비정되었던 초대형 적석총의 분포에서도 변화가 있다(그림 4-7 상). 마선구 고분군의 구릉 정상부에서부터 조성되기 시작한 초대형 적석총은 3세기대에는 동쪽으로 칠성산고분구역으로 확대되어가서 3세기 말이되면 우산하고분구역에서도 초대형적석총이 자리하기 시작한다. 그러나 4세기에 들어서면서 초대형 적석총은 칠성산211호분을 제외하고는 국내성을 중심으로 서쪽의 마선구고분구역과 동쪽의 우산하고분구역으로 나뉘어 분포한다. 5세기에 들어서면 초대형 적석총의 분포범위는 더욱 줄어들어 우산하고분구역으로 집중된다. 초대형분의 분포범위가 축소되는 양상과는 달리 대형분의 분포범위는 더욱 확대된다.

대형 적석총의 분포 범위는 오히려 통구 분지의 동쪽으로 더욱 확대된다. 서쪽으로 마선구를 벗어나지 않지만 동쪽으로는 통구 분지를 벗어나 장천까지 이르며 남쪽으로는 압록강을 건너 만포 문악리, 위원 사장리로 범위가 확대되었고, 확대된 지역의 대형 적석총은 방형 현실, 중앙 연도 좌우에 측실이 있는 유사두칸구조라는 구조적 특징을 공유하고 있다. 이와 같이 2세기경부터 한변 30미터가 넘는 초대형적석총이 집안 통구분지에 집중분포하지만, 2세기대 이전에는 한변 길이 20미터를 넘는 대형의 적석총들이 압록강과 혼강의 본지류역에 분포하고 있어서 중앙집중화된 모습이 잘 드러나지 않는다. 그러나 4세기에 들어서면서 환인 고력묘자고분군을 제외하고는 대형 적석총이 자리하였던 각 지역에서 더 이상 대형분은 확인되지 않고 초대형분이나 대형분은 집안 통구분지에 집중하여서 왕도로서의 면모를 잘 보여준다. 한편, 왕도에서의 초대형 적석총은 국내성을 중심으로 반경 5km 내외의 범위에 분포하면서 5세기가 되면 그 중심이 차츰 동쪽으로 확대되어가서 왕도의 확대를 읽을 수 있다. 따라서 초대형분의 시공적 양상으로부터 고구려

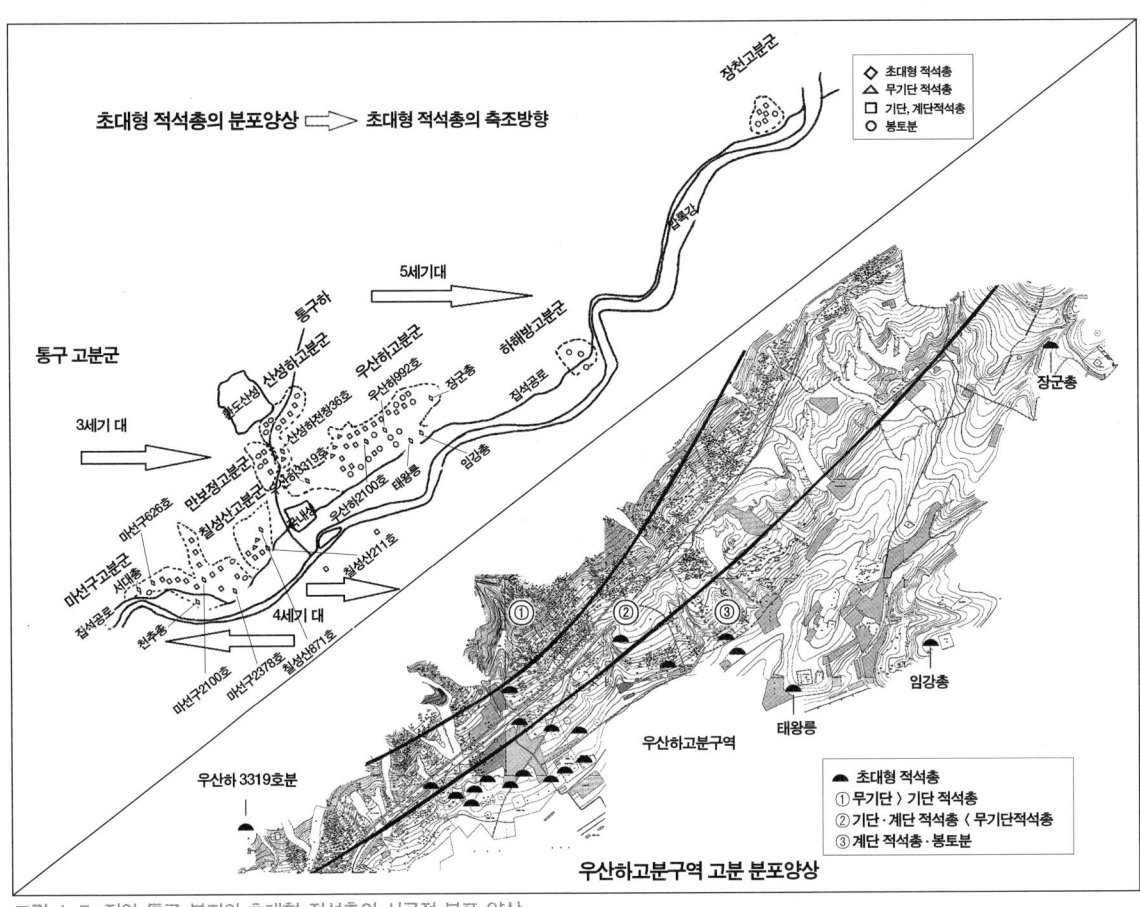

그림 4-7. 집안 통구 분지의 초대형 적석총의 시공적 분포 양상

가 국내성을 중심으로 중앙권력이 형성되고 왕도와 경기 지역이 확대되었음을 읽을 수 있다.

    그러나 6세기대가 되면서 적석총의 수적 감소와 함께 초대형 적석총 조영의 단절, 사신도벽화분이 최상위묘제가 되는 등의 변화가 일어나면서, 사신도 벽화분은 집안 통구분지, 평양의 대성산 동록과 진파리 일대, 강서 등 일부 지역으로 분산 분포한다. 따라서 이전 시기의 왕도에 초대형분이 집중되는 것과는 차이를 보인다. 한편, 적석총은 원고구려지역이라고 할 수 있는 압록강유역의 일부 지역에서 봉석묘 또는 동실묘로 불리는 소형분의 형태로 존재하는 반면, 확대된 전 영역에서는 석실봉토분이 축조된다. 따라서 분형에서 왕도와 지방과의 가시적인 차이가 드러나지 않게 되었다.

3) 평양 진출과 적석총

『삼국사기』 기록에 의하면 고구려는 일찍부터 정복전쟁을 성공적으로 수행하여 3세기에 이르면 동으로는 두만강 유역 일대, 서로는 요동지방까지 진출했고, 313년 낙랑과 대방을 퇴출시켰다. 그러나 고구려 영토로 새로 편입된 이 일대에서 아직까지는 적석총이 확인되지 않아서 확대된 고구려 영역의 주민들이 적석총을 묘제로 채택한 것 같지는 않다. 다만, 압록강 하류의 봉성현과 관전현 일대와 그 대안의 평안북도 벽동 일대의 적석총도 석실을 매장부로 하고 있어서(그림 4-8), 영역 확대에 따라 편입된 지역에서 적석총이 채용되었음을 보여준다*. 이외에도 봉성현이나 단동시 일원의 고구려 성으로 알려진 곳에서도 적석총이 있었다고 하나 초기의 적석총인지, 늦은 시기의 소형 봉석묘인지는 확실하지 않다. 따라서 고구려 적석총의 공간 범위는 압록강 상류 쪽으로는 장백, 남쪽으로는 압록강 중·하류역의 자강도 일부 지역, 서쪽으로는 관전현 그리고 북쪽으로는 혼강 유역의 환인 일대가 될 것이다. 그러한 점에서 볼 때 평양의 대성산 일대와 승호구역의 금옥리에서 확인된 적석총은 고구려의 평양 진출과 관련 지어 볼 수 있다.

북한의 조사에 의하면 평양 일원에도 적석총이 있다고 하였고, 다수를 점하는 것은 기단적석총이며 무기단적석총은 산중턱에 일부 있다고 한다. 현재 보고된 대성산 일대의 적석총은 무기단적석총과 기단적석총이 있다(그림 4-8 참조). 적석총은 두 구역으로 나뉘어 분포한다. 하나는 안학동 김치공장 북쪽으로 500미터 떨어진 소나무 숲이다. 그곳에 20여 기의 적석총이 분포한다. 적석총은 주로 기단식이며, 매장부가 지면에 있는 것과 분구 중에 있는 것 두 가지 형식이 있다. 그중 소문봉4호분은 계단적석총으로 잔존 상태로 미루어 매장부는 횡구식 석곽일 가능성이 있으며, 소문봉5·6호분도 4호분과 같은 구조이다. 다른 하나는 대성산 을지봉에서 서쪽으로 소문봉과 연결되는 능선의 남사면에 있는 30여 기의 고분군이다. 이 고분군은 평양 일대 적석총군 중 최대 고분군으로 소문봉1·2·3호분은 계단적석총이며, 소문봉7호분은 계단적석총으로 추정된다.

이외에도 장수봉 남쪽의 고분군은 무기단적석총과 기단적석총으로 이루어졌는데, 장수봉1호분은 사암으로 축조한 원형 평면의 높이 1.5미터 정도의

* 철제 화덕이 출토된 운산 용호동 무덤은 계단적석총으로 적석총의 구조로 미루어 고구려초기에 조성된 무덤은 아니다.

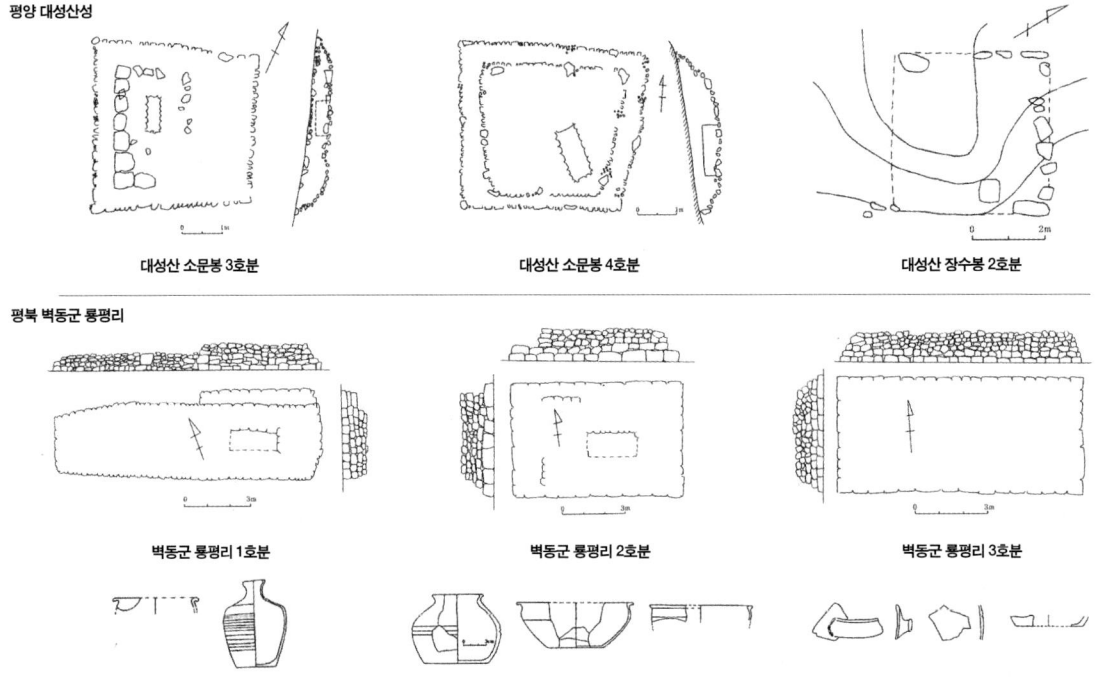

그림 4-8. 평양 대성산성과 벽동군 룡평리 적석총(유물 축척 부동)

무기단적석총으로 보고되었지만 보고 내용만으로는 고분임을 확인하기 어렵고, 장수봉2호분은 한 변의 길이가 5미터, 4.5미터의 방형기단이 확인될 뿐 매장부는 확실하지 않다.

승호구역의 금옥리 적석총은 대동강 지류인 남강 기슭의 대지와 구릉의 남사면에 분포한다*. 12기의 적석총(31호~42호)과 30여 기의 봉토석실분으로 이루어졌으며, 적석총은 직경 20~30센티미터 정도의 강돌로 분구를 축조했다. 그중 37호분은 지름 7미터의 중·소형분으로 매장부가 압록강·혼강 유역의 석광적석총과 구별된다고 보고된 점으로 미루어 석곽일 가능성이 크다. 다른 금옥리 적석총들이 서로 비슷한 구조라고 한 점으로 미루어 석곽적석총이었을 개연성이 크다.

대성산성 내는 아니지만, 화성리재 동네 뒤 언덕에서도 기단적석총이 확인되었고, 고산동2호분과 3호분도 기단적석총으로 보고되었다. 그리고 청암동토성, 청호동에서 많은 무덤이 분포한다고 하지만, 그 구조는 자세하지 않다.

* 이외에도 승호구역의 만달산록에서도 일제강점기 하에 적석총 2기가 확인되었다. 모두 계단적석총으로, 평양진출 이후에 조성된 것이다.

이와 같이 평양 주변에서도 적지 않은 적석총이 있었지만, 보고된 것은 일부에 불과하여서 그 성격을 판단하기 쉽지 않다. 다만, 북한에서 기단적석총과 계단적석총을 구분하지 않았으나, 기단적석총으로 보고된 무덤은 대개는 계단적석총에 해당된다. 무기단적석총으로 보고된 장수봉 남쪽의 사슴못가1호분의 경우 매장부가 확인되지 않았고 잔존 구조에서 매장부의 함몰상태도 보이지 않아서 무덤 여부를 판단하기 어려운데, 설사 무기단적석총이라고 해도 이런 형태의 무덤이 매우 드물고, 또한 보고된 것이 한 기인 점으로 보아서 무기단적석총이 평양 일대 적석총의 보편적인 무덤 형식은 아닐 것이다.

　현재까지 보고된 내용으로 볼 때 평양의 적석총은 석곽 구조의 기단적석총 또는 계단적석총이 중심이 되었을 것이다. 안학동 소문봉4호분은 잔존 구조로 미루어 매장부는 횡구식 석곽일 개연성이 있고, 승호구역 금옥리37호분도 석곽일 가능성이 있다. 집안 통구분지의 적석총이 석광에서 석곽, 석실로 순차적으로 변했다기보다 횡혈식 장법이 들어오면서 석곽이나 횡구식 석곽, 석실이 병존한 점으로 보아서 평양 일대의 적석총이 4세기 전에 축조되었을 개연성은 극히 낮지만, 그렇다고 모두 평양천도 이후에 조성되었다고 할 수 없다. 평양으로 천도한 5세기 중엽경에는 이미 석실구조가 정착되었고, 묘제의 변화가 적석총에서 봉토분으로 변화가 진행되었기 때문이다. 단지 대성산성 주변과 평양 일대의 적석총이 석곽을 매장부로 한 기단식이나 계단적석총인 점은 평양일대에서 적석총 축조의 상한 시기가 4세기 이전일 가능성이 적다는 것을 의미한다.

　그러한 점에서 볼 때 평양 일원의 적석총은 평양천도 이전 낙랑·대방 축출 이후에 압록강 유역에서 남하한 주민에 의해 조성되었을 개연성이 있다. 낙랑구역에서 적석총의 보고 예가 없고, 낙랑의 주요 고분 분포지에서 적석총이 축조되지 않는 점도 그러하고, 대성산성 일대는 물론 평양 일원에서 적석총이 자리한 곳에서 적석총에 선행하는 무덤이 확실하지 않는 점도 마찬가지이다. 따라서 평양 일원의 적석총은 이 일대 거주하였던 선주민들에 의해 조성되었다기 보다는 압록강유역의 고구려 주민이 남하하여 평양일대에 거주하면서 조성한 것으로 보는 것이 합리적인 해석이라고 할 수 있으며, 평양으로 천도 이전부터 주민이 이주하였음을 확인할 수 있다*.

* 황해도 서흥군, 평산군에서 40여기의 적석총이 분포한다는 북한의 보고나(사회과학원 고고학연구소 2009), 장수산성 부근의 적석총은 그 형식과 규모에 따라 이 일대에 대한 고구려의 지배방식을 이해하는데 중요한 근거가 될 것으로 예상된다.

4) 벽화분의 분포 양상

　벽화분은 횡혈식 장법과 함께 받아들인 새로운 묘제로 그 규모나 무덤 축조에 소용된 비용을 감안해 볼 때 고구려 상위에 해당되는 무덤 형태의 하나이다. 실제 벽화분은 집안과 평양, 안악일대에서 축조되기 시작하여 왕도였던 집안과 평양 등에 집중되어있으며, 5세기에 들어서면서 왕도와 지방의 거점지 등 제한된 범위에서 확인된다. 따라서 4, 5세기대에는 집안 통구분지내 벽화분의 분포밀도가 가장 크며, 6세기 이후가 되면 대성산성 주변의 삼석구역 그리고 역포구역에 집중된다(표4-2).

　현재 보고된 자료 중 가장 시기가 올라가는 벽화분은 4세기 중엽경으로 비정되는 집안 만보정1368호분, 우산하3319호분, 평양역전이실분, 태성리1호분, 안악3호분 등으로 집안과 평양, 안악일대에서 축조되기 시작하였다. 그러나 4세기 말에서 5세기 초를 경과하면서 벽화분은 서북한과 집안 일대에서 본격적으로 축조되기 시작하여 수적 증가와 함께 공간 범위도 확대되었다. 집안 통구 분지에서는 칠성산고분구역을 제외한 전 고분구역에서 벽화분이 축조되는 한편, 동쪽으로 하해방, 장천까지, 북으로는 환인으로 확대된다. 서북한 일대에서도 대동강 하류역의 남포, 대동 그리고 서북쪽으로 순천, 평원, 남으로 안악, 사리원시, 연탄군 등 각지에서 축조되었고, 각 지역의 벽화분은 단독으로 자리하거나 주위에 봉토분을 거느리는 분포양상을 보여서 해당 지역의 상위 무덤이었음을 확인시켜준다. 그런데 통념상 벽화분을 집안·환인 일대와 서북한 일대로 나누어 설명하지만, 집안·환인일대의 벽화분은 물론, 서북한 일대의 벽화분은 구조나 벽화내용 뿐 아니라 분포상으로도 균일한 것은 아니다. 특히, 서북한 일대의 벽화분은 지역에 따라 세부적인 차이가 있어서 분구와 매장부 구조, 벽화의 제재 등을 기준으로 몇 개의 지역군으로 세분해 볼 필요가 있다.

　서북한의 벽화분은 크게는 대동강 유역권과 재령강 유역권으로 나눌 수 있지만, 대동강과 그 지류역을 포함하는 범위의 벽화분은 다시 평양 중구역을 중심으로 동쪽과 서쪽의 벽화분이 구조에서 차이를 보여서 다시 동서로 다시 나눌 필요가 있다. 따라서 서북한 일대의 벽화분은 세 개의 지역군으로 나뉜다. 대동강 동쪽의 범위는 대동강 중·상류역과 그 주변으로 평양 용성구역, 대성

지역			벽화분	수량(기)	
중국	집안	우산하	각저총, 무용총, 통구12호분, 삼실총, 산연화총, 우산하3319호분, 우산하41호분*, 우산하2147호분, 통구 오회분4호분, 통구 오회분5호분, 통구 사신총	11	36
		산성하	산성하983호분, 산성하332호분, 미인총, 귀갑총, 절천정총*, 동대파365호분, 산성하798호분, 산성하1305호분, 산성하1405호분, 산성하1407호분*, 산성하1408호분, 산성하491호분, 산성하1020호분, 산성하725호분*	14	
		하해방	환문총, 하해방31호분, 모두루총	2(3)	
		만보정	만보정1368호분, 만보정645호분, 만보정709호분, 만보정1022호분	4	
		마선구	마선구1호분	1	
		장천	장천1호분, 장천2호분, 장천4호분	3	
	환인		미창구1호분	1	
서북한		순천	천왕지신총, 요동성총, 용봉리벽화분, 동암리벽화분	4	
		대동	청보리벽화분, 덕화리1호분, 덕화리2호분, 가장리벽화분, 팔청리벽화분, 대보산리벽화분	6	
		평원	운룡리벽화분	1	
	평양	중구역	평양역전이실분	1	24
		낙랑구역	동산동벽화분	1	
		서성구역	장산동1·2호분	2	
		용성구역	청계동1·2호분, 화성동벽화분	3	
		대성구역	미산동벽화분, 고산동1·7·9·10·15·20호분, 안학동7·9호분	9	
		삼석구역	노산동1호분, 개마총, 내리1호분, 남경리1호분, 호남리사신총	5	
		역포구역	진파리1·9호분, 전 동명왕릉	3	
	남포	강서구역	태성리1·2·3호분, 강서대묘·중묘, 덕흥리벽화분, 약수리벽화분, 수산리벽화분, 연화총	8	21
		남포시	성총, 감신총, 수렵총, 우산리1·2·3호분, 대안리1·2호분, 보산리벽화분	9	
		용강군	용흥리1호분, 용강대총, 쌍령총, 옥도리벽화분	4	
		온천	마영리벽화분, 명동고분	2	
		안악	월정리벽화분, 한월리벽화분, 로암리벽화분, 안악읍고분, 안악1·2·3호분, 평정리벽화분, 봉성리벽화분, 봉성리2호분, 복사리벽화분	11	
		사리원	어수리벽화분	1	
		연탄군	송죽리벽화분	1	

표 4-2. 고구려 벽화분 분포 (* : 적석총)

구역, 삼석구역, 역포구역과 순천을 포함한다. 대동강 서쪽에 해당되는 곳은 평양 서성구역을 비롯해 대동군, 평원, 남포 등지를 포함하는 지역으로 대동강 하류역과 그 서북쪽 범위가 해당된다. 재령강 유역권은 안악 일대를 중심으로 연탄군, 사리원 등을 포함한다. 따라서 고구려 벽화분의 분포 양상은 집안·환인 일대, 대동강 중·상류역과 동평양, 대동강 하류역과 서평양, 재령강 유역 등 4개 지역으로 나누어 볼 수 있다.

(1) 집안·환인 일대

집안·환인 일대의 벽화분은 매장부 구조는 단칸구조와 유사두칸구조, 두칸구조, 벽화의 제재는 크게 생활풍속도, 장식도, 사신도로 나뉘며, 장식도는 생활풍속도와 함께 화면을 구성하기도 한다(그림 4-9).

이 일대에서 벽화분은 4세기 중엽경에 조성되기 시작하였다. 만보정1368호분과 우산하3319호분이 이 일대 등장기의 벽화분이다. 만보정1368호분은 장방형 현실에 오른쪽으로 치우친 연도를 가진 단칸구조 석실봉토분으로*, 만보정 마을을 내려다보는 칠성산 동쪽 구릉의 중턱에 자리하며 주위에 봉토분과 적석총이 있다. 우산하3319호분은 전실계단적석총으로 유사두칸구조이다. 우산 중턱에 단독으로 자리하며, 주위에 고분은 보이지 않는다. 이처럼 집안에서 등장기의 벽화분은 묘실구조와 분구가 다양하다.

그 다음 단계로 비정되는 것은 마선구1호분으로, 마선구고분구역에서 유일한 벽화분이다. 마선구1호분은 평지에 단독으로 자리하며, 방형 현실과 종장방형 전실, 전실 좌우의 측실과 연도, 묘도로 이루어진 두칸구조의 생활풍속도를 주제재로 하는 봉토석실벽화분이다. 마선구1호분의 구조적 특징은 현실 중앙에 천장을 받치고 공간을 구획하는 기둥과 함께 현실과 전실의 장축이 일렬로 배치되어있는 점이다. 현실과 전실의 장축이 일렬로 배치된 벽화분은 이 일대에서는 확인되지 않지만, 평양 대성산성 부근의 고산동에서는 확인된 바 있다.

4세기 말을 경과하면, 벽화분의 주 분포지는 우산하고분구역과 산성하고분구역이다. 우산하고분구역의 경우 벽화분은 봉토분구가 다수이지만, 산성하고분구역에서는 적석분구와 봉토분구가 비슷한 비중을 점한다. 그러나 다수가 유사두칸구조 생활풍속도벽화분이라는 점은 서로 공통된다. 특히 유사두칸구조 벽화분의 주 분포지는 집안·환인 일대이다. 5세기 중엽경의 환인 일대의 유일한 벽화분인 미창구 벽화분도 유사두칸구조이며, 벽화분은 아니지만 만포나 위원 등지의 석실계단적석총의 매장부도 유사두칸구조이다. 반면, 유사두칸구조는 서북한 일대에서는 관찰되지 않아서 집안·환인 일대 벽화분의 지역적 특징을 가진 구조라고 할 수 있다.

반면, 동쪽으로 확대된 하해방고분구역과 장천일대의 벽화분은 단칸구조

* 만보정1368호분은 석실 내부에 기둥과 들보를 그려넣어 목조 가옥의 내부를 표현한 벽화분으로, 다른 제재는 표현되어 있지 않아서 벽화분의 퇴화형으로 보아서 5세기대로 보는 입장도 있다(孫仁杰·遲勇 2007). 그러나 이 무덤은 궁륭상으로 쌓아 올린 천장의 높이와 벽의 높이가 거의 비슷한데, 시기가 내려올수록 천장부 높이가 줄어들고, 궁륭상 천장은 차츰 다단의 고임식 천장으로 바뀌고 있음을 고려해 볼 때 구조적으로 이른 시기 특징을 갖고 있다고 할 수 있다. 한편, 부장된 화덕은 석제로 실제 사용기라기 보다는 명기라고 할 수 있다. 이 화덕은 묘실 안쪽에 위치하여, 묘실 입구나 연도 좌우의 측실에 부장되는 토제 화덕과는 다른 양상을 보여주며, 묘실 뒤쪽으로 명기 등이 부장된 예는 중국 한대 무덤에서 보이는 특징임을 감안해 볼 때 만보정1368호분은 4세기 중엽경으로 비정하여도 무리없을 것이다.

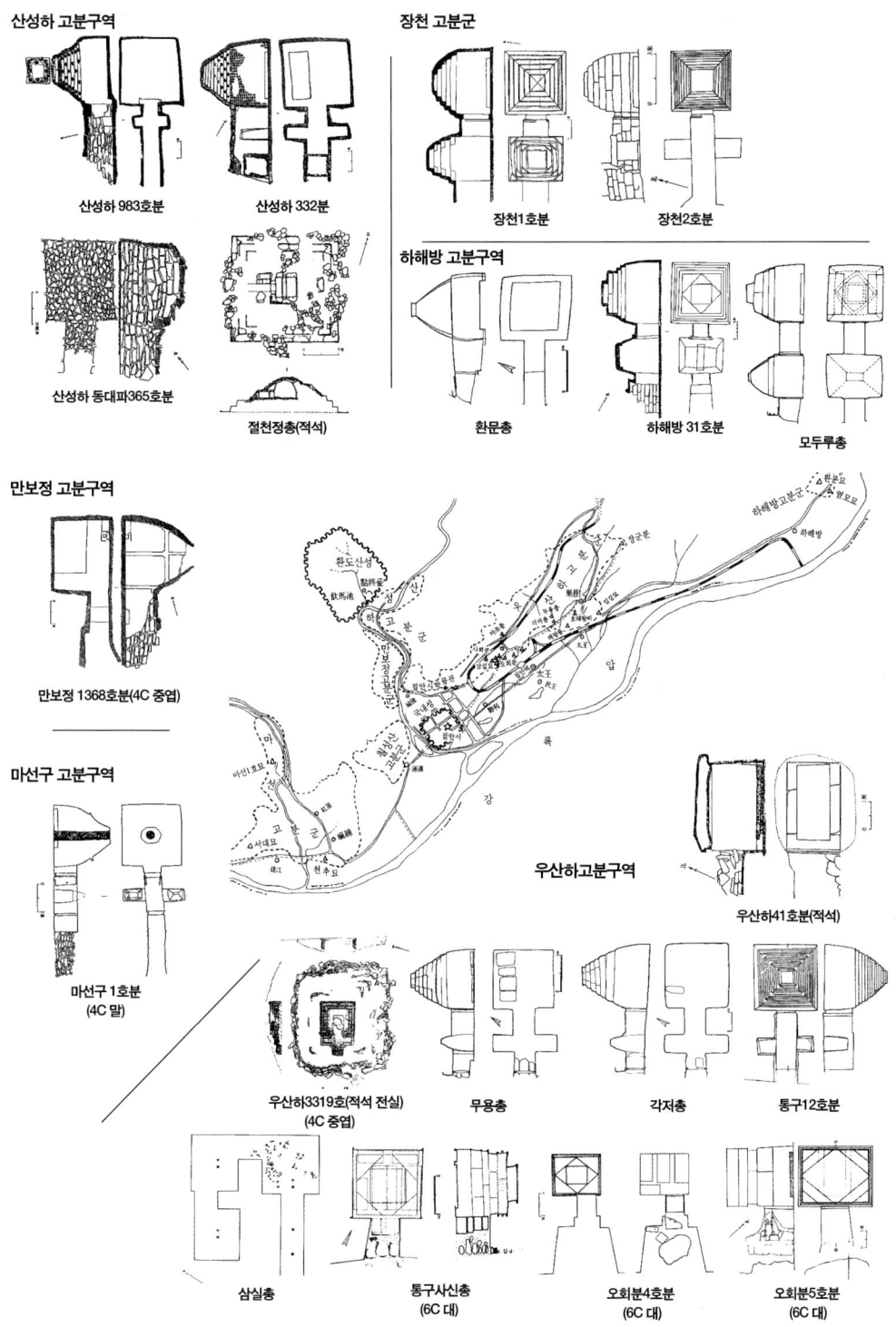

그림 4-9. 집안 일대 벽화분

이거나 두칸구조로 우산하나 산성하고분구역의 유사두칸구조와 차이가 있고, 오히려 서북한의 덕흥리벽화분이나 동암리벽화분과 유사한 구조이다. 가령, 환문총은 단칸구조의 방형현실과 중앙연도를 가진 장식도안 벽화분으로 같은 단칸구조지만, 장방형 현실의 만보정1368호분과는 서로 다른 평면이다. 하해방31호분과 모두루총, 장천2호분은 모두 방형 현실에 횡장방형 전실을 가진 두칸구조로 현실과 전실의 장축이 교차한다는 점은 낙랑·대방고지의 전축분이나 석실분과 유사구조이다.

이와 같이 집안 통구 분지의 벽화분은 만보정고분구역과 우산하고분구역에서 축조되기 시작하여, 4세기 말을 경과하면서 5세기 대에 들어서면 산성하고분구역과 마산구고분구역에서도 벽화분이 축조되나, 이전에 벽화분이 축조되었던 만보정고분구역에서는 벽화분이 축조되지 않는다. 5세기 중엽이 되면 산성하고분구역과 우산하고분구역이 벽화분의 중심이 되는 한편, 분포지는 하해방고분구역과 장천고분군 등 동쪽으로 확대된다. 그러나 6세기에 들어서면 집안·환인 일대의 벽화분 분포지는 축소되어 벽화분은 우산하고분구역에 국한된다.

벽화분이 상위의 무덤임을 감안해 볼 때 벽화분 분포의 공간적 확대와 변화는 고구려의 발전에 따른 왕경의 확대와 결부지을 수 있으며, 6세기대 우산하고분구역으로의 분포범위의 축소는 평양천도에 따른 결과로 해석할 수 있다.

(2) 대동강 중·상류와 동평양

대동강 중·상류역권과 동평양은 평양시의 동쪽과 대동강중상류역 두 지역을 포함한다(그림 4-10). 평양의 대성구역을 중심으로 평양시 용성구역, 삼석구역, 역포구역 등지로 평양의 동쪽에 해당되며, 평양시의 서쪽에 해당되는 서성구역과 중구역, 낙랑구역 등은 제외된다. 대동강 중상류는 평양 북쪽으로 평성과 순천시를 포함한다. 이 일대에서 고구려 이전의 묘제는 확실하지 않고, 낙랑과 연결될 만한 전실묘 자료도 확인되지 않았다.

먼저, 대동강 중상류역의 순천일대에서는 용봉리의 용봉리 벽화분과 요동성총, 북창리의 천왕지신총, 그리고 동암리의 동암리벽화분 등 4기가 확인된다. 모두 생활풍속도 계열 벽화분으로, 용봉리벽화분에 대한 자료는 확실하지 않지만, 나머지 3기는 각기 다른 구조이다. 요동성총은 긴횡장방형 전실과 네 개의 관실이 병렬배치된 구조로, 중국 요령성 요양일대 벽화분과 유사구조이다. 천왕지신총과 동암리벽화분은 전·현실 종렬배치구조로 현실은 방형이지만, 전실평면은 서로 다르다. 천왕지신총은 긴횡장방형 전실을 가졌고, 전실 천장을 3분하여 마치 방형 전실 좌우의 측실처럼 보이며, 동암리벽화분은 덕흥리벽화분과 같은 횡장방형 전실이다. 천왕지신총이나 동암리벽화분과 유사구조는 대동강 하류역의 벽화분에서는 보이지만, 동평양 일대에서는 보이지 않는다.

평성시에서 잘 보존된 벽화분의 보고 예가 없지만, 한왕묘로 불렸던 경신리 1호분이 1978년도 재조사에서 벽화분임이 밝혀졌다. 기단봉토석실분으로, 석실 내에 백회를 바른 후 그림을 그린 것으로, 벽면 위에서 검은색 가로 줄이 확인되어서 벽면 위에 들보를 형상한 것으로 보고 있다. 그러한 점에서 볼 때 생활풍속도 계열 벽화분이었을 것으로 추정된다.

동평양의 평양시 용성구역은 순천에서 평성시를 거쳐 평양으로 들어오는 길목에 위치한 곳으로 대성산성의 서쪽에 해당되며, 삼석구역은 대성산성의 동편이며, 역포구역은 대동강 이남이다. 이 일대의 벽화분은 석실봉토분으로 벽화제재에 따라 생활풍속도와 장식도 그리고 사신도 벽화분으로 나뉜다. 용성구역과 대성구역은 생활풍속도 벽화분이, 삼석구역은 생활풍속도와 사신도 벽화분이 함께하며, 역포구역에는 장식도안과 사신도 벽화분이 자리한다.

용성구역에서는 화성동에서 1기, 청계동에서 2기의 벽화분이 확인되었다. 청계동벽화분의 구조는 알 수 없지만, 화성동벽화분은 하나의 분구 안에 오른쪽으로 치우친 연도를 가진 석실 두 기가 있는 동분이혈 이실분이다.

대성구역의 벽화분은 고산동에 집중되어 있으며 단칸구조와 전·현실 종렬배치구조로 나뉜다. 전·현실 종렬배치구조의 경우 전실의 평면이 방형이나 종장방형이다. 현실과 전실의 장축이 일렬로 배치되어있다는 점이나 현실에 비해 전실의 규모가 작다는 점은 서북한 다른 지역의 전·현실 종렬배치구조 무덤과 구별된다.

삼석구역은 대성산성의 동편, 대동강 중류 서안에 위치하며, 노산동에 개마총, 노산동1호분, 내리1호분이 자리하고 남경리·호남리·토포리는 서로 가

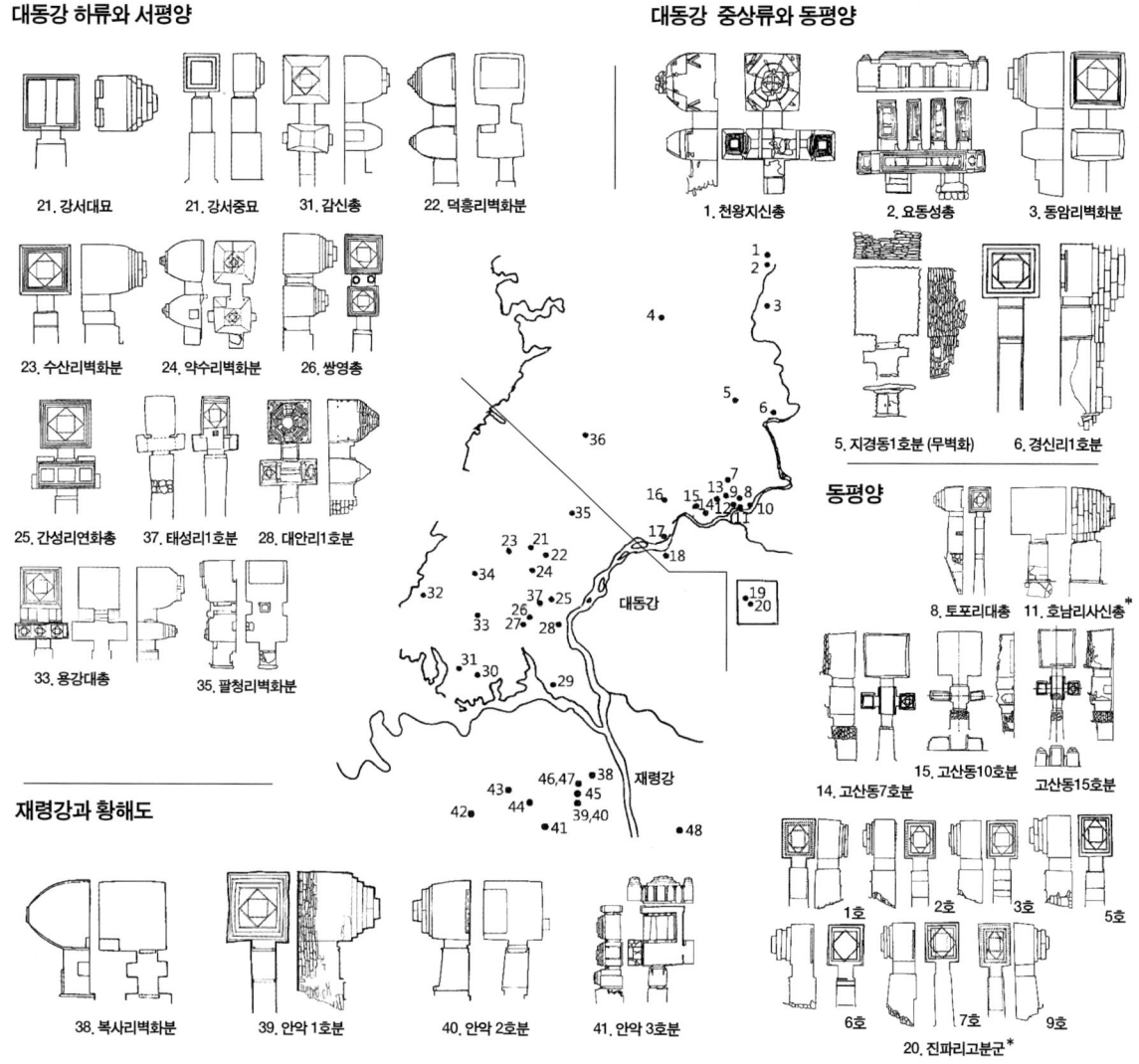

그림 4-10. 대동강·재령강유역 벽화분(* : 사신도벽화분)

까운 거리에 위치한다. 이 지역의 벽화분은 모두 단칸구조이며, 생활풍속과 사신이 함께 하는 개마총을 제외하고는 모두 순수 사신도벽화분이다.

역포구역은 대동강유역은 아니나 평양의 동쪽이라는 점에서 같은 권역으로 묶었다. 이 일대에서는 전 동명왕릉과 진파리1·9호분 등 2기의 벽화분이 확인되었다. 전 동명왕릉은 기단봉토분이며, 방형현실과 종장방형 전실, 전실 좌우의 작은 벽감을 가진 구조라는 점이 고산동 일대의 벽화분이나 집안 마선구1호분과 구조적으로 연결가능하다. 또한 연꽃도안의 장식도 벽화분이라는 점은 평양일대 벽화분 중에서는 예외적이지만, 집안 일대에서는 연꽃이 장식된 벽화분이 자리한다. 진파리1·9호분은 사신도가 그려진 단칸구조이다.

이처럼 대동강 중·상류역과 동평양 일대의 벽화분은 순천과 대성산성 서쪽에서 먼저 생활풍속도벽화분이 축조되었지만, 각지의 벽화분은 구조적으로 다양한 양상을 띠고 있어서 벽화분 간의 관련을 상정하기 어렵다. 다만, 평양 동쪽으로 범위를 제한시켜보면, 고산동에서 5세기 후반경 벽화분이 조성되기 시작하여 차츰 동쪽과 대동강 너머의 동남쪽으로 벽화분의 분포가 확대되면서 사신도 벽화분이 조성된 것으로 보인다. 그러나 6세기대에 들어서면 벽화분은 평양 동쪽의 역포구역과 삼석구역 등 제한된 범위에서만 확인되어서 벽화분 분포지의 축소와 사신도벽화분으로 변화는 집안 통구 분지와 유사한 양상이다.

(3) 대동강 하류와 서평양

대동강 하류역의 벽화분은 평양 서쪽의 서성구역과 중구역에서부터 대동강을 따라 하류로 내려가면서 강서, 용강, 남포, 온천에 이르는 지역에 분포한다. 서평양과 강서구역에서는 낙랑의 목관, 목곽, 전실묘와 토성이 확인된 바 있고, 온천군에서는 성현리토성이 확인된 바 있으나, 그 외 지역에서는 아직까지 전실묘나 낙랑과 관련된 유적이 확실하지 않다. 이 일대는 4세기 중엽부터 축조되었던 벽화분의 주요 분포 지역이기는 하지만, 벽화분이 한두 기씩 분산 분포한다는 점에서 가까운 거리에 몇 기씩 모여있는 동평양의 고산동이나 집안 통구 분지와는 구별된다.

서평양 일대의 벽화분은 강서의 대·중묘를 제외하고는 모두 생활풍속도를 주 내용으로 하며, 단칸구조보다는 전·현실 종렬배치구조가 우세하다(그림 4-10 참조). 평양역전이실분은 벽돌과 돌을 이용해 축조한 전·현실 종렬배치구조이고, 태성리1호분은 기둥으로 전실과 현실을 구획한 전·현실 종렬

배치구조로 장방형 현실, 횡장방형 전실평면이다. 태성리3호분은 벽화내용은 확실하지 않지만 회랑을 가진 안악3호분과 유사구조이며, 큰 규모로 미천왕릉으로 비정되기도 한다. 장산동1·2호분은 장방형 현실의 단칸구조이지만, 현실 내에 기둥을 세워 공간을 구획하여 실질적 주 매장공간은 방형평면이다. 여러칸 구조에서 단칸구조로 벽화분의 변화를 고려해 볼 때 평양역전이실분과 강서의 태성리1호분 그리고 태성리3호분 등이 먼저 조성된 후 장산동1·2호분이 조성되었음을 알 수 있다. 그러나 장산동 1·2호분 이후의 벽화분은 확인되지 않았다.

대동강 하류역은 평양에서 서해안으로 나가는 주요 교통로로, 여기서 북쪽으로 올라가면 압록강 하구로 나갈 수 있다. 이 일대의 벽화분은 남포, 강서구역, 대동군에 분포한다. 강서삼묘와 남포 우산리를 제외한 대부분의 벽화분은 단독으로 자리한다. 구조를 알 수 있는 벽화분 18기 중 사신도벽화분은 강서대묘와 중묘 2기뿐이고, 나머지 15기는 모두 생활풍속도를 내용을 한다. 생활풍속도벽화분 중 단칸구조는 태성리2호분 한 기를 제외하고, 모두 방형 현실이고 대개는 현실과 전실의 장축이 교차하는 전·현실 종렬배치구조이다. 전·현실 종렬배치구조는 전실과 현실의 규모가 비슷하거나 전실이 현실보다 큰 경향을 띤다는 점에서 동평양의 전·현실 종렬배치구조와 구별된다. 평면구조는 방형 현실이라는 점은 공통되지만, 전실의 평면 형태가 방형, 횡장방형, 긴횡장방형 등으로 다양하며 긴 횡장방형의 경우 전실 천장을 3분하여 서로 다르게 구획하기도 했다(그림 4-10참조). 이러한 평면구조는 선행의 전실묘에서도 관찰되는 것이지만, 현실 입구나 전실과 현실 사이에 기둥을 세우는 것은 전실묘에서 보이지 않는 것이어서 벽화분 조성에 여러 요인이 작용했음을 보여준다. 한편 방형 현실에 횡장방형 전실로 된 평면 구조는 동평양의 두칸구조 벽화분에서 보이지 않으나, 5세기 중엽경 새로 조성된 집안 하해방고분구역이나 장천 일대의 벽화분에서는 관찰된다.

이처럼 대동강 하류역의 벽화분은 강서의 세 무덤을 제외하고는 모두 생활풍속도벽화분으로, 그 축조의 중심 시기는 5세기대로 집안이나 평양 일대보다 늦게 벽화분이 조성되고 벽화분 조영도 일찍 끝났다는 점은 후술할 재령강유역과 같다.

(4) 재령강 유역과 황해도

재령강 유역에서는 4세기 중엽경부터 벽화분이 축조되기 시작해 5세기 중·후반까지 조영되었으며, 안악군을 중심으로 벽화분이 분포하고 있다. 안악군에서는 현재까지 11기의 생활풍속도벽화분이 확인되어서, 서북한에서 단일 지역 내 벽화분의 밀도가 높은 곳 중 하나이다. 연탄군은 재령강 유역이라고 할 수 없지만, 송죽리에서 생활풍속도가 그려진 전·현실 종렬배치 구조의 벽화분이 확인되었다.

발굴 보고된 벽화분은 단칸구조의 비중이 크다는 점에서 다른 지역과 구별된다(그림 4-10 참조). 전·현실 종렬배치구조는 안악3호분과 복사리벽화분 2기이고, 그리고 송죽리벽화분이 있다. 송죽리벽화분은 발굴보고가 완료되지 않아서 그 구체내용을 알 수 없다. 안악3호분은 기둥으로 전실과 현실을 구획했고 현실을 돌아가며 회랑이 있다는 점에서 특징적이며, 복사리벽화분은 전실이 현실에 비해 매우 작고 연도 위치가 오른쪽으로 치우쳐 있는 유사두칸구조이나, 집안 일대의 유사두칸구조와는 연도 위치에서 차이를 보인다.

이 일대에서는 일정 기간 전실묘와 벽화분이 병존했다. 묘실벽화는 없지만, 로암리무덤이나 봉산의 장무이무덤은 4세기 중엽경 전실묘이며, 이외에도 무덤 축조에 사용되었던 기년명 벽돌로 미루어 5세기 초까지 전실묘가 축조되었음을 알 수 있다. 따라서 전실묘 조영의 소멸과 전·현실 종렬배치구조의 소멸이 상관성을 갖고 있었던 것으로 추정된다.

재령강 유역은 집안 통구분지와 평양일대와 마찬가지로 일찍이 벽화분이 조성된 지역이지만 대동강 하류역의 벽화분과 구조적 차이를 보이며, 사신도 벽화분이 확인되지 않아서 다른 지역에 비해 벽화분의 조성이 일찍 끝난 것으로 보인다.

(5) 벽화분 분포의 사회적 의미

4세기 중엽경에 축조되기 시작한 벽화분은 4세기 말을 경과하면서 수적 증가와 함께 그 분포 범위도 확대되어갔고, 벽화분의 시공적 전개 양상은 벽화분의 등장에 관한 정보 뿐 아니라 사회적 의미도 갖고 있다(표 4-2).

4세기 중엽의 벽화분이 축조된 지역은 당시 왕도와 낙랑, 대방의 중심지이므로, 해당지역의 선행묘제와 결부되어 벽화분 등장의 배경을 설명해 줄 것이다. 5세기대 집안 통구 분지일대에서는 동쪽과 북쪽으로, 평양 일대에서는 대동강 하류을 따라 서쪽으로 벽화분의 분포지 확대나, 6세기에 들어서면서 일부 제한된 범위로 수적감소는 고구려 지배층의 변화를 시사한다.

벽화분의 축조에 많은 비용과 높고 복잡한 수준의 기술이 필요했음을 감안해 볼 때 해당 지역의 상위 묘제라고 할 수 있는 벽화분이 1기씩 단독으로 자리하거나 2~3기가 인근 거리에 자리하는 분포정황과 각 지역에서 벽화분의 등장과 시간을 달리하면서 전개되어 가는 양상으로부터 고구려 지배층의 구성과 그 변화의 일면을 엿볼 수 있다.

먼저, 벽화분의 등장과 관련하여서 주목되는 지역은 집안, 서평양과 강서, 안악 일대이다. 이 지역에서 가장 먼저 벽화분이 축조되었는데, 각 지역의 등장기 벽화분은 구조와 축조 재료에서 세부적 차이를 보인다. 서평양과 강서의 벽화분은 낙랑 전실묘의 평면과 같은 구조로, 벽돌을 주 축재로 사용한 전석혼축무덤인 반면, 집안의 만보정1368호분이나 우산하3319호분은 재령강 유역의 단칸구조나 유사두칸구조의 전실묘와 유사하며, 안악3호분은 전실묘와는 전혀 다른 구조의 석실이다. 따라서 등장기의 벽화분은 전실묘 계통과 석실묘 계통의 두 부류로 나눌 수 있다(그림 4-2 참조).

전실묘 계통의 벽화분인 평양역전이실묘는 이 일대의 선행묘제가 전실묘임을 감안해 볼 해당지역 전실묘의 연속선상에서 묘실벽화가 채용되었음을 보여준다. 반면, 전실묘가 선행묘제였던 안악일대에서의 안악3호분은 구조적으로 전실묘와는 차이가 있는 석실묘이다. 전체 평면은 전현실 두칸구조와 유사하지만, 기둥으로 주 매장공간을 공간을 구획하거나, 회랑을 돌리는 것은 전실묘에서 관찰되는 속성은 아니며, 오히려 목실과 화상석묘의 구조가 결합된 모습을 보여준다. 집안의 만보정1368호분이나 우산하3319호분은 묘실의 전체 평면이 석실묘계통이라기 보다는 전실묘계통이라고 할 수 있으며, 구조적으로는 대방지역의 전실묘와 관련을 갖고 있다. 다만, 우산하3319호분은 선행의 적석총과 결합된 모습을 보여주어서, 집안에서의 벽화분 등장이 단선적이지 않았음을 보여준다.

등장기 벽화분이 가지는 지역에 따른 구조의 상사, 상이점은 몇 가지 시사

지역, 시기			4C중	5C전	5C중	5C후	6C	7C
집안환인	집안	우산하	우산하3319호분	무용총, 각저총, 통구12호분	산연화총	삼실총, 우산하41호분		통구오회분 4, 5호 통구 사신총
		산성하		절천정총	산성하332호분 산성하983호분 귀갑총			
		하해방			환문총, 하해방31호분			
		만보정	만보정1368호분					
		마선구		마선구1호분				
		장천			장천4호분	장천1, 2호분 미창구1호분		
		환인						
동평양대동강중상류	동평양	순천	요동성총	동암리벽화분		천왕지신총		
		평성			경신리1호분			
		용성구역						
		대성구역				고산동1, 9호분	안학동9호분	
		삼석구역					개마총	호남리사신총, 내리1호분 노산동1호분
		역포구역				전 동명왕릉		진파리1, 4호분
서평양대동강하류역	서평양	중구역	평양역전이실분					
		낙랑구역		동산동벽화분				
		서성구역			장산동1, 2호분			
		평원						
		대동	팔청리벽화분		가장리벽화분	보산리벽화분 덕화리1, 2호분	운용리벽화분	
	남포	강서구역	태성리1, 2, 3호분	약수리벽화분 덕흥리벽화분	수산리벽화분		보산리벽화분	강서대묘 중묘
		용성구역						
		남포시		감신총		수렵총, 우산리1, 2, 3호분	성총 대안리1, 2호분	
		용강군		옥도리벽화분	용강 대총	쌍영총		
재령강유역		안악군	안악3호분 복사리벽화분	안악1호분		안악2호분	월정리, 봉성리벽화분	
		연탄군		송죽리벽화분				
			생활풍속도 단순기		생활풍속도 결합기 장식도안 사신도(벽면)		사신도 중심기	
			벽화분 등장	생활풍속도계열 벽화분 유행, 확산			사신도 벽화분 중심	

표 4-2. 고구려 벽화분의 시간에 따른 분포

하는 바가 있다. 하나는, 낙랑의 무덤의 중심지였던 서평양일대에서 최상위 무덤이 선행묘제의 전통을 유지하고 있다는 점으로 보아 고구려의 낙랑·대방 축출로 이 일대가 완전히 새롭게 재편되지 않았을 가능성이다. 다른 하나는 지배층 구성과 관련하여, 안악3호분이 중국계 인물인 동수의 무덤임을 감안해 볼 때 귀화한 중국계 인물이 지배층으로 편입되었음을 엿볼 수 있으며,

이러한 정황으로부터 재령강 일대의 전실묘와 같은 구조의 우산하3319호분은 대방 출신이거나 중국계 인물이 중앙의 지배층으로 편입되었을 가능성을 시사한다. 덧붙여, 왕도였던 집안일대에서 등장기의 석실이나 벽화분이 낙랑고지의 전실묘보다는 대방고지의 전실묘와 유사도가 높다는 것은 고구려 중앙에서 낙랑과 대방 두 군을 동일시하지 않았을 가능성도 상정해 볼 수 있다.

다음으로 4세기말을 경과하면서 5세기대의 상황을 평양일대에 국한시켜 보면 지배층 구성의 일면을 엿볼 수 있다. 5세기 중엽을 경계로 서평양에서는 벽화분이 축조되지 않는 반면, 동평양에서는 벽화분이 축조되기 시작하고 동평양의 벽화분은 서평양이나 대동강하류역의 벽화분과는 구조적인 차이를 보인다. 즉, 동평양에서는 대동강 하류역과 서평양에서 보편적 구조인 방형 현실에 횡장방형 전실이나 긴횡장방형 전실을 갖는 구조는 없으며, 오히려 전실의 규모가 현실에 비해 상대적으로 작아지는 것은 집안 마선구1호분이나 복사리벽화분과 유사한 양상이다. 이는 집안일대의 등장기 벽화분이 대방고지와 관련있는 점과 대응되는 현상이다. 따라서 낙랑과 대방 출신 인물을 동일시하지 않았을 가능성과 함께 낙랑 출신 인물이 평양천도 이후의 중심세력으로 편입되지 않았던 것으로 추정된다.

5세기 중엽이 되면 벽화분의 중심지가 낙랑의 고지였던 서평양일대를 대신하여 동평양이 중심이 되어서, 서평양의 위상 약화를 엿볼 수 있다. 이를 대성산성과 안학궁과 결부시켜보면, 평양천도 이후 평양의 중심지는 낙랑의 중심지가 아닌 보다 내륙으로 들어온 동평양이 되었음을 다시 확인할 수 있다.

반면, 5세기의 벽화분은 평양을 벗어난 강서에서 대동강 하구와 서북쪽의 대동군 쪽으로 확대되어가는 모습을 보여준다. 이 일대의 벽화분은 방형 현실의 횡장방형 또는 긴 횡장방형 평면 구조로 낙랑 전실묘와 평면구조가 유사하다. 일부 전실과 현실 사이의 통로에 형식적으로 기둥을 세우거나 전실 앞쪽으로 기둥을 세우기도 하는 등 전실묘에 석묘가 결합된 양상을 보인다. 그러한 점에서 대동강 하류역의 벽화분과 낙랑·대방 출신 인물의 관련을 상정해볼 수 있다.

이와 같이 4세기 중엽이후 5세기대 서북한 일대에서의 벽화분의 분포 양상으로부터 낙랑의 중심지였던 서평양을 대신하여 동평양이 천도 이후의 중심지가 되었음을 읽을 수 있었고, 아울러 동평양에서 대동강 유역의 서북한 각 지역의 중요 교통로에 1기나 2~3기씩 분산된 선상 분포로부터 낙랑·대방군을 축출한 후 그들의 중심지로 고구려 지배력을 확대시켜나갔음을 읽을 수 있다.

벽화분이 각 지역으로 확대되어 가는 것과는 달리 왕도였던 집안 일대에서는 조금 복잡한 양상을 보인다. 즉, 집안 통구 분지에서 5세기 중엽경 생활풍속도 계열 벽화분의 분포지는 산성하, 우산하 고분구역으로 축소되는 반면, 이전에 벽화분이 자리하지 않았던 하해방고분구역과 장천 등지에 벽화분이 조성되었다. 새로이 벽화분의 분포지로 편입된 이 지역의 벽화분 구조는 서북한 일대의 벽화분과 유사한 반면, 산성하고분구역의 벽화분은 집안지역의 특징을 유지하여서 차이를 보인다. 이로부터 고구려 지배층 구성의 다양함을 엿볼 수 있다.

6세기에 들어서면 5세기대의 벽화분의 수적이나 공간적 확대와는 달리, 벽화분은 수적 감소와 함께 특정한 일부 지역에서만 제한적으로 축조된다. 즉, 집안 통구 우산하고분구역, 평양 삼석구역과 역포구역, 강서삼묘리 등 제한된 공간에서만 벽화분이 확인된다. 이 벽화분들은 모두 단칸구조이고 벽면에 직접 그림을 그린 사신도벽화분이라는 점에서 5세기의 벽화분과 구별된다. 따라서, 계세관이 반영된 생활풍속도 벽화분에서 방위신을 묘사한 사신도벽화분으로 매장 관념에서의 변화는 벽화분의 수적감소, 배타적 분포와 관련있음을 읽을 수 있다.

결국 6세기대 사신도 벽화분의 배타적 분포는 석실봉토분의 확산과 함께 사신도벽화분을 정점으로 중앙과 지방에서 석실봉토분의 축조라는 묘제에서의 제일성 확립을 확인시켜준다. 이는 영역화된 고구려 각 지역에 대한 실질적인 직접 지배가 완성된 결과로, 묘제에서의 제일화는 고분이 가지는 사회적 차별성이 줄어드는 것으로, 고대 사회에서 고총이 가지는 사회적 기능의 약화와 관련을 갖고 있다.

3. 왕릉과 능제

고구려 묘제 중 능제를 추정해 볼 수 있는 것은 초대형 적석총이다. 초대형

적석총은 규모와 분구 형태에서 배타적 우월성을 갖고 있어서 왕권의 상징물로서, 또 정치적 기념물로서 기능했을 것이다. 최근 중국에서는 길림성 집안에 위치한 초대형 적석총 중 13기를 왕릉으로 비정했고(표1-3 참조) 그 외에도 왕릉 후보군으로 11기를 더 제시하기도 했다*.

그러나 보고된 내용만으로는 능제를 구체적으로 복원하기는 쉽지 않다. 능제를 복원하기 위해서는 많은 고분 중에서 왕릉을 선별해야 하고, 왕릉으로 비정된 고분에서 누대에 걸쳐 일어난 변형을 제대로 밝혀서 원래 모습을 복원하는 것이 선행되어야 하지만, 그러한 변형과정을 알기란 현실적으로 불가능하기 때문이다. 다만, 중국의 왕릉 사례와 문헌기록 그리고 왕릉임에 이견이 없는 임강총, 천추총, 태왕릉, 장군총 등 고고학 자료와 잘 연결시켜보면, 고구려 왕릉과 4,5세기대 능제의 일면을 추정 복원해 볼 수 있을 것이다.

1) 귀장

귀장이란 고향이 아닌 곳에서 죽은 시신을 고향으로 가져와 장사지내는 것을 말한다. 귀장은 매장관습이므로 사전에 이미 암묵적 합의가 있거나, 설사 그렇지 않더라도 매장하기 전 또는 장례의식 전에 고려되어야 할 사항이다. 현재 왕릉으로 비정할만한 무덤들이 집안 통구 분지에 집중되어 있기 때문에 왕릉비정에서 귀장이 문제가 되는 것은 국내 천도 보다는 평양 천도 이후의 왕에 해당된다. 특히 고구려는 평양성 시기에도 졸본에 가서 시조묘 제사를 지낼 정도로 출자한 곳에 대한 인식이 강했음을 감안하면 귀장을 했는가, 했다면 언제부터 했는가는 왕릉 비정과 능제 복원에서 중요한 논점이 된다.

고구려의 귀장을 추정해볼 만한 문헌 기록은 그리 많지 않다. 먼저, 유리왕대의 기록**은 귀장을 하지 않았음을 시사한다. 유리왕 22년 졸본에서 국내로 천도하였고, 37년 가을에 유리왕은 두곡이궁에서 죽었는데 졸본으로 가지 않고 두곡동원에 장사지냈다. 두곡이 어디에 있었는지 확실하지는 않지만, 이궁이란 왕궁에서 떨어진 곳에 별도로 만든 것이기 때문에 두곡이궁이 졸본에 있다는 전제가 성립되지 않는 한 유리왕은 귀장을 하지 않은 게 된다. 반면, 귀장의 가능성은 고국원왕의 예에서 추정해 볼 수 있다. 고국원왕은 평양에서 벌어진 백제와의 전투에서 전사하였다***. 고국원왕의 장지가 고국원

---

* 『집안 고구려 왕릉』 보고서에서 왕릉으로 비정하였던 산성하 전창 36호분은 고구려 왕릉으로 등재된 세계문화유산 목록에는 빠져있다. 왕릉비정에서도 보고서와 신청서는 서로 다른 입장을 보이고 있다. 가령, 미천왕릉을 보고서에서는 서대총으로, 신청서에는 칠성산211호분으로 비정하는 등 비슷한 시기에 작성된 보고서와 등재 신청서의 내용이 서로 다르다. 그 이유는 현재로서는 확인할 수 없다. 보고서에 따르면 왕릉 후보군의 무덤으로 우산하901호, 우산하2112호, 우산하0호, 우산하3319호, 황니강대묘, 우산하540호, 산성하전창1호, 산성하전창145호, 마선구2381호, 마선구707호 등 10기가 제시되었다. 또한 우산하2112호분에서 기와가 출토되지 않았다고 했지만, 후에 보고된 우산하2112호분 보고문에서는 태왕릉에서 출토된 것과 같은 연화문 와당이 출토되었다(中國吉林省文物考古研究所·集安市博物館 2004; 2010).

** 『三國史記』卷13 高句麗本紀 第1 琉璃明王 三十七年 秋七月 王幸豆谷 冬十月 薨於豆谷離宮 葬於豆谷東原 號爲琉璃明王

*** 『三國史記』卷18 高句麗本紀 第4 故國原王 四十一年 冬十月 百濟王率兵三萬 來攻平壤城 王出師拒之 爲流矢所中 是月二十三日薨 葬于故國之原

임을 고려해 볼 때 고국원왕의 주검은 당시의 도성이었던 국내성까지 옮겨져 고국원에서 장사지낸 것이 된다. 왕은 아니지만 온달의 기록을 보면*, 아단성 아래에서 신라군에게 죽임을 당한 온달도 시신을 옮겨 장사지냈으므로, 귀장의 가능성을 보여준다.

이처럼 유리왕과 고국원왕의 기사는 서로 상치되는 것처럼 보이지만, 당시 정황을 고려해 보면 서로 상치된 내용은 아니다. 즉, 유리왕은 천수를 누리고 죽었고 두곡이궁이 왕궁이 아닌 별궁이라고 하더라도, 당시 고구려의 범위를 감안해 볼 때 공간적으로 왕도에서 멀리 떨어진 곳은 아닐 것이다. 따라서 두곡이궁에서 장사지낸 것은 귀장이 필요치 않았거나 귀장의 장속이 없었기 때문일 것이다. 그러나 고국원왕의 예는 조금 사정이 다르다. 고국원왕은 불시에 변고로 죽은 것이고, 왕이 전사한 평양은 고구려의 영토가 된 지 얼마 되지 않은 곳으로 국내성에서 멀리 떨어져 있었다. 즉, 고국원왕은 정상적인 죽음이 아닌 전쟁터에서의 별고이고, 전쟁터가 왕도와는 멀리 떨어진 곳이므로 시신을 거두어 본향에서 장사지내야했다. 때문에 굳이 귀장이 장속으로 규정화되었다고 하기 보다는 대부분의 자연사한 왕들은 귀장하지 않고 왕도 근처에 매장되었을 개연성이 더 크다.

몇 차례 천도했지만 귀장을 하지 않은 예는 고구려와 같은 장제를 가진 백제에서 찾아볼 수 있다. 백제 건국의 주체는 고구려에서 남하한 이주 집단이며, 백제는 고구려와 마찬가지로 두 차례 천도했다. 한성시기 백제의 왕릉은 석촌동의 적석총이고, 웅진 백제의 왕릉은 무령왕릉이 있는 송산리고분군, 사비 백제의 왕릉은 능산리고분군이다. 한성과는 달리 웅진은 사비 천도 후에도 백제의 영역이었음에 이견이 없는 곳이나, 웅진이 아닌 능산리고분군이 사비시기 왕의 능역으로 조성되었다. 이는 귀장하지 않고 왕이 죽으면 왕도 근처에 매장했음을 증명하는 것이다.

귀장을 하지 않은 예는 탁발선비의 왕릉에서도 확인된다. 탁발선비는 북부 선비의 일파로 386년 북위를 세우고 북중국을 통일함으로써 5호16국시기를 마감하고 남북조시대를 열었던 북방족이다. 고구려와 우호관계를 유지했던 탁발선비는 고구려와 마찬가지로 본거지를 떠나 세 차례의 도읍을 옮겼다. 북위를 세운 탁발선비는 내몽고 화림격이 부근의 성락에 도읍을 정했다가

* 『三國史記』卷45 列傳5 溫達
溫達奏曰 惟新羅割我漢北之地爲郡縣 (중략) 與羅軍戰於阿旦城之下 爲流矢所中 路而死 欲葬 柩不肯動 公主來撫棺曰 死生決矣 於乎歸矣 遂擧而窆大王聞之悲慟

평성현재의 산서성 대동으로 도성을 옮겼고, 이후 다시 낙양으로 천도했다. 북위의 초기 왕릉은 성락에서 북으로 20킬로미터 떨어진 곳에 자리한다. 평성시기에는 평성의 북서쪽에 왕릉을 조성했는데, 그곳에 문명태후릉과 고조릉이 있으며 주위에 선비족 출신의 귀족묘들이 자리한다. 한편 낙양으로 천도한 후의 북위의 왕릉은 낙양의 북망산 일대에 집중되어 있으며, 그곳에는 탁발선비 귀족의 무덤도 집중되어 있다. 특히 495년 낙양으로 천도한 선비족은 낙양에 장사지내고 북으로의 귀장을 불허한다는 령을 내리기도 했다.

백제나 탁발선비의 예를 보더라도 고구려에서도 변고에 의한 죽음을 제외하고 자연적으로 사망한 경우 왕을 귀장했을 가능성은 그리 크지 않으며, 대부분은 왕도 근처에 왕릉을 조성했을 것이다. 집안 통구분지의 국내성 반경 5~7km내에 분포하는 초대형 적석총이 이를 반증해준다.

2) 수릉

수릉壽陵은 왕이 살아 있을 때 축조한 자신의 무덤을 칭하는 용어로, 생시에 축조되어 아직 능호가 정해지지 않은 까닭에 장구長久하라는 의미에서 수릉이라고 했다. 중국에서는 춘추전국시대부터 왕이 즉위하면 이듬해부터 자신이 묻힐 무덤을 조성했다. 전국시대 중국曾國 멸망의 한 요인으로 증후을曾侯乙 묘 축조에 사용된 과도한 비용을 들기도 할 만큼 국력의 상당부분을 무덤 축조에 소용하였다. 전국시대의 혼란을 경험했던 한나라는 신분에 따른 예법이 엄격했음에도 불구하고 황제가 죽으면 이일역월以日易月*로 27일 만에 장사지내는 단상제短喪制를 시행하였다. 황제가 죽은 후 황권의 공백을 최소화하고자 했던 이러한 단상제는 수릉이 있었기에 가능했다.

고구려에서는 수릉을 축조했다는 기록이 보이지 않는다.『집안 고구려 왕릉』이나 일부 중국학자들이 장군총의 주인을 장수왕으로 비정하는 견해의 이면에는 암묵적으로 귀장과 수릉이 전제되었다. 즉 평양으로 천도한 장수왕의 릉을 장군총으로 비정한 것은 장군총을 장수왕 수릉으로 보았기 때문이며, 이는 자연스레 귀장한 것이 된다. 한편, 일부에서는 수릉의 증거로 고구려의 4대 민중왕과 5대 모본왕의 기사를 들기도 한다. 모본왕은 두로에게 죽임을 당한 후 모본에 장사지냈다고 하는데**, 갑작스레 죽음을 당한 왕의

* 이일역월(以日易月), 날로써 달을 바꾸다, 즉 27개월의 상례 기간을 27일로 바꾸는 것을 말한다.

**『三國史記』卷 第14 高句麗本紀 第2 慕本王 六年 冬十一月 杜魯弑其君 杜魯慕本人 侍王左右 (중략) 社魯藏刀 以進王前 王引而坐 於是 拔刀害之 遂葬於慕本原 號爲慕本王

*『三國史記』卷14 高句麗本紀 第2 閔中王 四年 夏四月 王田於閔中原 秋七月 又田見石窟 顧謂左右曰 吾死必葬於此 不須更作陵墓(후략) 五年 王薨 王后及群臣 重違遺命 乃葬於石窟 號爲閔中王

장사를 지낼 수 있었던 것은 수릉이 있었기에 가능하다는 해석이다. 또한 민중왕 4년 가을에 민중왕이 사냥을 하다가 석굴을 보고 그곳에 장사지낼 것이니 별도로 능묘를 만들지 말라고 했는데*, 이는 생시에 자신의 무덤에 관해 언급한 것으로 고구려에 수릉이 있었음을 시사하는 것으로 해석한다. 그러나 민중왕의 기사는 4년조 기사이고, 민중왕은 즉위한 지 5년 되는 해에 죽었으므로 민중왕 4년까지 자신의 능을 만들지 않았다는 것이 되므로 오히려 수릉의 가능성을 부정하는 기사가 될 수 있다. 수릉을 인정하지 않는 내용은 유리왕의 기록에서 볼 수 있다. 유리왕 37년 7월 왕이 두곡에 갔다가 그해 10월 두곡이궁에서 죽자 두곡 동쪽 뜰에서 장사지냈다는 『삼국사기』의 기록은 두곡에 이미 수릉을 해놓고, 유리왕이 죽을 때가 되어서 수릉이 있는 두곡에 갔다는 전제가 성립되지 않는 한 수릉의 존재를 인정할 수 없다. 오히려 유리왕의 수릉이 없었다는 것이 자연스런 해석이다.

이외에도 『삼국지』 위서 동이전의 고구려 관련 기사 중 "己嫁娶 便稍作送終之衣"라는 내용을 수릉의 증거로 들지만, 이는 보통의 평범한 사람들이 결혼하면서 수의를 장만했다는 것을 의미하므로 왕의 생시에 미리 무덤을 만드는 수릉과 관련지을 수 없다.

한편 광개토왕릉비와 『삼국사기』 기사를 결부시켜보면 수릉을 축조하지 않았을 가능성을 상정할 수 있다. 『삼국사기』에 의하면 광개토왕이 죽은 해는 412년이고, 광개토왕릉비에 의하면 광개토왕이 무덤에 묻힌 것은 414년이니 사후부터 매장시점까지의 2년 남짓한 기간 동안 무덤을 축조했을 가능성이 상정되기 때문이다. 빈 기간은 호우총에서 출토된 청동합의 명문 "을묘년국강상광개토지호태왕호우십乙卯年國岡上廣開土地好太王壺杅十"으로 보아서 상정해 볼 수 있다. 광개토왕대의 을묘년이 없으므로, 을묘년은 장수왕3년인 415년이 되며, 광개토왕의 3년상을 치룬 해가 된다. 이처럼 3년상은 비단 광개토왕에게만 적용된 것은 아니다. 중국의 『隋書』에 의하면 "사람이 죽으면 옥내에서 3년 동안 빈殯을 했다가 길일을 택하여 장사지냈다"는 기사로 미루어 3년이라는 빈 기간을 지낸 후 매장했으므로 이 기간 중에 무덤을 축조했음은 충분히 유추 가능하다.

설사 3년 동안의 빈 기간 중에 무덤을 축조했다는 적극적인 증거가 없다고 해도 고구려에서 수릉을 했을 가능성은 그리 크다고 할 수 없다. 그 증거가 바로 천추총의 명문 기와이다. 구조는 태왕릉과 비슷하지만, 권운문 와당과 연화문 와당의 형식에 의하면 천추총은 태왕릉보다 앞서 조성된 무덤이다. 그런데 천추총에서 출토된 기와편의 판독 가능한 명문 중 "○○未在永樂"이라는 글자가 새겨져 있다. 영락은 광개토왕의 연호이며 '미未'는 간지로 광개토왕 시의 미는 을미乙未와 정미丁未 두 해가 있고, 을미는 395년, 정미는 407년이다. 따라서 395년이나 407년 중 어느 해든지 간에 수릉제를 인정하는 중국의 논리대로라면 천추총은 광개토왕이 축조한 수릉이어야 한다. 그러나 중국에서는 천추총을 고국양왕의 무덤으로 보고 있어서 오히려 수릉을 부정하는 것이 된다. 물론 광개토왕대에 기와를 새로 덮었을 가능성을 완전히 배제할 수는 없지만, 문헌 기록이나 고고 자료로 비추어볼 때 고구려에서 수릉을 축조했을 가능성보다는 축조하지 않았을 가능성이 크다. 설사 수릉을 하였다고 하더라도 이가 제도화되어서 모든 왕릉에 일률적으로 시행되었다는 물질 증거는 확실하지 않다. 때문에 왕릉 비정을 염두에 두고 수릉을 판단하기보다는 능제의 한 과정으로서 수릉에 접근할 필요가 있다.

3) 능읍과 배장묘

능읍과 배장묘는 중국에서는 능제의 주요 요소로서, 왕릉이 지속적으로 관리되었음을 보여준다. 따라서 이것은 국가의 권위가 유지되고 있는가를 실증해주는 증거로서 중국에서는 일찍부터 관찰되지만, 고구려에서는 정형화된 모습이 보이지 않는다.

(1) 능읍과 능사

중국에서 능읍陵邑은 황제릉과 능원 그리고 주위에 배장묘가 자리하는 일정 범위의 공간으로, 한대 중앙권력을 강화하기 위한 수단의 하나로 제도화되었다. 즉, 한나라에서는 황제가 즉위한 이듬해부터 소목제昭穆制에 따라 장지를 택해 수릉을 축조하고, 능원의 동쪽이나 북쪽에 능을 관리하는 능읍을 만들며, 능읍에는 공신·귀족의 배장묘가 자리한다(그림 4-11). 따라서 중

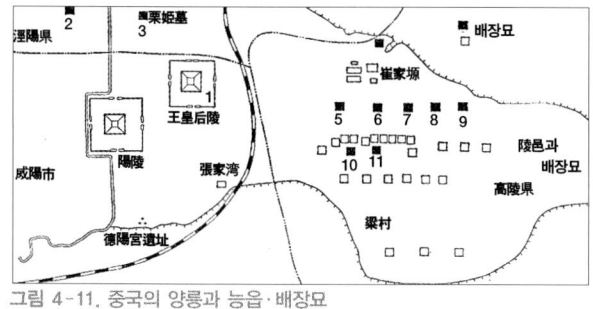

그림 4-11. 중국의 양릉과 능읍·배장묘

국의 경우 황제릉과 황제릉을 둘러싼 능원 그리고 능읍과 배장묘군이 일정한 규칙성을 갖고 분포한다.

고구려에서 능읍을 실증하기란 쉽지 않다. 다만, 고구려 초대형 적석총에서 담장으로 둘러쌓인 능원이 확인되고, 능원 내에는 제대나 배장묘로 불리는 시설이 있고, 능원 밖으로 건축 유구들이 확인되고 있어서 능읍을 부정할 수만은 없다. 오히려 고구려의 재상 명림답부의 수묘인이 20가였고*, 광개토왕릉비의 수묘 관련 내용 등을 고려해보면 능읍이 형성되었을 가능성을 상정해도 좋을 것이다. 다만, 왕릉과 주변에서 일군의 배장묘가 정형성을 띠고 있지 않아서 중국의 능읍제와는 다른 모습이었을 것이다. 따라서 능원과 주변의 건물지가 확인된 집안 통구 분지의 초대형 적석총 가령, 칠성산871호분이나 태왕릉, 장군총의 예를 대상으로 고구려식의 능읍을 검토해볼 필요는 있다.

* 『三國史記』卷16, 高句麗本紀 第4
新大王 十五年 秋九月 國相答夫卒 年百十三歲 王自臨慟 罷朝七日 乃以禮葬於質山 置守墓二十家

칠성산871호분의 경우 서북쪽으로 22미터 떨어진 곳에서 칠성산871호분의 서쪽 변과 평행하는 방향으로 건물지와 기와, 용석 등이 발견되어서, 보고자는 능사陵寺의 건축지나 능원 담장의 문지로 추정하고 있다. 건물지의 성격이 능사이든 능원의 문지이든 간에 무덤의 서쪽으로 어떠한 시설물이 있었을 개연성이 있다는 것이다. 칠성산871호분이 3세기 후엽경으로 불교 전래 이전이므로, 그 시설물은 능사의 가능성은 없어 보인다. 단지, 서편의 문지로 추정되는 시설을 감안해 볼 때, 능읍이 형성되었으면 무덤의 서쪽에 자리하였을 것으로 가정해 볼 수는 있을 것이다. 그러나 이 또한 서북쪽으로 능선이 올라가고 있어서, 수묘인이 거주할 지형적 조건이 되지 못하는 문제가 있다.

태왕릉은 능원 밖으로 동북쪽으로 120미터 떨어진 곳에서 건물지의 기단으로 보이는 방형 평면의 기초시설이 확인되었다. 건물지의 성격을 알 수 없지만, 만약 능읍이 조성되었다면 능읍은 무덤의 동북쪽 광태토왕릉비와 무덤 사이에 위치하게 된다. 그러나 능원의 공간을 고려한다면 능읍이 자리할 만한 충분한 공간은 되지 못한다. 더욱이 무덤의 서편이나 남편으로 조사를 하지 않아서 능읍이 동북쪽에 형성되었다고 단정지을 수 없다.

장군총에서는 서남쪽으로 100미터 정도 떨어진 곳에서도 건물지가 확인되었다. 능원 밖에 위치하는 이 건물지는 장방형으로 남북 길이 100미터, 동서 폭 40미터의 비교적 큰 건물지로, 남벽에서 동쪽으로 치우쳐 문지가 확인되었다. 건물지에서 출토되는 와당은 적색 연화문 와당으로 무덤에서 출토되는 것과 차이가 있지만, 고구려 멸망 이후 그곳에 상당 규모의 건물이 있었을 가능성은 거의 없기 때문에 장군총과 관련되었을 가능성이 높다. 그렇다면 능읍은 장군총의 남쪽이나 남서쪽 방향으로 형성되었을 것이다.

왕릉과 능원 그리고 주변시설들 간에 정형성은 보이지 않고, 수묘인의 거주시설로 볼 만한 주거역도 확인되지 않았다. 그러나 능원 밖에서 건물지들이 확인되기도 하여서 수묘와 관련지어 볼 여지는 남겨둘 필요가 있으며, 굳이 중국의 능읍 관념을 그대로 차용하여 고구려의 능읍을 부정할 필요는 없을 것이다.

능사陵寺는 능을 지키기 위해 세운 절로, 언제부터 능사가 능제의 구성요소가 되었는지는 확실하지 않다. 칠성산871호분에서 서북방향으로 22킬로미터 떨어진 곳에서 기와와 용석 등이 출토된 건축 유구를 보고자는 능사나 능원의 문지로 추정하지만, 앞서 언급하였듯이 능사의 근거는 희박하다. 그 외 집안의 초대형 적석총 주위에서 능사가 확인된 보고 예는 없다. 왕릉으로 비정되는 고분 중 가장 늦은 시기로 보는데 이견이 없는 강서대묘에서도 능사가 확인되지 않았다.

그러나 전 동명왕릉의 앞쪽에 위치하는 절터에서 '능사陵寺', '정릉定陵'명 기와와 절터 내 우물에서 출토된 '정定'명 토기편으로 보아 이 정릉사는 전 동명왕릉과 배후의 진파리고분군을 지키는 능사였던 것으로 보인다(그림 4-12). 전 동명왕릉의 경우 정릉사를 전면에 두고 배후 구릉에 대형분들이 일정한 정형성을 갖고 분포한다. 즉, 동명왕릉 배후에 열상배치된 4·5·6호분은 배장묘로 추정되며, 사신도벽화분을 중심으로 3기가 삼각상으로 배치된 1·2·3호분과 7·8·9호분은 왕릉급 무덤으로 판단된다. 따라서 평양 진파리의 전 동명왕릉과 배후의 대형 봉토분, 전방의 정릉사定陵寺를 고려해볼 때 능역 조성과 함께 능사를 세웠음을 확인할 수 있다. 다만, 현재 보고된 집안 통구 분지의 왕릉급 무덤이나 강서의 세 무덤에서 능사가 확인되지 않는 것

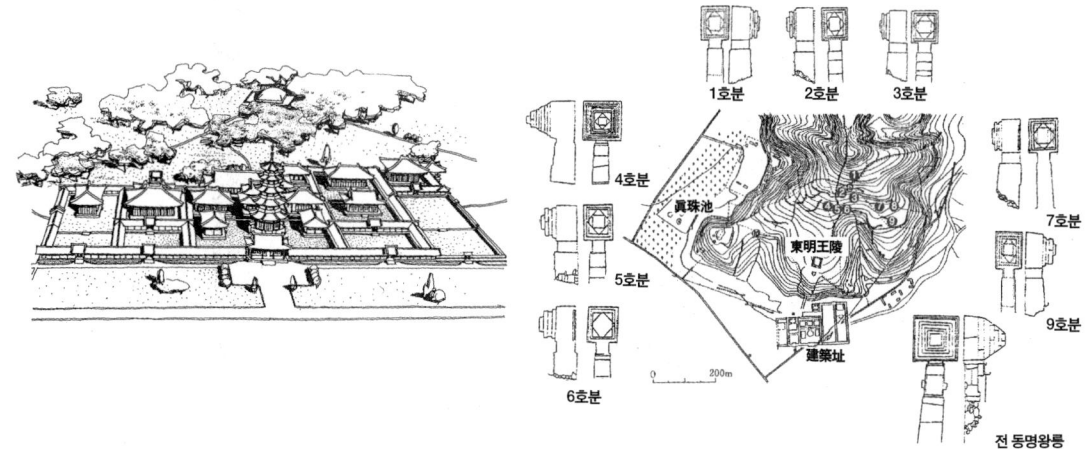

그림 4-12. 정릉사(복원도)와 전 동명왕릉과 배후의 고분군

으로 미루어 능사가 능제로서 정착되었다고 단언하기 어렵다. 때문에 정릉사는 능사로서 전 동명왕릉과 함께 평양으로 천도하면서 정치적 권위와 불교적 관념을 결합한 상징물로 정신적 통합을 도모하는 역할을 했을 것으로 보인다.

(2) 배장묘(배총)

배장묘는 주 무덤에 딸린무덤을 말하는 것으로, 순장무덤과 구별할 필요가 있다. 중국의 경우 황제릉에는 황제의 친족이나 공신·귀족이 배장되었다. 『집안 고구려 왕릉』 보고서에서는 이른 시기부터 고구려에 배장묘가 있었다고 서술하고 있으나, 배장묘가 대개 능원 내에 위치하고 있을 뿐 아니라 문헌기록에서 왕의 친족이나 공신·귀족이 왕릉에 배장된 내용을 확인할 수 없어서 능읍에 자리한 중국의 배장묘와 성격이 달랐을 것이다.

『삼국사기』 고구려 본기에는 왕의 친족이나 공신·귀족이 왕과 다른 곳에서 각기 장사지낸 기사가 보인다. 유리왕은 두곡동원에 장사지냈고, 태자는 창원에, 왕자는 왕골령에 장사지냈다. 이는 부자관계에 있는 왕과 두 명의 왕자의 장지가 각기 다른 곳이었음을 보여준다. 대무신왕 5년 10월 장군 괴유怪由가 죽자 괴유는 북명산 남쪽에 장사지냈고, 왕은 대수촌에 장사지냈다*. 괴유는 왕이 친히 병문안을 갈 만큼 귀히 여겼던 신하이며, 괴유 또한 왕의 은

*『三國史記』卷14, 高句麗本紀 第2
太武神王 五年 冬十月 怪由卒 初疾革 王親臨存問 怪由言 臣北溟微賤之人 屢蒙厚恩 雖死猶生 不敢忘報 王善其言 又以有大功勞 葬於北溟山陽 命有司以時祀之

혜에 깊이 감사했지만 왕의 능역에 배장되지 않고 북명산에 묻혔다. 신대왕 대 재상 명립답부가 죽자 왕이 직접 조문하고 7일 동안 조회를 폐할 정도로 중히 여겼음에도 명립답부는 질산에 묻혔고 신대왕은 고국곡에서 장사지냈다*. 기록에 명시된 인물들은 왕보다 먼저 죽은 경우로, 그들의 장지가 왕의 능역이 아닌 다른 곳이었음은 왕 생시에 수릉이 없거나 능읍이 형성되어 있지 않았기 때문일 것이다. 만약 수릉이 있고 그에 부속된 능읍이 있었다면 그들은 능읍에 배장되었을 것이다. 따라서 이러한 기록은 3세기 이전에는 수릉을 축조하지 않았으며 그에 따른 능읍도 형성되지 않았음을 시사한다.

　왕릉으로 비정된 초대형적석총에서 보이는 배장묘는 능원 내에 위치하여 중국의 능제에서와 같은 배장묘는 아니다. 오히려 순사殉死의 가능성은 상정해 볼 수 있다. 동천왕이 죽자 서천왕이 예가 아니라고 말렸음에도 왕의 은덕을 생각해 스스로 죽은 자가 많았다는 『삼국사기』의 내용**과 『집안 왕릉 보고서』의 배장묘를 결부시켜보면, 배장묘보다는 순사자의 무덤일 가능성을 더 생각해 볼 필요가 있다. 배장묘가 순사자의 무덤이라고 한다면, 순장묘처럼 동시성이 확보되어야 할 필요는 없지만 주 무덤의 매장시점과 그리 멀지 않고, 어느 정도 동시성을 가져야 할 것이다.

　순사나 순장묘의 성격을 가진 배장묘로는 장군총의 배총을 들 수 있다. 장군총과 1호배총은 구조와 축조방식, 축재 등이 비슷해서 두 무덤 간의 시차가 그리 크지 않을 것으로 판단된다. 또한 1호 배총과 거의 비슷한 열에 있는 2호배총은 파괴가 심하지만, 분구 주위의 버팀석과 잔존 구조로 미루어 볼 때 주 무덤과 큰 시차를 갖고 있지 않았던 것으로 추정된다. 2호 배총과 거의 잇닿아 있는, 중국에서 제대로 보고한 시설은 원래 배총이었을 가능성이 크다. 제대로 보고된 시설물은 하나의 구조물이라기보다 몇 개의 구획을 갖고 있는데, 이를 '장군총에는 4~5기의 배총이 있었다'는 일제하 조사 보고와 결부시켜보면 이 또한 제대라기보다는 배총일 가능성이 있다.

　반면, 전 동명왕릉 배후의 4·5·6호분은 중국과 같은 성격의 배장묘일 가능성이 있다. 전 동명왕릉의 배후에 조성된 진파리고분군 중 4·5·6호분은 전 동명왕릉과 같은 구릉의 배후에 서쪽에서 동쪽으로 가면서 열상배치되어 있다(그림 4-12 참조). 그중 4호분은 진파리고분군에서 가장 큰 규모의 무벽화

*『三國史記』卷16, 高句麗本紀 第4
新大王 十五年 秋九月 國相答夫卒 年百十三歲 王自臨慟 罷朝七日 乃以禮葬於質山 置守墓二十家 冬十二月 王薨 葬於故國谷 號爲新大王

**『三國史記』卷17 高句麗本紀 第5
東川王 二十二年 秋九月 王薨 葬於柴原 號曰東川王 國人懷其恩德 莫不哀傷 近臣欲自殺以殉者衆 嗣王以爲非禮禁之 至葬日 至墓自死者甚多 國人伐柴以覆其屍 遂名其地曰柴原

분으로, 전 동명왕릉보다 규모는 작지만 현실과 긴 연도라는 점은 서로 유사하다. 4호분보다 규모가 작지만 나머지 5·6호분은 서로 비슷한 규모이다. 전 동명왕릉과 배후에 열상배치된 4·5·6호분 그리고 전방의 정릉사를 종합해 볼 때, 진파리 4, 5, 6호분은 전 동명왕릉 배후의 배장묘이고, 정릉사가 능사로 이를 아울렀을 것이다.

결국 순장과 순사의 구분은 자의성에 좌우되는데, 자의성을 물질 자료로 증명하기 어려우며, 현재 보고된 고분에서 인골자료나 부장유물 등의 자료가 거의 없어서 쉽지 않은 문제이다. 잔존하는 고고학적 현상만으로는 순사나 순장 여부를 명확히 규정짓기는 어렵지만 고구려의 배장묘는 중국의 그것과 성격이 달랐음은 확실하다.

4) 왕릉의 변천

(1) 3세기대 이전의 왕릉

수혈식 묘제가 중심이 되는 3세기대 이전에 규모나 입지조건에서 월등한 지위를 갖고 있는 것은 계장식 적석총이다. 원래 무기단식으로 축조하였던 것인지, 기단식으로 축조하였던 것인지는 현재로서는 확인할 수 없지만, 계장식 축조가 무기단이나 기단적석총의 평면과 높이를 확대하려는 의도를 가졌음을 고려하면, 높고 큰 무덤을 축조하려는 의도가 반영되었음을 알 수 있다.

이 시기의 초대형 계장식적석총으로 꼽을 수 있는 것은 마선구2378호분, 마선구626호분, 산성하 전창36호분, 칠성산871호분 등이다(표 4-3). 모두 한 변의 최소 길이가 30미터를 상회하는 월등한 규모이며, 중국측 보고에 따르

유적명	입지	분구				매장부		부대시설	수습유물	비고
		규모(m)	형식	계단수	묘상시설	형식	규모			
마선구 2378호분	산기슭 정상부	46×30×4	계장	?	판와, 통와, 용석	석광	(3개 추정)	전원후방형 (보단)		특대형 계단적석 석광묘 (화장 흔적)
산성하 전창36호분	산기슭 경사면	37×28×4.5	계장	?	판와, 통와, 용석	석광		전원후방형 (보단)	토기호편	계단적석 석광묘(파괴)
마선구 626호분	산기슭 경사면	48×41×6	계장	6층 20줄	판와,통와, 용석	석광		전방후원형, 제대, 산수시설, 배장묘	토기호(구연), 철정, 꺾쇠, 철촉(무덤 외 출토)	특대형 계단적석 석광묘
칠성산 871호분	산기슭 경사면	48×40(48)×9.2	계장		판와, 통와, 용석	석광		묘역시설, 배장묘(제대?), 건물지	청동원형보요, 관식편, 철갑편, 철촉, 창	특대형 계단적석 석광묘

표 4-3. 3세기대 이전의 초대형 적석총

면 제대 등의 시설을 갖추고 있다.

언제부터 이러한 규모의 적석총이 축조되었는지 판단할 고고학적 근거는 확실하지는 않다. 중국에서는 마선구2378호분을 1세기 전후의 왕릉으로, 마선구626호분을 대무신왕릉으로, 칠성산871호분을 태조대왕릉으로, 산성하전창36호분을 신대왕으로 보기도 하지만, 왕릉 비정의 편년적 근거는 충분하지 못하다. 다만, 칠성산871호분은 금동제 영락, 장식판과 철제 갑옷편으로 미루어 3세기 후엽으로 비정되며, 이로부터 역산해보면 늦어도 2세기경에는 초대형 계장식적석총이 조영되었을 것이다.

그러나 계장식적석총은 규모에서 월등한 차이를 보일 뿐 가시적으로 드러나는 분형은 차별적이지 않다. 무릇 고대국가에서 왕의 권위와 왕릉의 관계를 고려한다면 규모나 입지에서의 우월성과 배타성, 수적 희소성을 갖추어야 하는데, 월등한 규모와 입지의 우월성은 인정되지만 분형에서의 정형성은 물론 초대형분을 정점으로 한 고분 간의 위계 분화도 드러나지 않는다. 때문에 수혈식 묘제기의 왕릉급 초대형 적석총을 통해서 중앙집권화된 권력을 가진 강력한 왕의 모습을 그리기가 쉽지 않다. 이 점이 바로 4·5세기의 왕릉과 구별되는 점이기도 하다.

(2) 4·5세기의 왕릉

왕릉으로서의 위엄을 잘 보여주는 것이 횡혈식 묘제가 수용·정착되는 4·5세기대이다. 이 시기에 정형화된 초대형의 계단적석총이 축조되었다. 중국에서는 임강총, 우산하2110호분, 칠성산211호분, 서대총, 우산하992호분, 마선구2100호분, 천추총, 태왕릉, 장군총 등을 보고하면서 이 무덤들을 왕릉으로 비정한 바 있다(표 4-4).

그러나 이 무덤 모두를 왕릉이라고 보기 어렵다. 왕릉이 가지는 배타적 우월성을 고려한다면, 계단상의 외형과 관·곽·실 3중 구조의 단독 매장부, 그리고 배장묘나 능원 시설을 갖춘 임강총, 서대총, 우산하992호분, 천추총, 태왕릉, 장군총 등 6기를 왕릉 후보군으로 상정할 수 있다. 이 무덤들에 중국 고대 황제릉에서 관찰되는 귀장이나 수릉, 능원과 배장묘 등을 그대로 적용시킬 수는 없지만 외형과 부대시설 등에서 어느 정도 외형적 정형성을 갖추고 있다.

유적명	입지	분구 규모(m)	분구 형식	분구 계단수	묘상 구조	매장부 형식	매장부 규모(석실)	부대시설	출토, 수습유물	분구 석재	단계
임강총	산정상	76×71×10	계단	21~23, 30~34층	암, 수키와, 척와	광실(목실)	17×10×2	제대	청동차할, 금환, 토기, 철촉, 철정, 꺾쇠	계단적석 (미가공 석재)	①
우산하 2110호분	평지	66.5×45×5.5	계단	13~14층	암, 수키와	광실(목실) (2개)		제대, 묘역	청동차할, 토기, 철촉(도끼날, 명적), 교구, 철정	유단적석 (부분가공석재)	
칠성산 211호분	구릉 말단 평탄면	66×58×7	계단	3층	암, 수키와	광실(목실)		배장묘 (제대?)	금동보요, 관식, 장식구, 청동꺾쇠, 못, 철갑편, 철정	계단적석 (부분가공석재)	
서대총	산기슭 경사지	62.5×53.5×11	계단	14층	암, 수키와, 와당 (권운문, 연화문)	광실(목실) (미가공 석재)		제대, 배수, 능원	금동관식, 보요, 장식구, 꺾쇠, 철제농구, 꺾쇠, 못, 재갈	계단적석 (부분가공석재)	
우산하 992호분	완만한 대지성 산기슭	38.5×36.1×6.5	계단	7층 가공 석재	암, 수키와, 와당 (권운문, 연화문)	광실(목실)	17×9×2.3	제대 동서 양측 (배장묘?)	금동보요, 장식구, 칼끝 장식, 철정, 꺾쇠, 철제 교구, 마갑, 구형기(훼기?)	계단적석 (부분가공석재)	②
마선구 2100호분	완만한 경사지	33×29.6×6	계단	4층 가공석	암, 수키와, 와당 (권운문)	광실(목실)		능원, 산수	금동요, 금동보요관식, 갑옷, 교구, 장식구, 철제공구와 무기, 갑옷, 철정, 시유도기	계단적석 (가공석재)	
천추총	완만한 경사지	71×60×11	계단	5층 가공석 10층 추정	암, 수키와, 와당 (권운문, 연화문)	목관, 가형석 곽, 석실	석실 내 석곽 추정	배수시설, 능원, 8자 초석	금동요, 장식구, 금동관 식, 이식, 동탁, 철장 구, 갑옷, 마노, 문자전	계단적석 버팀석 (전면가공석재)	
태왕릉	경사지의 평탄면	66×62×14	계단	추정 11	암, 수키와, 와당	목관, 가형석곽 석실평행고임 3단, 석곽	3.24×2.96×3 묘도 5.4×1.8	버팀석, 배수시설, 제대, 배총, 능원	청동화덕, 철갑주, 무기, 동탁, 금동보요관, 보요 장식구, 운주, 행엽, 만 가, 안족	계단적석 버팀석 (전면가공석재)	③
장군총	완만한 대지성 산기슭	32.6×31.7×13	계단	7층	암, 수키와, 와당(연화)	석실평행고임 3층, 관대	5.4×5.4×5.1	제대, 배총, 능원	금동식, 시유도기, 철교구, 황유도	계단적석 버팀석 (전면가공석재)	

표 4-4. 4·5세기의 초대형 적석총

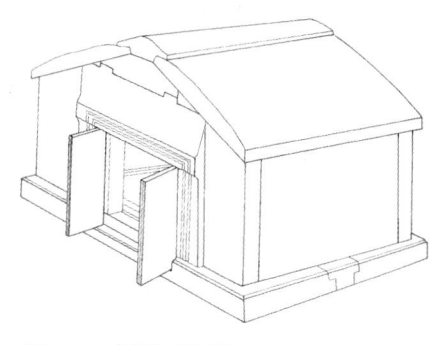

그림 4-13. 태왕릉 가형석곽

이 시기의 왕릉으로 비정된 무덤에는 왕과 왕비가 합장되었을 것이다. 임강총이나 서대총 모두 벽과 천장이 완비된 석실은 아니지만, 관못과 꺾쇠 또는 장막걸이쇠 등이 출토되는 것으로 보아서 목실로 보이며, 목실 내에 부부가 합장되었을 것이다. 천추총과 태왕릉의 매장부는 3중구조이고, 태왕릉에서 볼 수 있듯이 석실 안에 가형석곽이 놓이고(그림 4-13), 왕과 왕비는 목관에 매납된 채 가형석곽에 안치되었다. 반면 장군총은 목관과 석실의 2중구조로, 석실 안에는 관대 2기가 동서 방향으로 50센티미터 간격을 두고 나란히 놓여 있고, 동측 관대가 서측 관대에 비해 조금 작다. 장군총의 매장부 구조가 2중이지만, 한변 길이 5.4미터로 대형분 석실의 한변 길이가 3미터 내외인 점을 감안해 볼 때 이례적으로 큰 규모이다. 장군총의 분구 규모의 축소와 매장부 구조의 간단화는 무덤 축조에 드는 비용의 축소라는 점에서는 서로 연관을 갖고 있으며, 이는 경제적인 매장이라는 점에서 횡혈식 장법의 효율성과도 일맥상통한다.

축조기술과 축재에 따른 변화를 고려해볼 때 ①임강총, 우산하2100호분, 칠성산211호분, ②서대총, 우산하992호분, 마선구2100호분, ③천추총, 태왕릉, 장군총으로 세 단계의 변화를 겪는다(그림 4-14). 처음 단계인 임강총, 우산하2110호분, 칠성산211호분의 매장부는 광실이며, 계단식이기는 하지만 가공되지 않았거나 일부 가공된 돌로 축조해서 계단상의 분형이 어느정도 유지되었는지는 가늠하기 어렵다. 둘째 단계인 서대총, 우산하992호분, 마선구2100호분은 가공하거나 부분 가공된 석재로 계단식으로 축조해 어느 정도 계단상의 외형을 갖추었으나 매장부는 잘 완비된 석실이 아니라 광실구조이

그림 4-14. 국내성시기 왕릉비정 초대형적석총

다. 셋째 단계인 천추총, 태왕릉, 장군총은 완비된 석실을 매장부로 갖추었을 뿐만 아니라 잘 가공된 석재로 계단식으로 축조해 정형화된 외형을 갖추고 있다.

분구는 계단식으로 축조하였으나, 정형화된 계단의 형태를 띠는 것은 둘째단계부터이다. 세째단계가 되면, 잘 다듬은 장대석으로 방형의 윤곽을 만들고 그 내부에 할석이나 냇돌을 채운 후 아래에서부터 쌓아올려 계단상 분형을 만들었다. 계단석은 상부 압력으로부터 계단석이 튀어나가는 것을 방지하기 위해 상부 돌과 만나는 곳에 몰딩 처리를 했으며(그림 2-2 참조), 계단 하단석 주위를 돌아가며 버팀석을 세웠다. 분구 규모는 60~70미터 내외를 유지한다. 다만, 장군총은 한 변의 길이가 30여 미터로 줄어들어서 평면적이 1/4로 축소되었고 높이와 층단의 수도 줄어들어 전체적으로 선행의 왕릉급 적석총에 비해 분구가 현격하게 축소되었다. 그렇지만, 축조재료나 축조기술, 구조 등에서는 오히려 보다 발전된 모습을 보여준다.

한편, 천추총·태왕릉·장군총 모두 석실 위로 편평한 면을 형성해 상부에 구조물이 있을 만한 공간이 있다. 뿐만 아니라 태왕릉이나 장군총은 거대한 편평석 1매로 천장 막음석을 하여 상부의 압력을 잘 버틸 수 있는 석실을 축조하였다. 장군총의 7층 계단석에는 계단석 주위를 돌아가면서 직경 10센티미터 깊이 15센티미터 정도의 작은 원공이 40~60센티미터의 등간격으로 있다. 이와 무덤에서 출토된 철제 연결쇠와 결부시켜 볼 때 난간시설이 있었을 것으로 보인다. 따라서 분구 정상부에 구조물이 있었을 것으로 상정할 수 있다(그림 2-5 참조).

이외에도 장군총에서는 확인되지 않았지만 천추총과 태왕릉에서는 계단의 상면과 측면에 얇은 판석을 덮고 세운 계단 입석판이 있어서 왕릉의 원상은 천추총과 태왕릉 그리고 장군총의 현존 모습과는 어느 정도 차이가 있었을 것이다. 천추총과 태왕릉의 입석판을 발굴 보고자는 제사나 상장과 관련된 것으로 해석했다. 발견된 지점만으로는 계단 전체에 있었는지 일부에만 시설되었는지 알 수 없지만, 태왕릉의 경우 유물이 출토된 지점이 이 입석판 근처여서 의례와 관련된 시설임은 어느 정도 인정할 수 있다(그림 3-2 참조).

한편, 태왕릉이나 장군총에서는 석실의 연도 방향과 반대쪽, 즉 무덤의 후면에서 제대가 확인되었다고 하지만, 제대가 묘전에서 행해진 제의를 위한 시설이라면 무덤의 배후에 제대가 자리하고 있는 점은 설명하기 어렵다. 더욱이 제대 위에서 기와나 목조 가구와 관련된 유물이 수습되지 않았으므로 옥내에서 빈을 했다는 기록과 결부시켜볼 때도 이와 관련된 시설물이었을 가능성도 없어 보인다. 따라서 제대라고 보고된 시설물이 능원의 주요한 시설물이었을 것이나, 이것이 제대로서 기능했는지 여부는 현재로서는 단언할 수 없다.

이처럼 왕릉으로 비정되는 초대형 적석총은 능원 내외에 여러 시설들을 갖고 있다. 능원은 우월한 입지의 배타적 점유를 확인시켜주는 구조물로, 무덤 주위에서 확인되는 담장시설이나 문지 등으로 확인된다. 서대총은 무덤의 북쪽 40.5미터 되는 범위에서, 마선구 2100호분은 무덤으로부터 30미터 거리에서, 천추총은 무덤에서 40미터 되는 곳에서, 태왕릉은 무덤의 남쪽으로 100미터 되는 곳에서, 그리고 장군총은 무덤에서 30미터 정도 거리에서 확인되었다. 따라서 능원은 적어도 한 변 길이 100미터 이상으로, 가장 넓은 태왕릉의 경우 한변 260미터를 상회할 것이다. 이러한 능원 내에는 제대나 배장묘로 추정되는 시설이 있고, 능역 밖으로는 건물지 등이 확인되고 있어서, 중국 한대의 능제와는 다른 고구려식의 능제를 상정해 볼 수 있다.

(3) 묘제의 제일성 확립과 왕릉의 변질

6세기에 들어서면 집안 통구 분지에서 초대형의 계단적석총은 더 이상 축조되지 않고, 석실 내부에 사신도를 그린 봉토석실벽화분이 계단적석총을 대신해 최상위 무덤이 된다. 봉토분은 대개가 방대형이어서 적석총처럼 분형에서 보이는 종족적, 위계적 상징성은 드러나지 않는다. 오히려 무덤 축조에 소용된 에너지는 가시적으로 드러나지 않는 묘실과 벽화에 집중되었다. 따라서 사신도 벽화분에서 가시적으로 드러나는 왕릉의 상징은 분형이 아니라 분구의 규모라고 할 수 있다. 따라서 6세기 이후의 왕릉을 판단하는 주요 요소는 큰 규모의 분구와 석실 내부에 그려진 사신도 벽화이다.

다른 무덤들보다 많은 비용이 소용되었을 6세기 이후의 왕릉 후보군으로 상정할 수 있는 고분은 집안 통구 우산하고분구역의 통구 오회분 4, 5호분과

유적명	분구			매장부			부대시설	벽화
	규모 (한 변의 길이, 높이, m)	형태	시설	위치	현실(길이×폭×높이) 천장	연도 (길이×폭×높이)		
진파리1호	30, 7	방형		지상	3.4×2.5×2.54 평행삼각고임	3.5×1.5		사신
진파리9호	23, 6	방형		지상	3.04×2.53 평행삼각고임	3.15×1.5		사신
호남리사신총	20, 4	방형	기단	지상	3.1×3.6×2.9 평행삼각고임	2.5×1.3×2.5	분구 주위 3미터 폭 묘역	사신
토포리대총	29.4, 7.8	방형	기단	지상	2.7×3×3.45 평행삼각고임	길이 12.8		
강서대묘	51, 1.9	방형		반지하	3.15×3.5×4 평행삼각고임	3×1.8×1.7	대·중·소묘 삼각상 배치	사신
강서중묘	추정 41, 9	방형		지상	3.29×3.09×2.55 평행삼각고임	3.47×1.71~1.77×2.04		사신

표 4-5. 고구려 왕릉으로 추정되는 6세기 이후 평양의 고분

사신총, 제령산 자락의 전 동명왕릉 배후의 진파리1호와 9호분, 대성산의 동남쪽 구릉인 호남리·토포리 일대의 호남리사신총, 토포리대총, 그리고 강서 우현리 대묘와 중묘이다(표 4-5).

이 고분들은 독립적으로 자리하면서 우월한 모습을 과시했던 4·5세기의 초대형 계단적석총과는 달리 대형의 봉토분끼리 군집을 이루어서 배타적인 묘역으로 사회적 지위를 과시한다. 그러나 6세기대 왕릉은 전 시기의 왕릉과는 달리 분구와 석실의 규모가 축소, 간략화된 변화를 보여준다. 그러한 변화는 장군총에서부터 관찰된다. 장군총은 한 변의 길이가 32.6미터 정도로 선행의 왕릉급 무덤에 비해 규모가 급격하게 축소된 것으로 6세기의 왕릉으로 비정되는 무덤의 분구 규모와 비슷하다. 분구의 축소와 함께 매장부도 간략화된다. 장군총보다 먼저 조성된 천추총과 태왕릉에서는 목관·가형석곽·석실의 3중구조의 정비된 모습을 보이지만 장군총은 묘도와 연도, 석실과 목관으로 이루어진 2중 구조이고, 목관과 석실의 2중구조는 이후의 무덤에서 공통된 모습이다. 아울러 현실 또한 한 변 길이 3.2~4미터 정도 크기의 방형 평면이며, 연도는 현실 남벽 중앙에 마련되어 규격화되었다. 즉 분구의 축소와 마찬가지로 장군총부터 매장부가 간단한 구조로 바뀌기 시작하여 6세기대에 들어서면 간단한 구조의 규격화된 모습을 보여준다.

왕릉의 초대형 계단적석분구에서 봉토분구로 변화는 왕릉을 구성하는 요

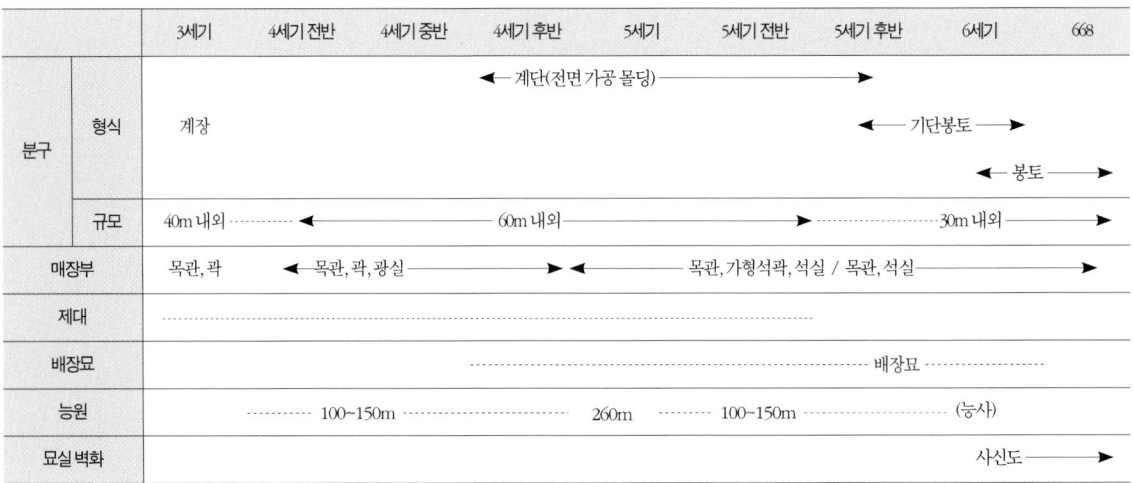

표 4-6. 고구려 왕릉의 변천

소에서도 변화를 수반한다. 전 시기의 왕릉으로 비정된 고분에서는 제대와 배장묘, 능원 등의 부대시설이 보고되었고, 전 동명왕릉의 전면에는 능사로서 정릉사가 확인되었지만, 6세기대 왕릉으로 비정된 고분에서는 이러한 시설물들은 확인되지 않았다.

지금까지 살펴본 것을 정리한 〈표 4-6〉에서 보듯이 왕릉이 정형화된 형태로 정비된 것은 4세기 이후로, 4세기에 들어서면서 일어난 계장식 분구에서 계단식으로의 변화는 무덤 축조기술과 관련된 것이며, 광실에서 석실로의 변화도 석실 축조기술과 관련을 갖는 것이다. 목곽, 가형석곽, 석실의 3중 매장부도 치석기술의 발달과 관련을 가진다. 따라서 4세기에서 나타난 변화는 횡혈식 장법의 채용이라는 점에 있을 뿐이어서 왕릉 자체의 획기적인 변화라기보다는 왕릉 구성요소가 서로 유기적으로 연결되어 일어난 계기적인 변화였다.

그러나 5세기 중엽을 경과하면서 나타나는 변화는 이전 단계와는 다른 현상이라고 할 수 있다. 즉, 3중에서 2중으로 매장부가 간소화되고 분구가 축소된 것은 왕릉 축조에 소요되는 비용의 감소를 의미하며, 이는 곧 왕릉으로서 계단적석총이 드러내는 계층의 분화와 권력의 가시적 상징성이 축소·소멸되는 과정이라고 할 수 있다.

반면, 6세기대 왕릉급 무덤은 대형분끼리 군집을 이루면서 군집은 전 시기

보다 더 넓은 공간범위를 갖고 있다. 국내성의 왕릉급 무덤이 국내성을 중심으로 반경 5~7킬로미터 내외에 자리하는 반면 6세기의 왕릉은 보다 넓은 범위에 분포한다. 즉, 토포리고분군이나 호남리고분군은 평양 천도 직후의 도성으로 비정되는 대성산성이 자리한 산자락에 위치하지만, 진파리고분군이 자리한 제령산은 평양으로부터 20킬로미터 이상 떨어진 대동강 건너편에 자리한다. 이로부터 왕도의 공간적 확대를 유추할 수 있다.

통념적으로 고분시대의 왕권 강화는 분구의 규모와 상관관계가 있을 것이라고 생각하지만, 6세기대 왕릉이 축약되는 현상이 고대사회에서 왕권 약화의 결과는 아니다. 오히려 역으로 왕권이 제도적으로 보장되어 왕릉의 상징적 기능이 필요 없게 되었다고 해석하는 것이 자연스럽다. 왕릉의 축약은 고구려 고유 묘제인 적석총이 종족 기반과 피장자의 사회적 지위가 분형과 규모에 반영된 무덤 형식인 반면, 봉토분은 4세기에 고구려에서 본격적으로 수용한 새로운 묘제라는 점에서 두 가지 설명이 가능하다. 하나는 고구려 원주민의 묘제인 적석총에 표현된 족적 기반이 무의미해졌다는 것인데, 이는 병합된 고구려 주민이 모두 고구려인으로서 동류의식을 가졌을 때 가능하다. 다른 하나는 왕을 정점으로 한 일원적 지배체제가 완성되었기 때문에 다종족으로 구성된 고구려의 왕이 굳이 족적 기반을 드러내는 적석총을 왕릉으로 채택할 필요가 없어졌다. 때문에 무덤은 본연의 기능인 사후 매장공간으로만 남게 되었고, 석실에 사신을 그려 넣음으로써 사후 왕을 수호하는 관념적 역할만 남게 된 것이라고 볼 수 있다.

그런 점에서 볼 때 6세기 이후 왕릉이 가지는 우월성은 적석총과는 달리 사신도 벽화를 통해 유지되고 있다고 할 수 있다. 결국 평양 천도를 즈음하여 고구려 왕릉은 왕권 상징물로서의 기능이 축소되고, 왕릉의 우월성이 묘실 벽화에 반영되어 가시적으로 드러나지 않게된 변화는 왕권의 약화에 따른 것이 아니라 오히려 왕권의 안정적인 보장에 따른 왕릉의 사회적 기능 약화의 결과이다. 고대국가에서 왕의 상징으로서 고총이 더 이상 사회적 의미를 가지지 않는다는 것은 왕을 정점으로 한 일원적 지배체제가 완성되었기에 가능했을 것이며, 고구려 왕릉의 변화가 바로 이것을 보여준다.

4. 장제

1) 장지와 고분 입지유형

장지는 매장행위가 이루어진 곳이므로 고분이 자리한 곳이 된다. 따라서 장지의 선정은 고분의 입지 선정으로 치환될 수 있다. 평탄한 대지에 입지한 경우 고분이 입지한 곳에서 의례 행위가 있었다고 상정해 볼 수 있으나, 경사진 산지에 자리한 경우 의례 행위 공간 확보가 쉽지 않기 때문에 모든 고구려 무덤이 자리한 곳에서 의례를 행할 만한 충분한 공간을 확보한 것은 아니다. 그러나 매장의례가 장의 행위의 일환임을 감안해 볼 때, 작은 구릉의 정상부나 산기슭 중턱, 말단부나 평탄지 등 고분이 입지한 곳과 장의 행위가 이루어진 곳이 멀리 떨어져 있지는 않았을 것이다.

고구려 고분은 지역과 시간에 따라 입지 변화가 관찰된다. 비교적 이른 시기에 해당되는 환인 망강루적석총은 구릉의 정상부에서 산기슭으로 내려오면서 축조되었고, 환인 고력묘자고분군이나 집안 통구의 우산하고분구역에서 무기단적석총은 산중턱에, 기단이나 계단적석총은 산 사면에, 4·5세기의 적석총은 구릉의 완사면이나 평지성 대지에 주로 자리한다(그림 4-7 참조). 즉, 시간의 경과에 따라 산지에서 평탄지로 장지의 변화를 보여준다. 압록강 지류인 독로강 유역의 적석총은 강변 대지에 강의 흐름에 따라 열상으로 자리하며, 내륙으로 들어가면서 봉토분의 비중이 커져서 강변에서 산기슭으로 변화를 보여준다. 마찬가지로 집안 통구 만보정 고분군에서도 통구하변의 강변 대지에는 적석총이 주로 자리하며 봉토분은 적석총과 함께 칠성산 동쪽 산록에 자리한다. 한편, 평양을 포함한 서북한 일대의 무덤은 대부분 산 사면에 자리한다.

이처럼 유사한 지형조건에서 비슷한 시기에 조성된 고분들이 서로 다른 입지 조건을 갖기도 하고, 시간에 따라 평지에서 산지로 또는 산지에서 평지로의 변화를 보여주기도 하여서, 입지조건이 시간과 지역에 따라 일정한 방향성을 갖고 있다고 보기 어렵다. 다만, 입지조건을 기준으로 고구려 고분군은 산지형, 대지성 평지형, 복합입지형으로 범주화시킬 수 있다.

산지형은 고분이 산 정상부나 기슭 중턱과 사면에 입지한 경우이다. 산 정상부에 있는 고분은 대개 독립된 작은 구릉이거나 주능선에서 갈라져 나온 구릉의 정상부에 자리하는데, 환인 망강루1호분, 마선구2378호분, 산성하 전창36호분, 임강총, 장천5호분 등이 이에 해당된다. 산기슭 중턱이나 사면에 자리하는 고분으로는 마선구626호분, 칠성산871호분, 산성하 동대파356호분, 집안 호자구적석총 등이 있다. 집안 통구 칠성산고분군의 적석총은 대부분 산지입지형이지만, 칠성산211호분은 구릉 말단의 완사면에 위치한다. 이 외에도 군집을 이루지는 않았지만 집안 오도령구문 적석무덤은 산지형이며, 평양 대성산성 내에서 발견된 적석총들도 산지형이다.

대지성 평지형은 강변 대지의 평탄면이나 완만해진 경사지의 평탄면에 조성된 경우이다. 혼강 유역의 환인과 통화현 일대의 적석총, 그리고 집안 일대의 중·소형 군집을 이룬 적석총, 압록강 남안의 초산·만포·위원 등지의 적석총, 장백 간구자적석무덤 등은 강안 대지의 평지입지형이며, 통구 산성하고분구역의 환도산성 아래 고분들도 평지 입지형이다. 또한 우산하992호분, 우산하2110호분, 우산하2112호분, 우산하540호분, 우산하41호분, 마선구2100호분, 천추총, 태왕릉, 장군총 등 우산하고분구역과 마선구고분구역의 초대형분은 평탄화된 완사면에 입지한다.

복합입지형은 고분군 전체를 고려할 때 평지형과 산지형이 함께하는 경우이다. 따라서 많은 수의 고분으로 이루어진 고분군으로 구릉에서 평지로 또는 평지에서 구릉으로 가면서 연속적으로 조성되어 있다. 대표적인 예가 집안 통구 우산하고분구역, 산성하고분구역, 마선구고분구역, 만보정고분구역, 환인 고력묘자고분군이다. 우산하고분구역은 산중턱에서부터 적석총이 축조되기 시작해 아래로 내려오면서 적석총과 봉토분이 함께하다가 평지에서는 봉토분의 비중이 커지는 산지입지형에서 평지입지형으로의 변화가 관찰된다. 산성하고분구역은 통구하 우안 환도산성 쪽으로 들어가면서 산성하 전창, 동대파, 대천 등 몇 개의 소구역으로 나뉘는데, 산성하 전창구역이나 동대파 구역의 고분은 산지입지형인 반면 환도산성 아래의 산성하구역과 대천구역의 적석총은 평지형에 해당된다. 한편 마선구고분구역은 마선구2378호분과 그 주변의 고분 일부는 산지형이며, 시간의 흐름에 따라 기단이나 계단적석총은 기슭의 완만한 경사면이나 구릉 말단면, 평지화된 평탄면에 입지한다. 만보정고분구역은 칠성산 동쪽 산록과 통구하 좌안의 대지에 입지한다. 또한 자세한 보고가 이루어지지 않았지만 환인 고력묘자고분군은 구릉에서 평지로 내려오면서 적석총이 분포한다고 하여서 집안 통구 우산하고 분구역과 유사한 양상일 것으로 추정된다.

이와는 달리 6세기대의 고분들은 대개 산지형이 다수를 점한다. 물론, 통구분지의 오회분이나 사회분, 사신총, 강서의 대, 중, 소묘 등은 평지에 입지하지만 다수의 고분이 산지에 자리하는 것은 가용공간의 확대라는 경제적 측면도 있지만, 매장관념의 변화도 작용하였을 것이다.

이처럼 일부 사신도벽화분을 제외한 6세기대 들어서면서 산지형으로 고분 입지선정에서의 변화는 적석총에서 봉토분으로 변화, 생활풍속도 벽화에서 사신도 벽화로의 변화, 변소와 훼기 등 장속에서의 변화와 대응되어서 고구려 사회에서 고분이 가지는 전반적인 성격의 변질과 관련을 가질 것이다.

2) 열상배치

고분이 무리지어 분포하는 것은 고대사회에서 생활공간과 묘역이 분리되면서 나타나는 자연스런 현상이지만, 고구려 고분의 경우 무리지어 분포하는 고분 사이에는 일정한 정형성을 갖고 있다. 즉, 산기슭을 따라 내려오면서 줄지어 분포하거나, 분구의 한 변을 서로 잇대어 있기도 하며, 하나의 분구 내에 여러 기의 매장부를 갖기도 해 집단묘의 모습을 보여준다.

줄지어 분포하는 열상배치는 고분이 입지한 지형에 종속된 현상은 아니다. 가령, 적석총의 경우 강변 대지에서는 강변을 따라 물 흐르는 방향을 장축으로 줄지어 분포하고, 산지에서는 능선과 평행한 방향을 장축으로 열상배치되어 있다. 열상배치된 적석총 중에는 수 기가 분구의 한 변을 서로 연접하거나 하나의 분구 안에 여러 기의 매장부를 갖기도 하여서 가족장으로 해석할 여지가 있다.

집안 통구고분군에서 열상배치된 고분의 상당수는 적석총이다. 열은 단선적이기도 하지만 분지되어 나가거나 또는 분지되었다가 다시 한 줄로 모아지기도 한다. 가령, 1,440여 기의 고분이 군집해 있는 우산하고분구역에서 60퍼센트에 달하는 적석총이 연접되어 있는데, 열상배치의 최장 길이는 400미터, 최단 거리는 60미터 정도이다. 우산하3635호분에서 우산하3557호분에 이르는 11기의 무덤은 한 줄로 연접되어 있으며, 전체 길이는 약 200미터에 이른다.

열상배치를 잘 보여주는 예로 칠성산고분구역의 목이장구木耳場溝의 고분들을 들 수 있다. 칠성산고분구역은 지형조건에 따라 세 개의 구역으로 나눌 수 있다. 한 구역은 북쪽의 해발고도 280~190미터 정도의 구릉이고, 둘째 구역은 서쪽의 칠성산고분구역 중 가장 높은 해발고도 420~280미터에 해당되며, 셋째 구역은 동남쪽의 목이장구 양쪽 능선으로 해발고도 270~190미터 정도이다. 이 가운데 열상배치를 잘 보여주는 것은 목이장구의 해발고도 220~200미터 사이의 능선이다. 칠성산999호분에서 칠성산1003호분, 1007호분, 1015호분이 열상분포의 한 단위가 되고, 칠성산1015호분에서 1016호분과 1013호분으로 분지되고, 1016호분은 1019호분과 열상배치된다. 칠성산 1013호분은 1020호분, 1021호분으로 연결되다가 다시 세 가닥으로 분지되어 가고, 각각은 다시 또 열지어 분포한다(그림 4-15).

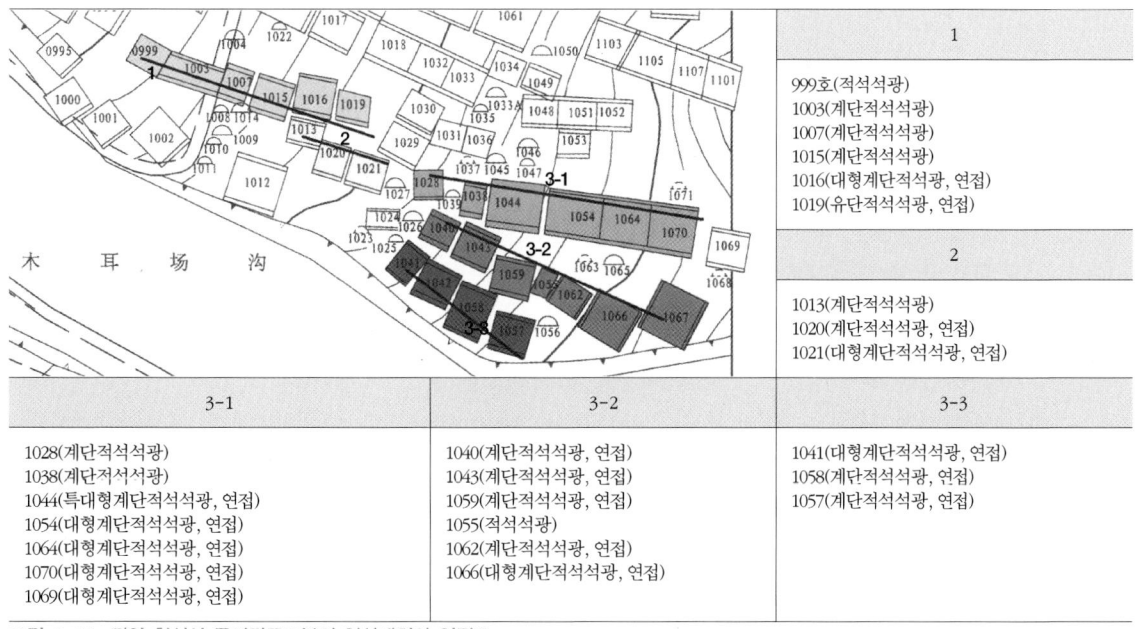

그림 4-15. 집안 칠성산 목이장구고분의 열상배치와 연접묘

나뭇가지 상으로 분지되어 가면서 열상배치하는 적석총 간에 시간차이는 그리 크지 않다. 열상배치의 정점에 자리한 적석총이나 분지된 가지의 정점에 해당되는 적석총들이 열상배치된 다른 적석총에 비해 규모가 월등하지 않으며 무덤 형식의 차이도 두드러지지 않는다. 따라서 이러한 열상배치는 누대에 걸쳐 서서히 이루어졌다기 보다는 일정 기간에 걸쳐 이루어진 것으로 볼 수 있다. 따라서 적석총의 열상배치로부터 가족장의 모습을 상정해 볼 수 있다.

이러한 현상은 환인 고력묘자고분군에서도 확인된다. 열상배치되다가 중간에서 분지되는 모습을 보여주는 적석총은 혼강 변에 단독분이나 다곽식 적석총 또는 연접 적석총의 상태로 존재한다. 보고된 무덤이 모두 계단식 적석총인 점으로 보아 무덤 간의 시간 차이가 크게 나는 것은 아닐 것이며, 이 또한 가족장의 결과로 해석할 수 있다.

그러나 대형이나 초대형 적석총에서의 열상배치는 보이지 않는다. 초대형분은 조망권을 가진 산 정상부나 기슭에 단독으로 입지하거나 주위에 몇 기의 대형분과 함께 무리를 이룬다. 단독으로 자리하는 무덤은 해발고도 100~200미터 사이의 비교적 완만한 경사면에 자리한다. 조망이 좋은 단독의 구릉 정상부에 위치한 임강총을 제외하면 대부분은 완만해지기 시작하는 경사면(마선구626호분), 완사면 말단부(서대총, 칠성산211호분), 평지화된 구릉이나 대지(마선구2100호분, 천추총, 태왕릉, 장군총)에 위치한다. 초대형분 몇 기가 모여 있는 무덤으로는 마선구2378호분과 산성하 전창36호분을 들 수 있다. 마선구2378호분이 자리한 산 정상 급경사면에 마선구2379호분과 2380호분 두 기가 연접된 상태로 있는데, 한 변의 길이가 7~8미터 정도의 중·소형분인 점으로 보아 배총으로 볼 수도 있다.

봉토분에서는 통구 분지의 우산하고분구역의 대형분을 제외하고는 열상배치가 두드러지지 않는다. 집안 통구 분지의 오회분이나 사회분, 사신총 등의 석실봉토분은 평지에 횡으로 열상배치하지만(그림 4-16), 대부분의 중·소형 봉토분은 구릉 사면의 열상배치된 적석총 사이에 자리한다. 평양 일대의 대형 봉토분도 열상배치라기보다는 구릉 상에 몇 기씩 군집을 이루고 있다. 평양 삼석구역의 봉토분은 구릉 사면에 대형분끼리 군집을 이루고 일부 봉

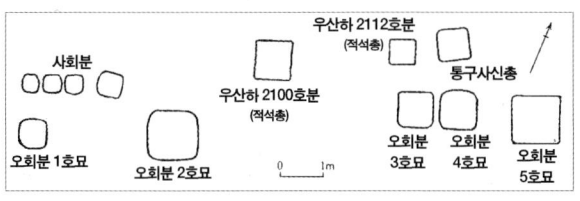

집안 통구 우산하고분구역의 열상배치　　　　강서삼묘의 삼각상 배치

그림 4-16. 6세기대 평지 분포 대형분

토분은 삼각상으로 배치되기도 한다. 진파리 일대에서는 전 동명왕릉 배후에 3기의 고분이 횡으로 열상배치되어 있지만, 그 뒤쪽으로 진파리1·2·3호분과 7·8·9호분은 사신도 벽화분 1기와 두기의 석실봉토분이 삼각상의 배치를 보여준다(그림 4-12 참조). 강서대묘·중묘·소묘는 대형분끼리 삼각상으로 배치된 군집의 형태를 이룬다(그림 4-16). 한편, 평양 일대 사신도 석실벽화봉토분은 평양 대성산성의 동쪽으로 호남리·토포리 일대에 분산 분포하면서 벽화분을 중심으로 중·소형분들이 군집을 이룬다.

　이처럼 고구려 고분에서 열상배치는 일부 대형 봉토분을 제외하고는 적석총에서 두드러진다. 특히 적석총과 봉토분이 병존하는 4·5세기에는 추가 합장이 가능한 횡혈식 구조를 채용했음에도 적석총은 연접묘나 동분이혈 형태로 집단묘의 형태를 취하고 있어서 수혈식묘제기에서 보였던 가족장이 일부 유지되었던 것으로 보인다. 그러나 6세기대에는 열상배치보다는 몇 기씩 군집을 이루는 형태로 고분의 존재 양태가 변화했다. 따라서 수혈식 장법에서 횡혈식 장법으로의 변하면서, 가족장적인 성격의 집단묘에서 동실합장이 가능한 석실이 정착하게 되고, 횡혈식석실의 봉토분이 유행하는 6세기대 이후가 되면서 가족장제는 사라졌을 것이다.

3) 다인합장의 여러 형태

　고구려 고분에서 관찰되는 특징의 하나는 여러 형태의 다인합장이다. 적석총의 경우 가시적으로 드러난 모습은 단일분이지만, 동일 분구 내에 여러 개의 매장부가 있는 경우가 적지 않다. 그 경우 매장부는 수혈식 장법의 구조를 가진 것도 있고, 추가 합장이 가능한 횡혈식 장법의 구조를 가진 것도 있다. 봉토분은 동일 분구 내에 2인 합장이 가능한 횡혈식 매장부가 보편적이지만, 적석총과 마찬가지로 동일 분구 내에 여러 개의 매장부를 가지기도 하며, 그중에는 매장부 크기가 작아서 동실합장이 가능하지 못한 경우도 있다. 한편, 하나의 연도를 통해 두 기 이상의 묘실이 연결되기도 한다. 이러한 형태들은 모두 다인합장을 의도한 것이다.

수혈식 장법에서 횡혈식 장법으로 매장방식이 변화하고, 횡혈식 장법이 보편화되면서 1인 단인장에서 부부합장으로 변화하는 것이 삼국시대 매장방식 변화의 큰 흐름임을 감안해 볼 때, 여러 형태의 합장은 가족장적 매장방식에서 부부합장으로 변화의 과도기 모습이라고 할 수 있으며, 이로부터 묘제와 매장방식에 따른 장제의 변화가 서로 유기적으로 관련 있음을 알 수 있다.

(1) 단일분에서의 합장

하나의 분구를 가진 단일분에서의 다인합장은 다광식, 동분이혈, 동분동혈 세 가지 방식이 있다(그림 4-17).

다광식은 하나의 분구에 수혈식 장법의 매장부가 두 기 이상이 있는 경우이다. 주로 적석총에서 확인되며 외형상 단일분구라는 점에서 연접분과 구별된다. 현재 보고된 다광식은 하나의 분구에 2기나 3기 정도의 매장부를 갖고 있다. 우산하1340호분과 마선구401호분은 계단적석총이며, 산성하 동대파356호분은 두 기가 연접된 무덤으로, 그중 먼저 축조된 무덤이 다광식 단일분이다.

동분이혈은 하나의 분구에 횡혈식 장법의 동실합장이 가능한 매장부가 두 기 이상 있는 경우로, 계단적석총과 봉토분에서 관찰된다. 적석총의 경우 매장부는 광실과 석실이 있으며 묘실의 수에 따라 2실과 3실이 있다. 2실 무덤으로는 우산하249호분이 있으며, 3실 무덤인 우산하2891호분은 계단적석총으로 동쪽 매장부는 파괴가 심해 알 수 없지만 나머지 광실 두 기는 중간에 묘도가 있으며 묘도 좌우에 측실이 있어서 전체 평면은 유사두칸구조와 유사하다. 칠성산96호분은 3개 석실로 된 동분이혈의 계단적석총으로, 가장 서쪽의 매장부에서 천정석으로 보이는 석재가 확인되어서 석실로 추정되며, 서쪽 석실의 동벽이 중간 석실의 서벽에 해당되어서 격벽을 가진 석실로 추정된

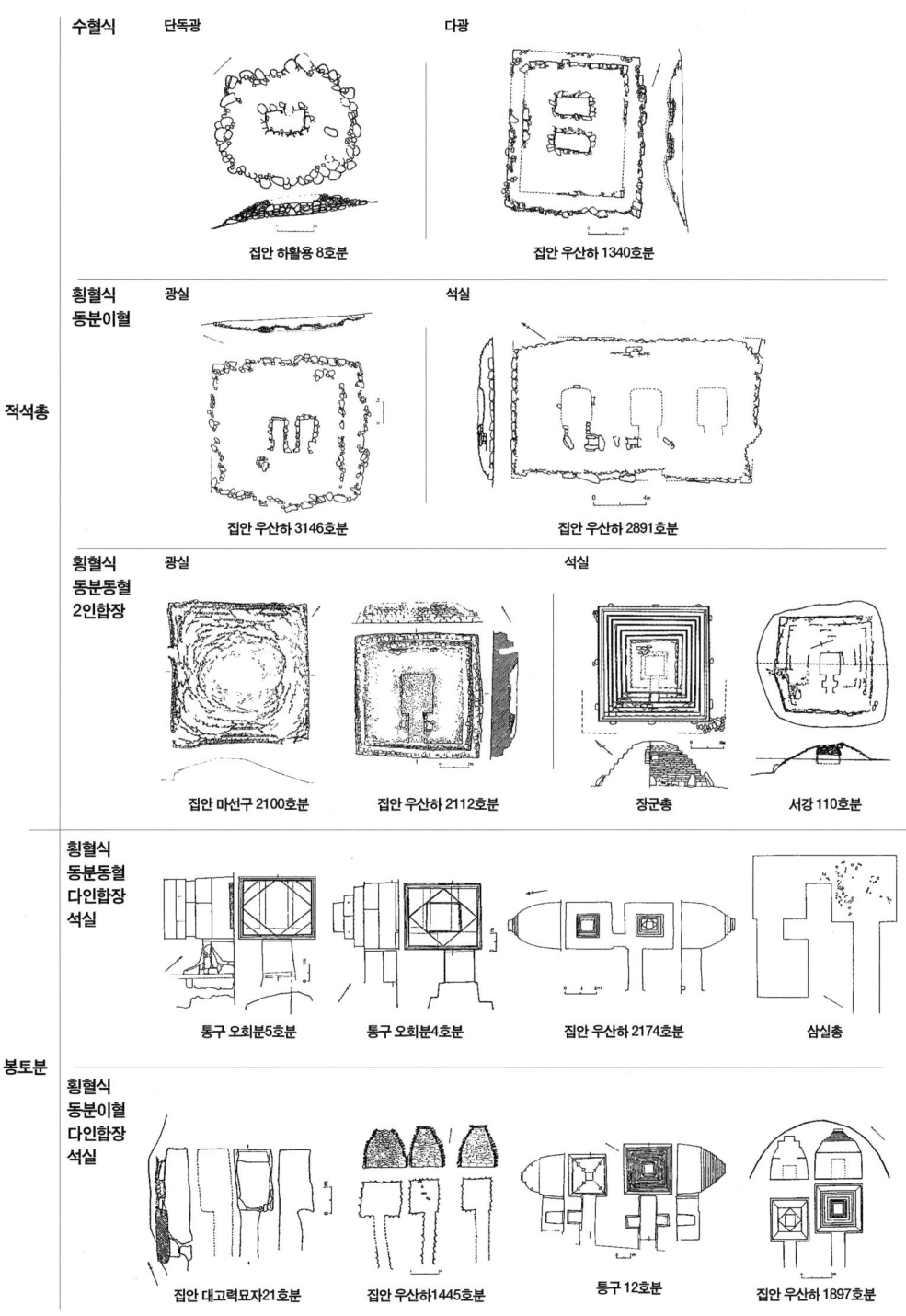

그림 4-17. 단일분에서의 여러 합장방식(집안 하활용8호분 제외)

제4장 고구려 묘제와 장제

다. 파괴되었지만 중간 석실에서는 묘도가 확인되었고, 동쪽의 매장부는 파괴가 심해 석실 구조를 파악하기 어렵다. 집안 대고력묘자21호분은 3개의 묘실이 있는 동분이혈 무덤이지만, 현실의 폭이 54~90센티미터 내외여서 실질적으로 합장이 가능한 크기는 되지 못한다. 이렇게 합장이 가능한 횡혈식 구조를 가졌지만, 합장을 할 만한 공간을 확보하지 못한 장방형 현실로 이루어진 동분이혈의 다실묘는 중소형분에서 종종 관찰된다. 이처럼, 동분 내 횡혈식 매장부가 여럿인 경우는 2인 또는 그 이상의 다인 합장이 행해졌을 것이다.

동분동혈은 석실적석총과 석실봉토분에서 보편적으로 관찰되며, 하나의 묘실에 2인이 합장된 경우, 대개 부부가 합장되었을 것으로 추정된다. 그러나 동분동혈무덤 중에서도 다인합장이 관찰된다. 가령 통구 오회분4호분과 5호분은 묘실에 관대가 3개 놓여 있어서 최소한 3인이 동실합장되었음을 알 수 있다. 하나의 연도를 가졌지만 묘실이 여러 개인 예외적인 구조도 있다. 삼실총은 세 개의 묘실이 통로로 연결된 하나의 연도를 가진 무덤으로 동분동혈이지만, 묘실이 3개라는 점에서 최소한 6인이 매장되었을 가능성이 있는 다인합장무덤이다. 우산하2174호분도 하나의 연도를 가진 두 개의 묘실이 통로로 연결되어서 최소한 4인이 매장되었을 것으로 추정된다.

(2) 연접묘

연접묘은 단일분 두 기 이상이 분구의 한 변을 서로 잇대어 있는 무덤으로, 중국에서는 관묘串墓, 꽃묘라고 부른다. 매장부의 장축 방향과 평행하도록 분구의 한 변을 잇대는데, 연접되어 가는 방향은 정형성을 갖고 있다. 산지입지형은 구릉 사면을 따라 위에서 아래로 내려오면서 일렬로 연접되었고, 평지입지형은 횡으로 연접된다. 일정한 방향성을 갖고 연접된다는 점에서 신라 적석목곽분의 집단무덤과 구별된다. 연접무덤은 봉토분보다 주로 적석총에서 관찰되며, 무용총과 각저총은 분구가 서로 인접해 연접된 쌍분으로 보기도 하지만, 적석총에서 통상 관찰되는 연접분과는 차이가 있다.

적석총에서 연접된 무덤은 두 기에서 십여 기에 이르기까지 다양하다고 하지만, 십 여기가 보고된 예는 아직 확실하지 않고 대개는 3~4기가 연접되어 있다(그림 4-18). 연접된 적석총은 주로 기단이나 계단적석총에서 확인되

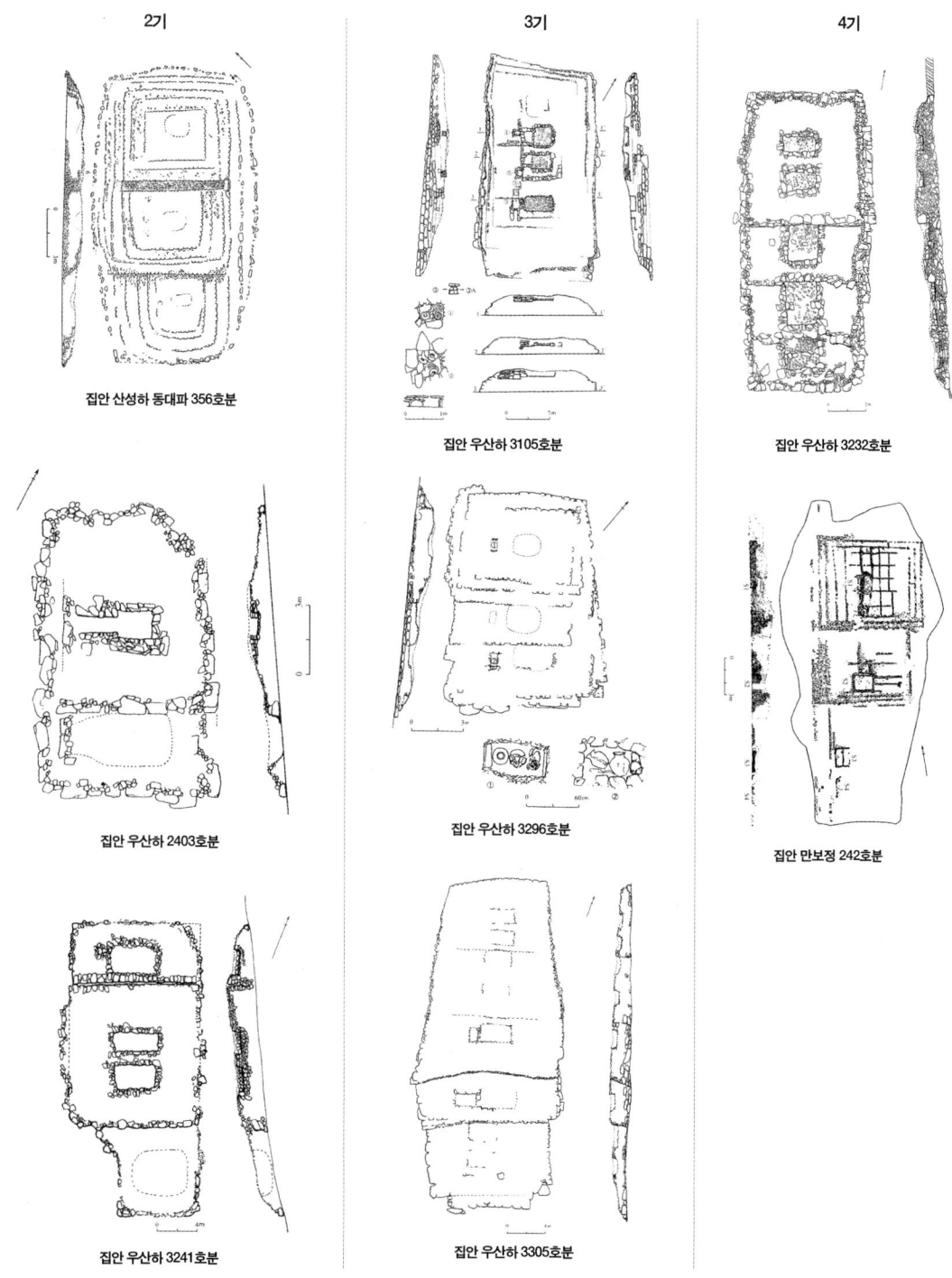

그림 4-18. 연접 적석총

제4장 고구려 묘제와 장제 229

며, 무기단적석총에서는 드물다. 또한 같은 형식끼리의 연접된 예가 다수이며, 서로 다른 형식의 적석총이 연접된 예는 드물다. 적석총과 봉토분의 연접은 매우 예외적이다. 연접된 적석총의 형식 간 변이가 그리 두드러지지 않아서 연접된 무덤은 누대에 걸쳐 장기간에 걸쳐 조영된 것으로 보기 어렵다.

연접된 적석총의 매장부는 수혈식 장법의 매장부가 하나 있는 단광식, 둘 이상 있는 다광식 그리고 횡혈식 장법의 매장부가 둘 이상 있는 동분이혈과 하나있는 동분동혈의 광실과 석실 등이 있다. 단광은 주로 단광이나 다광과 연접하며, 다광은 동분이혈과 동분동혈의 광실과, 동분이혈 광실은 동분이혈 광실이나 동분동혈 광실과 연접되지만, 동분동혈 석실에서 연접묘의 비중은 낮고, 동분이혈 석실의 연접묘는 보고 예가 없다(표 4-7).

2기가 연접된 적석총의 매장부로는 석광, 광실, 석실이 있다. 석광을 매장부로 한 무덤으로는 환인 고력묘자15호분·19호분, 집안 양민74호분, 산성하 동대파356호분이 보고되었으며, 환인 고력묘자와 산성하 전창이나 동대파와의 연접묘는 산기슭에 입지하지만 양민 적석총은 강변 대지에 위치한다. 그리고 산성하 전창191호분과 전창162호분도 2기가 연접된 무덤으로 추정된다. 이외에도 우산하3241호분은 격벽으로 구획되어 중앙에는 두 개의 광실이, 북측으로는 한 기의 광실이 있는 동분이혈의 광실 무덤에 남측으로 한 기가 더 연접된, 2기가 연접된 무덤으로 보고되었지만, 중앙의 다곽식무덤을 중심으로 북쪽과 남쪽으로 연접되었을 가능성이 있는 무덤으로, 최소한 4인 이상이 합장된 연접묘이다.

유구명	단광	다광	동분이혈 광실	동분이혈 석실	동분동혈 광실	동분동혈 석실
단광	환인 고력묘자 15·19호분, 집안 양민75호분	산성하 동대파 356호분				(만보정242호분)
다광	산성하 동대파 356호분		우산하3305호분		우산하3305호분	
동분이혈 광실		우산하3305호분	우산하2403호분		우산하 3241·3105· 3232호분	
동분이혈 석실						
동분동혈 광실		우산하3305호분	우산하 241·3105· 3232호분		우산하3296호분	
동분동혈 석실	(만보정242호분)					

표 4-7. 연접묘의 매장부 구조

3기가 연접된 적석총은 우산하3105호분, 우산하3296호분, 우산하3305호분 등이 알려졌다. 모두 계단적석총으로 구릉의 완사면에 위치한다. 우산하3105호분은 동혈합장이 가능한 묘도가 있는 광실 두 기가 매장된 무덤에 남쪽으로 가면서 동혈합장 무덤이 순차적으로 연접된 무덤으로, 동혈합장이 이루어졌다면 8인이 매장되었을 것이다. 우산하3305호분은 동분이혈의 다인합장 무덤 남측으로 두 기의 무덤이 더 연접된 후 묘설을 부가한 무덤이다. 각각의 매장부에 합장이 이루어졌다면 최소한 10인 정도가 합장되었을 것이다. 이처럼 3기가 연접되었지만 보고된 무덤자료에서는 실제 8-10인 정도가 합장되었음을 알 수 있다.

　4기가 연접된 적석총으로는 우산하3232호분과 만보정242호분을 꼽을 수 있고, 칠성산397·398·399호분으로 편호된 무덤은 실제로 4기가 연접된 무덤이다. 만보정242호분은 4기가 연접된 적석총으로, 가장 남쪽에 있는 매장부는 파괴되어 알 수 없지만 먼저 석광이 축조되고 이어서 횡혈식 매장부 그리고 쌍곽을 매장부로 하는 무덤이 서로 연접되어서 최소한 5인 이상의 매장과 수혈식에서 횡혈식으로의 변화를 잘 보여준다. 우산하3232호분은 두 개의 매장부를 가진 다광묘에 3기의 광실 매장부가 연접된 무덤으로 이 무덤에서도 최소한 8인 이상이 매납되었을 것이다.

　이처럼 연접묘의 매장부는 단광도 있지만, 보고된 다수는 다광이나 동실내 추가합장이 가능한 구조의 다인합장의 무덤임에도 불구하고, 여기에 몇 기의 무덤을 연접함으로써 집단묘를 형성하였다.

　그러나 4·5세기의 최상위 무덤이나 상위 무덤에 해당되는 석실계단적석총이나 석실벽화분에서 집단묘 형태는 보이지 않으며 동분동혈의 다인합장도 관찰되지 않는다. 그렇다고 연접묘나 다인합장 무덤이 모두 위계가 낮은 것은 아니다. 금동제관식이 출토된 집안 우산하3105호분에 비추어볼 때 같은 시기에 병존하는 동분동혈 2인합장의 단일분과 다인합장묘 또는 연접묘를 위계 차이로 해석할 수는 없다. 다만 시간의 흐름에 따라 동분이혈 석실과 함께 집단묘가 차츰 줄어들고 있어서 다인합장이나 연접묘는 수혈식 장법에서 실질적으로 추가 합장이 가능한 동분동혈 석실로 옮겨가는 과도기의 모습을 보여준다고 할 수 있고, 이는 열상배치가 줄어드는 현상과도 대응된다.

결국 횡혈식 장법이 수용되고 횡혈식 무덤이 정착·확산됨에 따라 동분동혈 합장이 가능한 무덤이 축조되었음에도 불구하고 4세기 중엽 이후부터 5세기의 적석총과 일부 봉토분은 동분이혈이나 연접묘의 형태로 다인합장을 유지한다. 그러나 여러 방식의 다인합장은 묘제의 제일화가 완성된 6세기에 거의 사라지고, 실질적 동실 내에 부부합장을 하는 동시에 몇 기씩 군집을 이루어 가족장제의 모습은 보이지 않는다.

5. 장속: 번소와 훼기

고구려 적석총의 분구에서는 용석燸石이라고 부르는 불에 탄 돌들이 발견된다. 적석부의 상층에서는 잘 보이지 않고 적석부의 아랫부분의 적석 사이나 분구 정상의 함몰갱이나 함몰갱 주변의 적석 사이에서 발견된다.

'번소燔燒'라고 부르는 이러한 행위는 주로 수혈식 장법의 적석총에서 확인되는데, 이른 시기의 초대형 적석총뿐만 아니라 중·소형분에서 발견된다. 집안 통구 분지의 이른 시기 초대형적석총인 마선구2378호분, 산성하 전창36호분, 마선구626호분의 분구에서는 기와와 함께 불에 탄 돌들이 다수 확인되며 그 중에는 불에 탄 돌과 녹아내린 기와가 함께 응결된 것도 있다(그림 4-19).

불에 탄 돌이 적석 분구 사이에 드러난 현상은 매장행위 당시의 흔적이 아니라 장기간에 걸친 변형과정의 결과이어서, 현재 잔존하는 상황만으로는 그 과정을 복원하기 어렵다. 그렇지만 불에 탄 돌들의 노출된 상황으로부터 당시 매장행위의 일면에 대한 몇 가지 가능성을 생각해볼 수 있다.

석광적석총의 경우 매장부는 적석 사이의 함몰갱 상태로 확인되는데, 이 함몰갱 내에서 불에 탄 흔적이 확인되고 있다. 이로부터 먼저 상정되는 것은 주

그림 4-19. 집안 마선구2378호분에서 출토된 기와와 응결된 돌

검을 매납한 후 바로 불을 지폈을 가능성으로, 이는 석광 내에서 실질적 화장이 이루어진 결과로, 무덤은 곧 화장터인 셈이 된다. 그러나 화장터가 무덤일 것이라는 이러한 가정은 석광적석총에서 관못이나 꺾쇠가 발견되기도 하고 임강총이나 우산하992호분 등의 광실적석총에서 철제 관못이나 꺾쇠, 장구 걸이쇠 등이 출토된 점으로 보아 그리 설득력 있는 해석은 아니다. 오히려, 석광 함몰갱의 불에 탄 흔적은 분구에서 행해진 번소행위 결과 불에 달구어진 돌이나 기와가 석광 내로 함몰됨으로써 나타난 2차 현상으로 보는 것이 설득력을 가진다고 하겠다.

　이와 관련하여 상정되는 다른 가능성은 매납을 마친 후 그 위에 돌을 쌓아 분구를 형성하기 전에 불을 지폈을 가능성이다. 즉, 주검을 안치하고 주위와 상부를 돌로 덮는 과정에서 불을 지피고 그 위에 기와를 얹었을 가능성이다. 불이 아래에서 위로 올라가는 성질과 기와와 돌이 서로 응결된 상태로 확인되는 것이 그러한 가능성을 상정케 한다. 특히 주로 적석부 아랫단에서 불에 탄 돌들이 확인되는 것은 상부에서 응결된 돌들이 흘러내리면서 생긴 층위의 역전 현상으로 볼 수 있다. 더욱이 1,200~1,800도 사이에서 변형이 일어난 것으로 보이는 불에 탄 돌이나 녹아내린 토기는 중층적으로 쌓인 달구어진 돌이 온도 상승효과를 초래한 결과일 가능성이 있다. 이로 부터 번소의식은 매장을 완료한 후 분구를 조성하는 과정에서 이루어졌을 것으로 석광 내에서 행해진 화장행위는 아닐 것이다.

　2차장으로서의 화장이 아니라 매장 후 행하는 화장은 북방족에서 드물지 않게 보이는 오랜 전통을 가진 습속으로, 적석총에서 보이는 번소의식도 그러한 북방족들의 화장 습속의 한 형태라고 할 수 있다. 확인된 적석총의 60퍼센트에 달하는 무덤에서 불에 탄 흔적이 관찰된다고 하는 점으로 보아 번소가 당시 보편적인 장속의 하나라고 할 수 있다. 그러나 불에 탄 흔적은 석실을 매장부로 한 횡혈식의 적석총이나 기단봉토분과 봉토분에서는 보이지 않는다. 따라서 번소의식은 횡혈식 장법의 확산과 함께 차츰 소멸되었을 것이며 신묘제의 수용은 장속에서의 변화를 야기했을 것이다.

　훼기毁器는 부장품의 일부를 훼손시켜 매장하는 습속으로 이 또한 북방족 사이에서 보편적으로 관찰되는 장속이다(그림 4-20). 고구려 고분에서 토기

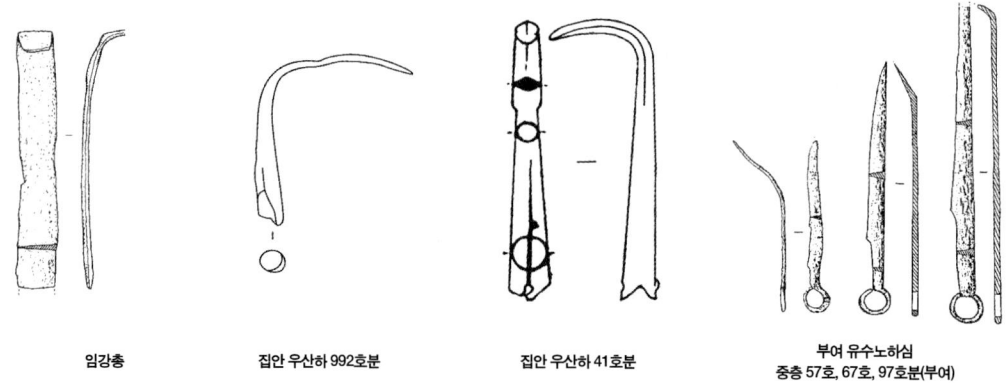

| 임강총 | 집안 우산하 992호분 | 집안 우산하 41호분 | 부여 유수노하심
중층 57호, 67호, 97호분(부여) |

그림 4-20. 고구려와 부여 고분에서 보이는 훼기

의 훼기는 확실하지 않지만 철기에서의 훼기는 관찰된다. 광실적석총인 임강총에는 철도를 90도 정도로 구부려서 부장했고, 우산하992호분과 우산하41호분에는 철모의 신부를 90도로 구부려 부장했다. 임상총은 3세기 말이나 4세기 초로, 우산하992호분은 4세기 전반으로, 우산하41호분은 5세기 후반으로 비정되는 무덤이다. 그러나 6세기의 무덤에서는 토기나 철기의 훼기 사례는 보이지 않는다.

고구려 고분에서 보이는 철기의 훼기는 북방족과의 관련을 갖고 있다. 내몽고 동부 선비 무덤이나 중국 요령성 조양 일대의 모용 선비 무덤에서 훼기는 주로 토기의 동체 하부나 저부에 구멍을 뚫거나 구연부 일부를 깨서 부장하는 등의 토기의 훼기가 보편적이지만, 안교에 흠집을 내거나 철기에 칼집을 내는 등의 금속기에서의 훼기도 관찰된다(그림 5-10 참조).

한편, 부여의 무덤에서는 토기의 훼기는 확실하지 않지만, 부여 유수노하심 중층의 무덤에서는 환두도나 환두추錐의 상부를 구부려 매납하는 훼기가 관찰된다. 노하심의 중층 무덤에서는 청동 동물문 장식의 허리띠 장식과 쌍조문의 소위 촉각식 손잡이가 있는 동병철검 등이 부장되어서 중국 중원과는 다른 북방적 특징을 갖은 부여족의 무덤으로 이해되고 있다. 여기서 보이는 철제 무기를 구부리는 훼기 방식과 고구려의 철모에서 보이는 훼기 방식이 서로 유사하다. 특히 철도를 구부려 훼기한 임강총에서 부여의 중심 고분으로 추정되는 모아산에서 출토된 것과 유사한 사람의 머리를 형상한 차할이 출토된 바 있어서 고구려의 훼기 습속과 부여의 관련을 시사한다.

　이처럼 범북방족의 장속이라고 할 수 있는 번소와 훼기는 횡혈식 묘제가 각지로 확산되는 6세기의 고구려 무덤에서는 관찰되지 않는다. 따라서 번소, 훼기 등의 장속은 연접묘와 다인합장 등의 가족장제, 그리고 묘제의 변천과 궤를 같이 하는 것으로 보인다.

6. 장의예술

　무덤 내부에 그림을 그린 장의예술은 고구려 고분의 커다란 특징으로, 고구려의 높은 문화수준을 보여준다. 무덤을 꾸미는 것은 중국 전국시대 이전부터 있어왔고, 무덤 내부를 그림으로 장식하는 것은 한나라에서 크게 유행하였다. 한나라의 벽화분은 중원지역 뿐 아니라 지방행정의 중심지에서도 조성되었지만, 한의 멸망 이후 벽화분의 조영은 차츰 줄어들어서 4·5세기대에는 고구려가 중국을 대신하여 동아시아에서 벽화분의 중심지가 되었다.

　고구려 벽화분은 횡혈식 장법과 함께 새로 받아들인 장의예술의 결과로 현재 확인된 자료는 4세기 중엽경부터 나타나기 시작하여 6세기 말까지 지속되었다. 벽화는 묘실의 일부가 아닌 벽과 천장, 연도 등 매장부 내부 전체를 화면으로 삼았다. 돌로 쌓아 올린 묘실 내 벽면에 백회를 발라 정리한 후 그 위에 그림을 그리거나, 잘 다듬은 벽면을 그대로 화면으로 이용했다.

　벽화는 벽면에 그린 내용에 따라 생활풍속을 표현한 것과 장식도안을 그린 것 그리고 사신을 표현한 것으로 나눌 수 있다. 장식도안은 연꽃이나 王자, 둥근무늬, 거북등무늬 등으로 생활풍속의 배경으로서 표현되기도 하며, 단독으로 표현되기도 한다(그림 4-21). 벽면의 처리 방법과 벽화 내용은 어느 정도 상관관계를 갖고 있는데, 백회로 그림 그릴 면을 정리한 경우 생활풍속도와 장식도안을 주 내용으로 하며, 돌 위에 직접 그린 경우 사신을 주 내용으로 한다.

　현실 생활의 여러 장면을 묘사한 경우 주검이 안치되는 방의 벽 네 모서리에 목조가옥의 기둥을 그리고, 벽과 천장의 경계부에는 서까래와 들보를 그려 넣어 마치 목조가옥의 실내처럼 표현하여, 집안에 주검이 안치되는 그런

묘주초상화+생활풍속도

안악3호분

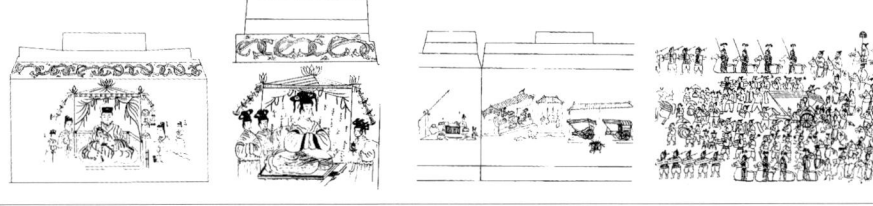

덕흥리벽화분

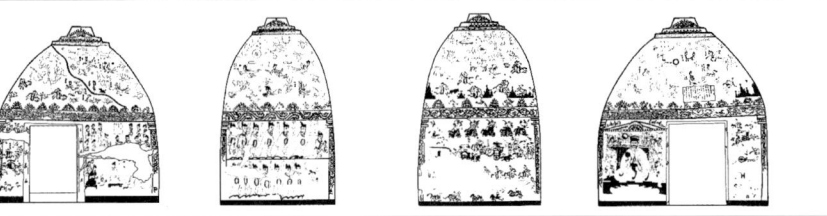

생활풍속도

각저총

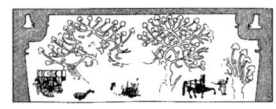

생활풍속도 + 사신

대안리1호분

사신도

진파리1호분

통구 오회분 4호분

그림 4-21. 고구려 묘실 벽화의 여러 제재

형상이다. 벽면에는 마치 죽은 이가 생활하듯이 인물초상화를 그리고, 생활의 여러 모습들 즉, 음연도, 출행도, 하례도 등 사회적 지위를 보여주는 생활과 식생활 전 과정을 보여주는 부엌과 조리 장면, 그리고 식사하는 장면과 여기에 우물, 푸줏간, 방앗간 그리고 마구간, 외양간 등의 부속 건물 등을 그려 넣어 장원이라고 할 만한 대저택을 표현하였다. 무용, 씨름, 기예 등의 오락 잡기와 사냥이나 전투 장면 등 여가 생활의 여러 모습을 표현하기도 하였다. 한편 들보로 구획된 천장부에는 해와 달, 별, 구름 등과 함께 사신, 비천·보살·불탑 등의 불교 요소, 각종의 신과 길상을 상징하는 상상 속의 동물들, 견우직녀 설화 등이 상상속의 천상세계를 표현했다. 즉, 천상세계에서 현실의 부와 지위를 그대로 누리고자 하는 계세관념이 표현된 것이라고 할 수 있다.

　이러한 계세관의 표현은 평양을 중심으로 하는 서북한 지방과 집안 지역의 벽화분에서 세부적인 차이를 보인다. 서북한의 벽화분에서는 묘주 또는 묘주 부부가 단독으로 표현되기도 하는데, 집안 지역에서는 묘주가 초상화 형태가 아닌 생활 장면의 하나로 표현된다. 묘주 행렬도의 경우 안악3호분이나 덕흥리벽화분, 약수리벽화분의 그림에서는 의장을 갖추고 있는데, 집안 지역에서는 의장을 갖춘 행렬도의 사례는 확실하지 않다. 한편 불교관련 제재들은 집안 장천1호분에는 천장에 불상과 예불도로 표현되어 있고, 서북한의 불교 관련 제재는 생활의 한 장면(개마총의 스님을 앞세우고 어디론가 가는 모습으로, 덕흥리벽화분의 칠보행사)으로 표현되어서 집안 지역 벽화분과 표현에서 차이가 있다. 이처럼 벽화의 일부 제재에서 집안과 서북한 일대의 차이는 유사두칸과 두칸구조에서도 보인다.

　서북한 지역 벽화분과 집안 일대 벽화분은 벽화의 제재나 두칸구조에서 차이가 있지만, 무덤 내부를 벽화로 장식하고 벽면 처리나 제재의 표현 등에서 더 많은 공통점을 갖고 있으므로 양 지역의 차이가 집단 간 장속이나 사후관념의 차이를 의미하는 것은 아니다. 오히려 사후관의 변화는 생활풍속 벽화에서 사신도 벽화로의 변화에서 읽을 수 있다.

　사신도를 주 내용으로 하는 벽화분은 잘 다듬은 벽면 위에 방위에 맞추어 사신을 그려 넣었으며, 생활풍속을 그린 것과는 달리 현실 벽 네 모서리에 기둥이나 천장과 벽 사이 구획을 위한 들보나 서까래를 그려 넣지 않았다. 다만, 고임식으로 쌓아 올린 천장의 고임부에는 해와 달, 그리고 구름과 별, 인동문, 연꽃 등의 장식도안 등이 그려지며, 천장 막음돌에는 연꽃이나 황룡을 그려 넣었다. 집안 통구 오회분4호분과 5호분에서는 각종의 신이 표현되기도 하며, 네 벽 모서리에는 괴수를 그려 넣기도 하였다. 이러한 사신을 주 내용으로 하는 무덤은 단칸구조이고, 천장은 평행삼각고임을 하였다. 이처럼 사신도벽화분은 그 자체로서 죽은 자의 공간이며, 사신은 죽은 자를 사방에서 지켜주는 수호신으로서 역할을 하였다고 할 수 있다. 따라서 사신도벽화분은 죽은 자를 매장한 무덤 고유의 기능에 충실한 무덤이라고 할 수 있어서, 사신을 그린 것과 생활의 여러 장면을 묘사한 벽화분과는 다른 관념이 표현된 것이라고 하겠다.

　이처럼 사신도벽화분이 축조되는 6세기가 되면 이전의 계세관에서 벗어났으며, 계세관념의 변화는 급진적이나 돌발적이지 않고, 점진적으로 이루어졌다. 사신은 5세기 전반으로 비정된 약수리벽화분의 천장부에 묘주도 옆으로 현무가 표현되어 있어서 생활풍속 벽화에서 하늘 세계를 구성하는 요소의 하나로 천장부에 표현되었다. 그러나 시간의 흐름에 따라 사신은 벽면으로 내려와서 생활 장면과 함께 화면을 구성한다. 현실생활의 표현과 함께 사신이 벽면에 표현된 무덤으로는 5세기 후반의 쌍영총, 고산동1호분, 노산리1호분, 덕화리1·2호분이나 대안리1·2호분을 들 수 있다. 고산리1호분은 목조가옥을 형상한 현실 벽 중간에 구획대를 그리고 상부에 사신을, 하부에 생활풍속도를 그렸다. 대안리1·2호분도 현실 내부를 목조가옥처럼 형상화했는데 벽면을 상·하 두 부분으로 구분해 상면에는 생활 관련 제재를, 하면에는 사신을 배치했다. 이처럼 벽화분에 처음 표현된 사신은 하늘세계를 구성하는 여러 신들 가운데 하나였지만, 생활풍속도와 함께 벽면에 자리한 사신은 방위신으로서 표현된 것이다. 6세기에 들어서면서 생활 관련 제재들이 차츰 사라지고 사신이 벽면의 중심이 되어서 생활풍속도에서 사신도 벽화로 점진적으로 변화했음을 알 수 있다.

　이와 같이 고구려에서 장속과 사후관념의 변화는 몇 단계에 걸쳐 이루어졌다고 할 수 있다. 가장 먼저 일어난 변화는 횡혈식 장법의 확산과 함께 번소 의식이 소멸한 것이다. 이어 계세관의 쇠퇴와 함께 훼기 습속도 사라지게 되었다. 현재 훼기 습속은 적석총에서 보이며 적석총에 묘실 벽화가 거의 없음을 감안해볼 때 훼기와 계세관이 서로 관련이 있다고 볼 수는 없지만, 석실봉토분의 확산 및 사후관과 장속의 변화는 관련 있다고 할 수 있다. 즉, 사신도 벽화분을 정점으로 묘제에서의 제일성이 확립되고 고총이 변질되는 6세기에 들어오면 전래의 번소의식이나 훼기 습속 그리고 계세관념은 사라지고, 무덤은 죽은 자를 매장한 본래의 기능을 갖게 되었다고 할 수 있다.

제5장

동아시아 속의 고구려 고분

1. 벽화분으로 본 고구려와 중국

무덤은 매장행위의 결과물이며 매장행위는 전통을 고수하려는 경향이 강하다. 이러한 경향은 고대사회일수록 더욱 두드러진다. 생활 전반에 신분질서가 적용되었던 중국은 관·곽의 크기와 수, 분구의 대소고저, 의례 등에서 신분에 따른 등급 차이를 뚜렷이 했다. 벽화분도 그러한 맥락에서 접근 가능하다.

중국의 벽화분은 신분질서를 보여주는 무덤 형태의 하나이다. 벽화분이 크게 조영되었던 것은 중국 한나라에서이다. 전한대에 중원 중심으로 축조되기 시작하여 전국적으로 군현제가 실시된 한무제 이후 각 군현의 중심지에서도 벽화분이 축조되었다. 따라서 벽화분의 존재로 해당 지역이 정치·문화의 중심지였음을 알 수 있다. 각 군현의 중심지에 축조된 벽화분은 해당 지역의 종족적 정체성이 표현되기도 하지만, 묘실 벽화의 전반적인 구성은 한나라 묘실 벽화와 특징을 같이 해 고대 동아시아에서 벽화분의 중심지는 중국 한나라라고 할 수 있다.

그러나 한나라에서 크게 유행했던 중국의 벽화분은 한나라 멸망 이후 차츰 줄어들어서 요령성 요양 일대와 감숙성 주천 등 일부 지역과 북방 왕조에서 그 명맥이 유지되었을 뿐, 오히려 4·5세기 대는 고구려가 동북아시아 벽화분의 중심지가 되었다.

고구려 벽화분은 왕도였던 집안과 환인, 평양을 중심으로 낙랑·대방의 고지였던 서북한 일대에서 조영되었다. 학계에 처음 알려진 벽화분들이 주로 낙랑·대방 고지에 분포했고, 구조는 낙랑의 전실묘와 유사하며, 벽화의 제재와 화면 처리는 중국 한대 벽화분과 비슷하여서 고구려 벽화분은 중국 벽화분의 영향을 받아 등장했다고 생각했었다. 그러나 등장기의 벽화분 중 집안에서는 우산하3319호분과 같이 전실적석총도 있고, 4세기 말에서 5세기 초의 중국 집안과 서북한의 평양일대에서 유행한 벽화분 중에는 석실 구조나 벽화 내용에서 중국과는 달리 고구려의 사후관과 신분질서, 생활이 반영되기도 하여서 중국 벽화분이 그대로 고구려에 이식되었다고 할 수는 없다. 더욱이 4·5세기에 고구려 벽화분은 축조 기술과 구조적 우수성과 다양한 제재의 높은 수준을 보여주어서, 고구려가 동북아시아에서 벽화분의 중심지였다고 하여도 과언이 아니다.

1) 중국 한·위·진대 벽화분

중국 중원지방의 벽화분은 지상의 분구가 잘 남아있지는 않지만, 지하 매장부와 지상의 분구로 이루어진 분묘분리형 무덤이다. 매장부의 축조재료와 구조는 전한과 후한이 차이를 보이지만 묘실 벽화는 유사한 양상을 띠고 있다.

(1) 축조재료

벽화분 축조에 사용된 재료는 다수가 벽돌이며, 일부 지역에서는 돌로 축조하기도 하고, 예외적이지만 옆으로 파고 들어가서 축조한 토동묘도 있다. 벽화분 축조에 사용된 벽돌은 두 가지 종류가 있다. 하나는 속이 빈 공심전이고 다른 하나는 속이 비지 않은 한변 길이 30~40센티미터의 장방체 벽돌로 실심소전實心小塼 또는 소전小塼이라고 한다. 공심전은 한 변의 길이가 1미터 내외의 속이 빈 장방체로 전한대에 사용되었으나 후한 이후 사용 빈도가 줄어들어서 주로 전한대가 사용의 중심기이다. 장방체 벽돌은 후한대에 널리 사용되기 시작하여 이후에도 중국 무덤의 주요 축조재료로 사용되었다. 벽돌에는 뇌문, 능형문, 방격문, 원문의 도안 외에도 문자를 찍은 것이 있고, 사용처에 따라 방형전, 쐐기형전, 자모전 등 형태가 다양하다. 하나의 무덤에 두 종류 이상의 벽돌이 사용되기도 하며, 감숙성에서는 벽돌 하나하나가 화면이 되어 그 위에 그림을 그린 채화전을 이용한 벽돌무덤이 유행했다.

벽화분은 벽돌만으로 쌓기도 하지만 묘문이나 문틀 등 구조 일부의 부재

축조재료	시대	무덤 예	분포 특징	구조 특징
공심전	한	낙양 선사 신망, 천정두, 복천추, 소구61호	낙양 일원	묘문 봉쇄에 소전사용
공심전+실심소전+돌	한	낙양 금곡원벽화분		후실: 공심전, 전실 : 소전, 묘문, 돌
실심소전+돌	한	낙양 주촌, 언사 행언촌, 기차공장벽화분, 밀현 타호정, 형향장촌 벽화분, 양산 후은산벽화분, 산동성 제남 청룡산 벽화분		화상석 사용 화상석묘와 쌍분
실심소전	한, 위 진, 5호16국, 수, 당, 요, 금	낙양 석유참벽화분, 낙양 3850호, 망동 한묘 1호, 안평 녹가장벽화분, 섬서성 천양현 벽화분, 공가만 1호분, 내몽고 탁극탁현 벽화분, 화림격이 벽화문, 감숙성 하하청 1호, 무의 뇌대한묘, 요령성 대련 영성자	시공적으로 가장 넓은 범위	북방왕조에서 유행하였으며, 요, 금대에서는 팔각형 등 현실평면형을 달리하면서 축조되었음.
채화전	삼국, 5호16국	감숙성 주천 일대벽화분	감숙성 집중	
돌	한, 삼국	하남 영성 망산시원벽화분 요령성 요양 일대 벽화분, 조양 원대자벽화분, 북묘촌벽화분	요령성 집중	
토동묘	한 5호16국	내몽고 봉황산 1호, 감숙성 돈황 기가만 310호, 불야묘만 317호, 118호	감숙성 등 서북지방 집중	

표 5-1. 축조 재료로 본 중국 벽화분

로 돌을 사용하기도 하여서, 축조재료는 시공적인 특징을 보이기도 한다(표 5-1). 시공간상으로 가장 넓은 분포 범위를 갖는 것은 벽돌이지만, 요령성은 돌을 사용하는 특징을 보이며, 감숙성은 채화전을 사용하는 특징을 갖는다. 토동묘 벽에 그림을 그린 것은 감숙성 등 서북지방에서 주로 보여서 그 지역의 특수한 상황이 반영된 결과로 보인다.

(2) 구조

한·위·진대 벽화분에서 분구가 확인된 예는 있으나, 분구와 분구 주변에 담장이나 주구를 돌리거나 분구 위의 기념비, 침전, 사당 등 지상의 시설물이 발견된 예는 확실하지 않다. 고구려에서와 마찬가지로 벽화분 조영에서 가장 많은 에너지가 투입된 것은 지상 구조물이라기보다는 지하 깊숙이 자리하는 매장부이다. 매장부는 사후관념이 반영된 완성된 건축물로서 묘실의 설계와 규모에 일정한 정형성이 반영되어 있다.

매장부의 중심 공간인 묘실은 합장이 가능한 크기와 구조를 가진 것과 그렇지 않은 것이 있다. 횡혈식 장법이 널리 성행하였던 한나라에서 대부분의 묘실은 합장이 가능하도록 일정 규모를 가졌지만, 꼭 그러한 것은 아니다. 가령, 요령성 요양 일대의 석실은 묘실의 폭이 130센티미터 미만으로 합장이 가능하지 않은 규모의 독립된 관실 3~4개가 병렬배치되어 있으며, 하북성河

北省 안평현安平縣 녹가장逯家庄 벽화분이나 망도望都 한묘漢墓 1호는 주검이 안치되는 방이 두 개로 나뉘어 나란히 배치되어 있다.

묘실은 한 칸으로 구성되기도 하지만, 대개의 경우 두 개 이상의 복수 공간으로 구성되기도 한다. 복수의 공간을 가진 경우 전·후 두 칸으로 이루어진 것이 다수이나 세 칸으로 이루어지기도 한다. 세 칸으로 구성된 벽화분은 낙양 일대와 하북성, 내몽고, 감숙성 등지에서 확인된다. 여러 칸으로 구획된 경우 묘실의 평면형은 각 방의 연결방식과 평면 배치에 따라 전·후실 직교형과 전·후실 종렬형으로 나눌 수 있다. 통로가 없는 경우는 전실과 후실의 장축이 직교하며, 통로가 있는 경우는 전실과 후실이 종렬로 배치된다.

전·후실 직교형은 후실이 하나로 된 경우와 독립된 두 개의 관실이 병렬배치된 경우가 있으며, 종렬형의 경우 후실 뒤로 작은 측실을 갖기도 한다. 후실은 대개 장방형, 중실은 장방형이나 방형이며, 전실 평면은 직교형과 종렬형에서 차이를 보여 직교형은 횡장방형이 다수인 반면, 종렬형은 장방형이나 방형 평면을 갖고 있다.

이러한 묘실의 수와 연결방식, 배치형태에 따른 평면형은 축조재료와도 어느 정도 상관성을 갖는데, 통로 없이 연결된 전·후실 직교형 무덤은 대개 공심전이나 돌로 축조되었고, 통로로 연결된 전·후실 종렬 배치 무덤은 작은 벽돌과 높은 상관성을 보인다. 낙양 소구 한묘洛陽 燒溝 漢墓를 보면, 축조재료는 공심전에서 작은 벽돌로, 천장가구는 평천정에서 터널형이나 궁륭상으로, 주 매장부는 단관에서 쌍관 병렬 또는 전·후실로 변화한다. 전·후실 종렬 배치 무덤은 연도는 없는 것에서 있는 것으로, 묘도는 수직으로 파 내려간 수정식竪井式에서 경사지거나 계단식으로 파내려간 것으로 변화하며, 전·후실이 통로 없이 벽으로 구획된 것에서 연결통로를 만드는 것으로 변화하는 경향성을 보여준다. 특히 횡장방형 전실은 횡당橫堂으로 부르는데, 횡장방형이 장방형이나 방형보다 시간적으로 앞선 무덤의 전실 평면이다.

묘실의 수와 배치는 낙양 소구 한묘의 예로 보아서 시간에 따른 변화를 보여준다. 동시에 관곽棺槨의 크고 작음과 분구의 크기 등에서 등급을 정했다는 『예기禮記』 기록은 묘실의 수는 신분에 따라 비추어 사회 내 위계를 보여주며, 한편으로는 시간적인 선후관계와 함께 지역적인 특징을 갖기도 한다.

낙양 일원은 통로로 연결되지 않은 동실합장 벽화분의 중심 분포지이며, 요령성 요양 일대는 통로로 연결되지 않는 관실병렬배치 벽화분의 중심 분포지이다. 또한 섬서성의 벽화분은 벽돌로 축조한 단칸구조인 반면, 요령성 조양 일대 벽화분은 돌로 축조한 단칸구조라는 점에서 차이를 보인다. 또한 산동성·산서성·감숙성·내몽고의 벽화분은 섬서성의 벽화분과 뚜렷한 지역색을 보이지 않는다. 한편 요령성의 벽화분은 요서의 조양과 요동의 요양 일대 벽화분이 차이를 보인다(그림 5-1).

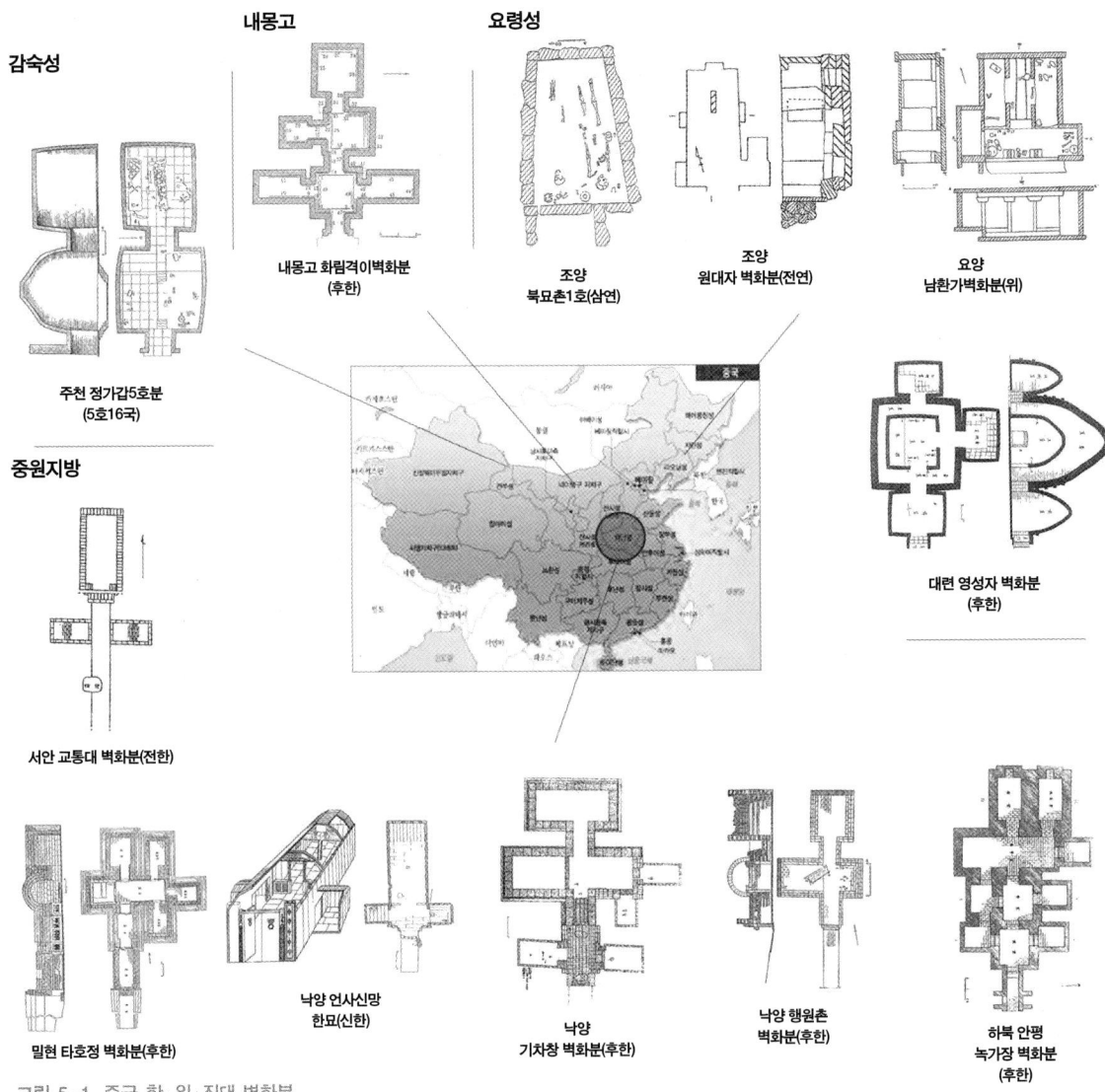

그림 5-1. 중국 한·위·진대 벽화분

(3) 묘실 벽화

　벽화는 붓으로 직접 그림을 그린 채색벽화이다. 그림을 그리기 위해서 벽면과 천장에 백회를 발라 화면을 만들고, 벽과 천장 전체를 하나의 화면으로 삼아 직접 붓으로 그림을 그린 것이 다수이고, 감숙성 등 일부 지역에서는 벽돌 한 장이 하나의 화면이 되기도 한다.

　그림의 내용은 현실세계, 상상속의 천상세계, 종교·신념 및 역사적 고사 등 다양하다(그림 5-2). 현실세계의 표현은 주로 벽면에 묘주의 초상화와 생활의 여러 장면으로 구성된다. 신화전설 및 역사고사에는 복희와 여와 및 서왕모, 동왕공의 신화전설과 이도살삼사二桃殺三士* 등의 역사설화, 공자를 비롯한 선현들의 묘사 등이 포함되어 있다. 그중 복희와 여와, 서왕모와 동왕공은 천상세계의 제재들과 같이 천장부에 위치해 해와 달과 대응되어 승선의 사후관념을 표현하는 제재로 이용된다. 천상세계는 해와 달, 별, 구름 등과 신

* 『晏子春秋(안자춘추)』에 나오는 이야기로 제나라에서 안자가 꾀로서 교만한 세 명의 장사를 스스로 죽게 한 이야기

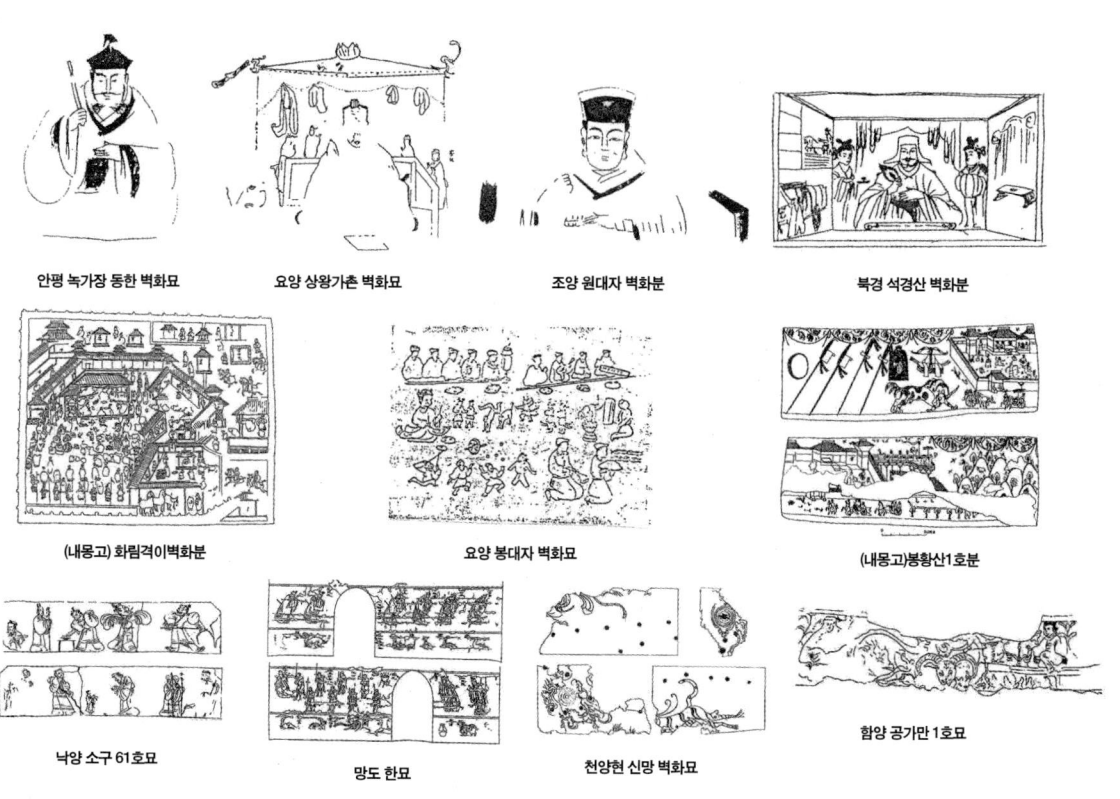

그림 5-2. 중국 묘실 벽화의 여러 제재

금이수神禽異獸 및 선옹仙翁, 우인羽人 등 승선세계를 표현하는 여러 제재들로 구성되어 있으며 주로 천장부에 위치한다. 현실생활을 표현한 제재 중 출행도나 생활의 여러 모습들은 시공간적으로 넓은 범위에서 관찰되어 보편적인 제재라 할 수 있지만, 같은 제재라도 지역과 시기에 따라 표현의 세부적인 차이가 있어서 장식도안만으로 그려진 벽화분은 현재는 감숙성 지역의 벽화분에서만 확인되고 있다. 따라서 조합되는 제재를 기준으로 묘실 벽화는 몇 가지 부류로 나눌 수 있다.

첫째는 천상세계와 신화전설이 함께하는 것으로, 해, 달, 별, 구름 등 하늘세계에 신금이수, 우화선인羽化仙人 등 사후의 천상세계를 묘사하고 여기에 신화전설 및 역사고사 등이 더해진다. 낙양 소구洛陽 燒溝61호묘, 복천추卜千秋벽화분, 천정두淺井頭벽화분, 금곡원金谷園 묘실벽화 등 낙양지역을 중심으로 전한대 벽화분에서 주로 관찰되며, 섬서성 천양현陝西省 千陽縣 벽화묘, 서안교통대학西安交通大學 내 벽화묘, 하남성 영성 망산시원河南省 永城 芒山柿園 벽화묘에서도 확인되었다. 금곡원 묘실 벽화는 전실 네 벽 모서리에 기둥을 그리고, 동·서·남 3벽에는 처마와 들보를 묘사하고, 천정에 별과 해와 달의 그림과 날아가는 새로 여백을 채우고 벽 한 모서리에 학 한 마리를 그려 넣었으며, 후실에는 날아가는 구름과 해와 달, 사신 등 신금이수 등이 묘사된 벽화를 그렸다. 하남 영성 망산시원 벽화묘는 전한대의 양국 왕의 무덤으로 비정되는데, 주실에 주작과 백호와 함께 운기문雲氣紋이 묘사되었는데, 이러한 천장부의 그림은 단순한 해와 달의 하늘세계가 아니라 신금이수, 우화선인 등 승선을 지향하는 천상세계를 상징한다.

둘째는 천상세계와 신화전설, 역사고사와 현실생활의 여러 장면이 함께하는 것으로, 가장 풍부한 내용을 가진 벽화분이다. 낙양 동교 기차공창洛陽 東郊 机車工廠 내 벽화묘, 북교 석유참北郊 石油站 벽화묘, 내몽고 화림격이內蒙古 和林格爾벽화묘가 이에 해당된다. 전한 말에서 후한에 걸친 벽화분에서 관찰된다.

셋째는 천상세계와 현실생활이 함께하는 것으로, 현실세계는 벽면에, 천상세계는 벽 상부나 천정부에 묘사되어 있다. 셋째 조합은 천상세계의 묘사에 따라 해, 달, 별, 구름 등 하늘세계만 묘사한 것과 현실세계와 천상세계가 비슷한 비중을 점하는 것으로 나뉜다. 단순히 해와 달 등의 하늘세계만 묘사한 벽화분은 내몽고內蒙古 봉황산鳳凰山 벽화분, 요령성遼寧省 요양遼陽의 동문리東門里벽화분, 삼도호三道壕 2호묘와 4현장現場묘, 아방鵝房1호묘, 남림자南林子벽화묘, 그리고 조양朝陽 원대자袁台子벽분 등 주로 후한 말에서 위·진대의 것이다. 현실세계와 천상세계가 비슷한 비중을 점하는 벽화분은 산동성山東省 양산梁山 후은산后銀山벽화묘, 산서성山西省 평륙平陸 책원촌柵園村, 하현夏縣 왕촌王村, 하남성 형양왕촌현滎陽王村縣 장촌萇村, 밀현密縣 타호정打虎亭, 하북성 망도한묘望都漢墓, 감숙성 주천酒泉 하하청下河淸1호묘, 무위武威 마취자磨嘴子, 뇌대雷台, 하남성河南省 낙양洛陽 언사偃師 행촌杏村, 언사偃師신망新莽시기벽화묘, 금곡원金谷園벽화묘, 낙양洛陽3850호묘 등이다. 요령성 영성자營城子벽화묘는 후한대에 해당되며, 감숙성의 주천과 고대高台벽화분은 위·진대 벽화분으로, 감숙성의 벽화분은 채화전묘라는 점에서 지역색을 갖고 있다. 따라서 시간의 흐름에 따른 전반적인 변화는 천상세계가 약화되어 하늘세계의 표현이 주가된다.

넷째는 천상세계가 약화되고, 현실생활과 관련된 제재가 주가되는 것으로, 묘주 단독 초상화의 유무에 따라 세분된다. 묘주가 단독 묘상화로 묘사된 하북 안평현 녹가장 벽화묘는 묵서명에 의해 후한 희평熹平5년(176년)에 조성된 무덤임이 밝혀졌다. 묘주 단독 초상화가 아니라 생활 장면의 일부로 자리하는 경우는 산동성 제남 청룡산齊南 靑龍山 화상석벽화묘, 내몽고 탁극탁托克托 벽화묘, 강소성江蘇省 서주徐州 황산롱黃山隴 벽화분, 요령성 요양 삼도호2현장 벽화묘와 삼도호1호묘, 상왕가촌上王家村 벽화묘, 봉대자奉台子1호분과 2호분, 영수사묘迎水寺墓, 조양 북묘촌北廟村1호묘, 대평방촌大平房村, 구문자溝門子벽화분 등이다. 이에 속하는 무덤들은 후한 이후 위·진대에 해당되며, 주로 북방지역에서 확인된다.

이처럼 묘실 벽화를 구성하는 제재의 조합은 시간에 따라 신화전설과 역사고사 등이 사라지고, 다양한 천상세계가 단순한 하늘세계로 변화하여, 후한대가 되면 벽화의 주 제재는 현실생활로 변화한다. 벽면의 현실생활과 천장의 천상세계의 표현은 전 지역에서 공통되지만, 지역색을 보이기도 한다. 신화전설과 역사고사는 낙양을 중심으로 한 지역에서 주로 나타나며, 현실생활이 주가 되는 벽화는 중국 요령성 벽화분에서 관찰된다. 그 가운데 내몽고 화림격이 벽화분은 지방의 중심지에 위치하지만 낙양 일대 벽화분과 같은 구성을 보이며, 무덤이 자리하는 곳이 오환교위가 설치되었던 곳임을 감안하면 벽화 제재의 다양함이나 내용과 분포 양상에는 묘실 벽화의 변화과정 뿐만 아니라 해당 지역의 정치적 위상이 함께 반영되는 것으로 볼 수 있다.

이러한 맥락 속에서 볼 때 중국 한·위·진대 벽화분 중에서 고구려 벽화분과 시기적으로나 지역적으로 가장 가까우면서 지역색을 갖고 있는 벽화분은 중국 요령성 벽화분으로 중국 요령성 벽화분은 고구려에 영향을 준 것으로 설명되기도 한다.

2) 중국 요령성의 후한·위·진대 벽화분

중국 요령성지역은 후한 말 이후 위·진대 중국 벽화분의 중심지로, 요동지역인 요동반도 남단의 대련 및 요양 일대와 요서지역인 조양 일대에서 벽화분이 확인되었다. 대련의 영성자벽화분을 제외하고는 이 일대에 알려진 벽화분 대개가 돌로 축조한 석실벽화분이어서, 요령성이 고구려 벽화분의 연원지로 지목되기도 하였다. 그러나 요령성 각 지역의 벽화분은 구조가 서로 다를 뿐만 아니라 벽화의 제재에서도 세부적인 차이가 있어서 지역에 따른 차이를 고려하지 않은 채 이 일대를 고구려 벽화분의 연원지로 보는 것은 문제가 있다.

(1) 요동지역

① 대련 영성자벽화분

요동반도의 대련시에는 중국 한대 무덤이 집중 분포한다. 그 가운데 대련시 감정자구 영성자공사 하강자 남쪽에 있는 영성자2호분은 이 일대에서 알려진 유일한 벽화분이어서 보통 영성자벽화분으로 부른다. 영성자벽화분은 전실봉토분으로, 분구의 남아 있는 높이는 4.5미터지만, 현재는 후대의 삭평으로 분구의 원래 모습을 알 수 없다. 묘실은 연도, 전실과 후실 그리고 후실의 동쪽과 북쪽의 작은 측실로 이루어졌다. 묘실의 각 방은 천장을 궁륭상으로 높게 쌓아올렸는데 그중 후실의 천장이 가장 높아서 횡단면도는 '山'자형을 띤다(그림 5-1 참조). 연도는 높이 1미터, 폭 1.03미터이며, 벽의 두께는 약 0.6미터, 천장은 터널형이다. 연도와 연문을 거쳐 전실로 들어가게 된다. 전실의 네 벽은 작은 벽돌을 뉘어서 쌓았으며, 동서방향을 장축으로 한 긴 횡장방형 평면으로 동서 길이 3.12미터, 남북 길이 2.33미터, 높이 3.53미터이다. 전실과 통로로 연결된 후실은 방형평면이다. 후실 내부에는 네 주위를 돌아가며 회랑을 돌렸으며 회랑의 높이는 0.41미터이고, 후실 벽과 회랑 사이 공간은 1미터 정도이다. 후실의 북쪽과 동쪽으로는 측실과 연결되는 통로가 있다. 동쪽 측실은 면적은 5.54평방미터이고, 북쪽 측실 면적은 4.26평방미터로 동쪽 측실보다 조금 작다. 동쪽 측실과 북쪽 측실은 부장공간으로, 동쪽 측실 세 벽에 돌아가면서 벽돌로 대를 만들고 그 위에 명기가 흩어져 있었고, 북쪽 측실에서도 명기가 출토되었다. 명기의 종류는 도정陶井, 안案, 옥屋, 저猪, 화덕 등이다.

　벽화는 묵선으로 윤곽을 그린 후 채색한 것으로, 후실 내 동·남·북 3벽에서 확인되었다. 북벽에는 정면에 남자가 앉아 있고 남자의 오른편에는 물건을 든 시종이 표현되었다. 묘주와 시종 위로 새와 용이 묘사된 점으로 미루어 묘주의 초상화는 제사의 풍경을 그린 것으로 보인다. 한편 남자 앞쪽에 노인이 남자를 영접하는 모양으로 표현되었는데, 노인 뒤로 우인羽人과 운기문雲氣文이 그려 있다. 이 노인은 승선세계로 이끄는 방사方士로 신선이 되기를 바라는 당시의 사후관이 표현된 것이다. 남벽의 문에는 괴수와 문 양측 기둥에 서역인의 모습을 한 문리를 묘사했다. 이처럼 벽화는 묘주의 초상화와 함께 승천을 묘사한 것으로 살아서의 모습과 죽어서 축복을 기원하는 것이 주 내용이다.

　묘실 주위의 회랑은 전실에서는 드물게 보이는 시설로 화상석묘나 중원지역의 한대 대형 목곽묘에서 보이는데, 외부에서 들어오는 한기와 습기로부터 무덤을 보호하려는 기능적인 배려로 보기도 한다. 영성자벽화분의 구조와 벽화 내용 그리고 그 일대의 역사적 배경을 결부시켜보면 영성자벽화분의 조성 시기는 후한말로 비정된다.

② 요양 일대 벽화분

요양 일대는 요동지역의 벽화분의 중심지이다. 조사 보고된 벽화분은 요양시의 동문리, 삼도호, 북원北園, 봉대자, 상왕가촌, 남림자, 아방촌, 영수사, 요양현의 남설매촌南雪梅村 등지에서 17기가 알려졌다. 그중 요양 서진西晉묘(삼도호7호분)만 선각으로 장식되었고, 나머지는 모두 채색 벽화분이다. 묘실은 병렬배치된 관실과 전실로 이루어졌으며, 연도시설 없이 묘문만 있거나 연도보다는 문길에 가까운 짧은 입구시설이 있다.

주검은 대개 목관에 안치되거나 목관과 목곽의 2중 구조에 안치된다. 목관은 여러 칸이 나란히 배치된 관실에 안치되는데, 관실은 그 크기가 관이나 곽 하나가 들어갈 정도로 폭이 좁아서 1인이 안치되었을 것이다. 이 관실을 중심으로 회랑이 돌아가며 측실이 부가되기도 하여서 요양일대 벽화분의 평면구조는 관실과 전실, 회랑의 위치에 따라 역T자형, 工자형, ㅁ자형 등으로 나눌 수 있다(그림 5-3 참조). 역T자상 평면은 관곽 앞쪽에 전실이 자리한 무덤으로 전실과 연결되어 측실이 마련되기도 하고 관곽 뒤쪽으로 벽감이 마련되기도 한다. 工자형 평면은 관곽을 중심으로 앞과 뒤 양쪽에 전실과 후실이 있으며 전실과 관실 측벽을 연결한 측실이 마련되기도 한다. ㅁ자형 평면은 회랑이 관곽 네 주위를 돌아가면서 있어 세 평면 중 가장 복잡한 구조이다. 그러나 평면형과 관곽의 수는 상관성을 보이지 않는다. 세 평면형 무덤의 천장가구는 관곽을 나누는 격벽이나 기둥, 회랑 또는 문 위에 1~2단의 돌을 고인 후 비교적 커다란 돌을 덮은 고임식 평천장이며, 천장가구가 평면구조에 따른 차이를 보이지 않는다.

묘실 각 평면은 관실의 수에 따른 위계 차를 보이지 않아서 관실의 수에 따른 평면형이 위계관계에 있다고 보기 어렵다. 또한 중국 중원에서 전한대에 이미 역T자형 평면의 목곽, 목실묘가 등장했고 후한대가 되면 역T자형과 ㅁ자형 평면이 더해지면서 묘실 각 평면이 여러 지역에서 시간적 병행관계를 보이므로, 요양 일대의 세 평면형도 선후관계를 가졌다고 보기 어렵다. 실제 요양 일대에서 가장 늦은 시기로 비정되는 상왕가촌 벽화묘이 역T자형 평면구조이어서 평면형에 시간적 선후관계가 반영되어 있지 않았음을 방증해준다.

요양 일대에서 가장 먼저 축조된 벽화분은 후한대 말로 연대비정되는 동문리벽화분이다. 동문리벽화분은 전실 없이 묘실 뒤쪽으로 부장공간이 마련된 T자상 평면으로 묘실 앞에 전실이 마련된 역T자상 구조와 구별된다. 이러한 평면은 목재와 공심전이 혼축된 전한대의 목곽묘와 유사하다. 부장칸에는 식생활과 관련된 명기가 부장되었다. 평면구조와 명기의 부장이 후한대의 풍습임을 고려해볼 때 동문리벽화분은 요양지역 벽화분 중 후한대 무덤과 가장 유사하다.

가장 늦게 축조된 벽화분으로 삼도호 서진묘와 상왕가촌 벽화묘을 들 수 있다. 삼도호 서진묘(7호분)는 채색 벽화분은 아니지만, 묘실 벽면에 기마도, 새와 함께 태강太康 7년·9년·10년 등 기년명이 선각되어 279~290년에 조성되었음을 보여준다. 상왕가촌 벽화묘에는 청자 호자가 부장되어 있었는데, 청자 호자는 위·진대를 대표하는 부장품의 하나로, 상왕가촌 벽화묘 호자는 몸통과 구연 형태가 서진대 호자와 같다. 따라서 상왕가촌 벽화묘은 서진대 무덤으로, 그 시기는 3세기 말 늦어도 4세기 초를 벗어나지 않을 것으로 추정된다.

이처럼 요양 일대에서는 후한 말에 벽화분이 축조되기 시작해 4세기 초까지 벽화분이 축조되었을 것이다. 요양 일대에서 4세기 이후 벽화분 축조가 단절된 것은 중국의 중심이 양자강 이남으로 남하한 데 따른 이 일대에서의 정치적 위상 약화와 4세기 중엽 이 일대를 사이에 두고 전연과 고구려가 일진일퇴하는 역사적 정황과 관련이 있을 것이다.

(2) 요서지역: 조양과 북표 일대 벽화분

요서지역의 벽화분은 요동지역보다 수적으로 적고 한 곳에 밀집되어 있지도 않다. 현재 알려진 벽화분은 삼연의 중심지에 분포하고 있어서, 요서지역의 벽화분은 모용선비에 귀화한 중원의 한족 출신 관료의 무덤으로 보기도 한다. 요서지역에서는 6기의 벽화분이 보고되었다. 조양 일대의 구문자溝門子, 원대자袁台子, 대평방촌大平方村, 북묘촌北廟村 등지에서 4기, 북표北票 서관영자西官營子 1·2호분 등 2기이다. 서관영자 1·2호분은 수혈식 석곽 내의 목곽에 그림이 그려져 있어서 다른 벽화분과는 구별된다.

요서지역의 벽화분은 구조에서 정형화된 양상을 띠지 않지만, 묘실 평면이 사다리꼴이라는 점에서는 공통된다. 구문자벽화분은 연도 없이 묘문만 마련된 횡구식이며, 짧은 연도를 가진 원대자벽화분은 석실의 동벽에는 입구 쪽에 측실과 벽감이 있고, 서벽에는 두 개의 벽감이 그리고 북벽에 해당되는 뒤벽에도 벽감이 있어서 전체 평면이 대칭적이지 않다(그림 3-3 참조).

요서지역의 벽화분 중 규모와 부장 양상에서 월등한 벽화분은 원대자벽화분이다. 원대자벽화분은 입구를 제외한 네 벽에 감과 측실이 있는 장축을 중심으로 비대칭인 평면을 가진 단칸구조로, 묘실 내부 중간에 벽을 세워 공간을 분리했고, 천장은 고임식의 평천장이다. 묘도와 묘실 내 벽에 그림을 그렸다. 묘도 양측에는 문지기를, 묘실 내에는 서벽의 입구쪽 측감에 남 묘주와 여 묘주의 초상화가 있으며, 묘실 벽면에 농경, 조리, 수렵, 출행 등의 현실생활과 청룡, 백호, 주작 그리고 천상의 해와 달 등 하늘세계를 표현했다. 부장품은 묘실과 동쪽 측실에서 주로 출토되었다. 종류로는 토기와 흑갈유 자기, 초두·괴·대부동복 등 청동용기와 칠기, 안교와 등자와 금동제 경판 및 마령 등 각종 마구, 금은제 대금구와 대구 등 장신구, 철제이기 등 다종다양하다. 그중 대금구와 청동 초두는 동진대 문물과 흡사하고 등자와 행엽 등 마구는 안양 효민둔의 목곽묘에서 출토된 것과 유사하여서 고분은 4세기 중엽 무렵에 축조된 것으로 보며, 묵서명을 통해 354년으로 비정되기도 한다.*

그 밖의 조양 일대 벽화분의 정확한 연대를 파악하기 어려우나 대평방촌벽화분은 한·위·진대 부장풍습의 하나인 식생활과 관련된 니질의 무늬가 없는 토제 명기가 부장되어 있어 4세기 중·후반 이후로 내려갈 가능성이 크지 않다. 북묘촌벽화분은 시간을 판단할 유물 자료가 없지만 벽화 내용이 구문자벽화분이나 대평방촌벽화분과 유사하고 사다리꼴 평면의 목관은 선비의 전통으로 이해되고 있어 삼연 시기인 4세기 중엽부터 5세기 초에 축조된 것으로 추정된다.

북표의 벽화분 2기는 모두 서관영자에서 확인되었고 수혈식 석곽묘라는 점이 조양이나 요양 일대 벽화분과 차이를 보인다. 470여 점에 달하는 많은 양의 유물이 부장되어 있는 서관영자1호분은 거북이 모양 고리의 금제 '범양공장范陽公章', 금동제 '요서공장遼西公章' 도장과 '차기대장군車騎大將軍'·'요서공장遼西公

* 전립곤은 벽화의 묵서에서 확인된 咸康, 永和 연호와 월간지를 고려해 볼 때 354년일 가능성이 높다고 보았다 (田立坤, 2001, 「袁台子壁畵墓에 대한 재인식」, 『요령지역의 고대문화』, 23~25쪽).

章' 등 금동제 도장으로 보아서 범양공, 시중, 차기대장군, 녹상서사, 대사마, 요 서공 등의 관직을 역임하고 415년에 사망한 북연 풍소불馮素弗의 무덤이다. 서관영자1호분과 같은 구조인 2호분은 풍소불 부인의 무덤으로 서관영자1호분과 그리 멀지 않은 시기에 축조되었을 것이다. 따라서 조양과 북표를 포함한 요서 지역에서 벽화분은 4세기 중엽에서 5세기 초반까지로 비정해볼 수 있다.

3) 감숙성 일대의 위·진대 벽화분

감숙성 일대는 조·위 시기를 거쳐 서진 멸망 이후 전량, 후량, 남량, 서량, 북량 등 오량과 전진이 자리했던 곳이다. 벽화분의 중심 분포지는 주천酒泉, 무위武威, 장액張掖, 돈황敦煌 등지로 전한대 하서河西 4군이 설치되었던 곳이다. 정치·문화적으로 발전한 곳인 만큼 감숙성에는 한대에서 당대에 걸쳐 많은 벽화분이 축조되었다.

감숙성에서 조사된 한대 이후 위·진의 천여 기의 무덤 중 발굴·보고된 벽화분은 10여 기에 불과하다. 주천지구의 가욕관嘉峪關, 신성新城묘군, 간골애干骨崖고묘군, 단돈자탄單墩子灘묘군, 과원향서구果園鄉西溝묘군, 여가구余家溝묘군, 최가남만崔家南灣묘군, 정가갑丁家閘묘군 등이며, 그중 신성묘군과 정가갑묘군에서 가장 많은 벽화분이 조사되었다. 돈황敦煌에서는 불야묘佛爺廟와 기가만祁家灣에서 벽화분이 조사되었으며, 이외에도 고태高台 낙타성駱駝城과 무위武威에서도 벽화분이 확인되었다. 이 가운데 한대부터 지속적으로 벽화분이 확인된 곳은 주천과 무위이며, 위·진대에 들어서 벽화분이 축조된 곳은 돈황과 고태이다. 가욕관시 패방량牌坊梁과 영창현永昌縣 동서구東西溝에도 벽화분이 있다고 하나 구조와 내용은 자세하지 않다.

(1) 구조

감숙성 일대 벽화분 중 구조를 알 수 있는 고분은 주천의 가욕관, 무위, 고태, 돈황 등지에서 조사·보고된 14기에 불과하며, 조벽照壁의 높이나 축조에 사용된 벽돌의 종류와 화면 축조방식에서 한대 벽화분과 구별된다(그림 5-4 참조).

분구는 가욕관 정가갑5호분과 가욕관 신성12·13호분 3기에서 확인되었다. 분구는 방형 평면의 방대형이거나 방원형이다. 가욕관 정가갑5호분은 한 변이 19.5미터, 17.4미터로 비교적 높고 거대한 분구이다. 매장부는 벽돌로 축조한 전실묘와 토동묘가 있지만, 다수를 점하는 것은 전실묘이다. 전실묘는 장방형 벽돌을 이용해 2평1수, 3평1수, 4평1수, 5평1수* 등으로 축조하였다. 한 무덤에 두 가지 이상의 방법을 사용하기도 했고 벽 중간 중간에 벽돌의 다른 면을 이용해 문을 형상하거나 벽돌의 상면을 이용해 화면을 만들기도 했는데, 이 점이 한대의 벽화분과 다른 점이다. 토동묘로는 돈황 기가만310호분과 돈황 불야묘118호분 등이 있다.

* 길이모쌓기(벽돌의 긴 면을 가로로 해서 뉘어쌓는 방식) 2개에 작은모쌓기(벽돌의 작은 면이 표면이 되게 쌓는 방식) 1개면 2평(平)1수(竪)이라 한다.

벽화분의 매장부는 지하 깊숙이 자리하며 지상에서 묘문에 이르는 묘도는 경사져 있으며, 묘도와 묘문이 연결되고 묘문 위에는 조벽장照壁墻이라 부르는 담을 높이 쌓았다. 조벽은 밖에서 안이 들여다보이지 않도록 쌓은 벽으로, 무덤에서는 묘문 위로 묘실의 천정 높이 이상으로 벽돌을 쌓아올린다. 조벽은 중원지역에서도 관찰되지만 한대 중원이나 서북지구의 내몽고나 신강성의 벽화분에서는 잘 관찰되지 않고 감숙성의 한대 벽화분인 주천 하하청1호분과 무위 뇌대, 마취자1호분에서 관찰되어 감숙성 벽화분의 특징적 구조로 보인다. 다만, 한대 벽화분의 조벽은 묘실 천장과 비슷한 높이이거나 그 보다 낮은데 반해 감숙성에서는 시기가 내려오면서 조벽을 높게 쌓는 경향성을 보인다.

매장부는 하나의 공간으로 이루어진 것과 여러 개의 방이 통로로 연결된 여러 칸 구조로 나뉜다. 보고된 벽화분 중 다수를 점하는 것은 여러 칸 구조로 연도에서부터 전실, 중실, 후실이 종렬로 배치되어 있다. 전실과 중실은 방형 평면이며, 주검이 안치되는, 후실은 장방형 평면으로 가장 작은 공간이다. 이 외에도 측실이나 벽감이 설치되기도 하는데, 측실이나 벽감은 후실보다 전실이나 중실에 마련되며, 양측이 대칭되도록 만들거나 한쪽에만 만들어 비대칭인 경우도 있다. 연도는 모두 중앙연도이며 연도의 끝에 묘문이 있고, 묘문 위로 조벽을 쌓았고 묘문은 묘도로 이어진다. 천장가구는 궁륭상과 터널형 두 종류이다. 묘실 평면과 천장구조는 상관관계를 보여서, 방형 평면은 궁륭상 천장, 장방형 평면은 터널형 천장이 서로 대응된다. 따라서 방형 평면인 전실이나 중실은 궁륭상 천장이며, 장방형 평면의 후실은 터널 천장이다. 묘문은 터널형이다.

(2) 묘실 벽화

벽화는 묵선으로 윤곽을 그린 후 홍색, 청색, 남색, 황색 등으로 채색하였으며, 화면은 무덤 내부 전체가 아니라 전실이나 중실에 집중되어 있으며 채화전을 사용하여 벽면 일부가 화면이 되는 예가 많다. 전실묘 중 정가갑5호분은 벽면 전체에 회를 바른 후 그림을 그렸고, 토동묘는 풀과 점토를 섞어 반죽한 흙을 바른 후 그 위에 다시 백회를 바르고 그림을 그렸다.

벽화의 제재는 한대부터 지속적으로 표현되는 것과 새로 출현한 제재로 나누어 볼 수 있다. 청룡·백호·주작·기린 등 상서로운 동물과 운기문 등 상징적인 제재, 현실생활을 표현한 음연도, 음식 조리와 푸주, 도살 등 식생활 관련 제재, 농경, 육박희六博戱 등 잡기오락과 가무와 악기 연주 등은 한 이래로 지속적으로 관찰되는 제재이다. 그러나 말이나 낙타·양의 목축 장면, 여러 방식의 수렵, 실크 저장고 등은 한대 벽화에서는 보이지 않던 감숙성의 생활을 표현한 제재로, 목축과 수렵 등의 제재가 현실생활의 표현에서 많은 비중을 점하고 있어 당시 감숙성의 생활이 반영되었음을 알 수 있다. 가령, 주천 가욕관 신성1·3·4·5·6·7·12·13호분의 묘실 벽면에는 식생활과 관련한 도살하고 조리하는 장면, 목축이나 농경 등 생산활동 장면 및 수렵 장면 등이 주 제재이다. 한편 벽면에 운기문을 표현(가욕관 신성3호분)하거나, 양쪽에 호랑이를 배치한 묘문을 표현(가욕관 신성5·6호분)하기도 하고, 그 위에 청룡·백호·기린·주작 등을 표현(가욕관 신성6호분)하기도 하며, 진묘수였던 독각수를 벽면에 표현(가욕관 신성12·13호분)하기도 하였으며, 신성13호분은 한대 벽화분의 중심 제재인 동왕공과 서왕모를 목관 외면에 그렸다. 이처럼 천장에 주로 묘사되던 신금이수나 운기문이 벽면에 표현되었다는 점에서 천장에 묘사되었던 한대 벽화분과는 구별된다. 이외에도 돈황의 불야묘133호분과 37호분, 118호분의 벽화는 벽면이 주화면이며 현실생활을 표현한 벽화분이다.

감숙성의 묘실벽화가 채화전으로 축조된, 현실생활을 주요내용으로 하였다는 점을 감안해 볼 때 주천 정가갑5호분은 예외적이라고 할 수 있다. 정가갑5호분은 기둥으로 묘실 내부 공간을 셋으로 구획하고 천장부와 벽의 경계에는 산악도를 그려 구분했다(그림 5-4 참조). 천장막음에는 연꽃을 표현하고, 천장부에는 동왕공과 서왕모 및 선인과 신금이수를 배치하고, 운기문으로 여백을 채웠다. 벽면에는 묘주 부부를 중심으로 농경·목축 등 생산활동, 육박과 기악연주 등 오락생활, 과수원 등 장원의 모습이 표현되어 있어서, 감숙성의 다른 벽화분과 구별된다.

이외에도 예가 많지는 않지만 무위에서는 장식도안으로 장식한 벽화분도 확인되었다. 무위 남탄1호분에서는 능형이나 절지형, 장방형 등 장식도안이 주내용이며, 무위 관가파3호무덤도 도안화된 벽화분으로 알려졌다.

(3) 장속과 부장품

장속을 확실히 알 수는 없지만, 감숙성 내 벽화분은 부부를 합장했을 것으로 추정된다. 주천 신성13호분에서는 현실 내 현실의 장축을 따라 목관 두 기가 나란히 안치되어있어서 부부가 합장되었을 것으로 생각된다. 남자는 왼쪽, 여자는 오른쪽에 위치하고, 남자의 목관 외면에 동왕공과 서왕모를 그렸으며, 여자의 관에는 괘상도가 표현되어 있다. 주검은 신전했고 머리는 무덤 입구 쪽으로 두었다. 머리 방향은 일정하지 않으나 북쪽이나 서쪽보다 남쪽과 동쪽이 많다.

여러 칸으로 이루어진 경우 전실이나 중실, 부속된 측실이나 벽감이 부장 공간이다. 조사된 고분의 다수가 파괴되거나 도굴되어 부장 양상의 전모를 알 수 없으나, 토기, 청동기, 동기, 철기, 금기, 석제품 등이 부장되었다. 토기는 관이나 분盆, 종鍾, 두斗, 접시, 완, 안案 외에 명기인 우물과 화덕, 가옥, 창고, 등잔대 등이 있고, 청동제는 마용, 견마용, 마안馬鞍모형, 거울, 시루와 솥 등 조리기, 반량·화천·대천오십·오수전 등 동전과 동척銅尺이고, 철제는 거울, 검이나 도 등 무기, 손잡이가 달린 복, 등자 등이 있다. 이외에 금제 보요와 석제 벼루와 돼지, 비단 등 다양한 유물이 부장되었다.

다종다양한 부장품 중 명기인 가옥이나 창고, 화덕, 우물과 각종 용기류는 한대 중원지방의 부장품과 같은 내용이다. 그러나 금제 보요나 손잡이가 달린 동복 등 일부 유물은 북방족과의 관련을 보여준다. 주천 정가갑5호분과 가욕관 신성7호분와 12호분에서 출토된 금제 보요는 어디에 부착되었는지는 알 수 없지만, 보요 장식 장신구가 선비족의 특징적인 문물임을 감안해볼 때 양 지역의 관계를 엿볼 수 있다. 도면이나 사진이 보고되지는 않았지만 철제 등자의 부장도 북방족과의 관련을 시사한다. 무위 남탄벽화묘에서 출토된 청동 마안馬鞍모형도 그러하다. 따라서 부장품의 다수를 점하는 것은 중원의 한대 부장습속과 결부되지만, 북방족과의 관련을 보여주는 기물은 목축, 사냥 장면의 벽화와 함께 이 일대 종족적 특징이 반영된 것이라고 할 수 있다.

4) 중국 벽화분과 고구려 벽화분의 비교

(1) 요령성 벽화분과의 비교

요령성의 벽화분은 고구려 벽화분과 마찬가지로 돌로 축조한 석실이다. 축재가 돌이는 점은 벽돌로 축조한 중국의 여타지역 벽화분과 구별되며, 고구려 요동성총과 요양일대의 관실병렬배치 구조가 유사하다. 더욱이 상왕가촌 벽화묘의 남묘주 단독초상화가 안악3호분이나 덕흥리벽화분과 유사하여 고구려 봉토석실벽화분과 가장 유사한 지역으로 주목을 받았다. 그러나 요령성 내에서도 요동과 요서지역의 벽화분이 서로 다르며, 관실병렬배치 구조는 고구려에서는 예외적인 구조이어서 요령성의 요동, 요서지역 벽화분과 고구려 벽화분을 단일 선상에 놓을 수는 없다.

사실, 요령성과 고구려의 벽화분은 횡혈식 석실이라는 점에서는 공통되지만 구조에서는 차이가 있다. 요동의 요양일대는 관실병렬배치구조이며, 요서의 조양과 북표일대는 평면 사다리꼴의 수혈식 석곽이나 석실이다. 특히 사다리꼴 평면은 선비무덤의 특징적인 평면형이기도 하여서 고구려, 요동, 요서 세 지역의 구조는 서로 다르다. 천장가구도 요령성은 고임식의 평천정으로, 별도의 천장부를 형성하지 않았다는 점에서 높은 천장부를 형성한 고구려와 다르다. 천장부를 높게 형성한 것은 현실세계와 천상세계를 구분하려는 계세관념이 반영된 구조임을 감안해 보면, 요령성과 고구려의 벽화분이 서로 다른 관념 하에 조성되었다고 할 수 있다. 다만, 구조의 일부 속성 가

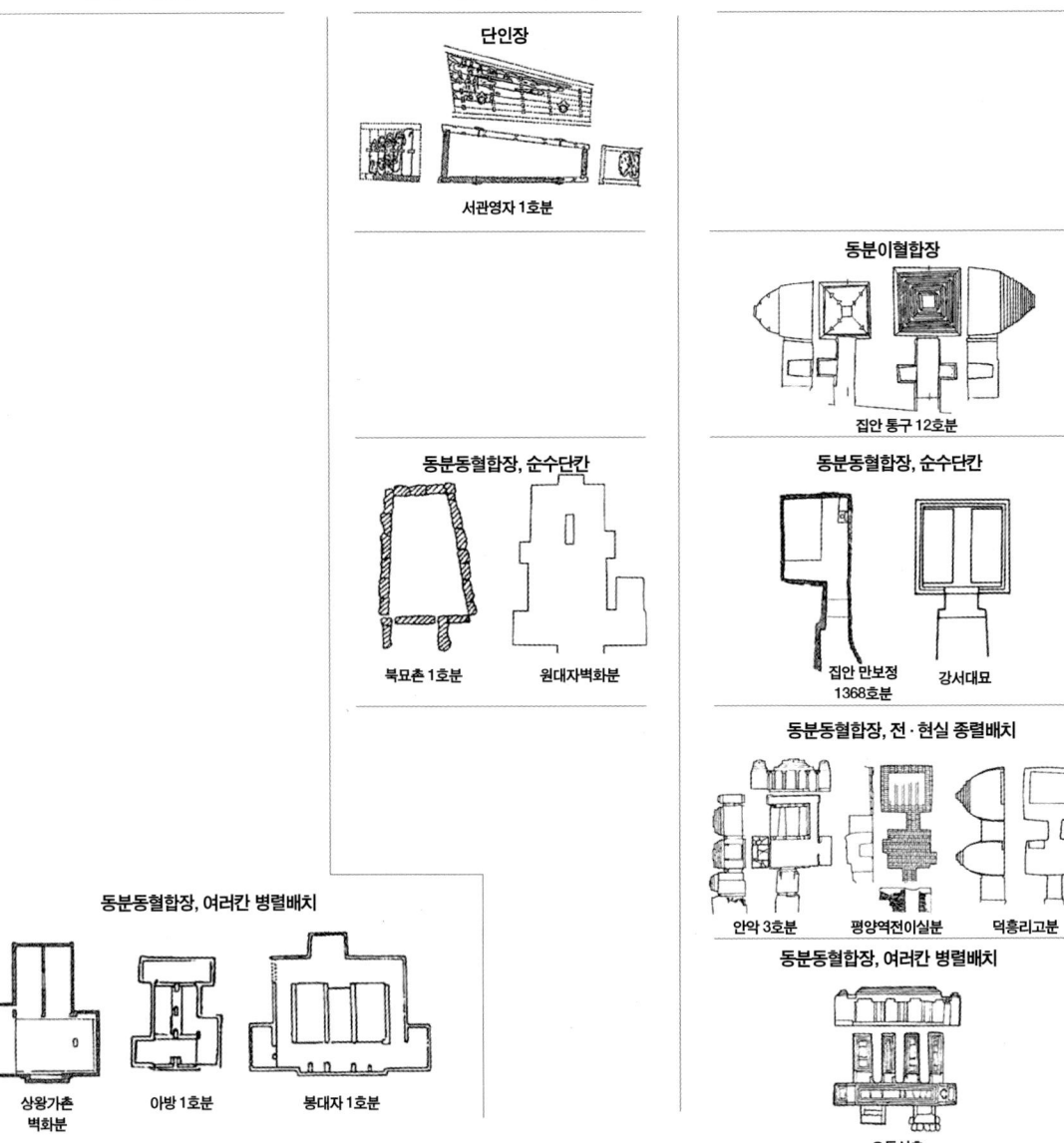

그림 5-3. 중국 요령성 벽화분과 고구려 벽화분 비교

령, 안악3호분이나 태성리3호분의 회랑구조를 연결시키기도 하지만 양 지역 무덤은 축조 재료와 매장부 위치, 시간적 공백 등에서 차이가 있어서 구조적으로 관련을 짓기 어렵다. 이외에도 고구려의 석실은 동분 내 동실합장을 기본으로 하지만 요양일대는 개별 관실을 병렬배치하였다는 점에서도 서로 다

른 구조라고 할 수 있다. 때문에 요령성과 고구려 벽화분을 구조적으로 동일선상에 놓고 설명할 수 없다(그림 5-3).

묘실벽화는 상사, 상이점을 함께 한다. 제재의 구성이 공통되는데 이는 중국 한대 묘실벽화의 연속선상에 있다. 가령, 묘주 단독의 초상화는 요양 상왕가촌벽 화분, 조양 원대자벽화분, 고구려 안악3호분과 덕흥리벽화분에서 서로 비슷하게 묘사되었고, 이는 비단 요령성뿐만 아니라 하북 안평현의 후한대 전실 묘와 북경의 위·진대 무덤에서도 관찰되어서(그림5-2참조), 후한대의 도상화된 제재로 볼 수 있다. 이외에도 벽면에 묘주의 집안 내 생활을 표현한 음연도와 식생활과 관련된 음식창고 및 부엌과 조리과정, 잡기오락도 등을 배치하였다는 점이 공통된다.

그러나 특정 제재나 세부 표현에서는 차이가 있다. 요령성의 묘주도 대부분은 부부가 함께 음연이나 음식을 먹는 등의 생활 하는 모습으로 표현된 반면, 고구려에서는 화면을 독차지한 초상화 형태로 표현된다. 묘주의 사회경제적 지위와 관련된 음연도나 출행도 등의 표현이나, 관리와 문지기 등 묘주의 사회적 지위를 과시하는 제재도 표현과 내용 구성에서는 차이가 있다. 가령, 의장을 갖춘 대규모 행렬도는 요령성에서는 요양 봉대자1호분에서 보일 뿐, 대부분의 행렬도는 대개 우차나 마차를 타고 가는 간략한 형태로 표현되었다. 따라서 사회적 지위를 과시하면서 선계로 올라가는 출행도로 보기 어렵다. 반면, 고구려에서는 승선관념의 표현으로 행렬도가 묘사된다. 안악3호분의 대규모 행렬도나 약수리벽화분의 묘주부부도와 이어지는 벽에 묘사된 출행도는 승선을 지향하는 모습으로 표현되어 있다. 장원이나 생산활동과 관련된 농경, 수렵, 목축 등의 제재도 마찬가지인데, 요령성의 수렵도는 출행도와 함께 연결되어 주인공이 수렵을 나가는 과정으로 현실생활의 일부로 묘사된 반면, 고구려의 수렵도는 천상세계로 나아가는 장의 행렬의 하나로 표현된다. 이는 천장부에 위치해 천상세계를 구성하는 요소로 수렵도를 그린 덕흥리벽화분에서 잘 관찰된다. 한편, 우경도는 왕망의 신대에서 처음 확인되는 제재로, 조양 원대자벽화분에서는 우경도 옆면에 장원이 묘사되어 있어서 묘주의 경제적 부를 표현하지만, 우경도는 요양 일대와 고구려벽화분에서는 아직 관찰되지 않은 제재이다.

요령성과 고구려 묘실벽화에서 두드러진 차이는 천상세계의 표현에 있다. 요령성에서는 승선관념이 반영된 천상세계의 묘사는 관찰되지 않으며 천상의 묘사는 해와 달 등 하늘세계의 묘사에 국한되어 있다. 반면, 고구려에서는 높은 천장부에 해와 달, 별자리, 신선과 상서로운 동물, 견우와 직녀 등 승선세계뿐만 아니라 사신이나 불국토를 표현한 여래와 보살 등을 묘사하였다. 단지, 해와 달의 묘사에서 삼족오나 둥근 원 안에 토끼나 두꺼비가 공통될 뿐이며, 해와 달의 묘사는 중국 한대 벽화분 뿐 아니라 화상석과 화상전에서도 크게 유행했던 제재이다. 이외에도 조양 원대자벽화분에서는 묘실 북벽 감에 현무를, 묘실의 동·서 양 벽을 상하로 나누어 현실세계와 함께 청룡과 백호가 묘사되어 있다. 그러나 주작이 없는 것으로 보아서 사신 관념의 표현되었다고 보기 어렵다. 반면, 고구려에서 사신은 천상세계를 구성하는 여러 신의 하나로 천장부에 묘사되다가 5세기 후반경의 사신과 생활풍속도와 함께 벽면에 묘사되며, 6세기가 되면서 사신이 방위신으로 표현된다. 따라서 사신관념의 표현에서 요서지역과 고구려는 서로 다른 과정을 겪었음을 알 수 있다.

이처럼 중국 요령성과 고구려의 묘실벽화에서 서로 공통되는 묘주 단독 초상화, 출행도, 해와 달 등의 제재나 현실생활을 벽면에 배치하는 것은 중국 한대 묘실벽화와도 공통된다. 반면, 생활장면의 구체적인 묘사나 일부 제재에서의 차이는 해당지역의 자연환경과 생활이 반영된 결과일 것이다. 때문에 묘실 벽화의 등장이 요령성의 어느 한 곳에서 단선적으로 고구려로 전해졌다기보다는 중국 한대의 묘실 벽화를 요서, 요동, 고구려에서 각각 시차를 두고 받아들였다고 할 수 있다.

(2) 감숙성 벽화분과의 비교

감숙성의 벽화분은 벽돌 한 장 한 장이 화면이 되는 채화전으로 축조한 전실묘로, 지하 깊숙이 묘실이 자리하여 긴 묘도를 가졌다는 점에서 고구려 벽화분과는 다른 구조이다. 더욱이 현실 평면은 장방형이 우세하고, 전실은 방형이 우세하여서 평면구조에서도 차이가 있다. 그럼에도 일부 벽화분의 몇몇 특징은 양 지역이 서로 공통된다(그림 5-4). 방대형 분구, 전·현실 종렬 배치구조, 궁륭상 천장 등이 그것으로, 이는 동시기 요령성 벽화분에서 보이

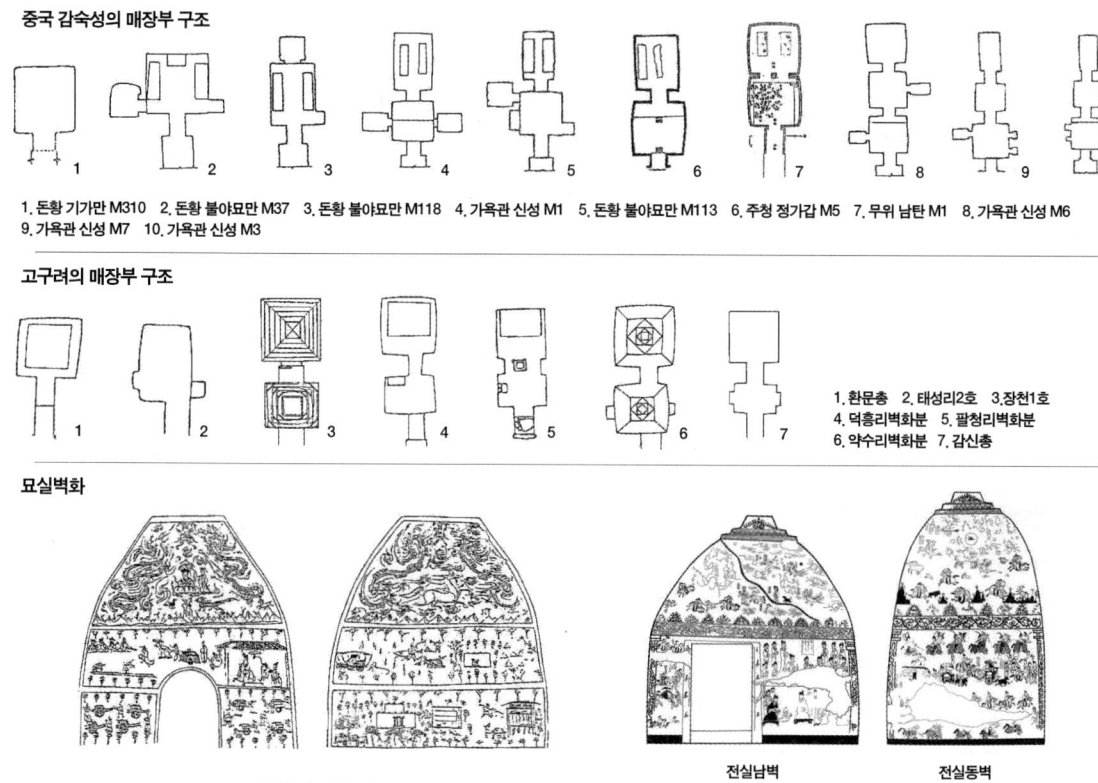

그림 5-4. 중국 감숙성 벽화분과 고구려 벽화분 비교

지 않는 특징이다. 그런 점에서 동북아시아에서 4, 5세기 고구려 벽화분과 구조적으로 가장 유사한 곳은 감숙성이라고 할 수 있다. 특히 주천 정가갑5호분과 약수리벽화분, 전실과 현실 사이에 기둥을 세운 무위 남탄1호분과 팔청리벽화분이 그러하다.

묘실벽화에서도 상사, 상이점이 있다. 벽면에 현실생활을, 천장부에 천상세계를 표현하였다는 점이 서로 공통된다. 정가갑5호분은 벽면 전체에 회를 바른 후 그림을 그렸다는 점에서 감숙성의 채화전 벽화분과 다르다. 정가갑5호분은 벽면과 천장부를 구분하여 현실세계와 천상세계를 구분하고, 벽면에는 묘주가 손님을 접대하는 모습이나 악기를 연주하며 공연을 관람하는 장면, 우차, 조리하는 장면, 수렵장면 등 고구려 묘실벽화에서 자주 관찰되는 제재를 단을 나누어 묘사하였다. 특히 새를 이용한 수렵도나 말을 달리는 수렵도, 문견, 묘실 내 모서리의 역사표현 등은 서로 유사하다. 한편, 묘실 내부를 장식도안으로 표현한 것은 중국에서는 보이지 않는 고구려와 감숙성 벽화분의 주요 특징이라고 할 수 있다.

 그러나 제재의 전반적인 구성은 서로 다르다. 가령, 농경 및 목축, 실크 창고 등 생산활동과 관련된 제재가 많은 비중을 차지하여 묘주의 사회적 지위를 표현한 제재가 많은 비중을 점하는 고구려와 다르다. 수렵도의 비중이 적은 것도 마찬가지이다. 이외에도 가욕관 신성12, 13호분의 벽면에는 독각수가 진묘수로서 표현되어 있으나 독각수는 고구려에서는 확인되지 않는 제재이다. 이처럼 고구려와 감숙성 벽화분에서 서로 다른 차이를 보이는 제재들은 해당지역의 역사적 전통이나 자연환경에 따른 생업과 관련된 제재들이다.

 목관을 사용한 동실내 부부합장은 당시 동북아시아에서 보편적인 장속으로 감숙성이나 고구려에서도 공통된다. 화덕과 솥, 시루 등의 조리기 부장과 단변쪽에 화구가 있는 중국의 화덕과는 달리 장변쪽에 화구가 있는 화덕도 고구려의 부장습속과 유사하다. 그렇지만 명기나 도용의 부장은 고구려에서 보이지 않는다. 또한 일부 무덤에서 보요 장식이나 동복, 마구나 마구 모형 등이 부장되지만, 중장기병과 관련된 마구나 갑주 등은 부장되지 않는다. 중장기병과 관련된 유물의 부장이 드문 것은 감숙성 일대 묘실벽화제재에서 수렵도가 차지하는 비중이 적은 것과 관련을 가질 것이다.

 이처럼 종족적 정체성을 잘 보여주는 부장습속과 부장품 조합에서 감숙성과 고구려 벽화분이 상사점보다 상이점이 더 많지만, 일부 구조, 묘실벽화의 제재와 표현에서 보이는 상사점으로 미루어 양 지역 간의 교류를 엿볼 수 있다.

5) 중국 벽화분과의 비교를 통해 본 고구려 벽화분의 등장과 대외교류

 벽화분이 고구려 전통의 적석총과는 전혀 다른 묘제이기 때문에 벽화분의 등장과 관련해 일찍부터 묘실 벽화가 유행했던 중국의 영향을 고려했다. 특히 중국 한대에 묘실 벽화가 크게 유행하여서 고구려의 묘실 벽화도 그 연장선상에서 설명되었다. 그러나 중국 내에서 벽화분은 구조와 벽화내용에서 시간과 지역에 따른 세부적인 차이가 있으며, 중국과 고구려 벽화분도 무덤 축조재료와 구조에서 서로 다른 점이 있다. 때문에 고구려 벽화분이 중국의 영향이라고 할 때 중국 어느 지역으로부터 어떠한 배경 하에 영향을 받았는지에 대한 구체적인 논증이 필요하다.

그 한 예가 고구려 벽화분을 중국 동북지방 벽화분의 영향으로 보는 입장이다. 요령성의 벽화분이 석실분이고 그 가운데 상왕가촌 벽화묘의 묘주초상화나 요양 일대의 관실병렬배치 구조가 고구려 요동성총과 유사해 고구려 벽화분의 등장에 중국 요령성의 벽화분이 부각된 것이다. 그러나 앞서 살핀 바와 같이 요령성의 벽화분은 중국 벽화분이나 고구려 벽화분과 공통점이

		중국			고구려
		요동: 요양 일대	요서: 조양·북표 일대	감숙성	
구조	평면형	관곽 병렬배치 여러 칸 구조(전, 후랑, 좌우 측실, 격벽으로 공간 구획)	묘실: 사다리꼴 평면, 수혈식(북표 서관영자1·2호분, 조양 대평방촌벽화분) 횡혈식(북묘촌1호분; 장방형현실 우편재, 원대자벽화분: 격벽공간 구획)	현실: 방형→장방형 연도: 중앙→편재 전·현실 종렬배치의 여러칸구조와 단칸구조 전실묘	현실: 방형→장방형 연도: 중앙→편재 전실 횡장방형, 단칸 구조 전·현실 종렬배치(전축계, 석묘계, 전·석혼축계)
	천장	삼각고임과 평행고임 후 평천장	평천장 (원대자벽화분-평천장+부분삼각고임)	궁륭상, 터널형	궁륭식, 고임식(평행, 삼각, 평행삼각, 팔각 등)
축조재료		판상석	할석, 판상석	벽돌, 채화전	대형 가공 할석
장구		목관	목관(前大後小形), 漆棺	목관	목관, 漆棺
장법		독립된 관실 동분이혈의 다인합장	단인장, 동혈합장	동혈합장	동혈합장, 이혈합장
묘실벽화	벽면	가거 내 부부병좌, 음연, 출행, 수렵, 조리, 음식창고, 봉식, 오락기예(묘주초상화: 상왕가촌 벽화묘)	원대자벽화분(묘주 단독 초상, 사신, 수렵, 우경, 조리, 푸주, 봉식 장원), 묘주 부부 정면도, 우경, 산림도	묘주 단독 초상, 부부 병좌, 부부연도, 수렵도, 출행도, 오락기예도, 조리, 푸주, 봉식, 사신	묘주 단독 초상, 부부병좌, 부부연도, 수렵도, 출행도, 오락기예도, 조리, 푸주, 봉식, 사신
	천장	해와 달, 구름무늬	해와 달(원대자벽화분, 서관영자1·2호) 천장고임, 검은곰(원대자벽화분)	해와 달, 신금신수, 신화전설, 선인, 비천, 사신. 고임부 역사(정가갑5호분)	해와 달, 신금신수, 신화전설, 불교도, 선인, 비천, 사신, 고임부 역사
부장품		화폐(대천오십, 오수전, 전륜오수), 한경(장의자손경), 칠기, 토제 명기, 청자 호자, 금반지, 비녀 등 장신구	청동용기(동정, 괴, 유대복, 세), 흑유도기, 토기, 칠기, 과대금구, 마구(원대자벽화분, 서관영자1호분), 토제 명기(대평방촌벽화분), 인장과 유리기(서관영자1호분)	토기, 채색토기, 금속용기, 명기, 보요장식	토기, 녹갈유 도기(전연호, 화덕), 청자 병, 과대금구, 마구류, 철제 무기류,
비고		후장 한경과 토제 명기 부장: 한대 부장풍속 마구 부장안함	후장(원대자벽화분, 서관영자1·2호분) 중원계 문물(칠기, 과대금구) 북방계 청동용기(유대복) 마구 부장	박장	마구 부장, 동진 청자와 대금구 부장, 중원계 청동용기 기물(초두, 정), 북방계 용기(복)
시기		후한 말~서진(2세기 말~3세기)	삼연(4세기 중엽-5세기 초)	한대, 위·진, 5호16국	4세기 중엽-6세기 말(7세기 초)

표 5-2. 중국과 고구려 벽화분의 비교

있지만, 동시에 요서지역이나 요동지역 그리고 고구려 벽화분이 제각기 다른 점도 있어서 고구려 벽화분이 중국의 어느 한 지역으로 부터 영향을 받았다는 것은 지나치게 단순화시킨 전파론적 해석이라고 할 수 있다.

고구려에서 벽화분이 등장한 것은 4세기 중엽이다. 이 시기의 벽화분으로는 황해도의 안악3호분, 평양의 평양역전이실분, 집안 만보정1368호분과 우산하3319호분을 들 수 있다. 평양역전이실분은 방형 현실과 전실을 가진 두 칸구조의 전석혼축분으로 선행하는 낙랑 전실묘와 유사한 구조이어서 낙랑을 통한 중국의 영향이라고 할 수 있다. 그러나 안악3호분과 같은 구조는 중국에서 같은 구조는 찾을 수 없다. 또한 우산하3319호분은 전실구조이나 분구는 계단적석총이어서 고구려 선행 묘제와 묘실 벽화, 전실 등이 결합된 모습을 보여준다.

이처럼 다양한 고구려 벽화분의 몇몇 요소가 중국과 유사성이 관찰될 뿐이다. 가령 요령성에서 가장 이른 벽화분인 영성자벽화분의 전·현실 종렬배치구조이면서 현실을 돌아가며 회랑이 있는 구조는 안악3호분과 유사하다고 할 수도 있지만, 축조 재료는 물론, 전체적인 평면형이나 천장구조는 서로 다르다. 안악3호분이나 덕흥리벽화분의 남자 묘주초상화와 흡사한 제재의 묘주초상화는 조양의 원대자벽화분에서도 확인되지만, 이 세 무덤의 구조는 서로 다르다. 묘실벽화의 경우 벽면에 현실생활 관련 제재들이 자리한다는 점은 중국 요령성과 고구려 벽화가 공통되지만, 제재의 구성과 일부 제재의 표현은 서로 다르다. 가령, 안악 3호분의 요리하는 장면에 표현된 화덕은 화구와 연통이 ㄱ자 모양으로 꺾어져서 고구려식이어서, 화구와 연통이 같은 방향의 一자인 중국 화덕과는 다르게 표현되어 있다. 이는 생활을 표현한 제재가 그 지역의 실생활을 묘사하였기 때문이다. 천상세계의 표현에서도 차이가 있다. 요령성에서는 해와 달 등의 하늘세계를 표현하였지만, 고구려에서는 선인이나 신금이수 등 승선세계를 표현한 다양한 제재들로 천상세계를 구성하였다. 이외에도 고구려 5세기 중엽의 연꽃이나 王자, 원문도안의 장식도안 벽화분은 중국 중원의 한대 벽화분이나 위·진대의 요령성 석실벽화봉토분에서는 관찰되지 않지만, 감숙성일대에서는 확인되기도 한다.

이처럼 묘실 벽화에 해당 지역의 사후관이 반영되었음을 감안하면 묘실 벽화 세부 내용에서 보이는 차이는 해당 지역의 사후관이 서로 달랐음을 의미하는 것으로 해석될 수 있다. 사후관의 차이는 결국 해당지역의 자연환경에 따른 생활상, 피장자의 출신 및 정치, 사회적 지위에 따른 결과로 해석될 수 있다.

때문에 고구려 벽화분이 중국의 특정한 어느 한 지역 벽화분의 영향을 받았다고 할 수 없고, 고구려가 중국 중원이나 요령성의 벽화분을 그대로 모방한 것이 아니라 장의예술로서 묘실벽화를 선택적으로 채용·변용한 결과라고 할 수 있다. 그렇기 때문에 중국 후한대 묘실 벽화의 영향으로 고구려와 요령성, 감숙성의 묘실 벽화에서 유사점이 있는 것이고, 지역간 구조와 제재의 세부적인 차이는 각 지역의 역사·문화적 환경에 따른 선택적인 채용의 결과라고 할 수 있다.

중국 묘실 벽화의 선택적 수용에서 시작된 고구려 벽화분은 4세기 후반을 경과하면서 차츰 왕도와 평양 주변의 서북한 일대에서 성행하게 된다. 따라서 4·5세기 동아시아에서 벽화분의 중심지는 고구려가 된다. 이 시기 중국의 벽화분은 요령성 조양 일대와 감숙성 주천 일대에서 축조되지만, 수적으로나 내용적으로 풍부한 것은 아니었다. 그 가운데 감숙성 주천 정가갑5호분의 전·현실 종렬배치 구조, 현실세계와 천상세계로 구성된 묘실 벽화나, 무위 남탄의 장식도안의 벽화분에 초점을 둔다면 고구려 벽화분은 요령성보다는 4세기의 감숙성 벽화분과 더 유사하다고 할 수 있다. 공간적으로 멀리 떨어진 감숙성 주천과 고구려 벽화분을 통해 고구려가 멀리 북방 왕조와 교류했음을 엿볼 수 있다.

문헌 기록에 의하면, 고구려는 4세기에 들어서면서 주변 지역과 전쟁과 우호관계를 반복하는 동시에 내부 체제를 정비함으로써 동아시아의 패자로서 성장의 기반을 마련한다. 특히 313년 낙랑 고지를 확보한 고구려는 중국 요동지방을 사이에 두고 전연과 일전일퇴를 반복했다. 342년 전연 왕 모용황이 국내성까지 진입해 궁궐을 불태우고 남녀 5만여 명을 잡아가는 화를 입기도 했지만 이후 고구려는 전연과 화친을 도모했다. 전연과의 전쟁과 우호관계 속에서 전연의 보요 장식 장신구나 금속제 마구류 등의 문물이 고구려로 유입되었을 것이며, 고구려를 통해 마구와 갑주 등 중장기병과 관련된 문물이 신라나 가야로 파급되었을 것이다. 그러나 전진에 의한 전연의 멸망으로 전연과의 관계는 끝이 났고 북방과의 교류는 전연에 이어 요동지역의 패자로 부상한 전진에 의해 지속되었을 것이다.

전진은 북방 종족인 저족氐族에 의해 성립된 왕조로, 저족의 대성은 포씨蒲氏이다. 포홍蒲洪은 부씨로 성을 바꾸고 주변의 종족과 한족을 포용해 360년 전진 왕조를 세웠다. 부홍에 이어 왕위에 오른 부견은 370년 혼란에 빠진 전연을 멸망시켜 요동지역을 장악했다. 그 결과 고구려는 요동을 사이에 두고 전진과 국경을 마주하게 되었다. 전진 왕 부견은 한·진을 잇는 정통 왕조의 건설이라는 기치 아래 주변 지역과 화친정책을 폈다. 고구려에 불교를 전해준 것도 그러한 화친정책의 하나였다. 한편 부견은 감숙성 일대의 전량을 멸망시키고 감숙성 전역을 세력권 하에 두었다. 전진은 376~384년 사이에 감숙성 전역을 세력권으로 두고 있으면서, 중원의 한을 대신한 왕조를 자처하면서 동진과 자웅을 겨룰 만큼 정치적으로나 문화적으로 발전했다. 비록 감숙성 일대가 전진의 세력권 하에 있었던 기간이 짧았지만, 감숙성 일대는 한대 하서 4군이 설치되었던 곳으로 중국에서 서역 문물을 받아들이는 창구 역할을 하였으므로 그곳을 장악함으로써 전진을 통해서도 서역 문물이 유입되었을 것이다.

이러한 문화적 배경을 가진 전진으로부터 고구려는 불교를 받아들였다. 372년 고구려에 순도를 보내 불상과 경문을 전해준 전진은 이후 고구려와 우호관계를 유지했다. 감숙성 일대 문물에서 보이는 고구려와의 유사성은 이러한 관계 속에서 전진으로 전해졌을 것이며, 마찬가지로 전진을 통해 서역 문물이 고구려로 유입되었을 것이다. 따라서 고구려 벽화분에 표현된 서역인이나 서역 기물은 물론, 감숙성과 고구려 벽화분의 구조와 내용에서 관찰되는 유사점으로부터 전진 왕권을 매개로 고구려가 서역과 교류하였을 가능성을 살필 수 있다. 이는 곧 서역 문물이 고구려로 유입되는 경로가 중국 중원 왕조뿐만 아니라 전연·전진으로 이어지는 경로도 있었음을 시사한다.

결국, 해당 사회의 종족적 정체성과 생활방식, 사후관념이 집약된 벽화분이 고구려와 중국 요령성이나 감숙성에서 서로 상사, 상이점이 있다는 것은 (표 5-2) 고구려에서 벽화분의 등장을 어느 특정지역으로부터 단선적인 영향관계로 설명할 수 없음을 의미한다. 오히려 고구려와 서로 다른 환경과 역사, 문화적 배경을 가진 중국 북방왕조들과의 문화적 교류의 결과로, 중국 중원왕조뿐 아니라 북방왕조와의 교류는 고구려 문화를 보다 풍부하게 하였을 것이다.

2. 고분 유물로 본 삼연과 고구려

삼연은 중국 북방을 종횡했던 선비족 정권인 전연, 후연, 북연을 말한다. 선비족은 중국 북방의 5호16국 중 유일하게 중원으로 진출한 종족으로, 한대에 내몽고 동부와 남부를 중심으로 한 주요 유목기마민족으로 성장했다. 한대 말의 혼란기를 거치면서 내몽고 동부지대에서 차츰 동쪽으로 이동한 선비를 동부선비라고 하며, 동부선비의 한 갈래인 모용부를 보통 모용선비로 부른다.

모용선비는 294년 중국 요서지방으로 진출했다. 모용선비는 위·진대를 거치면서 한의 유민을 적극 받아들이고 농경정책을 장려함으로써 유목생활을 변화시켜갔다. 이어 337년 모용황은 극성棘城을 거점지로 전연 정권을 세웠으며 350년 업성鄴城으로 천도하였고, 전진에 의해 370년 멸망했다. 전연을 이어 384년 후연이 세워지고, 407년 한족 출신으로 선비에 귀화한 풍발馮跋이 전연의 기초 위에 북연 정권을 세웠다. 따라서 시간적으로 삼연은 모용부가 요서지방에 들어와 정권을 세운 3세기 말부터 북연이 북위에 멸망하는 437년까지 130여 년의 기간을 일컫는다.

3세기 말부터 130여 년간 모용선비가 남긴 분묘 유적은 의현義縣과 금주錦州 일원 등 요서지방과 안양安陽 효민둔孝民屯 및 소둔촌小屯村 등 넓은 범위에서 확인된다. 그중 유적이 가장 밀집된 주분포지는 극성으로 비정되는 북표 일원과 용성龍城으로 비정되는 조양 일원 등 요서지방이다(그림 5-5).

조양 일원에서는 봉거도위奉車都尉 최휼崔遹무덤을 비롯해 첨초구甜草沟, 왕자분산 십이태향十二台鄉 요이영자腰而營子, 전창磚廠, 삼합성三合成, 원대자, 팔보촌八寶村, 구문자, 북묘촌, 대평방촌, 남대구南大沟 등지에서 수혈토광묘, 목관묘, 석곽묘, 석실묘 등 여러 형식의 무덤이 확인되었고, 석곽묘와 석실묘의 일부에서 묘실 벽화가 확인되었다. 북표에서는 라마동 유적에서 가장 많은 수의 고분이 확인되었고, 서구촌西沟村, 방신촌房身村, 서관영자西官營子, 창량교倉粮窖 등지에서 수혈토광묘, 목관묘, 석곽묘, 석실묘, 전실묘가 확인되었다. 이외에도 의현 보안사촌保安寺村에서 석곽묘가, 금주시에서 전실묘인 이외李廆무덤과 전산前山묘가 보고되었다. 한편, 하남성 안양 효민둔촌에서 수기의 수혈토광묘가 확인된 바 있어서 선비의 중원 진출을 고고학적으로 증명했다.

발견된 대부분의 무덤은 수기에서 십 수 기 정도가 모여 있어서 군집의 규모가 크지 않아서 유목민족의 비정주적 생활

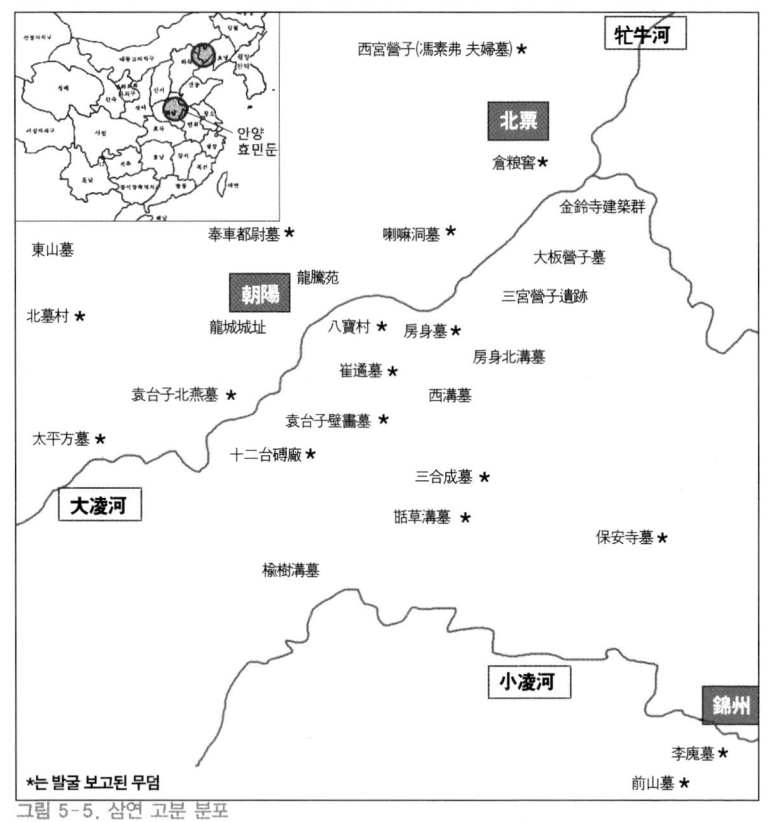

그림 5-5. 삼연 고분 분포

의 결과로 해석되었다. 그러나 북표 라마동喇嘛洞 유적에서는 비교적 정연하게 분포하는 420기의 무덤이 삼연 시기로 밝혀져서, 삼연 문화의 주체가 유목기마민족이지만 안정적인 농경정착생활을 근간으로 지속적으로 성장·발전했음을 보여준다. 선비족이 중원의 영향을 받아 농경정착생활을 했음은 원대자벽화분이나 북묘촌, 구문자 등의 벽화분에 묘사된 우경도와 모용황慕容皝이 한의 유민을 적극 받아들여 정치 발전을 도모하는 한편 농경을 적극 권장했다는 기록에서도 관찰된다.

1) 고분 구조

삼연 무덤은 모두 매장부가 지하에 있는 지하식이며 축조재료에 따라 목관·곽묘, 석곽묘, 석실묘와 전실묘 등이 있다(그림 5-6). 그중 연도가 확인되

는 횡혈식 구조는 석실묘와 전실묘이며, 석곽묘 중에는 횡구식 구조도 있으나(구문자벽화묘, 첨초구1호분), 다수는 수혈식 구조이다. 분구는 라마동 유적의 무덤이 정연한 배치를 하고 있어서 원래 있었을 것으로 추정되지만, 분구가 남아있다고 보고된 예는 없다.

 목관·곽묘는 한대 선비족의 중심 묘제여서 내몽고 동부의 대흥안령산맥 주위와 요령성 및 길림성 서부지역 등 각지에서 확인된다. 한대 동부선비의 목관묘는 묘광이나 목관의 사다리꼴 평면, 양·소·말·개 등 동물 순생 및 호와 관의 부장 조합에서 정형성을 보인다. 이러한 정형성은 삼연 목관·곽묘에서도 관찰되어서 정형성을 띤 목관·곽묘의 공간적 범위로 선비족의 활동 범위를 파악할 수 있다. 하남성 안양현에서도 목곽묘가 확인되어서, 업성으로 천도한 기록을 확인시켜준다. 이처럼 목관, 목곽묘는 수적으로 많을 뿐 아니라 가장 넓은 분포범위를 갖고 있다. 무덤은 길이 2미터 내외, 폭 0.5~0.8미터 내외이고 높이는 폭과 비슷하다. 평면형은 장방형도 있지만 다수는 사다리꼴이며, 단벽 쪽에 벽감이 마련되기도 한다. 1인의 앙신직지장仰身直肢葬이 주이며, 동분동혈 합장의 예(왕자분산 조양 십이대영자 M9019호분)도 있다. 머리 방향은 동침이 다수이며, 부장품은 주로 관·곽 내에서 발견된다. 다종다양한 부장품 가운데 금이나 금동제의 장신구와 장식성이 강한 마구는 중원과는 구별되는 삼연의 특징적인 기물이며, 조양 삼합성이나 북표 라마동의 목관·곽묘에는 중국 중원식의 청동 기물이 부장되기도 한다.

 석곽묘는 한대 동부선비의 무덤에 비해 수적으로 증가했지만, 삼연 분묘에서 차지하는 비중은 적은 편이며, 분포범위도 조양과 북표 일원 등지로 제한적이다. 규모는 길이 3미터 정도의 큰 무덤도 있으나 대부분 길이 2미터 내외, 폭 0.7~0.8미터, 높이 1.5~1.8미터로 목관·곽묘보다 길고 높아졌다. 주검은 목관에 안치되어 석곽에 매납되는데, 목관과 석곽은 모두 사다리꼴 평면이며, 머리 쪽이 높고 넓고 발치 쪽이 낮고 좁은 전고대관저착형前高大寬低窄形이다. 부장공간으로 이용되는 벽감이 장벽에 있기도 하다. 대개 1인의 앙신직지장이며, 소나 개의 순생이 확인되는데 소는 주로 대퇴골을 부장했다.

 석곽묘와 목관·곽묘는 수혈식 장법이라는 점에서 공통되며, 일찍부터 병존하였다. 그러나 라마동 무덤군은 모용선비가 요서지역에 들어와 자리한

1. 목관, 목곽묘

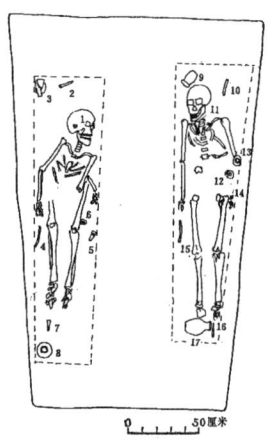
조양 왕자분산M9019호묘

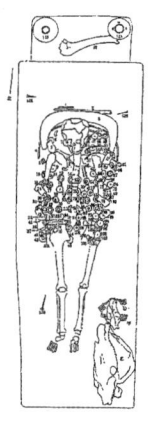
안양 효민둔154호묘

2. 석곽묘

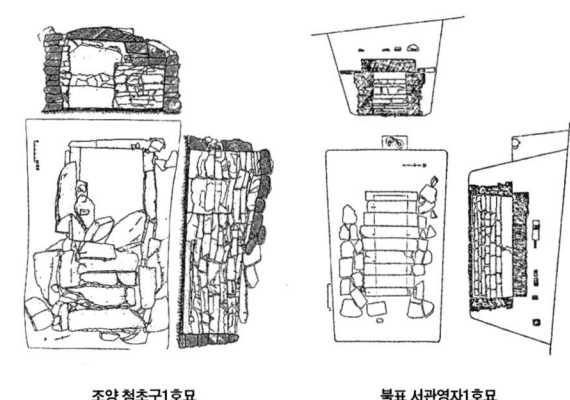
조양 첨초구1호묘   북표 서관영자1호묘 (풍소불묘)

3. 횡구, 횡혈식 석실묘

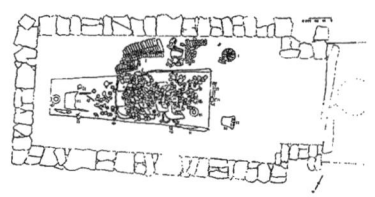
조양 십이대영자 전창88M1

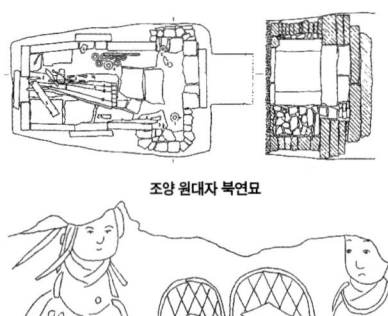
조양 원대자 북연묘

조양 구문자 벽화 부부도

4. 전실묘

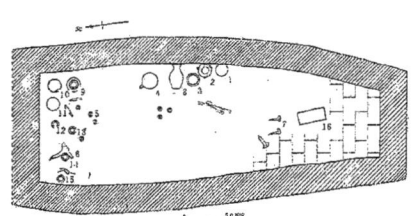
금주 이외묘

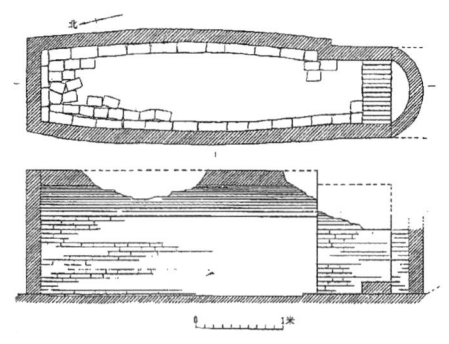
금주 전산묘

그림 5-6. 삼연 분묘의 여러 구조와 묘실벽화

극성과 인근 거리에 있다는 점에서 요서지역으로 진출한 이후에 조성된 무덤군으로 이해하는데, 라마동고분군의 중심묘제가 목관·곽묘이어서, 석곽묘의 유행 시기는 목관묘보다 상대적으로 늦었을 것이며, 석곽묘의 분포 범위도 축소되었던 것으로 보인다. 한편, 북표 라마동 무덤군의 경우 석곽묘가 목관묘보다 중·소형이라고 보고된 바 있지만, 북표 방신촌 석곽묘에서 금제 보요관이 출토되었고 조양 대평방촌 석곽묘는 벽화분이고, 조양의 후연대 무덤인 최휼무덤이나 북연의 북표 서관영자의 풍소불 부부 무덤처럼 상위 신분에서도 석곽묘를 사용하고 있으므로 석곽묘가 목관묘보다 하위 무덤이라 일반화시킬 수 없다.

석실묘는 현재 조양 일원에서만 확인되어 공간범위는 목관묘나 석곽묘에 비해 더욱 축소되었다. 단칸구조로 평면형을 기준으로 세분된다. I형 평면은 사다리꼴 현실에 측실과 벽감을 갖춘 구조로, 원대자벽화분과 원대자 북연무덤 2기가 있다. 원대자벽화분에는 다종 다양한 유물이 부장되었는데 반해, 원대자벽화분과 같은 구조인 원대자 북연무덤에는 벽화가 없고 부장 양상이 명확하지 않아 같은 평면구조의 무덤에서 정형성을 찾기 어렵다. II형 평면은 사다리꼴 현실에 중앙 연도를 가진 무덤으로 조양 십이대영자 전창88M1호분이 대표적이다. 조양 십이대영자 전창88M1호분은 벽면에 백회를 발라 정면했고 무덤 내에 칠을 한 목관이 놓여 있었으며 관 내외에서 다종다양한 부장품이 확인되었다. 특히 마구의 부장이 두드러지며, 안교에 흠집을 낸 훼기가 관찰되었다. III형 평면은 사다리꼴 현실에 좌편재 연도 무덤으로 북묘촌1호분이 있다. 북묘촌1호분의 묘주부부가 나란히 표현된 벽화는 대평방촌벽화분이나 구문자벽화분과 유사하다. 한편, 토기는 충전토에서 출토되어서 매장의례와 관련지어 볼 수 있다. 목관묘나 석곽묘보다 늦게 채용된 석실묘는 부장품이나 벽화 내용 등에서 중원 요소와 선비 요소를 함께 반영하고 있다.

전실묘는 작은 벽돌로 축조되었다. 금주에서 2기, 북표 라마동에서 1기 등 3기가 보고되었으며, 연도의 유무에 따라 횡혈식과 횡구식으로 나뉜다. 금주 전산묘와 라마동 전실은 횡혈식이며, 이외李廆묘는 횡구식이다. 금주 이외무덤은 묘표墓表에 의해 주인공과 조성연대가 324년으로 밝혀졌다. 현실은 중원의 전실묘와는 달리 사다리꼴 평면으로 선비족의 목관묘나 석곽, 석실묘와 공통된 특징을 갖고 있다. 부장품은 동경, 토제 및 청동제 용기, 오수전, 화천 등으로 한대 이래의 부장풍습이 반영되어 있다. 전산前山무덤에는 인물용과 함께 마용이 부장되어 있었고, 묘실은 세장방형 현실의 우편재 연도인 단칸구조로 선비 무덤의 전형에서 벗어나 있다. 북표 라마동의 전실묘는 전실이 마련된 두칸구조라는 점에서 선비 무덤의 전형과는 차이를 보인다. 전실묘는 횡혈식 장법이라는 점에서 석실묘와 공통되지만, 화폐나 도용의 부장 등 석실묘보다 중원의 요소가 많이 반영되어 있으며 삼연의 중심지에서는 발견되지 않았고 수적으로도 적어서 삼연을 대표하는 중심 묘제로 보기 어렵다.

2) 부장품

부장품은 크게 용기류, 생산공구, 무기, 마구와 마장, 갑주, 장신구류가 있으며, 피장자의 사회적 지위와 생활을 보여주는 인장, 벼루, 동경 및 화폐, 도용, 명기와 청동 향로, 인면장식, 납으로 만든 사슴머리장식 등 여러 종류가 있다. 부장습속으로는 순생·훼기와 함께 장식마구와 장신구의 복수부장이 두드러진다. 부장품은 머리와 발치 양끝에 배치되는데 목관묘의 경우 발치보다 머리 쪽이 우세하고 장신구는 착장한 상태로, 마구류는 발치나 관 위에 매납되기도 한다.

(1) 용기

용기는 대개 관 안의 발치나 머리 쪽에 부장되며, 발치보다 머리쪽 부장이 많다. 관 밖에 부장하는 경우는 머리 쪽에 놓이는데, 칠기는 관 밖에 부장하는 예가 많다. 토기와 시유기 및 청동용기는 모든 무덤 형식에서 출토되고, 지역적 편중 현상도 두드러지지 않는다. 한편 조양 왕자분산 십이대영자 8705호분에서 시유기는 발치에, 토기는 머리쪽에 부장된다. 한편, 벽감에서는 토제 명기, 렴이나 준 같은 중원 기물이 부장되기도 하여서 재질에 따라 부장처를 달리했음을 보여준다.

용기는 재질에 따라 토기, 시유기, 청동기, 철기, 금기, 옥기, 유리기 등으로

그림 5-7. 조양 원대자벽화분 출토 금속 용기(서울대박물관, 2000)

나뉘며, 수적으로 많은 것은 토기이지만, 주 기종은 호와 관으로 다양하지는 않다. 이에 비해 청동용기는 수는 많지 않지만 여러 종류가 있다. 조양 원대자벽화분에 부장된 청동용기는 조리에서부터 식음에 이르는 모든 기종을 망라하며, 그중에 복은 한대 이래로 북방족 사이에서 보편적으로 사용했던 기물이며, 괴나 초두는 중국 중원의 기물이다(그림 5-7). 금기나 옥기는 완 한 기종으로 일부 무덤에서만 확인된다. 금기와 옥기, 유리기는 석곽묘인 북표 서관영자1호분인 풍소불무덤에 부장되었고, 풍소불무덤에서 조리, 식음 등 식생활 전반을 보여주는 용기는 청동제이다. 금동기는 무덤 형식을 알 수 없지만 라마동I구 17호분에서 확인된 바 있다.

이외에도 칠기는 반, 완, 이배 등 식음기가 주종이며, 라마동에서 시유된 양형기羊形器는 진대에 유행했던 중원의 양형기와는 달리 등 위에 손잡이가 달렸고 머리 정수리 부분에 뚜껑이 있어서 양형의 호자라고 할 수 있다.

한편 부장용이 아니라 의례와 관련되어 매납된 용기도 있다. 조양 팔보촌1호분에서는 칠기가 제대 위에 소 대퇴골과 함께 발견되었고, 원대자벽화분의 묘실 입구에서 여러 그릇이 놓여 있는 칠상이 확인되었으며, 청동 괴나 세에는 양 뼈가 담겨 있어서, 음식물 공헌을 보여준다(그림 3-3 참조).

(2) 무기와 이기

무기와 이기류는 부장품에서 차지하는 비중은 크지 않으며, 주로 관 내 머리 쪽에 부장된다. 무기는 철모와 철촉, 철검이 주를 점하며, 철제 환두도 및 도, 비수 등도 있다. 라마동I구 16호분의 철검은 길이 138센티미터이고, 라마동I구 10호분의 철제 환두도는 105.9센티미터로 길다. 화살촉은 뼈나 뿔로 된 것이 부장되는데, 그중 특기할 만한 것은 도끼날 철촉이다.

도끼날 철촉은 고구려 고분에서 주로 출토되는 특징적인 화살촉의 하나인데, 조양 삼합성 목관묘에서도 이러한 도끼날 철촉이 출토되었다. 조양 삼합성 목관묘의 도끼날 철촉은 충전토에 매납되어 다른 무기들과 부장처를 달리하여서 도끼날 철촉은 삼연에서 사용했던 보편적인 화살촉이라기보다는 고구려와의 관련 하에 유입되었을 가능성을 시사한다.

이기는 농사와 관련된 것과 기타 공구로 나눌 수 있다. 가래錘, 삽鏟, 보습鏵,

낫鎌 등 기경·수확구가 관찰되어 모용황이 농경을 적극 장려했다는 기록과 부합된다. 기타 공구류로는 착, 도끼, 추 등이 관찰된다. 이 유물들은 무기와 마찬가지로 관 내 머리 쪽이 주부장처이다. 한편 북표 창량교에서는 소형의 모형 공구들이 부장되어 토기뿐만 아니라 철제 명기의 부장도 관찰된다.

(3) 갑주와 마구

금속제 갑주와 마구의 부장은 삼연의 두드러진 특징이다. 다른 부장품들과 함께 부장되기도 하지만, 곽이나 묘실 내의 부장품들과 부장처를 달리하기도 한다. 십이대영자 전창88M1호분에서는 곽 위에 갑주와 마구가 함께 놓여 있었으며, 원대자벽화분에서는 동측실에 마구 일습이 부장되어 있었다.

먼저, 갑주는 모두 철제 찰갑으로 아직까지 판갑은 보고된 바 없다. 북표 풍소불무덤에는 가죽으로 엮은 찰갑편이 출토되었으며, 조양 십이대영자 전창88M1호분에는 종장형 철판을 못이나 가죽끈으로 엮어 만든 복발형 투구가 부장되었다. 투구의 복발 위에는 삼각상으로 못 구멍이 있어 그 위에 깃털과 같은 장식이 있었던 것으로 추정된다. 라마동I구 5호분의 투구는 파상곡선을 가진 장방형판을 이어 만든 투구로 이와 유사한 형태의 투구가 합천 옥전M3호분에서 출토된 바 있다.

마구는 말 보호용과 기승, 안정용, 장식용 등과 말 보호용 마면과 마주가 있다. 마면은 금이나 금동제로 보요 장식이 달리기도 해 말 보호와 장식구로서 역할을 했다. 조양 십이대영자 전창88M1호에서는 마면과 마주가 출토되었다. 마면은 금동제로 심엽형 보요로 장식을 하였고, 완전한 상태로 출토된 마주는 얼굴 상면과 양 측판 그리고 입술을 가리는 부분을 별개의 철판으로 만들어 못으로 연결하였다. 마주의 양 측면 아래에는 반원형의 볼 가리개가 부착되었으며, 볼 가리개 아래에는 탈·부착이 용이하도록 교구가 3개 달려있다.

마구는 재갈과 재갈멈치, 등자, 안교, 말 장식구인 행엽, 운주, 방울, 기생 등 그리고 이들을 각각 연결하는 띠고리가 있다(그림 5-8). 재갈은 한 줄의 봉상으로 된 것과 2줄로 꼬아 만든 것이 있고, 판비와 표비 두 종류가 있다. 라마동에서 수집된 표비는 양 단에 방울이 있는 금동제로 의기화된 것으로 보인다. 판비는 안양 효민둔154호분과 조양 삼합성, 조양 십이대영자 전창

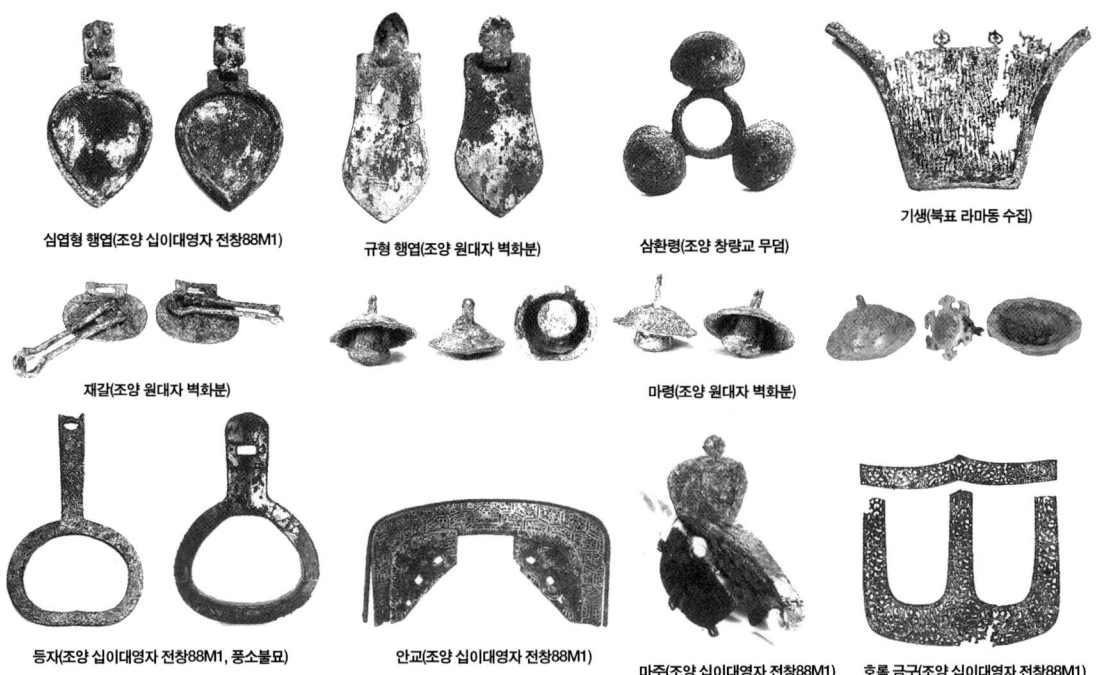

그림 5-8. 삼연의 마구와 마주

88M1호분, 조양 원대자벽화분에서 출토된 바 있다. 타원형이 대표적인데, 중간의 횡장방형 구멍에 고리를 만든 것과 X자형으로 고리를 만든 것 두 종류가 확인되었다. 등자는 목심혁피木芯革被와 목심철피木芯鐵被 외에 금동장 등 장식성을 띤 것도 있다. 발걸이 부분은 대개 장타원형이고 중간이 약간 돌출된 예가 있으나 돌기는 없다. 자루는 북표 풍소불무덤의 짧은 것을 제외하고는 대개는 긴 편이다. 따라서 현재까지의 자료로 볼 때 삼연 무덤에서는 자루가 짧은 등자가 긴 것보다 늦게 부장되었다고 할 수 있으나, 자루가 짧은 등자는 풍소불묘에서 출토된 한 점 뿐이어서 이를 일반화시킬 수는 없다. 안교는 라마동II구 M110호분과 266호분에서 출토된 것은 외연과 내연 모두 둥근 것이며, 나머지는 모두 다리가 높고 직립한 것이 특징이다. 조양 십이대영자 전창88M1호분과 삼합성출토품으로 전해지는 것은 고안교이다.

장식용마구인 행엽은 심엽형과 규형 두 종류가 있다. 심엽형 행엽은 조양 십이대영자 전창88M1호분에서 출토된 예 뿐이며, 다수는 규형이다. 규형 행엽은한쪽 끝이 뾰족하며, 양 장변의 중간이 약간 들어간 형태로, 금동판 상부에 현수공이 뚫려있다. 금동판을 규형으로 잘라 만든 것으로, 조양 원대자벽화분의 것은 장식이 없으며, 효민둔 154호분은 무늬를 대칭되도록 선각하였다. 운주는 반구형과 화판형 두 종류며, 착장 방법은 고구려의 운주와 차이가 있다(그림 5-20 참조). 방울은 구형이나 삼환령, 사환령, 그리고 덮개 있는 방울 등 여러 종류가 있다. 이외에 북표 라마동에서 수집한 금동제 기생寄生이 있다. 기생은 실물은 아니지만 고구려 개마총의 말에도 표현되어 있으며, 황남대총 남분과 천마총 등 신라의 적석목곽분에서는 실물로 출토된 바 있다.

마구는 아니지만, 십이대영자 전창88M1호분에서 금동 화살가방 장식구가 출토된 바 있으며, 북표 라마동에서 수집한 금동의 투조 산자형 화살가방 장식도 있다. 산자형 화살가방 장식 금구는 고구려 고분에서는 보고예가 없지만, 신라와 가야의 고분에서는 보고예가 있다.

마구와 관련한 두드러진 현상은 마구의 복수부장과 훼기이다. 마구의 복수부장은 안교와 장식마구에서 관찰된다. 십이대영자 전창88M1호분에는 무늬가 없는 금동판과 투조한 금동판 두 종류의 안교가 함께 부장되었고, 안교 테두리에 톱 같은 도구로 흠집을 낸 것이 확인되어서 마구에서의 훼기를 보여준다.

(4) 금공 장신구

금공장신구는 보요관, 이식, 목걸이, 반지, 팔찌, 허리띠 등이 있으며(그림 5-9), 그중 삼연의 특징을 잘 보여주는 것은 보요관이다. 금공장신구는 주로 관 내에 착장된 상태로 부장되며, 머리나 발치 쪽에 다른 유물과 함께 부장되기도 한다.

보요관은 한대 선비무덤에서 출토된 바 없어서 모용선비의 종족적 특징을 보여주는 유물로 이해되고 있다. 목관묘나 석곽묘에서 출토되었으나, 석실분이나 전실묘에서 출토된 예는 아직까지 보고된 바 없다. 풍소불묘에서 출토된 보요관은 금제로 이마에 놓이게 되는 선당蟬璫이라 부르는 방형판 위에 나뭇가지 모양의 입식이 있는 형태이며, 나뭇가지에는 심엽형이나 원형 보요가 달려있다. 보요관으로 불리게 된 것도 여기에 있다.

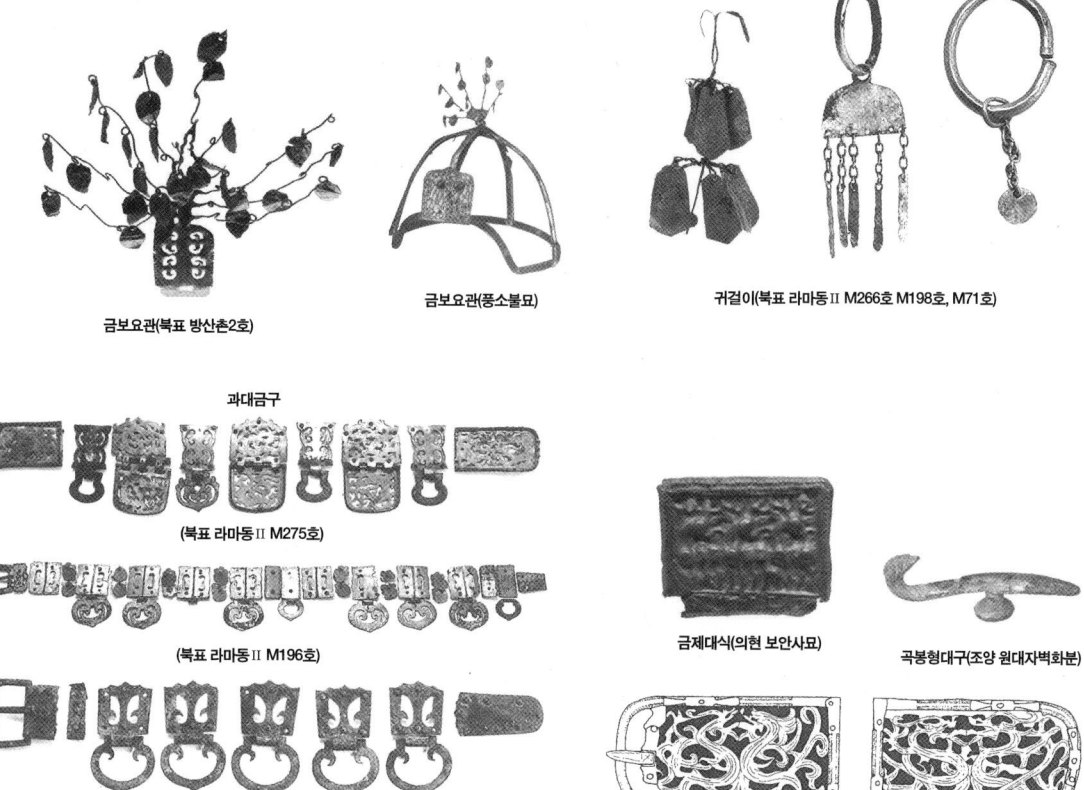

그림 5-9. 금공 장신구

　귀걸이는 대개 금으로 만들었으며 착장방법과 모양에 따라 두 가지 종류가 있다. 하나는 귀에 거는 것으로, 금 줄을 연결하여 두 세 단으로 만들고 각 단에서 여러 갈래의 줄기가 나오고 줄기에는 규형의 보요를 달았다. 다른 하나는 세환식으로 가는 주환 아래 유환없이 반원형 판이 있고, 판 아래 여러 줄의 사슬이 달리고 사슬 아래 가늘고 긴 수하식이 달린 것, 그리고 소환에 사슬형태의 간단한 중간식과 심엽형 수하식이 달린 것이다.

　대금구는 두 종류가 있다. 하나는 장방형 금판에 동물문이 압출된 것으로 장방형판의 가장가리에는 가죽이나 옷감에 부착하였던 작은 구멍이 돌아간다. 이러한 장식판은 청동기시대 이래 북방족의 종족적 특징을 잘 보여주는 것으로, 의현 보안사와 라마동 I구역 M13호묘에서 출토되었다. 이와는 달리 중국 중원왕조와의 관련을 보여주는 대금구도 있다. 곡봉형 대구와 과대금구가 그것이다. 곡봉형 대구는 중국 중원의 오랜 전통을 가진 것으로 삼연의 목관, 석곽, 석실묘에서도 확인되며, 원대자벽화분에는 과대금구와 함께 부장되기도 하였다. 과대금구는 교구와 수하식에서의 변화는 두드러지지 않지만, 용문이 투조된 횡장방형판 아래 수하식이 달린 것과 삼엽문이 투조된 방형 과판에 심엽형 수식이 달린 것 두 종류가 있다. 이 두 가지 과판이 함께 하나의 허리띠를 이루기도 하고, 삼엽문만으로 구성되기도 한다. 과대금구는 중국 진대에서 크게 유행했으므로 진식대금구라고 하기도 한다. 중원지역의 진식대금구는 후한에서 손오, 서진대와 동진대 두 시기로 나누어 볼 수 있다. 중원의 진식대금구의 변화를 고려해볼 때 삼연의 용문 과판은 북경, 낙양, 의흥 등지의 서진대 무덤 출토품과 같은 형식으로 서진대 중원의 특징이 잘 반영되어 있다고 할 수 있다(그림 3-9-2 참조). 중원에서는 확인되고 있지 않는 심엽형의 수식이 달린 삼엽문 투조 과판은 북표 라마동II구 M196호분과 조양 왕자분산 요이영자M9001호분 및 서구촌에서 출토되었으며, 고구려 산성하159호분과 황남대총 남분에서도 유사한 형태가 출토되었다. 또한 장방형 과판과 연결된 교구인 장방형 용문 투조의 교구는 원대자벽화분과 조양 봉거도위무덤에서 출토되었다.

이외에도 보석이 감입된 반원형이나 반달모양의 금패식, U자상의 비녀, 옥이나 터키석이 감입된 것도 있고 점각압출기법으로 장식된 반지나 팔찌도 있다.

3) 장속

삼연 분묘는 단인장을 기본으로 한다. 그러나 합장의 경우 동일 묘광 내 독립된 별개의 곽 둘이 매납되기도 하며, 하나의 곽 안에 2인을 합장하기도 한다(그림 5-6 참조). 조양 왕자분산 십이대향9019호분이 전자의 예이고 북표 라마동266호분이 후자의 예이다. 북표 라마동266호분의 경우 오른편 인골에서는 발치 쪽에 철제 용기류와 농기구가, 머리 쪽에 토기가 부장되어 있었고, 왼쪽 인골의 발치 쪽에는 마구류와 무기가 부장되어 여자가 오른쪽에, 남자가 왼쪽에 부장되었음을 알 수 있다. 머리가 놓이는 방향은 남북 방향이 장축인 경우 북향을 하며, 동서 방향이 장축인 경우 동향을 한다. 장방형 평면의 무덤에서는 동북 방향이 우세하고 사다리꼴 평면에서는 서향도 있으나 남향이 우세하다. 남향은 횡혈식 구조의 경우 입구 쪽에 해당되어 평면형과 두향의 상관성이 관찰되지만, 이것이 집단의 차이인지 시간에 따른 차이인지는 확실히 알 수 없다.

무덤에서 출토된 유물은 순수 부장용과 매장의례 과정에서 매납된 것으로 나눌 수 있다. 관곽 안의 주부장공간은 머리나 발치 어느 한쪽이 된다. 장방형 평면의 무덤에서는 발치 쪽이 주부장처인 반면 사다리꼴 평면의 무덤에서는 머리 쪽이 주부장처이어서 부장처도 두향과 마찬가지로 무덤 평면형에 따른 차이를 보여준다. 특히 사다리꼴 평면의 무덤에서는 머리 쪽에 작은 반원형이나 장방형의 벽감을 만들어 그곳에 토기나 순생된 동물 뼈를 부장한다.

매장의례 과정의 유물은 주로 마구류로, 관곽을 안치한 후 관곽 위나 곽 외부에 매납한다. 안양 효민둔154호분은 곽을 놓은 후 그 위에 마구류 일습을 부장했고, 조양 십이대영자 전창88M1호분은 곽 밖에 마구를 부장했다. 이외에도 곽을 안치한 후 토기나 순생동물이 매납되며 묘광에 흙을 채워 넣는 과정에서 토기를 부장하기도 한다.

동물 순생은 장방형 평면의 무덤에서는 확인되지 않고 있으며 현재는 사다리꼴 평면의 무덤에서 확인된다. 순생동물은 벽감이나 곽 외부 또는 무덤 내에 설치된 제대祭台에서 확인된다. 순생된 동물은 말과 소, 개 등이 있으며, 소의 대퇴골 부장이 가장 많고 두개골이 부장되기도 한다. 안양 효민둔154호분에서는 말과 개, 소의 순생이, 북표 서관영자2호분에서는 개의 순생이 확인되었다. 한편 후연 최휼무덤에서는 칠기와 함께 돼지와 양이 공반되며, 조양 원대자벽화분에서는 청동 괴에 양의 척추 뼈가 담긴 채 부장되어 있어 돼지나 양은 조리된 음식으로 부장되었을 가능성을 시사한다.

이외에 훼기 습속은 토기나 무기, 마구에서 확인된다(그림 5-10). 현재까지 훼기는 사다리꼴형 평면을 가진 목곽묘나 석곽묘에서 주로 관찰된다. 토기는 구연을 깨뜨리거나 저부에 구멍을 내는데, 토기의 훼기는 동부선비 전통을 가진 무덤에서 종종 관찰되는 습속이다. 마구의 훼기는 조양 십이대영자 전창88M1호분에는 복수부장된 철제 안교와 금동제 투조 장식 안교 중 금동제 투조 장식 안교에 칼로 흠집을 낸 것이 확인되었다.

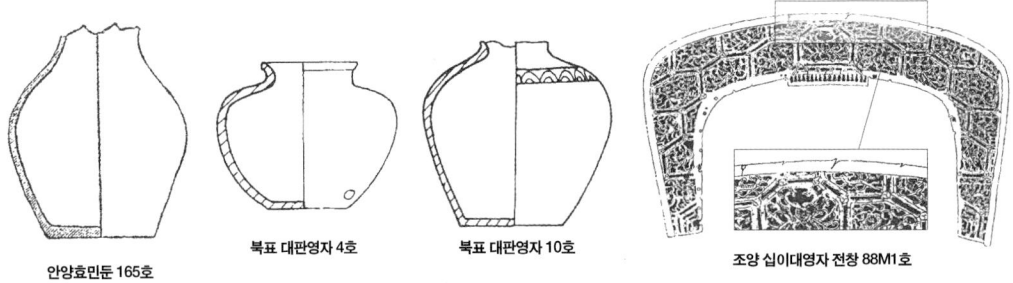

| 안양효민둔 165호 | 북표 대판영자 4호 | 북표 대판영자 10호 | 조양 십이대영자 전창 88M1호 |

그림 5-10. 훼기

4) 무덤의 전개과정

몇몇 삼연 무덤에 묘표나 인장이 부장되어서 무덤의 주인공이나 조성 시기 등을 가름해 볼 수 있지만, 삼연 무덤의 시간적 위치를 알 수 있는 객관적 근거는 충분하지 않다. 금주의 이외무덤은 "燕國蘇李廆 永昌三年正月廿六 日亡" 내용의 묘표석으로 324년 조성된 무덤이며, 조양의 봉거도위무덤에서는 거북이 모양 고리 달린 은제 인장이 부장되어서 전연의 봉거도위를 역임한 자의 무덤임을 알수 있다. 전연은 337~370년의 시간 폭을 가지고 있어서 이즈음에 조성된 무덤으로 비정된다. 최휼무덤은 충전토에서 출토된 2매의 묘표석에 "燕建興十年昌黎太守淸河武城崔遹", "燕建興十年昌黎太守淸河東武城崔遹" 명문이 있다. 건흥10년은 395년으로 비정된다. 그리고 북표 서관영자 1호분에서는 '范陽公章' 4글자가 음각된 거북이 모양 고리가 달린 방형의 금인 한 점과 '車騎大將軍과 大司馬, 遼西公章'의 금동인 3점이 부장되어서 서관영자1호분의 주인공은 북연왕 풍발의 동생 풍소불임이 밝혀졌고, 기록에 풍소불이 415년에 죽은 것으로 되어 있어서 무덤의 연대를 비정할 수 있다.

역년曆年을 알 수 있는 무덤의 수는 적지만, 선비계와 중원계 토기의 조합에 따라 무덤의 전개과정을 추적해 볼 수 있다. 즉, 삼연의 부장품 중에는 한대 동부선비 무덤에서 출토된 것과 같은 기종의 토기만 부장된 무덤, 동부선비계 토기와 청자나 단경호, 렴奩, 과합果盒 등 중원계 기종이 공반되는 무덤, 그리고 중원계 기종만으로 구성된 무덤이 있어서, 이를 명문 자료와 결부시켜 볼 때 삼연 무덤의 전개과정은 4단계로 나누어 볼 수 있다(그림 5-11).

표 5-3. 삼연 무덤의 부장품 변화과정(단계별 특징)

	I 3C 말	II 4C 초	III 4C 중	IV 4C 말
		금주이외묘(324)	봉거도위묘(337~370)	최휼묘(395)　풍소불묘(415)
	------ 금제 보요관 ------			- 금제 보요관 - - -
	북방식 금대식 → ----		---- 대금구(용문, 삼엽문) ------------------	
	-------------------- 동부선비계토기 ------------- 금속용기(북방계) ------------------			
		← 중원계 토기, 용기 ----	- 자기, 금속 용기(중원계) ----------------------- →	
		← 마주, 갑주 부장 ----	- 장식마구, 갑주, 등자(장병) ---------- 등자(단병) ------- →	
	← ------------------------ 훼기 ---------------------- →			
			← 묘실벽화 ---------------------- →	

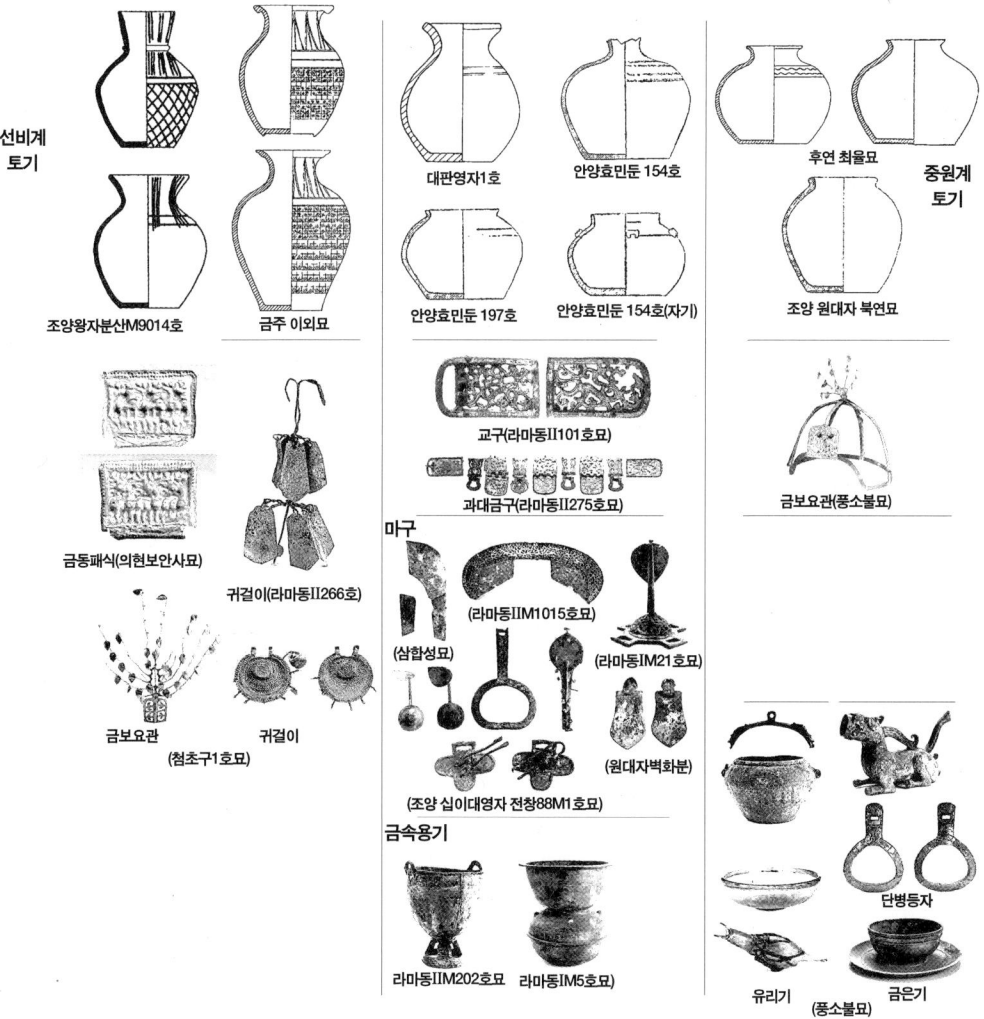

그림 5-11. 토기 조합에 따른 삼연 무덤의 전개과정

I단계는 3세기 말에서 4세기 초로 전실묘를 제외한 모든 형식의 무덤이 병존했던 시기로 목곽묘인 조양 왕자분산 십이대영자8713호분이 대표적이다. 금제 보요관과 편오각형의 규형圭形 보요가 달린 금제 이식과 동물문 장식의 대식 그리고 동부선비계 토기가 부장되며, 토기의 훼기가 관찰된다. 중원과의 관련을 보여주는 문물은 확인되지 않으며, 금속제 마구의 부장도 관찰되지 않는다. 이 시기에 해당되는 무덤은 장방형과 사다리꼴형 평면으로 양 평면형의 무덤은 구조와 장속 등에서 차이가 있지만, 동부선비계 토기의 부장이라는 점에서 공통된다.

II단계는 4세기 초엽으로 횡혈식 장법이 채용되어, 전 시기의 수혈식 장법의 무덤에 석실, 전실이 더해져서 목곽, 석곽, 석실, 전실묘 등이 병존한다. 부장품은 전 단계에 이어 금제 보요관과 금공 장신구, 동부선비계 토기가 계속되는 한편, 중원계 기물이라 할 수 있는 용문 투조의 진식대금구와 렴, 과합, 도용陶俑 등 중원계 기물이 부장되기 시작한다. 한편, 기승용 마구가 부장되기 시작하지만 장식마구의 부장은 두드러지지 않으며, 장신구 중 금제 보요관은 사다리꼴 평면의 석곽인 방신촌2호분이나 석실묘인 첨초구1·2호분 등 석곽이나 석실에 부장된다. 목곽에서 금제 보요관의 부장이 확인되지 않는 점이 전 단계와의 차이이다.

III단계는 4세기 중엽으로 고분의 주분포지는 조양 일대로 전연이 조양에 도읍을 정하고 본격적으로 중원 문물을 받아들이는 단계라고 할 수 있다. 전실묘를 제외한 선행의 모든 무덤형식이 병존하며, 벽화분이 조성되기 시작한다. 부장품에서는 선비계 문물이 줄어드는 대신 중원계 문물의 종류와 양이 증가한다. 전 단계 선비계 문물을 대표했던 금제 보요관은 부장되지 않으며, 토기에서는 동부선비계 토기의 전통이라 할 수 있는 수직 암문이 생략된다. 이에 반해 마구의 부장과 갑옷, 마면·주, 화살가방 등 기마와 관련된 유물이 증가하며, 대부 복이나 철복 등의 북방계 용기도 부장된다. 중원계 문물은 진식대금구, 초두와 괴, 시루, 정 등 금속제 용기 외에 칠기와 청자 등 그 종류가 늘어났으며, 단경호의 부장 비중이 커진다. 한편 훼기 습속은 일부 중원계 토기인 단경호에서도 관찰된다.

IV단계는 4세기 말에서 5세기 초까지 후연과 북연의 시기로, 목곽묘가 줄어들고 석곽과 함께 현실과 연도를 갖춘 횡혈식 석실이 중심이 된다. 석곽에서 선비족의 전통이 지속되지만, 전반적으로 선비계 요소의 감소가 두드러진다. 한편 보요관이 부장되지만, 전 단계와는 다른 형태이다. 마구는 등자 등 일부 기종에 국한되며, 특히 장식 마구의 부장은 급감한다. 이에 반해 석실분에서는 벽화와 명기의 부장 및 칠기, 금속제 용기 등에서 중원계 요소들이 증가된다. 따라서 이 단계는 중원계 요소의 증가와 북방계 요소의 감소로 특징지을 수 있다. 부장품 조합으로 볼 때 삼연 무덤의 전개과정은 동부선비계 요소의 감소와 중원계 문물의 유입과 확대 방향으로 진행된다.

5) 고구려와 삼연 문물의 비교

고구려 고분과 삼연 부장품에서 공통되는 것은 중장기병과 관련된 마구류와 갑주, 보요가 달린 장식구, 중원계의 청동용기와 대금구 등이다. 이 유물들 중에 일부는 완제품의 상태로 유입되었을 것이며, 일부는 고구려에서 변용·제작했을 것이다. 중장기병과 관련된 문물들은 삼연으로부터 유입되었을 가능성이 있지만, 중원계의 청동용기나 대금구는 삼연의 것과 세부적인 차이가 있어서 삼연을 거쳐 고구려로 유입되었을 가능성 보다는 삼연을 거치지 않고 중국 중원 왕조와 고구려와의 관련 속에서 유입되었을 가능성이 있다.

고구려와 삼연의 관련을 보여주는 가장 두드러진 것은 금속제 마구이지만, 등장기의 마구는 삼연보다는 부여와 관련지을 수 있다(그림 5-12). 고구려에서 가장 이른 마구는 3세기 후반경으로 비정되는 환인 연강향15호분이나 집안 만보정242-1호분의 재갈이다. 만보정242-1호분에서는 재갈과 함께 출토된 덮개가 있는 청동방울은 자루가 고리형으로, 중국 길림성 부여 유수노하심 중층 유적의 것과 유사하다. 반면, 조양 원대자벽화분이나 안양 효민둔 154호분의 청동방울은 자루가 모두 막대형이어서(그림 5-8 참조) 만보정242호분과는 차이가 있다. f자형 표비도 부여 유수노하심 중층 유적에서 출토된 바 있고, 이러한 표비는 중국 중원에서 일찍부터 사용되었던 것이어서 3세기 후반경의 마구류를 굳이 삼연과 연결시킬 필요는 없다. 마구는 아니지만 부여와의 관련은 하활용8호분의 화살주머니나, 임강총과 우산하2110호분에서

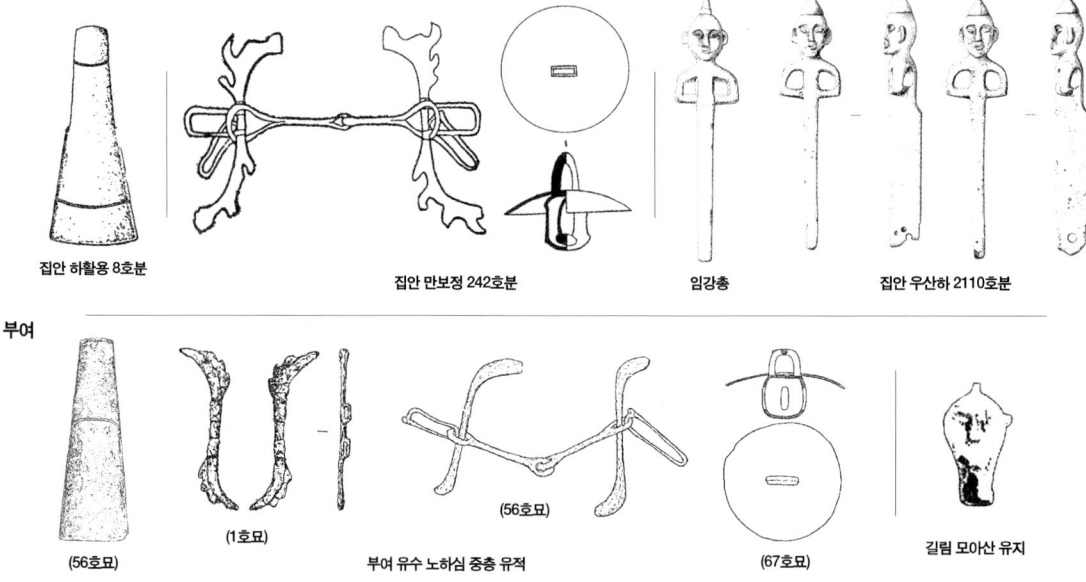

그림 5-12. 고구려 고분 출토 부여계 유물

출토된 청동제 인면 차할 그리고 임강총에서 보이는 철도의 훼기 등에서 확인해 볼 수 있다. 그러한 점에서 볼 때 고구려에서 기승용 마구의 등장이 삼연의 영향에서 시작되었다고 단정지을 수 없다.

그러나 4세기 이후의 보요가 달린 금공 장식구와 마구의 본격적인 부장은 삼연과의 관련 지을 수 있다. 마구를 기준으로 볼 때 삼연의 마구나 금공장신구는 4세기초, 4세기 중엽, 4세기말~5세기초의 세 단계를 거치면서 고구려화 된다.

첫 단계는 4세기 1/3분기에 해당되는 시기로, 방형 장식판이나 규형보요, 그리고 화판형 운주 등이 서로 공통된다(그림 5-13-1). 방형장식판은 서대총이나 조양 첨초구2호분의 것이 유사하며, 사엽형 장식판은 우산하992호분의 것과 라마동379호분의 것이 크기와 형태가 흡사하며, 칠성산211호분도 유사하다. 규형보요는 어디에 달렸는지 확실하지 않지만, 서대총, 우산하992호분, 마선구2100호분 등 4세기대 고분에서만 확인된다. 그중 규형보요가 달린 이식은 우산하3283호분에서 보이는데 이는 라마동266호분, 라마동379호분, 첨초구1·2호분의 이식과 착장방식이 유사하다. 이외에도 라마동266호분과 북표 대판영자1호분에서 출토된 머리장식과 같은 형식의 머리 장식이 우산하3160호분에서 출토되었다. 마구로는 화판형 운주가 공통된다. 서대총, 우산하992호분의 입식이 없는 화판형 운주는 고구려에서 처음 등장한 장식마구로 이와 유사한 운주는 라마동266호분에서 출토된 바 있으며, 삼연보다는 고구려에서 출토 예가 더 많은 점으로 보아서 화판형 운주의 중심지는 삼연보다는 고구려일 가능성도 배제할 수 없다. 이처럼 삼연과의 관련은 금공장신구에서 먼저 관찰되며, 마구류의 경우에도 기승용마구보다는 화판형 운주와 같은 장식마구에서 먼저 관찰된다. 따라서 4세기초에 삼연 마구의 영향이 고구려에 본격적으로 미친 것은 아니다.

둘째 단계는 4세기 중·후반으로, 고구려에서 기승용을 완비한 금속제 마구가 부장되는 단계로 이 단계의 마구는 삼연과의 관련지을 수 있다. 특히 재갈, 등자, 안교 등 제어, 기승용 마구가 그러하다. 가령, 타원형 판 위에 횡장방형 현수공을 가진 재갈 멈치는 칠성산96호분과 조양 삼합성묘, 왕자분산 요이영자9001호분, 원대자벽화분의 것이 서로 특징을 공유하며, 안교는 고안교라는 점에서 칠성산96호분, 안양 효민둔154호분과 조양 삼합성 무덤, 원대자벽화분, 십이대 전창88M1호분이 서로 특징을 공유한다. 다만, 삼연의 것은 다리가 안쪽으로 약간 휘고, 고구려의 것은 다리가 직선적이라는 차이가 있을 뿐이다. 등자도 대동소이한데, 칠성산96호분 등자는 안양 효민둔154호분이나 조양 십이대영자 전창88M1호분 등자와 유사하다. 단지, 병부의 길이가 삼연의 것이 조금 길 뿐이다. 그러나, 삼련형 재갈멈치나 라마동101호분에서 보이는 둥근 형태의 안교는 고구려에서 관찰되지 않는다. 따라서 고구려에서는 삼연의 기승, 제어용 마구를 선택적으로 수용했던 것으로 보인다.

그러나, 장식마구에서의 관련은 그다지 두드러지지 않는다. 가령, 행엽은 고구려에서는 심엽형 지판에 장식판을 덧대어 만든 반면, 삼연에서는 금동판을 잘라 만들었는데, 별도의 현수공을 만들지 않고 지판에 구멍을 뚫었으며, 지판은 아래가 둥글고 뾰족한 규형이다. 이처럼 고구려와 삼연의 행엽은 형태와 제작 방법에서 차이가 있고, 칠성산96호분이나 우산하2891호분과 유사한 심엽형 행엽은 조양 십이대영자 전창88M1호분에서 출토된 한 예 뿐이다. 운주도 마찬가지이다. 고구려 운주는 화판형과 반구형의 두 종류가 있다. 화판형은 8~10판의 화판 위에 보요가 달린 것이 전 단계에 이어 지속적

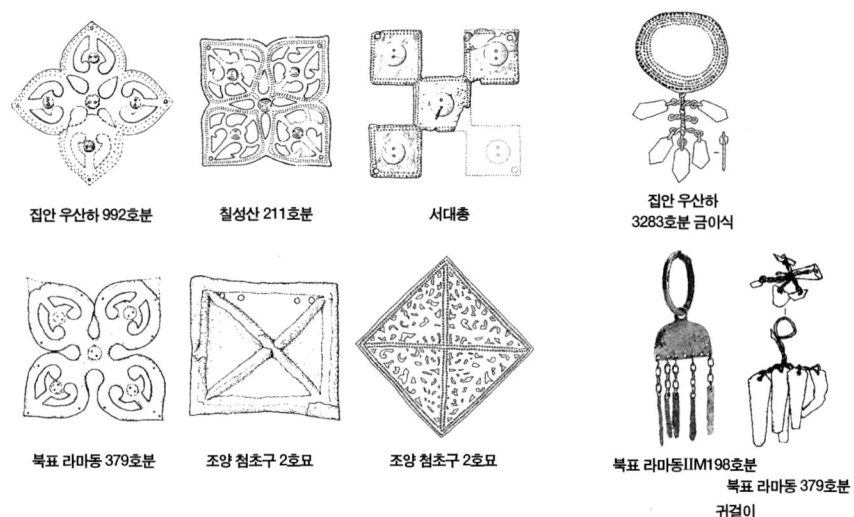

그림 5-13-1. 4C 초반의 고구려와 삼연 유물

으로 부장되고, 입식이 있는 반구형운주는 이 단계에 처음 등장한다. 입식이 없는 화판형은 삼연과 공통되지만, 입식이 달린 반구형 운주는 착장방법에서 삼연과 차이가 있다(그림 5-20 참조). 이처럼 재갈이나 등자, 안교에서 삼연 마구의 영향이 인정되지만, 재갈멈치나 행엽이나 반구형입식부운주가 삼연과 차이가 있음은 삼연 마구가 일괄로 고구려에 영향을 주었다기 보다는 고구려가 삼연으로부터 마구를 선택적으로 받아들였기 때문일 것이다.

셋째 단계는 4세기 말부터 5세기 초로 후연과 북연 시기이다. 이 시기의 고구려 마구는 기능성과 장식성의 증가로 특징된다. 특히 투조 등 제작기법에서 장식성의 증가와 함께 장식마구의 복수부장이 두드러지며, 등자의 답수부에 돌기를 만드는 기능적 고려가 더해진다. 삼연의 등자에서는 답수부의 돌기가 확인되지 않아서 답수부 돌기는 고구려에서 창안된 것이라고 할 수 있다. 또한 화판형 입식부 운주는 삼연에서 보이지 않아서 전 단계와 마찬가지로 장식마구에서 삼연의 영향은 그리 크다고 할 수 없다. 다만, 실물 자료는 남아 있지 않으나, 마선구1호분이나 통구12호분, 덕흥리벽화분, 삼실총 등 벽화분에 표현된 중장기병에서 보이는 갑옷과 마갑, 화살가방 등은 삼연의 셋째 단계 무덤에서 확인되고 있으므로, 중장기마병과 관련된 유물 전반에 걸친 삼연의 영향을 배제할 수 없다. 따라서 금속제 마구에서는 삼연의 것

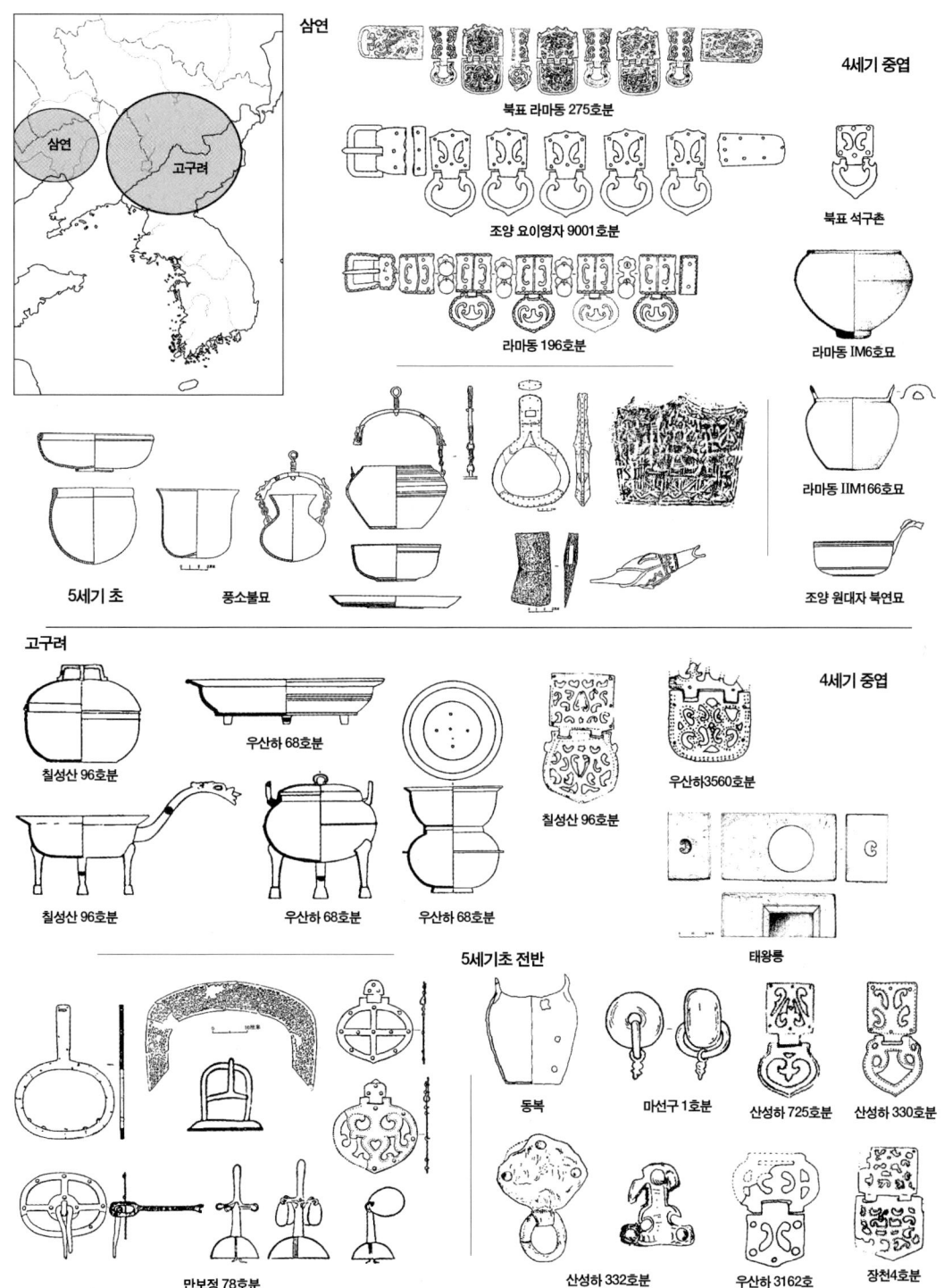

그림 5-13-2. 4C 중엽~5세기 전반의 고구려와 삼연 유물

을 선택적으로 수용하여 변용, 창안했다고 할 수 있다.

둘째와 셋째 단계에서 보이는 삼연 문물의 선택적 수용과 변용은 금속제 장신구에서도 마찬가지이다(그림 5-13-2 참조). 삼엽문 장식도안, 투조나 우모 기법 등은 서로 유사하지만, 전체 형태나 문양 배치 등은 차이가 있다. 가령, 고구려 셋째 단계의 이식은 태환과 세환 이식이 함께하나 삼연에서는 태환 이식이 없고 세환 이식도 약수리고분 출토품이 라마동II구 71호분 출토품과 유사할 뿐이다. 오히려 이식은 고구려에서 종류와 형태, 장식 등에서 더 다양하고 기술적으로도 발달된 모습을 보여준다. 대금구도 마찬가지이다. 고구려에서 관찰되는 대금구는 서진의 것을 모티브로 제작된 것과 동진의 것으로 나뉘는데, 산성하152호분의 과판과 수하식은 낙양 서교 26호분과 유사하고 우산하3560호분은 라마동275호분 출토품이나 의흥 주처묘 부장품과 흡사하지만, 과판 수하식에서 삼연의 것과는 세부적인 차이를 보인다. 산성하159호분의 용문 교구는 조양의 봉거도위묘 교구와 다르며, 원대자벽화분이나 조양 십이대영자 전창88M1호분의 봉황문 교구는 고구려에서 아직 확인된 바 없다. 삼엽문 대금구의 경우도 마찬가지여서 고구려의 삼엽문 대금구는 상하 종렬로 삼엽문을 투조한 반면, 삼연에서는 삼엽문이 한 줄로 투조되어서 삼엽문 배치에서 서로 차이를 보이며, 수하식도 서로 다르다(그림 3-9-2 참조). 다만 과판의 주요 모티브가 삼엽문이라는 점과 북표 서관영자 1호분의 우모기법 등이 삼연과 유사할 뿐이다.

청동제 용기도 마찬가지이다. 고구려의 초두는 중국 남경 상산5호분이나 7호분 등 동진대 무덤에 부장된 것과 특징을 공유한다. 반면 우산하68호분의 정은 삼연 무덤에서는 보이지 않고, 삼연의 괴나 제량관, 대부복 등은 고구려에서 보이지 않는다. 더욱이 고구려와 중국 양진兩晉 교류를 고려해볼 때 굳이 삼연을 거쳐 중원계 금속용기가 고구려로 유입되었다고 볼 이유는 없다. 청동제 솥과 시루의 조합이 라마동 I M5호묘에서 보고된 바 있지만 삼연에서 두드러지지 않고, 삼연의 솥은 다리가 달리는 등 고구려와 다른 형태이다. 때문에 청동초두나 정은 중국 중원 왕조와 고구려의 직접 교류를 상정해 볼 수 있다. 따라서 4세기 중·후엽의 고분에 부장된 외래계 문물이 모두 삼연을 통해 들어온 것은 아니며, 고구려나 삼연 두 지역의 중원계 문물은 어느 한 지역에서 다른 지역으로 유입되었다기보다는 고구려와 삼연이 각각 중원의 영향을 받은 것으로 해석하는 것이 합리적이다.

이와 같이 고구려 고분에 부장된 삼연과의 교류를 보여주는 문물이 삼연으로부터 완제품의 상태로 지속적으로 유입된 것은 아니다. 오히려 세부 형태와 제작기법, 장식성 등에서 차이를 보이며, 장식마구의 경우 고구려가 더욱 다양한 형태로 장식성이 부가되고 있어서 고구려에서 자체적으로 변용·제작함으로써 고구려화 되었다고 할 수 있다.

6) 고구려 고분에서 보이는 삼연 요소의 배경

고구려와 삼연의 관계는 모용황慕容皝이 전연前燕을 세우기 이전부터 있었다. 서진의 혼란기를 틈타 요동으로 진출하려는 전연의 시조라고 할 수 있는 모용외慕容廆와 고구려는 요동을 사이에 두고 일전일퇴했다. 그러나 342년 연燕왕을 칭한 모용황의 침략으로 고구려는 수도가 함락되고 남녀 5만여 명이 인질로 노획되는 전화를 겪게 되었다. 이에 고구려는 355년 전연과 조공과 책봉관계를 맺었으며, 전연이 전진에 의해 멸망되는 370년까지 고구려와 전연의 관계는 비교적 안정적인 우호관계를 유지했다. 이후 고구려는 전연을 몰락시킨 전진前秦과 우호관계를 유지했고 풍발馮跋씨에 의해 재건된 북연北燕과도 비교적 우호관계를 유지하였다. 이처럼 3세기 말부터 요동을 사이에 둔 선비 모용부와 전쟁과 우호가 반복되는 과정 속에서 상당수 고구려 사람들이 전연으로 들어갔다. 그중에는 고국원왕의 세자나 왕제가 볼모로 가는 등 상당한 신분을 가진 자도 포함되어 있었다. 반대로 전연의 세력다툼 속에서 동수佟壽와 곽충郭充, 봉추封抽, 송황宋晃, 유홍游泓 등이 고구려로 망명하기도 했다. 망명한 인물 가운데 안악3호분의 동수는 고구려에서 벼슬을 하는 등 전연과 고구려 사이에 인적 교류가 두터웠음을 알 수 있다. 한편 고구려와 전연은 각각 중원의 동진과 외교를 맺기도 한다. 삼연이나 고구려 두 지역에서 공통적으로 보이는 중원계 금속용기와 대금구 등은 고구려와 전연이 각각 동진과 책봉관계를 맺은 산물로 볼 수 있다.

4세기부터 고구려 고분에 부장된 보요가 달린 금제나 금동제 장신구와 갑주, 마구와 마갑, 화살가방 등 중장기병과 관련된 문물에서 보이는 삼연 요소는 주로 전연 시기에 해당된다. 삼연 관련 문물이 고구려에 전해진 것은 이와 같은 전연과 고구려가 직접 접촉한 결과이다.

 그러나 전연의 문물 모두가 여과 없이 그대로 고구려로 유입된 것은 아니었다. 재갈멈치나 행엽의 형태, 반구형입식부운주의 착장방식의 차이, 장식마구에서 방울의 비중이 고구려에서는 크지 않은 반면 전연에서는 큰 비중을 차지하는 점, 시간의 흐름에 따라 등자의 장식성이나 기능성이 향상된 점, 이식이나 관식 등의 장신구에서의 차이 등은 고구려가 전연의 문물을 선택적으로 받아들였고, 시간의 흐름에 따라 고구려의 선호와 필요에 따라 변용·발전시킨 결과이다.

 결국 고구려 고분에서 보이는 삼연 관련 요소는 주로 전연에 해당되는 문물로, 양지역 간 유물의 연대가 비슷하여서 전연 문물의 고구려로 전파에는 그리 많은 시간이 걸리지 않았을 것이다. 전연 문물이 고구려로 유입되는 과정은 무덤 구조, 동물 순생이나 훼기방식 등 장속 및 토기로 미루어 주민의 이주에 의한 결과는 아니었음은 자명하다. 오히려 전쟁과 우호관계 속에서 고구려로 유입된 전연의 문물은 시간의 흐르면서 고구려의 선호에 따라 변용되면서 기능과 장식성을 향상시켜갔다고 할 수 있다.

3. 고분 유물로 본 고구려와 신라

 삼국 중 고구려는 신라와 가장 긴밀한 우호관계를 맺었다. 고구려와 신라의 우호관계는 4·5세기대 문물에서 잘 드러난다. 한반도에서 4·5세기는 물질문화에서 커다란 변화가 있었던 시기라고 할 수 있다. 높고 거대한 고분의 축조와 그러한 고분에 부장된 여러 종류의 많은 부장품, 무기, 철제 갑주와 마구, 금공 장신구 등은 이전 시기와 구별되는 신문물이라고 할 수 있다. 특히 중장기병과 관련된 갑주와 마구의 출현, 도·촉·모로 대표되는 무기체계의 변화, 금공 장신구 등은 4세기전에는 보이지 않았던 것으로, 이러한 문물이 고구려와 신라에서 공통되어서 광개토왕의 남정 기사와 관련지어 해석하기도 하였다.

1) 신라 적석목곽분의 고구려 문물

적석목곽분에 부장된 고구려와 관련을 갖는 문물은 고구려에서 제작되어 반입된 것, 고구려를 경유한 중국계 문물 그리고 이의 영향으로 신라에서 제작된 것으로 나누어 볼 수 있다. 금속제 합과 호, 금공장신구 그리고 기승용 마구는 고구려에서 제작되었거나 고구려의 영향을 받아 신라에서 제작하면서 모방과 변용을 거쳤을 것이며, 청동 초두와 정, 세를 비롯한 중국제 금속 용기 중에는 중국으로부터 고구려를 경유하여 신라로 유입된 것도 있었을 것이다.

고구려로부터 완제품이 유입된 예로는 서봉총의 연수명 은합, 호우총의 광개토왕호우, 금관총의 청동 사이호 등을 들 수 있다(그림 5-14).

서봉총의 은합은 유개합으로 뚜껑 손잡이가 십자상으로 되어있다. 뚜껑 안쪽에 "延壽元年太歲在卯三月中 太王敎造合杆用參斤六兩", 합의 외측 바닥에 "延壽元年太歲在辛 三月 ○ 太王敎造合杆三斤"이 새겨져 있어서 연수 원년인 신묘년에 태왕의 명에 의해 제작되었음을 알 수 있다. 연수는 태왕호와 역사

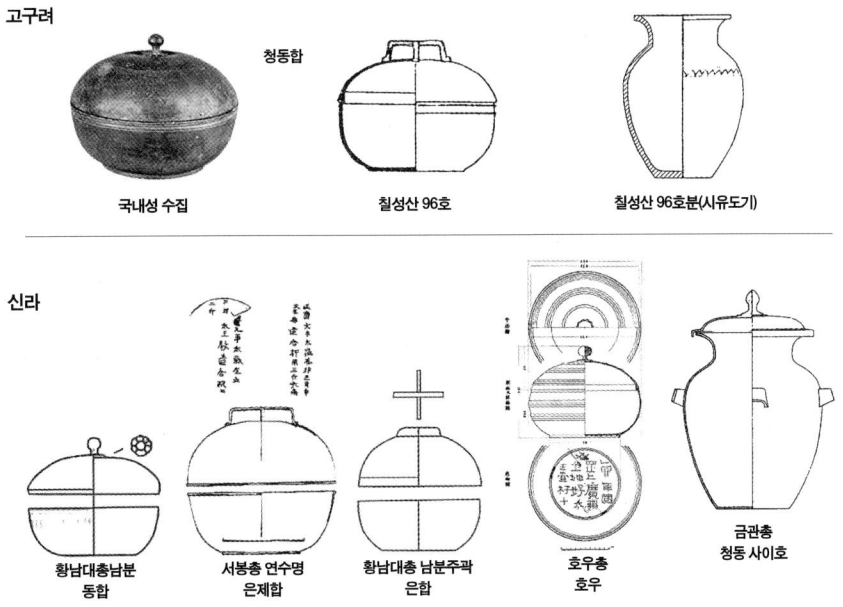

그림 5-14. 적석목곽분 부장 고구려 금속용기(축척부동)

적 정황으로 보아 고구려 연호일 것으로 보고 있으며, 칠성산96호분 출토 청동합과 형태적 유사성으로 보아서 그 시기는 4세기 중엽경으로 비정된다. 4세기대의 신묘년은 331년과 391년으로, 391년은 광개토왕이 즉위한 영락원년이어서 후자보다는 전자의 가능성이 크다.

　호우총의 청동합은 뚜껑에 보주형 꼭지가 달린 유개합으로, 목관 내부 피장자 머리쪽에서 출토되었다. 합의 외측 바닥에 "乙卯年國岡上廣開土地好太王 壺杅十"이라는 명문이 있어서 을묘년에 제작되었음을 알 수 있다. 광개토왕대에 을묘년은 없고, 광개토왕대 이후의 을묘년은 415년으로, 광개토왕사후 3년이 되는 장수왕3년이다. 아마 광개토왕의 3년상을 위해 만든 10개의 청동합 중에 한 점이었을 것으로 추정된다.

　금관총의 청동 사이호는 주조품으로 뚜껑에는 보주형 꼭지가 달려있고, 호는 장동형이며 동체 상부 4곳에 대상파수가 대칭되도록 달려있다. 이와 같은 기형은 신라에서는 유례가 없지만, 대상파수가 달린 장동형 호는 고구려를 대표하는 기종으로 토기나 시유기 등 여러 점이 보고되어있다. 금관총 청동 사이호는 구연의 벌어진 정도나, 견부에서 저부로 내려오는 동체의 형태가 고구려 칠성산96호분이나 우산하3501호분 출토 시유사이호와 유사한 형태이다.

　고구려에서 제작된 것은 아니나, 중국계 의기의 하나인 청동정과 초두, 세는 고구려를 통해 신라로 들어왔을 것이다. 청동정과 초두는 칠성산96호분에서 세는 우산하68호분에서 청동정, 시루와 솥 등과 함께 출토되었다. 청동정은 우산하68호분에서 서로 비슷한 형태의 것이 출토되었는데, 이와 같은 형태의 청동정이 황남대총 남분에서 출토되었다(그림 5-15). 그러나 적석목곽분의 청동정이 모두 고구려를 거쳐 완제품의 상태로 유입된 것은 아닐 것이다. 황남대총 북분이나 천마총의 청동정이나 황오동4호분의 청동정은 전형적인 중국 동정과 신부나 다리 모양이 달라서 신라에서 모방 제작하였거나 재가공하였을 것이다. 초두는 칠성산96호분에서 출토된 한 예로, 수각형 다리는 높고, 손잡이 끝을 용머리 장식을 한 것으로 현재 고구려에서는 유일하게 보고된 것이다. 이와 유사한 초두는 식니총에서 출토된 바 있다. 그리고 우산하68호분의 세와 황남대총 남분이나 북분에서 출토된 세는 서로 유사한 형태이다.

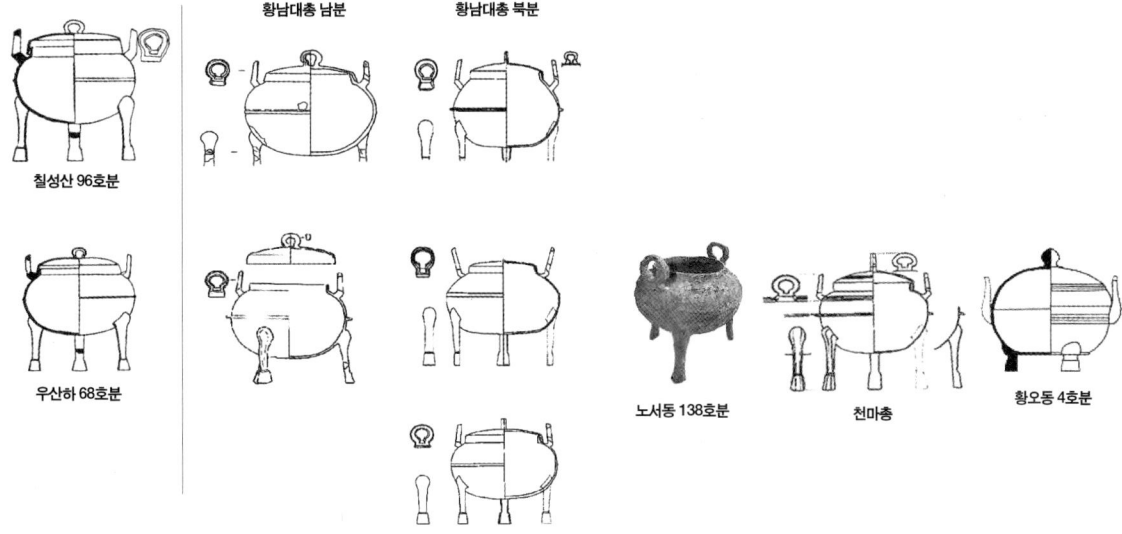

그림 5-15. 고구려 고분과 신라 적석목곽분 출토 동정

금속용기를 대표하는 정과 초두, 세는 중국식 의기로, 초두는 백제 고분과 풍납토성에서도 출토된 바 있지만, 정과 세는 백제 고분에서 공반되지 않는다. 반면, 고구려와 신라의 적석목곽분에서 출토된 중국식 금속용기들은 형태적 특징을 같이하기도 하여서 적석목곽분에 부장된 정과 초두, 세 등은 백제를 경유하였다기 보다는 고구려와의 관계 속에서 신라로 들어왔을 것으로 보인다.

이외에도 고구려 고분에서는 그 부장예가 확인되지 않았지만 금관총의 초호, 호우총의 호자 등도 고구려를 경유한 중국산 완제품일 가능성이 크지만, 그와 유사한 예가 고구려 고분에서 확인되지 않고 있어서 현재로서는 제작과 반입경로, 그리고 그 배경에 대한 구체적인 추론은 쉽지 않다.

신라에서 변용제작된 것으로는 금공장신구를 들 수 있다. 그중 황남대총 북분의 Y자형의 머리 장식이나 추형 수식이 달린 태환이식 중에는 고구려로부터 완제품이 반입되었을 가능성이 있지만, 다수의 장신구는 고구려 고분에 부장된 것에 비해 신라 적석목곽분에 부장된 것이 종류와 형태가 다양하여서 신라에서 자체 제작하였을 것이다. 다만, 삼엽문 대금구는 다른 금공장신구와는 달리 고구려의 대금구를 모방 제작한 것으로 보인다.

대금구는 교구와 과판, 띠끝장식, 요패로 이루어졌다는 점이 삼국이 공통되는 반면 중국과 구별되는 삼국 대금구의 특징이라고 할 수 있다. 그 가운데 과판과 수하식의 형태는 고구려와 신라가 서로 유사하다(그림 5-16). 가령 고구려의 삼엽문이 투조된 방형과판과 심엽형 수하식 그리고 횡장방형 과판과 말각편오각형 수하식의 과판은 적석목곽분에 부장된 것과 특징을 같이 한다. 산성하330호분과 금령총의 방형과판의 수하식, 우산하3560호분과 금관총의 과판수하식, 그리고 황오동4호분과 칠성산96호분 1호묘실의 횡장방형과판과 수하식이 서로 유사한 형태이다. 심엽형 과판도 황남대총 남분과 북분의 것이 칠성산96호분 1호묘실이나 태왕릉에서 출토된 것과 유사하여 상호 관련을 생각해 볼 수 있다.

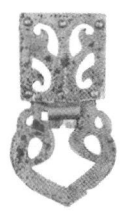

집안 산성하160호분 집안 산성하725호분

황남대총 북분 경주 금척리 고분

그림 5-16. 고구려와 신라의 삼엽문 대금구

이외에도 못신을 들 수 있다. 고구려의 못신은 신발의 바닥에 뾰족한 못을 박은 것과 둥근 못을 받은 것이 있다. 고구려에서 둥근 못을 박은 것은 장군총에서 출토되었고 나머지는 모두 뾰족못을 박았다. 뾰족못신은 우산하3109호분과 칠성산1223호분에서 출토되었는데, 황남대총 북분의 못신이 우산하3109호분 못신과 같으며, 금관총에서는 화판좌 위에 둥근 못을 박아서 장군총 못신과 비교된다(그림 5-17).

장군총

금관총

그림 5-17. 고구려와 신라의 못신

2) 고구려 고분과 신라 적석목곽분 출토 금속제 마구

신라 적석목곽분의 금속제 마구에서는 금속제 용기나 금공장신구와는 달리 완제품이 반입된 것으로 보이는 것은 아직 확실하지 않고, 신라에서 모방 또는 변용 제작한 것으로 보인다. 기승용을 완비한 금속제 마구의 부장은 중국 삼연이나 삼국시대 고분에서 공통된 현상이어서 적석목곽분에 부장된 마구도 삼연과 관련지어 생각하곤 하지만, 답수부에 돌기가 있는 등자나 심엽형 행엽은 삼연에서 보이지 않으며, 화판형이나 반구형 운주의 착장방법은 삼연의 그것과 다르다. 오히려 적석목곽분의 등자와 행엽, 운주 등은 형태와 착장 방법에서 고구려와 더 높은 유사점을 갖고 있다.

금속제 마구의 부장이 중국 동북지방이나 한반도 삼국에서 공통된 현상임을 감안해 볼 때, 고구려에서 실물의 예는 없지만, 사행상 기꽂이나 기생은 고구려 고분벽화에서 확인되기도 하여서 기승용 마구에서 고구려를 배제한 채 삼연과 신라의 직접적인 관련은 상정하지 않아도 좋을 것이다. 때문에 금속제 마구의 부장이라는 점에서는 중국 삼연이나 고구려와 부장 습속을 공유하지만, 등자와 행엽, 운주 등은 삼연과 세부적인 차이는 고구려가 중국 삼연의 마구를 선택적으로 받아들이고, 자체 변용과정을 겪으면서 기능을 향상시켰듯이 신라도 그러한 과정을 겪은 결과일 것이다. 따라서 마구의 모방과 변용제작 과정을 나누어 살펴보면, 신라고분 편년에 고구려 마구가 활용될 수 있을 것이다. 특히 등자와 행엽, 운주 등이 그러한 과정을 잘 보여준다.

적석목곽분에 부장된 등자는 여러 종류가 있고, 여러 형태가 함께 부장되기도 한다. 황남대총 남분에서 출토된 여러 점의 등자는 답수부에 돌기가 있다는 점은 공통되지만, 재질과 형태는 서로 다르다. 전체 형태는 칠성산96호분과 유사한 것(I형)과 만보정78호분과 유사한 것(III형) 두 종류로 나뉘며, 만보정78호분과 같은 형태는 병부의 길이에 따라 다시 세분가능하다. 이처럼 가장 빠른 고총으로 이해되는 황남대총 남분에서 칠성산96호분과 같은 형태지만 답수부에 돌기가 있는 것, 만보정78호분과 같은 형태의 것 두 종류가 함께 하여서, 고구려의 두 등자 속성을 선택적으로 결합하여 신라에서 제작되었을 가능성을 보여준다(그림 5-18).

심엽형 행엽도 등자와 마찬가지로 고구려 행엽의 속성을 선택적으로 결합하여 제작한 것으로 보인다. 심엽형 행엽은 삼연에서 보이지 않고 고구려에서는 심엽형 행엽만이 있어서 심엽형 행엽은 고구려식 행엽이라고도 할 수 있다. 고구려의 심엽형 행엽은 현수공의 크기와 지판과 덧판을 결합시킨 못의 수 그리고 덧판의 형태에 따라 몇 가지 형태로 나눌 수 있다. 현수공이 크고, 테두리를 돌아가는 덧판이 있는 것과 현수공이 좁고 십자상 덧판이 있는 것, 장식도안이 있는 것으로 대별되며, 이러한 속성들의 결합이 적석목곽분의 심엽형 행엽에서도 관찰된다. 다만, 덧판에 삼엽문을 투조한 것은 고구려에서 보이지 않아서 신라에서 변용제작된 행엽이라고 할 수 있다(그림 5-19).

띠를 장식하는 운주는 비교적 고구려의 것을 충실하게 모방한 것으로 보인

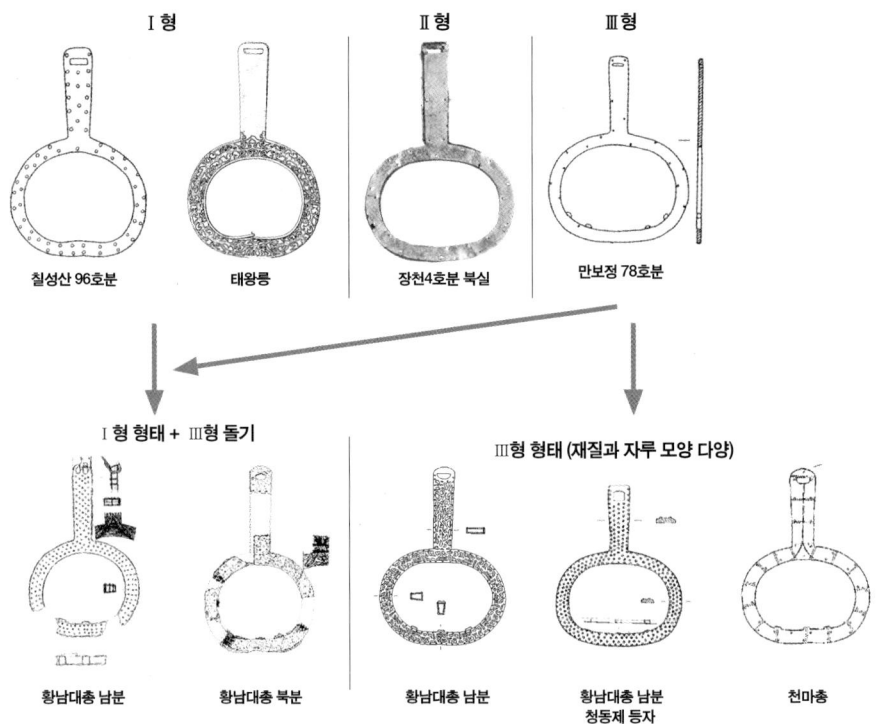

그림 5-18. 고구려 고분과 적석목곽분 등자 비교

다. 고구려에서는 화판형과 화판형입식부 그리고 반구형입식부 운주 등 세 종류가 시간적 선후관계를 갖고 있다. 화판형운주는 적석목곽분에서 확인되지 않고, 화판형입식부운주와 반구형입식부운주 두 종류만이 출토되었다. 황남대총 남분 주곽에서는 화판형입식부운주만이 출토되고, 부곽에서는 반구형입식부운주가 많은 비중을 점한다. 이후의 황남대총 북분이나 금관총, 천마총 등의 적석목곽분에서는 반구형입식부운주가 중심이 된다. 적석목곽분의 운주는 고구려에서 운주의 변화를 고려해 볼 때 화판형입식부운주에서 반구형입식부운주로의 변화하는 과도기에 제작한 것으로 보인다. 신라에서 변용하였다기보다는 고구려 운주를 모방·제작한 것으로 보인다(그림 5-20).

이처럼 적석목곽분에 부장된 고구려와 관련을 가진 등자나 행엽은 고구려 칠성산96호분과 태왕릉 단계와 만보정78호분 등자의 속성을 선택적으로 결합하여 제작하였고, 여기에 신라에서 변용한 것이 삼엽문 장식이 부가된 심엽형 행엽이라고 할 수 있다. 이에 반해 운주는 비교적 고구려의 화판형과 반

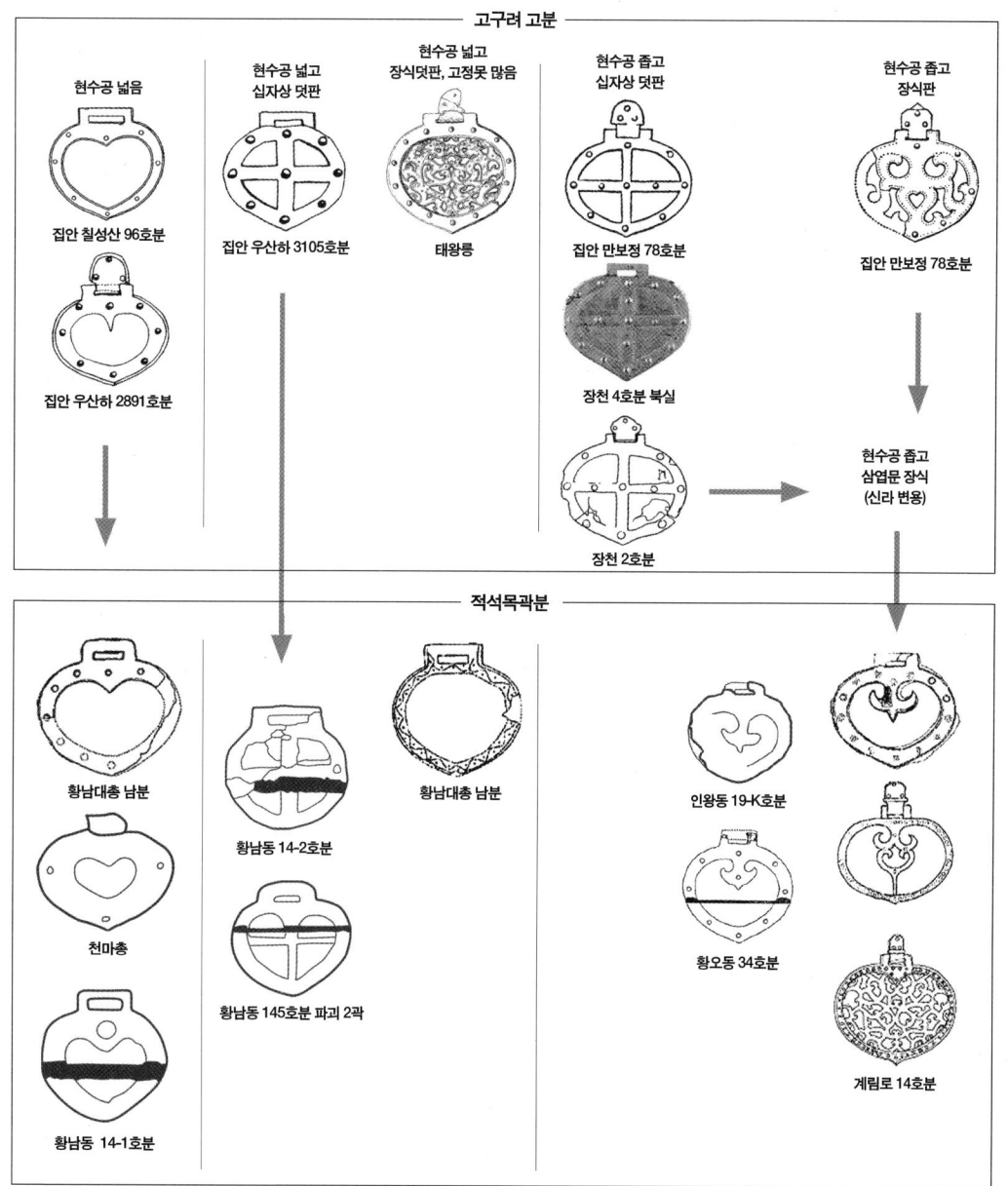

그림 5-19. 고구려고분과 적석목곽분 심엽형 행엽 비교

 구형입식부운주를 모방 제작하여 형태적 변이가 크지 않다. 따라서 신라 적석목곽분의 마구는 고구려 마구의 속성을 선택적으로 결합하거나 신라의 선호도에 따른 변용이 있었음을 알 수 있다.

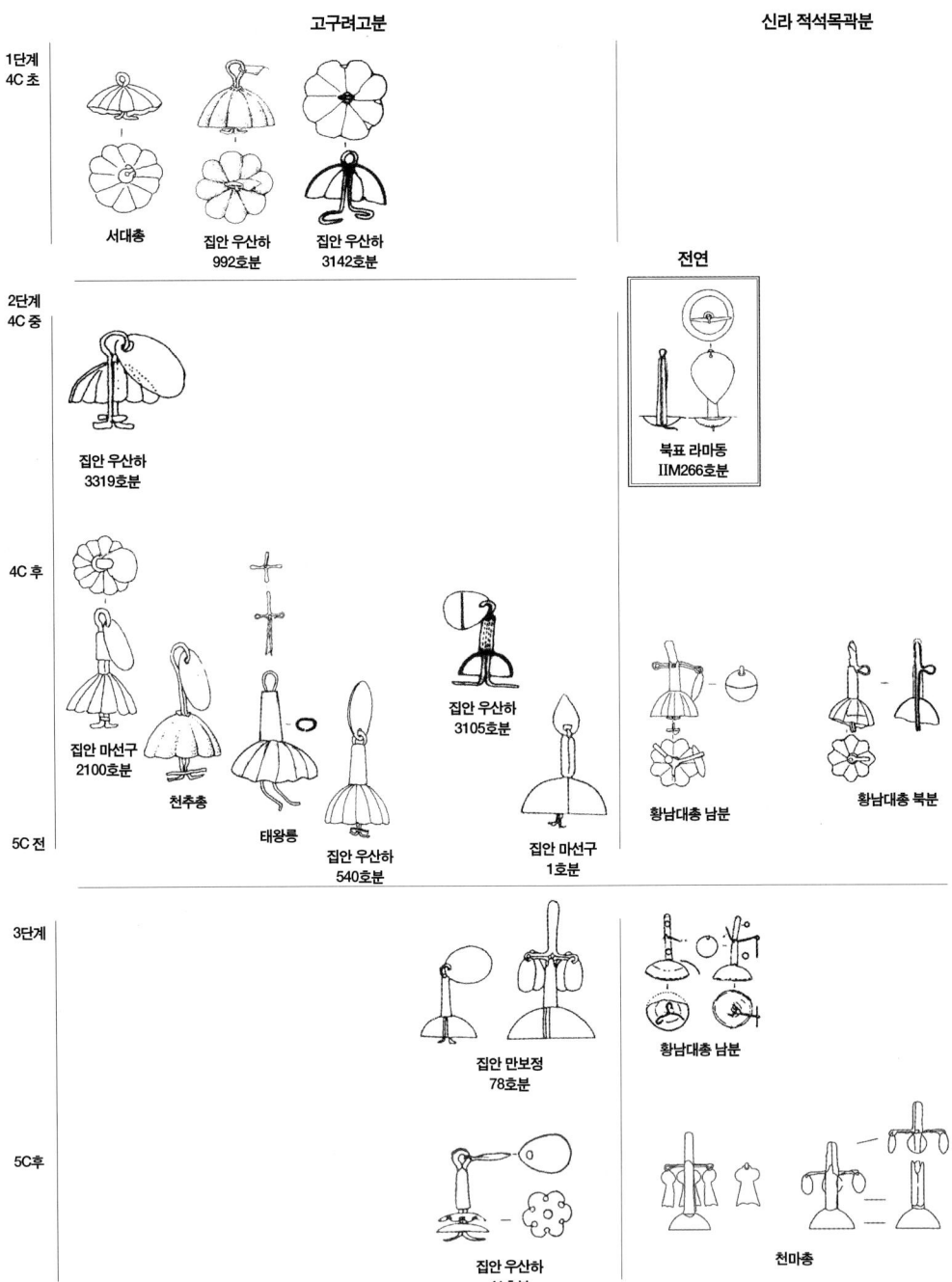

그림 5-20. 고구려 고분과 적석목곽분 운주 비교

3) 고분 유물로 본 4·5세기의 고구려, 신라 그리고 삼연

중국 삼연, 고구려, 신라의 고분에 부장된 금공 장신구와 금속제 마구와 갑주는 4,5세기대 고분 부장품을 대표하는 것들로, 부장 시점에서는 차이가 있지만 특징의 일부를 서로 공유한다. 삼연의 문물이 고구려를 경유하여 신라로 들어온 것으로 보는 이유도 여기에 있다.

그러나 고구려가 삼연의 문물을 선택적으로 수용, 변용하였듯이 신라의 적석목곽분에 부장된 이러한 문물들도 그러한 과정을 겪었다. 때문에 신라 고분에 부장된 새로운 문물들이 고구려를 경유한 삼연의 영향이라고 단선적으로 설명하기 보다는, 영향의 정도와 내용에 따라 나누어 볼 필요가 있다. 기생이나 사행상기꽂이, 화살가방 등과 같이 고구려를 매개로 한 삼연의 직접적인 영향도 있었겠지만, 답수부 돌기가 있는 등자나 심엽형 행엽 등은 삼연의 영향이라기 보다는 고구려화된 마구의 영향이라고 볼 수 있기 때문이다.

이외에도 훼기의 장속이 공통되기도 한다. 삼연에서는 토기와 금속기에서, 고구려에서 철제 도구와 무기에서 훼기가 확인되며 철제 도구와 무기의 훼기는 부여 유수노하심 중층의 무덤에서도 관찰된다. 한편, 신라에서는 토기와 철제 무기의 훼기가 확인된다. 따라서 훼기는 부여, 삼연, 고구려, 신라 모두에서 보이는 범북방적 요소라고 할 수 있다.

결국 삼연, 고구려, 신라에서 공유하는 문물들은 범북방적인 것과 삼연의 영향을 받은 것으로 나눌 수 있고, 삼연의 영향이라고 하는 것 중에는 고구려에서 변용되어 고구려화 된 것이 포함되어 있다(그림 5-21).

범북방적인 것으로는 범북방족 사이에 유행하였던 부장습속인 훼기를 들 수 있다. 훼기는 삼연의 정체성을 보여주는 습속이라기 보다는 북방의 여러 종족들 사이에서 관찰되는 범북방적인 요소라고 할 수 있다. 부여에서는 철도와 철제 추의 훼기가, 삼연의 무덤에서는 토기의 저부에 구멍을 내거나 구연부를 깨거나 철제 유물을 구부려 부장하거나 안교를 도끼 같은 물건으로 흠집을 낸 훼기가 관찰된다. 고구려의 경우 토기의 훼기는 확실히 알 수 없지만, 임강총, 우산하992호분, 우산하41호분에서 철제 무기의 훼기가 관찰된다. 반면, 적석목곽분에서 고배의 다리를 잘라 매장하는 토기의 훼기가 확인되며, 철모를 구부리거나 하는 철기의 훼기도 관찰된다. 따라서 범북방적 장

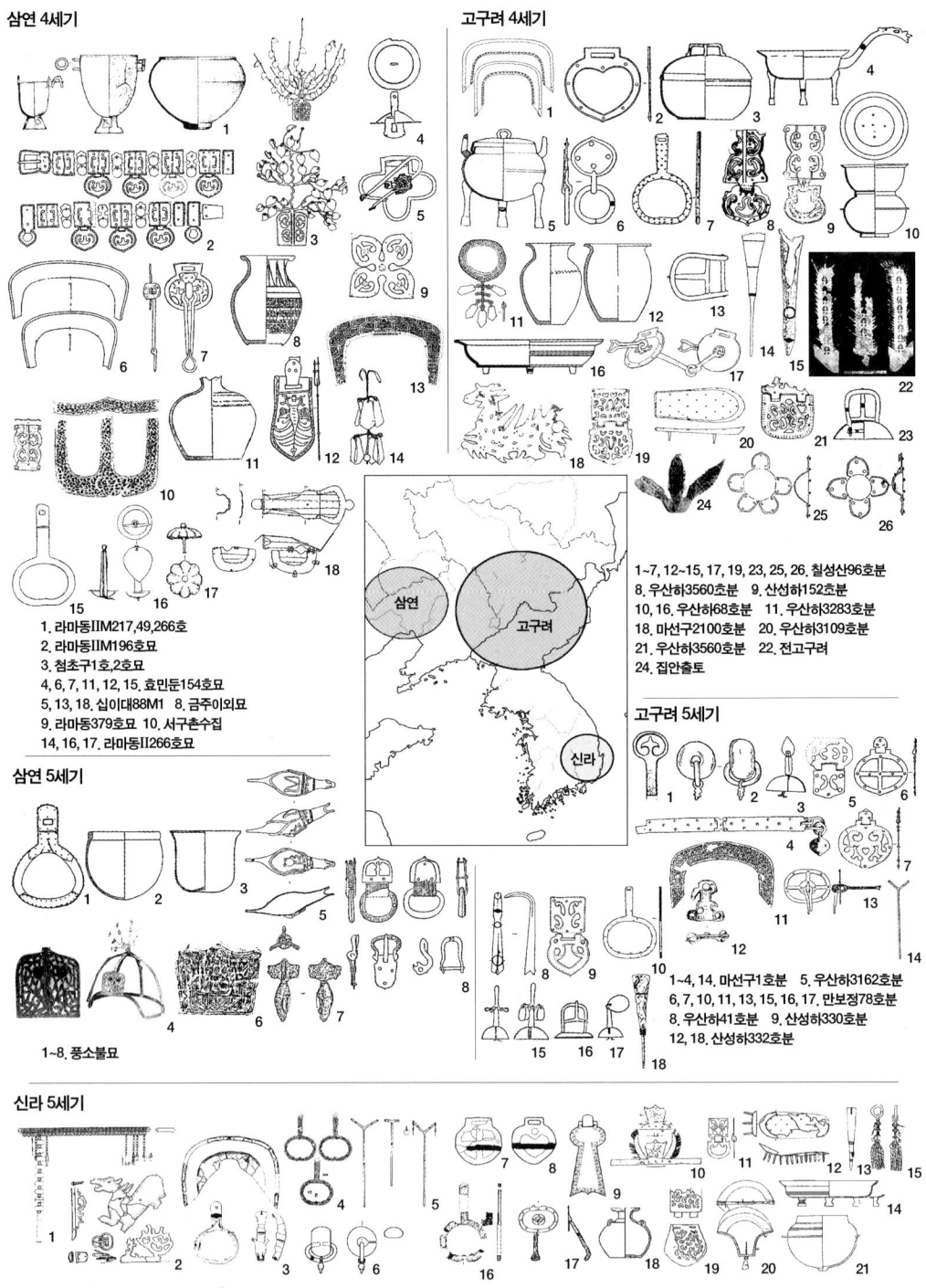

그림 5-21. 고구려·삼연·신라의 4·5세기 유물

속인 훼기가 삼연과의 관련 속에서 고구려에서 신라로 전해졌다고 할 수 없지만, 고구려나 신라의 매장습속 중에 범북방적 요소가 있었음을 확인할 수 있다. 이외에도 완전히 성장한 채 매장하는 풍습은 오랜 전통 가진 것이라 할지라도 소나 말, 양의 머리나 다리 또는 말의 순장, 토기 내 돌의 부장, 훼기 등의 습속 등도 북방의 여러 종족에서 보이는 요소이다.

삼연의 문물이 고구려를 경유하여 별 다른 변용없이 신라로 전해진 것으로는 갑주와 마갑주 등 마구류 일부를 포함한 중장기병과 관련된 문물이다. 고구려에서는 3세기 말경에 갑주와 제어용 재갈과 안교가 고분에 부장되기 시작하나 이 시기의 갑주와 마구는 삼연보다는 부여와의 관련을 보여준다. 고구려 고분에서 삼연의 영향은 4세기 중엽경의 중장기병 관련 유물에서 관찰된다. 고구려에 미친 삼연의 영향은 적석목곽분에 부장된 소찰로 만든 갑주를 비롯한 사행상기꽂이와 기생 등 장식마구의 일부로, 이는 삼연의 문물이 고구려를 경유하여 신라에 영향을 준 것으로 보인다.

고구려에서 중장기병과 관련된 문물이 본격적으로 고분에 부장되는 것은 4세기 중엽 이후로, 고구려의 재갈과 등자, 안교 등은 삼연 중 전연의 것과 관련을 보이지만, 4세기말이 되면 전연과는 달리 기능성과 장식성에서 변용이 이루어진다. 고구려에서는 4세기 말에서 5세기 초를 거치면서 마구류에 장식이 부가되고 기능성이 향상되어서 삼연의 마구와는 다른 고구려 마구로 완성된다. 이 변용된 고구려식 마구가 신라에 영향을 주었다. 가령, 심엽형 행엽은 삼연의 무덤에서는 그 유례가 한 예 뿐으로, 삼연에서 선호하고 유행하였던 것은 아니다. 등자도 마찬가지인데, 답수부에 돌기가 있는 등자는 삼연에서는 보이지 않고, 고구려 만보정78호분에서 보이기 시작하여, 이후 고구려 등자의 주류가 된다. 적석목곽분에 부장된 등자 또한 답수부 돌기가 있는 것이 주류를 이룬다. 입식부 운주 또한 형태와 착장방법은 고구려와 같고 삼연과는 차이가 있다. 이처럼, 적석목곽분의 등자와 심엽형 행엽, 화판형이나 반구형의 입식부 운주는 고구려화된 마구의 영향을 받은 것으로 보인다.

살핀 바와 같이 신라에 영향을 준 것은 변용된 고구려식 마구류로, 고구려화된 마구류는 신라에서 다시 장식성이 부가되는 등의 변용이 일어났다. 등자나 행엽, 운주 등의 유물이 신라화 과정을 겪었고, 편원어미형 행엽에서 드러나듯이 신라화된 마구류는 신라의 영역확대에 따라 영남지방 각지로 확산되었을 것이다. 따라서 중장기병과 관련된 갑주와 마갑주 그리고 마구가 4세기대에 신라에 소개되었고, 400년 광개토왕 군대의 남정이 신라화된 마구류가 각지로 확산되는 중요한 계기가 되었을 것이다.

적석목곽분에 부장된 마구류가 삼연보다는 고구려에서 변용된 것의 영향을 받았듯이 대금구도 고구려의 영향이 있었다. 특히 삼엽문을 모티브로 하였다는 점에서는 삼연이나 고구려, 신라에서 공통되지만, 삼엽문 투조 대금구는 문양 배치와 수하식에서 삼연보다는 고구려와 더 유사하다. 따라서 삼연의 문물이나 중국 중원왕조의 문물이 고구려를 거쳐 변용되었고, 변용된 고구려 문물이 신라에 영향을 미쳤다고 할 수 있다.

한편, 고구려 금속제 용기 중 일부는 완제품의 상태로 직접 신라로 전해지기도 하였다. 서봉총에 부장된 연수명 은합이나 호우총의 광개토왕 호우, 금관총의 청동 사이호는 고구려에서 제작된 기물이다. 이외에도 청동정과 초두, 세를 포함한 중국제 의례기도 고구려를 경유하여 신라로 전해졌을 것이다. 청동정은 삼연에서는 확인되지 않고 있어서 삼연과 관련짓기 어렵다. 뿐만 아니라 정, 초두, 세의 기종 조합은 백제에서 확인되지 않고 있어서 현재로서는 고구려를 경유하여 신라로 전해졌을 가능성이 가장 높다. 고구려의 금속용기는 적석목곽분에 공반된 다른 부장품과 비교해볼 때 일정기간 전세되었다가 부장되었을 것이다.

이와 같이 전연의 4세기 중엽경의 문물이 큰 시차 없이 고구려에 전해졌듯이 고구려 문물의 신라 전파에 많은 시간이 소요되지 않았을 것이다. 요동을 사이에 두고 고구려와 전연의 전쟁과 우호관계 속에서 전연의 문물이 고구려로 전해졌고, 차츰 고구려화 되어갔듯이 고구려의 문물도 4세기 후엽경 고구려와 신라의 인적 교류 속에서 신라에 전해졌을 것이다. 신라로 전해진 고구려와 직, 간접 관련을 갖는 문물들은 대개 4세기 중반에서 5세기 전반에 이르는 고분에 부장된 기물들로, 고구려계 문물의 신라 반입 배경으로 기존에는 400년 고구려 광개토왕의 남정이 중요한 계기가 되었다는 해석이 근거가 되기도 하였다.

그러나 금속제 용기과 장신구, 중국식 청동의기, 마구 등을 종합해 볼 때 신라에 미친 고구려의 영향은 고구려로부터 신라에 유입되는 과정과 신라에서 변용, 제작되어 각지로 확산되는 과정을 나누어 볼 필요가 있다. 실제 신라는 광개토왕 남정 이전부터 고구려와 신라는 밀접한 관계를 갖고 인적 교류를 해왔다. 『삼국사기』에 따르면 내물왕26년(381년)에는 고구려 사절을 따라 전진에 갔고, 내물왕37년(392년)에는 실성을 고구려에 볼모로 보냈으며 고구려에서 돌아온 실성은 내물왕에 이어 왕이 되었다. 또한 실성왕11년(412년)에는 내물왕의 아들 복호(卜好)를 고구려에 볼모로 보냈다. 이처럼 4세기 말부터 신라와 고구려 사이에는 본격적인 인적 교류가 있었다. 이러한 인적 교류 속에서 고구려의 신문물이 신라에 유입되었을 것이다. 그리고 고구려로부터 유입된 여러 신문물들은 시간의 흐름에 따라 신라에서 변용되거나 모방제작되었고, 이러한 것들이 신라의 영역확대에 따라 각지로 전해졌을 것이다.

결국 고구려와 신라, 삼연 고분의 문물에는 상사, 상이점을 함께 한다. 상사점은 4세기 이후 중국 북방으로부터 고구려, 신라로 이어지는 중요한 문화전파 루트였음을 시사하며, 상이점은 문화의 전파가 단순한 모방의 과정이 아니라 해당국가에서의 선택적 수용과 변용 등의 여러 요인이 개재되었음을 시사한다.

책을 마치며

고구려는 700여 년의 긴 시간을 거치면서 성장을 거듭했으며, 고분은 그러한 과정을 잘 보여준다. 고분의 1차 기능은 주검의 매납이지만, 고대사회에서 고분은 왕권의 표상인 동시에 기념물이며 국가의 상징물이기도 했다. 고구려 고분도 이러한 기능을 충실히 했다. 시간에 따라 축조재료와 축조방식, 분구와 매장부, 묘실 벽화 등에서 여러 양상을 띠고 전개되어간 고구려 고분을 통해 고구려의 형성과 발전과정 및 정치, 사회, 문화를 읽어낼 수 있다.

고구려의 종족적 정체성을 잘 보여주는 것은 적석총이다. 적석총은 지상에 주검을 안치하고 돌을 덮어 매장을 마감한 무덤으로, 같은 시기에 지하식 목관묘木棺·목곽묘木槨墓를 사용한 중국 동북지방의 묘제와 뚜렷이 구별된다. 진·한 교체기秦·漢 交替期를 지나면서 압록강과 혼강 본·지류역을 중심으로 분포하는 적석총은 이 일대 주민이 적석총을 중심으로 통합되었음을 보여준다. 이 과정에서 적석총은 고구려의 상징인 동시에 주민 통합의 구심점이 되었을 것이다. 고구려의 성장과 함께 적석총도 크고 높아졌고 정형성을 갖춘 분형을 완성하였다. 무기단, 기단, 계단식으로 분화된 적석총의 분형은 고구려가 왕을 정점으로 위계화된 사회였음을 보여주는 한편 동방의 금자탑으로 불렸던 태왕릉이나 장군총 같은 거대한 계단적석총은 고구려 왕의 위용을 웅변해주며 동시에 고구려 주민이 고구려가 세계의 중심이라는 생각을 가졌음을 증명해준다.

그러나 고구려는 중국 동북지방에 있는 폐쇄적인 국가가 아니었다. 고구려는 당시 동아시아에서 유행했던 선진 문물을 적극적으로 수용했다. 횡혈식 장법橫穴式 葬法의 채용과 봉토분구, 묘실벽화 등을 받아들였고, 이를 고구려식으로 변용했다. 벽돌이 아닌 고구려 전통의 돌로 축조한 석실봉토분이 대표적인 예이다. 특히 4·5세기에 병존하는 적석총과 석실봉토분, 벽화분에 부장된 각종의 금공 장신구와 금속제 마구와 갑주, 용기와 청자 등은 고구려가 중국 북방 왕조나 남방 왕조와 적극적으로 교류했음을 보여준다. 동시에 한반도의 5세기 고분에서 출토되는 중장기병과 관련된 문물은 중국 북방족과 신라, 가야 그리고 왜로 연결되는 문물 전파에서 고구려가 주도적인 역할을 했음을 보여준다.

  고구려가 동아시아 문화를 선도했음을 보여주는 또 다른 증거는 바로 장의예술로서의 벽화분이다. 무덤 내부에 그림을 그려 장식하는 장의예술은 중국 한대에 크게 유행했다. 벽화분은 한의 정치·사회·문화 중심지에서 축조되었지만 한의 멸망과 함께 벽화분 축조도 줄어들어 일부 지역을 제외하고는 그 전통이 유지되지 못하였다. 이에 반해 고구려에서는 4세기 이후 왕도와 지방의 중심지에서 벽화분이 축조되어서, 고구려가 동아시아 벽화분 분포의 최대 중심지가 되었다. 중국의 장의예술을 받아들였지만 자신의 생활과 사후관을 표현하는 등 고구려화된 벽화분을 축조했고, 6세기에는 중국과는 다른 사신도벽화분을 완성했다.

  6세기 고구려의 주묘제는 적석총을 대신한 석실봉토분이다. 왕도를 중심으로 고구려 전 영역에서 석실봉토분이 크게 유행해 묘제에서의 제일성齊一性이 확립되었다. 분형에 사회적 위계가 표현되었던 분구墳丘 지향적指向的인 적석총과는 달리 매장부에 사후관념을 반영한 묘실墓室 지향적인 석실봉토분이 주묘제로 자리 잡은 것은 고구려 묘제와 장제에서 커다란 변화가 있었음을 보여준다. 아울러 번소燔燒와 훼기毁器 등 북방적 장속이 사라지고 부부합장을 중심으로 한 경제적 묘제와 박장薄葬 등은 고대사회에서 고분의 성격이 변질되었음을 시사한다. 6세기에 들어서면서 왕권의 표상이자 국가의 상징물로서 고분의 기능은 축소되었다. 이는 고구려가 제도적으로 완비된 집권화된 왕권국가로 완성되었기에 가능한 일이었다.

  고구려 고분은 우리 역사에서 고구려가 가지는 의미를 전해준다. 중국 북방에서 많은 종족이 흥망성쇠를 거듭하면서 역사 속으로 사라져갔고 일부는 중국사에 편입되었다. 한때 중국 중원지방과 자웅을 겨루었으나 역사 속으로 사라진 다른 북방 종족과는 달리, 그 정체성을 잃지 않고 역사를 남겼다는 점에서 고구려의 위대함이 있다. 중국 중원에서 관심을 갖지 않았던 동북지방의 한 곳에서 형성된 고구려는 한때 자신을 세계 중심이라고 생각할 만큼 군사적으로나 문화적으로 동아시아를 선도했고, 멸망 이후에도 고구려 주민은 발해나 신라로 편입되고 고려로 이어지면서 중국사에 편입되지 않고 오늘날까지 우리 역사로 남아 있다. 고구려를 우리 역사로 가능하게 한 물적증거가 바로 중국 동북지방과 서북한에 남아 있는 고구려 고분이다.

Abstract

The Koguryo Kingdom developed over a long period of time, which spanned approximately 700 years, and this process of development is well reflected in its tombs. The primary function of tomb structures was to provide a resting place for the deceased, but they also acted as symbols of kingship, as monumental architecture, and as representations of the state in ancient times. This was also the case for the Koguryo tombs. In examining how the building materials, construction methods, mound structures, burial chambers and wall paintings of the Koguryo tombs developed over time, it is thus possible to consider the kingdom's process of formation and development, as well as aspects of Koguryo politics, society and culture.

The ethnic identity of the Koguryo people is well represented by the stone-mounded tomb. This type of tomb was built by piling stones which covered the deceased who had been laid to rest above ground. Such stone-mounded tombs present a definite contrast to the wooden coffin tombs and wooden chamber tombs, constructed below ground, which were in use around the same time in the northeast region of China. The stone-mounded tombs dating from the time of the Qin-Han transition, which are found distributed around the rivers Amnok (Yalu) and Hun, as well as their tributaries, indicate that the consolidation of the communities of the region had taken place focusing around these stone-mounded tombs. The tombs were not only a symbol of the Koguryo Kingdom but also acted as a focal point around which the Koguryo people could come together. In conjunction with the development of the kingdom, the stone-mounded tombs increased in height and their mound structure came to be standardized in form. The mound structures of these tombs consist of three different types - stone mounds without platforms, stone mounds with platforms, and step pyramid-type stone mounds - that indicate the hierarchical nature of Koguryo society, in which the king stood at its apex. The step pyramid-type stone-mounded tombs of enormous size, such as Taewang Tomb and Janggun Tomb, also act to demonstrate the authority of the Koguryo king. They also provide a glimpse into the mindset of the Koguryo people who believed that their kingdom stood at the center of the world.

The Koguryo Kingdom, however, was not an isolated state limited to the northeast region of China. It actively adopted the advanced material culture popular in East Asia at the time. The horizontal method of interment was adopted, alongside earthen mounds and wall paintings, and these elements were transformed into a Koguryo style. The use of stone, as opposed to brick, in the construction of stone chamber tombs with earthen mounds is a key example of this. In particular, the various goldwork ornaments, metal horse trappings and armour, and celadon and vessels found within the stone-mounded tombs, stone chamber tombs with earthen mounds and mural tombs that co-existed in the fourth and fifth centuries demonstrate the active interaction that took place between Koguryo and the kingdoms of the northern and southern regions of China. In addition, the presence of items associated with heavy cavalry that appear in the burials of the Korean Peninsula dating to the fifth century indicate the central role that Koguryo played in the transmission of material culture between the Northern tribes of China, Silla, Gaya and Wa.

Funerary art, as represented by the wall paintings of stone chamber tombs, may be regarded as another form of evidence that illustrates

Koguryo's key role in the development of East Asian culture. Funerary art which was used to decorate the inner space of tombs had been highly popular during the Chinese Han Dynasty. Such mural tombs were constructed in the political, social and culture center of Han China, but with the demise of the dynasty, the tradition of such tombs came to an end; it is only in certain areas that they continued to be used. In contrast to this, the mural tombs of Koguryo continued into the fourth century and beyond, in both the capital city and in regional centers. As a result, the greatest distribution of mural tombs in East Asia is located within the territory of Koguryo. The formation of Koguryo mural tombs came about through the adoption of the funerary arts of China which was subsequently adjusted in order to accommodate the Koguryo people's expressions of daily life and the afterlife. By the sixth century, the mural tombs developed to acquire a distinctive Koguryo style, the culmination of which is represented by the tombs with murals that depict the Four Gods.

The main tomb type used in the Koguryo kingdom in the sixth century was the stone chamber tomb with earthen mound that replaced the stone-mounded tombs. Although their main center of construction was the capital city, they were used throughout Koguryo territory, and thus came to be established as the primary tomb type of the kingdom. Unlike the stone-mounded tombs, in which the mound, as an expression of social status, acted as the focal point, the stone chamber tombs with earthen mounds utilized the burial chamber in expressing notions of the afterworld. Therefore the establishment of the latter as the main burial type can be seen to indicate a fundamental change in Koguryo burial architecture and funerary practices. In addition, the abandonment of the funerary practice of deliberately burning or breaking objects, which is a funerary ritual associated with the Northern tribes, and the adoption of more economic funerary practices, such as the dual burial of husband and wife or the limited use of grave goods, suggest that the nature of tombs within ancient society had been transformed. From the sixth century, tombs no longer came to be utilized as symbols of kingship, as monumental architecture, or as representations of the state. This is because Koguryo gained stability as a fully established ancient state, with a well equipped administrative foundation and a strong royal presence.

The tombs of Koguryo allow us to understand the meaning of that ancient kingdom. The northern regions of China witnessed the rise and fall of numerous tribes; some disappeared into the mists of history while others were incorporated by the Chinese state, becoming a part of their history. However, unlike the other Northern tribes that once stood up against China only to meet their demise in the end, the Koguryo people were able to maintain their own identity and leave their mark on history. It may be suggested that therein lies the greatness of the Koguryo kingdom. In this corner of the northeastern region of China, which lay beyond the interest of the Chinese center, Koguryo was able to establish itself as a cultural and military leader of East Asia, to the extent that the kingdom could be regarded as standing in the center of the world. In addition, even after the Koguryo kingdom fell, its people were not absorbed into Chinese history but melded with the communities of Silla and Balhae, thereby continuing to form an integral part of Korean history. It is these Koguryo tombs of the northeastern region of China and the northwestern part of the Korean Peninsula that are a testimony to the fact that the Koguryo kingdom and its people are indeed a part of Korean history.

中文招錄

高句麗历经700餘年的时间成长起来，古墓很好地展现了这一过程。古墓最基本的作用虽是埋葬尸体，但在古代社会里，古墓不仅是王权的代表同时也是纪念物，还是国家的象征。高句丽的古墓便充分地履行了古墓的这一功能。根据时期的不同，古墓的筑造材料及筑造方式，坟丘及埋葬部，墓室壁畵等会显示出各种不同的形态，所以通过高句丽的古墓我们可以了解到高句丽形成和发展的过程，以及其政治，社会和文化。

積石墓很好地展现了高句丽種族的正體性。積石墓将尸体安置在地上，最后用石头加以覆盖，这种埋葬方式显然与同时期使用地下式木棺，木槨墓的中国东北地区的墓制形成了明显的区别。繼秦汉交替期之后，以鸭绿江和渾江幹流，支流为中心分布的積石墓显示了这一带的居民當时以積石墓为中心完成了大统合。在这个过程中，積石墓成为高句丽象徵的同时也成了居民统合的动力源。伴随着高句丽成长，積石墓也越来越大越来越高最终形成了具有固定形狀的墳型。積石墓的無基壇，基壇，階段式的分化式坟型显示了當时高句丽是個王权至上的阶级化社会。另外，赋有东方金字塔之稱的太王陵和将军墳等巨型阶梯式積石墓很好的诠释了高句丽王的威容，同时也證明了當时高句丽居民认为高句丽是世界中心的想法。

然而，高句丽并不是中国东北地区的一個封闭式国家。它积极地吸纳了當时东亚盛行的先进文物。高句丽采用横穴式葬法并接受封土墳丘和墓室壁畵，并将此改造成高句丽式。用高句丽传统的石头取代壁石構造而成的石室封土坟就是典型的代表例子。尤其是并存于四，五世纪的積石墓和封土石室墓，以及壁画坟中陪葬的各种金制饰物，金属制马具，甲胄，容器，青瓷等，展现了當时高句丽和中国北朝，南朝进行了积极的交流。同时，在韩半岛5世纪的古墓中出土的有关中将骑兵的文物，显示了當时在连接中国北方民族和新罗，加耶以及日本的文物传播中，高句丽发挥了主导性的作用。

能够展示高句丽主导东亚文化的另一證據就是號稱葬儀藝術的壁画坟。在坟墓内部绘画来装饰的葬仪艺术在中国现代得到了盛行。虽然壁画坟被筑造在汉朝的政治，社会，文化中心地区，但是随着汉朝的灭亡，壁画坟的筑造

不断减少，除了部分地区之外逐渐消失殆尽了。與此相反，4世纪以后，在高句丽的京城和地方的中心地区出现了壁画坟筑造，由此高句丽成了东亚壁画坟的最大分布中心地。高句丽虽然吸收了中国的葬仪艺术，但是结合其自身的生活和死亡观念構造了高句丽式的壁画坟，并在6世纪完成了與中国截然不同的四神圖壁畫墳。

6世纪高句丽的主要墓制不再是积石墓而是封土石室墓。以京城为中心，在高句丽全境盛行起了封土石室墓，并確立为统一的墓制與表现社会等级的墳丘指向性的积石墓不同，反映死后观念的埋葬部指向性的封土石室墓成了此时期的主要墓制，这显示出高句丽在墓制和葬制方面发生了巨大的变化。同时，燔燒和毁器等北方葬俗也消失，出现了以夫妇合葬为主的经济型墓制和薄葬，由此可以看出在古代社会古墓的性质已经发生变质。进入6世纪以后，古墓还是王权的象徵和纪念物，但不再具备象征国家的功能。这在制度上已完成高度集权的王权国家里是完全可能的事情。

高句丽的古墓传达了高句丽在韓國历史上所具备的意义。在中国的北方，曾有很多種族重復着兴亡盛衰最终消失在历史的潮流之中，一部分或被编入中国历史。但與一度和中国中原地区决战雌雄卻最终消失在历史之中的其他北方種族相比，高句丽的伟大之处就在于高句丽没有丢失其民族的正體性并留下了历史。在中国中原地区没能顾及到的东北的某一地区成长起来的高句丽曾一度认为自己是世界的中心，并引导了东亚军事和文化的发展。不仅如此，高句丽灭亡之后，高句丽的居民并入了渤海和新罗，并延续到高丽，自始至终没有编入进中国历史，由此才形成了今天我们自己的历史。而能例證高句丽是韓國历史的，就是遗存在中国东北地区和北限韓國西北部的高句丽古墓。

日文招録

高句麗は700余年の長時間にわたって成長を重ね続けており、古墳ではそのような過程がよくみられる。古墳の1次機能は死屍の埋納であるが、古代社会での古墳は王権の表象でありながら、記念物であり、国家の象徴物でもあった。高句麗の古墳もこのような機能を充実に果たしている。時間によって築造材料と造り方、墳丘と埋葬部、墓室、壁画などから様々な様相を呈し展開した高句麗古墳を通じて高句麗の形成と発展過程及び政治・社会・文化を読み取ることができる。

　高句麗の種族的な正体性は積石塚からよくみられる。積石塚は地上に死屍を安置し、石を覆って埋葬を仕上げた墓で、同時期に地下式木棺・木槨墓を採用した中国東北地方の墓制とは明確に区別される。秦・漢交替期を経て鴨緑江と渾江の本・支流域を中心に分布する積石塚はその一帯の主民が積石塚を中心にまとまったことを示唆する。この過程から積石塚は高句麗の象徴でありながら、主民統合の求心点になったであろう。高句麗の成長とともに積石塚も大きく高くなり、墳形の定形性を取りそろえて行く。無基壇・基壇・階段式に分化した積石塚は高句麗が王を頂点に階層化した社会であったことをあらわす一方、東方の金字塔と呼ばれた太王陵や将軍塚のような巨大なる階段式積石塚は高句麗王の威容を雄弁し、同時に高句麗の主民は高句麗が世界の中心という考えを持っていたことを証明する。

　しかし、高句麗は中国の東北地方にある閉鎖的な国家ではなかった。高句麗は当時東アジアで流行していた先進文物を積極的に受け入れた。横穴式葬法の採用と封土墳丘や墓室壁画などを受け入れ、これを高句麗式に変容した。煉瓦ではなく高句麗伝統の石で築造した石室封土墳が代表的な例である。特に、4・5世紀に併存する積石塚と石室封土墳、壁画墳に副葬された多様な金工装身具や金属製馬具・甲冑・容器・青磁などから高句麗が中国王朝や南方王朝と積極的に交流をしたことがうかがわれる。同時に韓半島の5世紀古墳で出土する重装騎兵に関わった文物は中国の北方族や新羅・加耶、さらに倭につながる文物の伝播に高句麗が主導的な役

割を演じていたことを伺わせる。

　高句麗が東アジア文化を先導したことをよく表すのは葬儀芸術としての壁画墳である。墓内部に絵を描き、飾る葬儀芸術は中国漢代に広く流行した。これによって壁画墳は漢の政治・社会・文化中心地から造られるが、漢の滅亡とともに壁画墳の築造も減って、一部地域を残し、消滅していく。それに対して、高句麗では4世紀以降、壁画墳が王都や地方の中心地に造られ、高句麗が東アジア壁画墳の分布の最大中心地になり、一時中国の甘肅省の壁画墳にまで影響を及ばした。甘肅省酒泉丁家閘5号墳が代表的な例である。高句麗は中国の葬儀芸術を受け入れるが、自分たちの生活や死後観を表現するなど高句麗化した壁画墳を築造し、6世紀には中国とは異なる四神図壁画墳を完成した。

　6世紀の高句麗の主な墓制は積石塚を代替した石室封土墳である。王都を中心に高句麗全域から石室封土墳が大きく広がり、墓制の第一性が確立する。墳形に社会的な位階が表現される墳丘指向的な積石塚とは違って埋葬部に死後観念が反映される埋葬部指向的な石室封土墳が主な墓制と定着したことは高句麗墓制と葬制に大きな変化があったことをあらわしている。同時に燔焼や毀器など北方的な葬俗がなくなり、夫婦合葬を中心とした経済的な墓制と薄葬などがみられることは古代社会での古墳の性格が変質したことを示唆する。6世紀に至って、古墳はこれ以上王権の表象・記念物であり、国家の記念物としての機能を持たなくなる。これは高句麗が制度的に完備され、集権化した王権国家として完成されたからこそ可能なことであった。

　高句麗古墳は我々の歴史のなかでの高句麗が持つ意味を語っている。中国北方から数多い種族の興亡盛衰を繰り返し、歴史から消え、一部は中国史に編入された。一時、中原地方と雌雄を決した他の北方種族とは違って、その主体性を失わず、歴史を築いたことに高句麗の偉大さがある。中国中原からみると、関心対象ではなかった東北に形成された高句麗は一時自分たちを世界の中心と思うほど軍事的や文化的に東アジアを先導した。さらに滅亡以後にも高句麗の主民は渤海や新羅に編入して高麗に続き、中

国史に編入されることなく今現在までわれわれの歴史として残された。高句麗を我々の歴史に可能としたものが中国東北地方と西北韓に残された高句麗古墳である。

부록 1: 고구려 고분 조사 현황

일제강점기

연도		유적	조사자	조사내용	출전
1909~1910	集安	將軍塚, 太王陵, 千秋塚, 五盔墳神塚, 五盔墳西大塚, 溫和堡西大塚, 溫和堡中塚, 五道神墓, 五盔墳4號, 龜特塚, 弟塚, 山城子兄塚, 折天井塚, 龜甲塚, 五盔墳2-4號, 三室塚, 散蓮花塚	合井濟一 栗山俊一	유적의 현상 조사, 사진 촬영과 일부 실측 조대형 적석총과 내부분은 실측, 함영 그 외는 주적 현상 조사	1915, 1916 朝鮮古蹟圖譜1-3
	平北	文岳里丘狀石墓			
1911	平南	漢王塞, 寺洞古墳, 梅山里古墳群, 花上里古墳, 星塚, 安城洞大塚, 雙楹塚, 龕神塚, 臥城洞古墳, 肝城里蓮花塚, 遇賢里3墓, 黃山南麓古墳群, 青龍山西南墳, 桂明洞南墳, 龍岡邑附近古墳, 新店洞古墳	關野貞 合井濟一 栗山俊一	지표 현상 파악, 실측, 사진	1913, 大正三年度古蹟調査報告
	平南	龍岡邑北古墳, 黃山麓古墳, 遇賢里3墓, 漢平洞皇帝墓, 漢平洞古墳			
1913	集安	太王陵, 千秋塚, 三室塚, 散蓮花塚, 龜甲塚, 美人塚, 五盔墳4號	鳥居龍藏 關野貞 合井濟一 栗山俊一 今西龍	현상 파악, 유물 수습	關野貞, 1914 1915, 朝鮮古蹟圖報 1927, 樂浪郡時代の遺跡
1916	集安	楡樹林河一帶古墳	關野貞 野守建 小川敬吉	답사조사, 지표조사 현상 파악	1920, 大正6年度古蹟調査報告 1938, 昭和12年度古蹟調査報告
	平南	龍川里古墳, 梅山里古墳, 安學宮洞古墳, 鎧馬塚古墳, 內里西北塚, 土浦里大塚, 南塚, 金絲塚, 順天檢山古墳群, 松溪洞古墳, 頭鞍山古墳群, 定州南端洞古墳, 黃山南麓, 三室塚, 七盔塚, 龍川望洋洞古墳群, 龍川南端洞古墳	黑板勝美 關野貞 鳥居龍藏 野守建 楂本龜太郎	고분 현상 파악 및 일부 발굴 읍산남묵 고분. 봉토석실분, 봉토내정되어 석실 노출됨. 내화된 고분 보포도 작성	1917, 大正五年度古蹟調査報告 1938, 昭和38年度古蹟調査報告
	平北	雲山龍湖洞, 渭原新川洞, 德岩洞, 萬戶洞, 含長里古墳	關野貞 野守建 小川敬吉	유물 수습 및 현상 파악	1920, 大正6年度古蹟調査報告 1938, 昭和12年度古蹟調査報告
1917	集安	集安古蹟古墳群	朝鮮總督府古蹟調査委員會	봉토분 45기 확인	1920, 大正6年度古蹟調査報告

연도	지역	유적	조사자	조사내용	출전
1932	平壤	平壤驛前古墳	榧本杜人, 野守健	전석혼축의 봉토분 修利墓	1933, 昭和7年度古蹟調査報告
1935	集安	太王陵, 將軍塚, 舞踊塚, 角抵塚, 三室塚, 千秋塚, 西大塚, 牟頭婁塚, 環紋塚, 四神塚	池內宏, 濱田耕作, 梅原末治, 三上次男	조대형 적석총과 벽화분 발굴조사	1938, 通溝
	集安	太王陵, 將軍塚, 三室塚, 牟頭婁塚, 環紋塚, 四神塚	三上次男	답사 성격의 현상 파악 장군총 배총과 묘역에 대해기술	三上次男, 1990, 高句麗と渤海
1936	平南	土浦里1-7號墳, 南京里1,2號墳, 湖南里1-3號墳, 內里1-3號墳 上五里1-3號墳, 高山里1-5號墳	小場恒吉 有光教一	지표와 발굴조사	1937, 昭和11年度古蹟調査報告
	平北	江界, 萬浦津	三上次男	답사	三上次男, 1990, 高句麗と渤海
	集安	通溝 1, 2號墳	黑田源次	불명	
1937	平南	高山里3-9號墳, 大寶面2-7號墳	小場恒吉, 澤俊一	발굴	1937, 昭和11年度古蹟調査報告
		晚達山麓古墳(18基)	榧本杜人 野守健		1933, 昭和7年度古蹟調査報告
1937	平南	順天高句麗古墳	齋藤忠	미상	1937, 昭和11年度古蹟調査報告
1941	平南	眞坡里古墳群	小泉顯夫	미상	1986, 朝鮮古代遺跡の遍歷
1943	通化	通化一帶古墳調査		미상	

해방 이후 중국

연도	유적	조사자	내용	출전
1956	撫順 前台, 連潭木		봉토분, 고구려 고분 축은 수·당대 고분으로 이해	王曾伸,1964,遼寧撫順市前屯,連潭目高句麗塞葬發掘簡報,考古1964-10
	桓仁 高力墓子古墳	東北博物館考古工作隊(1956, 1958)		陳大爲,1960,桓仁縣考古調查發掘簡報,考古1960-1
		朝中 連合考古隊(1964)		方欣,梁志龍,1998,遼寧桓仁縣高麗墓子積石墓,考古1998-3
1958~1959	桓仁 連江鄕, 高力墓子古墳群(44基)	遼寧省文物考古研究所,桓仁縣文物管理所,本溪市博物館(1994)	적석총, 연접묘, 桓仁대에 수몰됨	
			탑곡조사(적석총 연접묘). 연강향 고분은 미보고	陳大爲,1960,桓仁縣考古調查發掘簡報,考古1960-1
	通溝 古墳群	集安縣博物館	고분군 원점조사	1984,集安縣文物志
	麻線溝 1號墳	李殿福,方起東,林至德	발굴, 봉토벽화분 마구 등 유물 출토	吉林省博物館集安考古隊,1964,吉林集安麻線溝1號壁畵墓,考古1964-10
	通溝 12號墳	吉林省博物館	부분 발굴, 봉토벽화분 등속 이혈 부묘	王承禮,韓淑華,1962,吉林集安通溝十二號高句麗壁畵墓,考古1962-2
	五盔墳 4, 5號墳	吉林省博物館	발굴, 사신도 봉토벽화	李殿福,1964,吉林集安五盔墳四號墳和五號墳墓淸理略記,考古1964-1
1962	楡林河一帶 古墳 楸皮, 石湖 古墳群	吉林省博物館	부분발굴, 소형 적석총과 봉토분	曹正榕,朱涵康,1962,吉林集安楡樹林河流域高句麗古墓調查,考古1962-11
	白山 滴臺, 二道溝, 仙人洞, 大長川古墳群	吉林省博物館 集安縣博物館	운봉댐 수몰, 적석총 긴수기 노출 고분 2004년 재조사	1984,渾江市文物志, 孫仁杰 外 2004, 鴨綠江上流右岸考古調查, 東北史地2004-5
	臨江 葫蘆套, 二道河子, 大栗子古墳	吉林省博物館 集安縣博物群	운봉댐 수몰	1984,渾江市文物志, 孫仁杰 外 2004, 鴨綠江上流右岸考古調查, 東北史地2004-5
	將軍塚		수습 조사	1984,集安縣文物志
1964	集安 良民古墳(30基)		고분 일부 부분발굴 적석총	李殿福,1980,集安高句麗墓研究,考古學報1980-2
1966	集安 山城下332號墳, 983號墳, 1468號墳 下解方31號墳	陳相偉,李文奎,官永祥	발굴, 연접장식벽화분 (신성호332, 983호분)	李殿福,1983,集安洞溝三座壁畵墓,考古1983-4
1968	通溝古墓 174基 禹山墓區 176基, 七星山墓區 57基, 萬寶汀 45基, 山城下36, 麻線溝 12基		지표조사 발굴, 미보고	1984,集安縣文物志
1969	禹山下2369, 2418號墳		내용 미상, 미보고	1984,集安縣文物志

부록1 317

연도	유적	조사자	내용	출전
1970	通溝古墳267基	李文信	내용 미상, 미보고	1984, 集安縣文物志
	長川1號墳	吉林省博物館	생활풍속도 벽화분	吉林省文物工作隊,集安縣文物保管所,1982,集安長川1號壁畵墓,東北考古與歷史1982-1
1971 (2004년발굴)	桓仁 望江樓 積石家	遼寧省文物考古研究所, 桓仁縣發掘隊, 本溪市博物館	6기 적석총 답음	梁志龍,1994,遼寧桓仁出土青銅遺物墓葬及相關問題,博物館研究1994-2 李新全,2005,五女山城及其周圍的高句麗遺跡,고구려문화의 역사적의의
1972	萬寶汀1078號墳	吉林省博物館 集安縣文管所	적석총, 마구 부장 1972-1974년 발굴	1984, 集安縣文物志
	長川1號墳	吉林省博物館	무기구조 벽화분, 생활풍속도	陳相偉,1983,吉林集安長川2號封土壁墓發掘紀要,考古與文物1983-1
1974	禹山下41號	方起東, 林至德	계단석적석총 생활풍속도 벽화	吉林省博物館,文物工作隊,1972,吉林集安的兩座高句麗墓,考古1977-2
	桓仁 大甸子墓		정동단검부장 적석묘	梁志龍,1994,遼寧桓仁出土青銅遺物墓葬及相關問題,博物館研究1994-2
1975	七星山1196號墳(含성산96호분) 禹山下68號墳	集安縣文管所	적석총, 다실묘	張雪岩,1979,集安縣兩座高句麗積石墓的清理,考古1979-1
	萬寶汀242號墳	集安縣文管所	연접, 적석총, 석관, 석실, 석곽	集安縣文管所,1982,集安汀墓區242號古墓清理簡報,考古與文物1982-6
	萬寶汀2164, 2165號墳 禹山下2057, 2077, 2084, 2086號墳		미보고, 내용 미상	1984, 集安縣文物志
	山城下1411, 1080號墳		분구 위에 적수가 서있는 봉토석실분	方起東, 林至德, 1983, 集安洞溝古墓群兩座樹立立碑的高句麗古墓,考古與文物1983-2
1976	集安188基古墳	吉林省博物館考古隊	무산하 68, 산성하27, 칠성산26, 마선구 69기조사	耿鐵華, 遲勇, 2007, 集安高句麗墓葬
	集安 東大坡 96基	集安縣文管所	54기 과괴 실함. 4기 중 2기 적석총, 3기 봉토묘	張雪岩,1991,吉林集安東大坡高句麗墓發掘簡報,考古1991-7
1977	禹山下1897號墳		돌문이협봉토석실분	張雪岩,1979,集安縣兩座高句麗積石墓的清理,考古1979-1
1978	集安 五道嶺溝門 積石墓	集安縣文管所	긴급수습발굴	集安縣文管所,1981,集安發現靑銅短劍墓,考古1981-5
1979	集安縣古墓 31基		적석총 28기, 소형봉토석실 3기 발굴. 산성하195호, 181호조사	耿鐵華, 遲勇, 2007, 集安高句麗墓葬 1984, 集安縣文物志
1980	桓仁 蔡我保古墳		주정 적석총 한대 화폐 부장	梁志龍,1994,遼寧桓仁出土青銅遺物墓葬及相關問題,博物館研究1994-2

연도	유적	조사처	내용	출전
1980	桓仁 川里古墳群	本溪市,桓仁縣文物保社隊	문물조사시 발견	1990, 桓仁滿族自治縣文物志
	桓仁 大荒溝古墳群			
1982	集安 高地古墳群	集安縣文管所	1962년 1457] 1980, 82년 조사시 217] 잔존	國家文物局,1992,中國文物地圖輯-吉林分冊 1984,集安縣文物志
	桓仁 五道河子 遺蹟		주정 적석총, 중국 전국~한대 화폐 부장	梁志龍,王俊輝, 1994,澄塞桓仁出土青銅遺物 墓葬及相關問題,博物館研究1994-2
	桓仁 上古城子古墳		1960년대초 200여기 1983년 277] 확인 세계문화유산 등재	1990, 桓仁滿族自治縣文物志 李新全, 2005,五女山城及其周圍的高句麗遺 跡,고구려문화의 역사적의의
	集安 古馬嶺古墳群	吉林省博物館, 集安縣文物保管所	고마령 경구 고분군 등 개의 고분군 구성, 봉토분 등 50여기 확인	1984,集安縣文物志 集安縣文物保管所,1984,集安縣發見的兩處 高句麗塞葬,博物館研究1984-5
	集安 大東溝古墳群		모두 파괴	1984,集安縣文物志
	集安 老房溝古墳群		모두 파괴	1984,集安縣文物志
	集安 大小陽岔古墳群		적석총과 봉토분	1984,集安縣文物志
1983	集安 大路村, 熙費村, 正義村, 七個頂子溝, 瀾溝門, 石青溝, 東溝, 下東溝門 古墳, 迎水, 大珠仙 洞, 樣子溝, 復興, 治安, 四道溝門, 板 岔溝, 大陽溝, 小青溝, 開枝溝村, 下甸溝, 三道溝門, 岔, 荒岔溝, 花句子, 開枝鋪村, 財源, 新 建, 馬蹄溝, 雙興, 歇馬, 母青嶺, 哈塘子, 廟 西, 聚貧子, 潘家街, 鍾家, 大川, 青溝子, 楊木橋子, 大楊樹, 紅石砬子, 皮儘記屯, 太平溝, 斜溝嶺, 奥農, 奥農橋, 自果, 頭道陽岔, 陽 岔, 下套	集安縣博物館	적석총이나 봉토분으로 구성, 대부분 파괴되어 잔존하는 고분은 수기에 불과	1984,集安縣文物志,1992,中國文物地圖輯-吉林分 冊 曹正榕,朱涵康,1962,吉林集安榆樹林河流域 高句麗古墓調杳,考古1962-11,1984,集安縣 文物志, 國家文物局,1992,中國文物地圖輯-吉林分 冊, 曹正榕,朱涵康,1962,吉林集安榆樹林河流域 高句麗古墓調査,考古1962-11
	集安 地溝門古墳群	吉林省博物館 集安縣博物館	봉토분	1984,集安縣文物志,國家文物局,1992,中國文 物地圖輯-吉林分冊
	集安 大, 小高麗塞溝古墳群	吉林省博物館 集安縣博物館	적석총, 봉토분으로 구성 1962, 1983년 발굴	曹正榕,朱涵康,1962,吉林集安榆樹林河流域 高句麗古墓調杳,考古1962-11, 1984,集安縣 文物志, 國家文物局,1992,中國文物地圖輯-吉林分 冊
	集安 橫路九個古墳群	集安縣博物館	기단적석총, 봉토분 구성 일부 발굴	1984,集安縣文物志,國家文物局,1992,中國文 物地圖輯-吉林分冊
1984	集安 老虎哨古墳群	集安縣文管所	노초구덤방식돌방무덤 봉토분 구성	集安縣文管所, 1984, 集安縣老虎哨, 文 物1984-1

연도	유적	조사처	내용	출전
1984	集安 113基	集安縣文物所集	적석공로 구간 내 우산하고분구역의 고분 적석총38기, 봉토분73기)	集安縣文物所, 1993, 集安洞溝古墓群禹山墓區集鎳公路葬發掘, 高句麗研究文集
	臨江 坡口古墳群	渾江市文物保査隊	대석퇴	1984, 長白朝鮮族自治縣文物志
	臨江 賈家營古墳	渾江市文物保査隊	적석총	1984, 渾江市文物志
	集安 上活龍,下活龍古墳群	集安縣文管所	노흑츠 댐에 수몰지구내 조사, 적석총, 봉토분, 생활용품-발에고분	集安縣文管所,1984,集安,上,下活龍村高句麗古墓清理簡報, 考古1984-1
	桓仁 大夾板満古墳		주정 적석총	梁志龍,王俊輝, 1994,遼寧桓仁出土青銅遺物 墓葬及相關問題,博物館研究1994-2
	通化 勝利古墳群	通化市文物保査隊	봉토분	1986, 通化縣文物志
	通化 天倒木古墳群		기단적석총	1986, 通化縣文物志
	通化 公衆街古墳群		적석총?	1986, 通化縣文物志
	通化 西山古墳群		적석총, 봉토분	1986, 通化縣文物志
	通化 江口古墳群	吉林省 文化局	1956	吉林省文物管理委員會,1990, 吉林通化市江口村和東江村考古發掘簡報, 考古1990-7
1985		吉林省文物工作隊	1959.10.13~11.1, 37봉토분	1986, 通化縣文物志
		通化縣文物保査隊	1985,16기 봉토분 확인	
	通化 繁榮古墳群	通化市文物保査隊	고분14기 확인(1960년) 고분7기 확인(1985년)	1986, 通化縣文物志
	通化 新開古墳群	通化縣文物保査隊	7기 봉토분과 적석총	1986, 通化縣文物志
	通化 鹿場古墳群	通化縣文物保査隊	6기 봉토분	1986, 通化縣文物志
	通化 江沿古墳群	通化縣文物保査隊	소형 봉토분	1986, 通化縣文物志
	通化 孤石灣古墳群	通化縣文物保査隊	봉토분	1986, 通化縣文物志
	通化 向陽村古墳	通化縣文物保査隊	30여기 봉토분	1986, 通化縣文物志
	通化 東江古墳群	通化縣文物保査隊	1956, 1959, 吉林省文物工作隊調査-고분 확인 1985, 과미, 4기 잔존	吉林省文物考古硏究所, 1990, 吉林通化市江口村和東江村考古發掘簡報, 考古1990-7 1986, 通化縣文物志
1984~1985	集安 禹山墓溝	吉林省文物考古研究所 集安縣文管所	적석공로건설로 구제발굴	吉林省文物考古研究所,集安縣文管所, 1993, 集安洞溝古墓群禹山墓區集鎳公路墓葬發掘, 高句麗研究文集
1985	集安 長川古墳群		1,2,4호분 발굴 적심적석총, 내획분, 적석총군	張雪岩, 1988, 集安兩座高句麗封土墓, 博物 館研究1988-1
1986	長白 安樂古墳群	長白縣文物保査隊	10기 고분 확인, 적석총으로 추정	1986, 長白朝鮮族自治縣文物志
1987	桓仁 董船營古墳	本溪市,桓仁縣考古工作隊		1990, 桓仁滿族自治縣文物志

연도	유적	조사자	내용		출전
	臨江 長川古墳	吉林省文物考古研究所 通化市文管所	3개군으로 나뉨, 적석총		王洪峰, 1988, 臨江電站高句麗考古遺存調査綜術, 博物館研究1988-3
1987	臨江 東甸子古墳群	臨江前站古研究文物保査隊, 長白山文化研究會, 白山市文管聯, 集安市博物館	1964~중강시문물보사시, 고분100여기 확인 1987년 30여기 주가확인 2004년 고분 확인		1984, 渾江市文物志 孫仁杰 外 2004, 鴨江上流右岸考古調査, 東北史地2004-5
	桓仁 楊家街古墳		적석총 9기 확인		1990, 桓仁滿族自治縣文物志
	桓仁 聯合古墳		수 백기 분포		
1990	桓仁 灘檣川古墳		100여기		
	桓仁 大靑溝古墳		기단, 계단적석묘	1950년대 조사 시	
	桓仁 四道嶺子古墳		적석총 5기		
	桓仁 大把古墳		기단적석총이 다음		
	桓仁 大甸子古墳		봉토분		
	桓仁 米倉溝 古墳		1954년 도굴		辛占山, 1993, 桓仁米倉溝高句麗將軍塞, 遼海文物學刊1993-1
		遼寧省考古研究所,本溪市博物館	1984		武家昌, 1994, 桓仁米倉溝將軍墓壁畵切探 遼海文物學刊1994-2
1991		本溪市, 桓仁縣文物工作隊	1987조사		武家昌 梁志龍,王俊輝, 2003, 桓仁米倉溝高句麗壁畵墓, 遼寧考古文集
		桓仁縣文管所	1989 보수		
		遼寧省文物考古研究館,本溪市博物館,桓仁縣文管所	1991미개구고분및 주변 고분 발굴		
1996	集安 麻線溝 401, 402, 10號墳	吉林省文物考古研究所 集安市文管所	계단석광적석총(401,10), 봉토석실분(402)		耿鐵華 運勇, 2007, 集安高句麗墓葬
1997	通化 萬發拔子 遺蹟	吉林省文物考古研究所, 通化市文物管理委員會辦公室	계단적석총(중기 철기시대 무덤과주거지)		吉林省文物考古研究所, 2003,吉林通化市萬發拔子遺址二十一號墓發掘, 考古2003-8
2000	集安 麻線溝2378號墳, 626號墳, 2100號墳, 山城下博喊36號墳, 七星山871號墳, 211號墳, 西大塚, 千秋塚, 禹山下992號墳, 2110號墳, 臨江塚, 太王陵, 將軍塚	吉林省文物考古研究所, 集安市博物館	중매형 적석총 13기 복합정비를 위한 발굴 응응으로 비정		吉林省文物考古研究所, 2004, 集安高句麗王陵 耿鐵華 運勇, 2007, 集安高句麗墓葬
2001	長白 干溝子古墳	吉林省文物考古研究所, 長白縣文物保護管理所, 集安市博物館	3개의 고분군, 계장식석총 집단묘		朴潤武, 1990, 長白干溝子遺址, 博物館研究1990-3 吉林省文物考古研究所,2003,吉林長白干溝子墓址發掘簡報, 考古2003-8
2002~2003	潘陽市 石臺子山城 附近 高句麗古墳	遼寧省文物考古研究所	석곽, 석실봉토분		遼寧省文物考古研究所, 2008, 潘陽市石台子山城高句麗墓葬 2002~2003年發掘簡報, 考古2008-10

연도	유적	조사지	내용	출전
2004~2005	集安 禹子溝古墳	集安市博物館	적석총 6기 발굴 1호분 동천왕릉으로 비정	張福有, 孫仁杰, 遲勇, 2006, 集安高子溝墓址調査與東川王陵考, 東北史地2006-3
2004	集安 良民古墳群	集安市博物館, 長白文化研究會	운봉댐에 수몰(1964년조사), 2004년조사는 良民 句旬古墳群으로 명명	1984, 集安縣文物志 吉林省長白文化研究會, 集安市博物館, 2004, 集安良民高句麗遺跡踏調査, 東北史地2004-4
2004	臨江 砬壹古墳群	吉林省長白文化研究會, 白山市文管辦, 集安市博物館	15기 고구려 고분 확인	1984, 渾江市文物志 孫仁杰 外 2004, 鴨綠江上流右岸考古調査, 東北史地2004-5
2004	臨江 龍崗古墳	吉林省長白文化研究會, 白山市文管辦, 集安市博物館	2004년 기단적석총 1기 확인, 수십기 고분 모두 파괴	1984, 渾江市文物志 孫仁杰 外 2004, 鴨綠江上流右岸考古調査, 東北史地2004-5
2004	臨江 七道溝古墳	吉林省長白文化研究會, 白山市文管辦, 集安市博物館	기단, 계단적석총, 봉토분 모두 구성	1984, 渾江市文物志 孫仁杰 外 2004, 鴨綠江上流右岸考古調査, 東北史地2004-5
2004	長白 蛤蟆川古墳	吉林省長白文化研究會, 白山市文管辦, 集安市博物館	청동기시대-고구려 초기 고분 분포	1986, 長白朝鮮族自治縣文物志 孫仁杰 外 2004, 鴨綠江上流右岸考古調査, 東北史地2004-5
2004	長白 十四道溝電站古墳	吉林省長白文化研究會, 白山市文管辦, 集安市博物館	원형 적석총 4기 확인	1986, 長白朝鮮族自治縣文物志 孫仁杰 外 2004, 鴨綠江上流右岸考古調査, 東北史地2004-5
2004	長白 東江, 十二道溝, 下殷子, 良秣子, 良種場, 金華古墳群	吉林省長白文化研究會, 白山市文管辦, 集安市博物館	적석총으로 추정되는 돌무지, 봉토분 등 다량 확인	1986, 長白朝鮮族自治縣文物志 孫仁杰 外 2004, 鴨綠江上流右岸考古調査, 東北史地2004-5
2005	集安 禹山下 3319號墳	吉林省文物考古研究所, 集安市博物館	계단적석, 전실, 유사두구구조, 묘실 벽화(미상)	吉林省文物考古硏究所, 集安市博物館, 2005, 洞溝古墓群禹山下墓區JYM3319號墓發掘報告, 東北史地2005-6
2005	集安 麻線溝 石廟子古墳		적석총, 석묘(민응응)으로 추정	張福有, 孫仁杰, 遲勇, 2009, 五年間高句麗遺蹟調査與文獻硏究中心的新收穫, 東北史地2009-2
2005	通化 下龍頭古墳	通化市文管會辦公室	1960, 1985조사 2005-계단적석적석총	1986, 通化縣文物志 通化市文管會辦公室, 2006, 通化江沿遺跡群調査, 東北史地2006-6
2005	通化 南頭屯古墳	通化市文管會辦公室	적석총, 연접묘	通化市文管會辦公室, 2006, 通化江沿遺跡群調査, 東北史地2006-6 1986, 通化縣文物志
2006	集安 良民일대 고분 - 秋皮溝, 石湖, 滴臺, 仙人洞, 大長川, 二道溝, 三馬驪		적석총과 봉토분 현상 파악 및 양민, 이도구, 삼마구의 고분을 발굴	張福有, 孫仁杰, 遲勇, 2009, 五年間高句麗遺蹟調査與文獻硏究中心的新收穫, 東北史地2009-2

연도	유적	조사자	내용	출전
2007	集安 禹山下540, 2115, 2101, 2114, 2113, 2103, 2104, 2105, 4211, 901, 2117, 2111, 2125, 2124, 36, 3308, 3309, 385號 山城下33, 23, 513, 824, 823, 184, 185, 644, 1301, 1294, 650, 1303, 1299, 1383, 1409, 1081, 1071號 麻線溝681, 1073, 684, 707, 797, 703, 702, 675號 七星山1061, 1201, 891, 695, 398, 389, 69, 128, 166, 250, 151, 668號 萬寶汀448, 120 長川4號		적석총, 봉토분, 봉토벽화분 등 그동안 미보고된 고분들 보고	耿鐵華·遲勇, 2007, 『集安高句麗塞葬』
2008	桓仁 馮家堡子			樊聖英, 2008, 「桓仁縣馮家堡子高句麗墓群」, 『中國考古學年鑒』
2009	撫順 小黃丘, 老黑溝			肖景全·鄭辰, 2009, 「三十年來撫順地區的高句麗考古發現與相關問題研究」, 『高句麗與東北民族研究』
2010	集安 斷線上活龍山西墓	尙武	적석총, 봉토분으로 구성 상황룡에 적석총3기, 기단적석총5기, 봉토동실묘 67기 발굴 하활룡에서 34기 조사	尙武, 2010, 「集安線上活龍山西墓群調査與解究」, 『東北史地2010-4』
2012	集安 新紅村		적석총과 계단적석총	吉林省文物考古研究所·集安市博物館, 2012, 「集安市太王鎭新紅村高句麗積石墓群發掘」, 『北方文物』2012-3 吉林省文物考古研究所·集安市博物館, 2012, 「集安市太王鎭新紅村一座高句麗階壇積石塚(M28)的發掘」, 『北方文物』2012-3

해방 이후 북한

연도	유적	조사자	내용	출전
1949	안악3호분	도유호, 황욱 중앙역사박물관, 청진역사박물관, 신의주역사박물관	봉토석실벽화분(묵서명)) 묘주초상, 생활풍속도	1958, 안악제3호분발굴보고
1949	안악1, 2호분	도유호, 황욱 중앙역사박물관, 청진역사박물관, 신의주역사박물관	봉토석실벽화분 생활풍속도, 단칸	1959, 안악제1,2호분발굴보고
	안악 복사리고분	전주농	봉토석실벽화분 생활풍속도, 단칸	1963, 황해남도안악군부사리벽화고분,고고학자료집3
1953	요동성총	문화유산보존위원회 학술원	봉토석실벽화분	1954, 평안남도순천군용봉리요동성총조사보고, 고고학자료집1
	평남 순천군 남옥리고분	과학원 고고학 및 민속학연구소	봉토분	1959, 평안남도순천군남옥리고분발굴보고, 고고학자료집2
1954	대청리1호분 평양역전이실분	문화유산보존위원회 학술원	봉토석실 전실총중봉토벽화분(생활풍속도)	1954, 황해북도과군대청리1호분발굴보고, 평양역전이실분 발굴보고,고고학자료집1
1954	대안리1호분, 청우리고분	과학원 고고학 및 민속학연구소	봉토석실벽화분, 생활풍속도+사신도 봉토석실분	1958, 대동강 및 재령강유역 고분발굴보고
1955	자강도 중강군,시중군 일대 고분	채희국, 사회과학원 고고학연구실	적석총, 봉토분 (중소형분, 다매식, 이혈합장)	1963, 자강도 조아리, 서해리, 범동리, 송암리 고구려 고분 발굴보고, 고고학자료집3
1955	대안리2호분	주영헌	봉토석실벽화분	1959, 평안남도용강군대안리1호분발굴보고,고고학자료집2
1956	대동 화성리고분, 중신군 가암리고분	과학원 고고학 및 민속학연구소		자료실
1957	태성리고분군 평남 남사군 덕성리고분	채희국, 사회과학원 고고학연구실	봉토분, 봉토석실분	1959, 태성리고분군발굴보고, 자료실
1958	약수리고분	주영헌	봉토분, 봉토석실분, 생활풍속도, 두간구조	1962, 약수리벽화고분발굴보고, 고고학자료집3
1958~1961	대성산 고분군	김일성종합대학 역사학부	봉토석실분	1964, 대성산일대의 고구려유적에 대한 연구
	팔청리고분	전주농	봉토석실벽화분, 생활풍속도, 두간구조	1963, 대동군팔청리벽화고분, 고고학자료집3
1958~1960	진파리 전 동명왕릉	전주농	기단토석실분 (벽화 미확인)	1963, 전 동명왕릉부근벽화고분, 고고학자료집3 1976, 동명왕릉과 그 부근의 고구라유적
1959	자성군, 조아리, 서해리, 범동리, 송암리 고분	정찬영	적석총, 봉토분 중소형분, 다매식, 이혈합장	자강도 조아리, 서해리, 범동리, 송암리 고구려 고분 발굴보고, 고고학자료집3
1959	강서 태성저수지내 고구려 고분	전주농 사회과학원 고고학연구실	봉토석실분	1963, 강서군태성저수지 내 부지내의 고구려 고분, 고고학자료집3
1962	장산동 1,2호분	주영헌	봉토석실분, 기둥으로 묘실 공간 구획	장산동제1호분 및 제2호분에 대해서, 문화유산1962-6

연도	유적	조사자	내용	출전
1964	산북리 1,2호분	장병협	봉토분	1965, 수안군신북리 고구려 고분정리보고, 고고민속1965-4
1966	위원군, 중앙군 고분조사		적석총, 봉토분	자료실
1971	수산리고분	김종혁	봉토석실벽화분 생활풍속도 단간구조	1963, 수산리고구려벽화무덤발굴중간보고, 고고학자료집4
1972	강서삼묘		봉토석실벽화분 사신도벽화분	자료실
	안악 봉성리고분	감사봉	봉토석실벽화분 단간구조, 생활풍속도	봉성리벽화분에대하여, 역사과학1980-2
1973	은률 관산리1,2호분	장상렬	전축분 대방군 하의 고분 기능	1983, 은률군 관산리1호2호분, 고고학자료집6
	전 동명왕릉 고분군	김일성종합대학 역사학부	기단봉토석실벽화분 벽화화인-연화무	1976, 동명왕릉과 그 부근의 고구려 유적
1976	덕흥리벽화분	주영헌	봉토석실벽화분, 묘지명 초상화+생활풍속도	1981, 덕흥리벽화무덤
	덕화리1,2호분	허명	봉토석실벽화분 생활풍속도	1977, 덕화리에서 발굴된 고구려벽화무덤, 역사과학1977-2
	증산군 고분		미상	자료실
1977	덕흥리, 약수리고분		봉토석실벽화분	자료실
	보산리고분		봉토석실벽화분 생활풍속도	1978, 새롭게 발굴된 보산리와 우산리고구려벽화무덤, 역사과학1978-2
	우산리1-3호분		봉토석실벽화분 생활풍속도, 단간구조	
	지경동고분	박창수	봉토석실분(1,2호) 두간구조, 마구부장	1977, 고구려시기의 마구일식이 드러난 지경동고분, 역사과학1977-3
	삼석구역고분군			자료실
1979	평양 금옥리고분, 삼석구역, 양원군, 중화군 고분조사			자료실
1980	경신리고분		전 한왕묘, 기단봉토분, 벽화분	자료실
	안악 오구리고분	리순진	봉토석실분 「자형 평면구조	1986, 새롭게 발굴된 오구리무덤에 대하여, 조선고고연구1986-1
	독두옥강유역 고분군		적석총, 봉토분	1983, 압록강 독로강 유역의 고구려 유적발굴보고
1981~1984	평양 낙랑구역일대 고분(328기)	사회과학원 고고학연구실	봉토분	자료실
1983	운용리고분	리일남	봉토석실벽화분 단간구조, 생활풍속도	1986, 운용리벽화무덤발굴보고, 조선고고연구1986-2

연도	유적	조사자	내용	출전
1987~1989	초산 연무리적석총	리정남	전방후원형 적석총	1989, 자강도 초산군 연무리2호무덤발굴중간보고, 조선고고연구1989-4
1988	동암리 고분	리창언	봉토석실벽화분 생활풍속도, 두칸구조	1988, 동암리벽화무덤, 조선考古연구1988-2
	안하동, 노산동일대 고구려 고분(207)	김사봉, 최응선	봉토분 단간구조	1988, 안하동, 로산동일대의 고구려무덤발굴보고, 조선고고연구1988-4
1988	안악 광정리고분	한인호	봉토석실벽화분 단칸구조, 생활풍속도	1989, 평정리벽화무덤 발굴보고, 조선고고연구1989-2
1991	덕화리3호분	정찬영	봉토석실벽화분 단칸구조, 생활풍속도	1991, 덕화리3호무덤발굴보고, 조선고고연구1991-1
1992	청매리 고분	최응선	봉토석실분	1992, 청매리돌간무덤발굴보고, 조선고고연구1992-4
1993	강동군 전 단군릉	박진욱	봉토석실분	1994, 단군릉발굴정형에 대하여, 조선고고연구1994-1
	룡흥리 고분	리준섭	봉토석실분	1993, 룡흥리고구려무덤 발굴보고, 조선고고연구1993-1
1995	호남리 봉당동4호돌간흙무덤	김재용	봉토석실분	1995, 호남리봉당동4호돌간흙무덤에 대하여, 조선고고연구1995-4
2001	태성리3호분		봉토석실벽화분, 안간3호분나 두구조	2001, 새로발굴된 태성리3호분 고구려벽화무덤, 조선고고연구2001-4
	평천리 고분	최응선	봉토석실분	2001, 새로 알려진 평천리돌간흙무덤, 조선고고연구2002-2
2002	금옥리벽화분	최응선	봉토석실벽화분 신각벽화	2002, 금옥리벽화무덤, 조선고고연구2002-2
	우산리4호분	윤광수	봉토석실분	2002, 우산리4호돌간흙무덤발굴보고, 조선고고연구2002-2
	청계동 고분	최응선	봉토석실분	2002, 청계동고구려돌간흙무덤 발굴보고(1), 조선고고연구2002-4, 2003, (청계동고구려돌간흙무덤 발굴보고(2) 조선고고연구2003-2
2003	표매 고분	박광훈	봉토석실분	2003, 표매유적에서 새로 발굴된 고구려돌간무덤, 조선고고연구2003-3
2004	순신리 고분	김인철	봉토석실분	2004, 강동군 순신리무덤 발굴보고, 조선고고연구2004-2
	만포시일대 고분	리창언	봉토석실분	2004, 자강도 만포시일대 고구려 무덤 조사 발굴보고, 조선고고연구2004-3

연도	유적	조사자	내용	출전
2006	평양 호남리 5호분	김재용, 차남일	봉토석실분	2006, 호남리5호 돌칸흙무덤에 대하여, 조선고고연구2006-2
	송죽리2호, 3호분	김남일	봉토석실벽화분 생활풍속도	2006, 송죽리2호, 3호 고구려돌간흙무덤 발굴보고, 조선고고연구2006-3
2007	평양 낙랑구역 승리동	차남일	봉토석실분	2007, 승리동99호돌간무덤 발굴보고, 조선고고연구2007-2
	은천 성현리 긴계동 12호	김남일	봉토석실분	2007, 은천군 성현리 긴계동 고구려 돌간흙무덤 발굴보고, 조선고고연구2007-3
2008	은천군 정동리 무덤	심철	봉토석실분	2008, 은천군 정동리무덤 발굴보고, 조선고고연구2008-1
	태성리	안성규	봉토석실분 20, 21, 22, 23호	2008, 태성리 고구려돌간흙무덤 발굴보고, 조선고고연구2008-2
	대성산	최응선	적석총	2008, 대성산에서 처음으로 발굴된 횡혈식 돌각담무덤, 조선고고연구2008-3
2010	남포 용강군 옥도리 고분	사회과학원 고고학연구소, 중국 연변대 박진구, 정경일	봉토석실벽화분(생활풍속도), 석권모 봉토석실분(동수동, 성외동, 항교동)	2011, 옥도리고구려벽화무덤, 2011, 남포시 용강군 옥도리일대 역사유적
	평양 낙랑구역 동신동	사회과학원 고고학연구소	봉토석실벽화분(생활풍속도)	연합뉴스 2010.9.12 기사
2011	평양 고신동 고분	사회과학원 고고학연구소	1호분 재발굴	연합뉴스 2011.10.31 기사

부록 2 : 일제 강점기 하의 고분 명칭 비교

중국내 고구려고분	현재 고분명	중국측 명칭	일제 강점기 명칭		연구자	비고
적석총	將軍塚	禹山下0001號墳	將軍塚		關野貞(1913)藤田亮策(1935/1938), 池內宏(1935)三上次男(1936)梅原末治(1939/ 1944) 永島暉臣愼(1988)	
	將軍塚1號陪塚	禹山下0002號墳	机形塚		三宅俊成(1935)	
	太王陵	禹山下0541號墳	太王陵		關野貞(1913)藤田亮策(1935/1938), 池內宏(1935)三上次男(1936)梅原末治(1939/ 1944) 永島暉臣愼(1988)	
	臨江塚	禹山下0043號墳	臨江塚		關野貞(1913)藤田亮策(1935/1938), 池內宏(1935)三上次男(1936)梅原末治(1939/ 1944) 永島暉臣愼	
	禹山下992號墳	禹山下992號墳	溫和堡中 大塚		關野貞(1913)	
			西崗北大 石陵		藤田亮策(1935/1938)	
	禹山下2110號	禹山下2110號墳	溫和堡西 大塚		關野貞(1913)	
			西崗南大 石陵		藤田亮策(1935/1938)	
	兄塚	山城下0635號墳	兄塚		關野貞(1913), 梅原末治(1939/1944)	
	弟塚	山城下0636號墳	弟塚		關野貞(1913)	
	切天井塚	山城下1298號墳	切天井塚		關野貞(1913)	
	四阿天井塚	山城下 1297/1298號墳?	四阿天井塚		關野貞(1913)	山城下1297號인지 1299號인지 미확인
	千秋塚	瘋線溝1000號墳	千秋塚		關野貞(1913), 梅原末治(1939/1944)	
	西大塚	瘋線溝0500號墳	西大塚		關野貞(1913)	
	西崗110號墳	禹山下2413號墳? 禹山下2414號墳	有龜塚, 龜持塚		藤田亮策(1935/1938) 三宅俊成(1935) - 有龜塚을 五·墳, 龜持塚과 동일 고분으로 파악	朝鮮古蹟圖譜에 西崗110號墳을 有龜塚으로 봄. 永島暉臣愼(1988) 有龜塚과 龜持塚을 다른고분으로 파악
석실봉토분 석실벽화봉토분	馬槽塚 通溝12號墳	禹山下1984號墳	通溝12號墳		黑田原次(1937)	西崗12號 쌍실분(주영헌), 통구20號墳
			通溝 連室古墳		1930년대 일인 학자들	
	五盔墳1號墳	禹山下2101號墳	五盔墳2塚의 右(西)		關野貞(1913)	
			五盔墳5號墳		藤田亮策(1935/1938)	
			五塊墳第1號墳		池內宏(1935)	
	五盔墳2號墳	禹山下2102號墳	五盔墳2塚의 左(東)		關野貞(1913)	
			西崗51號墳		藤田亮策(1935/1938)	三宅俊成(1935) - 東臺子大土墳을 西崗51號墳으로 봄
			五塊墳2號墳		池內宏(1935)	
	五盔墳3號墳	禹山下2103號墳	五盔墳3塚의 右(西端)		關野貞(1913)	
			西崗57號墳		藤田亮策(1935/1938)	
			五塊墳3號墳		池內宏(1935)	
	五盔墳4號墳	禹山下2104號墳	五盔墳3塚의 中		關野貞(1913)	
			西崗61號墳		藤田亮策(1935/1938)	
			五塊墳4號墳		池內宏(1935)	通溝未編號墳(楊泓1958-5)
	五盔墳5號墳	禹山下2105號墳	五盔墳3塚의 左(東端)		關野貞(1913)	
			西崗62號墳		藤田亮策(1935/1938)	
			通溝17號墳		黑田原次(1937)	

중국내 고구려고분	현재 고분명	중국측 명칭	일제 강점기 명칭	연구자	비고
석실봉토분 석실벽화봉토분	五盔墳5號墳	禹山下2105號墳	四葉塚	三宅俊成(1935)	五盔墳5號墳과 四葉塚을 서로 다른 고분으로 보았으나, 四葉塚의 내용은 五盔墳5號와 같음.
			五塊墳5號	池內宏(1935)	
	四盔墳1號墳	禹山下2106號墳	五塊墳4塚의 第1塚	關野貞(1913)	
			五塊墳4號墳	藤田亮策(1935/1938)	
			五塊墳 6號墳	池內宏(1935)	
	四盔墳2號墳	禹山下2107號墳	五塊墳 4塚의 第2塚	關野貞(1913)	
			五塊墳3號墳	藤田亮策(1935/1938)	
			五塊墳第7號墳	池內宏(1935)	
	四盔墳3號墳	禹山下2108號墳	五塊墳4塚의 第3塚	關野貞(1913)	
			五塊墳2號墳	藤田亮策(1935/1938)	
			五塊墳 第8號墳	池內宏(1935)	
	四盔墳4號	禹山下2109號墳	五塊墳4塚의 第4塚	關野貞(1913)	
			五塊墳1號墳	藤田亮策(1935/1938)	
			五塊墳 第8號墳	池內宏(1935)	
	散蓮花塚	禹山下1896號墳	散蓮花塚	關野貞(1913)	
			西崗113號墳	藤田亮策(1935/1938)	
	三室塚	禹山下2231號墳	三室墳	關野貞(1913), 三宅俊成(1935), 三上次男(1936)	
	舞踊塚	禹山下0458號墳	舞踊塚	濱田耕作(1935)藤田亮策(1935/1938), 三上次男(1936)	濱田耕作 명명
	角抵塚	禹山下0457號墳	角抵塚	濱田耕作(1935)藤田亮策(1935/1938)	濱田耕作 명명
	美人塚	山城下1296號墳	美人塚	關野貞(1913)	
	龜甲塚	山城下1304號墳	龜甲塚	關野貞(1913)	
			五道神塚	關野貞(1913)	溫和堡中大塚 동남쪽에 있는 積石塚, 현재 미확인

북한내 고구려고분	현재 명칭	북한측 명칭	일제강점기 명칭	연구자	비고
석실벽화봉토분	연화총/련꽃무덤	련꽃무덤	간성리연화총	關野貞(1914, 1941)	
	용강대총 용강큰무덤	용강큰무덤	안성동대총	關野貞(1914, 1941)	
	수렵총	사냥무덤	매산리사신총	關野貞(1914, 1941)	
	성총	별무덤	화상리 단실고분	關野貞(1914)	
	감신총	감신무덤	화상리연실고분	關野貞(1914, 1941)	
	쌍영총	쌍기둥무덤	진지동1호분	關野貞(1914, 1941)	
	천왕지신총	천왕지신무덤	송계동고분, 북창리1호분, 팔각천정총	關野貞(1914, 1941) 國華327	
	(전)동명왕릉	동명왕릉	진파리10호분	전제헌(1994)	
	진파리1호분	동명왕릉고분군 9호분	진파리1호분	池內宏(1938),전제헌(1994) 金日成綜合大學編(1985)	고흘의 무덤
	진파리2호	동명왕릉고분군 7호	진파리2호	池內宏(1938),전제헌(1994) 金日成綜合大學編(1985)	고승의 무덤
	진파리3호	동명왕릉고분군 8호	진파리3호	池內宏(1938),전제헌(1994) 金日成綜合大學編(1985)	리문진의 무덤
	진파리4호분	무진리1호분 동명왕릉고분군 1호분	진파리4호분	池內宏(1938),전제헌(1994) 金日成綜合大學編(1985)	온달과 평강공주묘
	진파리5호	동명왕릉고분군 2호	진파리5호	池內宏(1938),전제헌(1994) 金日成綜合大學編(1985)	대신 승의 무덤
	진파리6호	동명왕릉고분군 3호	진파리6호	池內宏(1938),전제헌(1994) 金日成綜合大學編(1985)	예실불 무덤

북한내 고구려고분	현재 명칭	북한측 명칭	일제강점기 명칭	연구자	비고
석실벽화봉토분	진파리7호	동명왕릉고분군 4호	진파리7호	池內宏(1938), 전제헌(1994) 金日成綜合大學編(1985)	대신 마리의 무덤
	진파리8호	동명왕릉고분군 5호	진파리8호	池內宏(1938), 전제헌(1994) 金日成綜合大學編(1985)	오이 무덤
	진파리9호	동명왕릉고분군 6호	진파리9호	池內宏(1938), 전제헌(1994) 金日成綜合大學編(1985)	부분노 무덤

부록 3 : 관련 문헌

關野貞, 1913, 「關野貞博士一行の朝鮮古墳調査」, 『考古學雜誌』4-3.
_____, 1914, 「滿洲輯安縣及び平壤附近に於ける高句麗時代の遺跡」(一)(二), 『考古學雜誌』 5-3·4; 1941, 『朝鮮の建築と藝術』, 岩波書店.
藤田亮策, 1936, 「滿洲國安東省輯安縣に於ける高句麗遺跡の調査」, 『靑丘學叢』23.
_____, 1938, 「滿洲に於ける高句麗遺跡」, 『朝鮮』272.
_____, 1940, 「通溝附近の古墳と高句麗の墓制」, 『池內博士還曆記念東洋史論叢』164.
_____, 1948, 『朝鮮考古學研究』, 高桐書院.
三宅俊成, 1935, 「安東省輯安縣城附近高句麗の遺趾」, 『滿蒙』16-9, 不二出版, 東京.
_____, 1975, 「輯安縣城附近の高句麗の遺跡と遺物」, 『東北アジア考古學の研究』, 國書刊行會, 東京.
池內宏, 1936, 「滿洲輯安縣に於ける高句麗の遺跡」, 『考古學雜誌』26-6.
_____, 1938, 「滿洲國安東省輯安縣に於ける高句麗の遺跡」, 『考古學雜誌』28-2, 日本考古學會, 東京.
三上次男, 1938, 「輯安行 - 高句麗時代の遺跡調査」, 『歷史地理』71-1; 1990, 『高句麗と渤海』, 재수록.
_____, 1990, 「輯安および付近の遺跡」, 『高句麗と渤海』.
梅原末治, 1939, 「高句麗の墓制に就いて」, 『史林』24-1; 1947, 『朝鮮古代の墓制』, 座右寶刊行會.
_____, 1937, 「高句麗古墳の調査」, 『朝鮮古蹟調査概報』4, 朝鮮古蹟研究會, 東京.
_____, 1939, 「高句麗の墓制に就いて」, 『史林』24-1, 京都大學史學研究會, 京都; 『朝鮮古代の墓制』, 座右寶刊行會, 재수록.
_____, 1944, 「高句麗の墓制に就いて」, 『東亞考古學論考』, 星野書店, 京都.
永島暉臣慎, 1988, 「集安の高句麗遺跡」, 『好太王碑と集安の壁画古墳』, 木耳社.
池內宏, 1938, 『通溝』(上).
池內宏·梅原末治, 1940, 『通溝』(下).
金日成綜合大學編, 1985, 『5世紀の高句麗文化』.
전제헌, 1994, 『동명왕릉에 대한 연구(평양 조선)』.
조선유적유물도감편찬위원회, 1990, 『조선유적유물도감5(고구려편 3)』.

참고문헌

고구려고분

⋯발굴보고서

科學出版社, 1997, 『洞溝古墳群- 1997年度調査測繪報告』.

吉林省文物考古硏究所・集安市博物館, 2005, 『集安高句麗王陵』, 文物出版社.

吉林省文物考古硏究所編, 1987, 『楡樹老河深』, 文物出版社.

吉林省文物志編纂委員會, 1983, 『集安縣文物志』.

＿＿＿＿＿＿＿＿＿＿＿＿＿＿＿＿＿, 1984, 『長白朝鮮族自治縣文物志』.

＿＿＿＿＿＿＿＿＿＿＿＿＿＿＿＿＿, 1984, 『渾江市文物志』.

＿＿＿＿＿＿＿＿＿＿＿＿＿＿＿＿＿, 1986, 『通化縣文物志』.

孫仁杰・遲勇, 2007, 『集安高句麗墓葬』, 香港亞洲出版社.

中國吉林省考古文物硏究所・集安市博物館, 1997, 『洞溝測繪報告書』.

＿＿＿＿＿＿＿＿＿＿＿＿＿＿＿＿＿＿＿＿＿＿＿＿＿＿＿, 2004, 『國內城』.

＿＿＿＿＿＿＿＿＿＿＿＿＿＿＿＿＿＿＿＿＿＿＿＿＿＿＿, 2004, 『集安 高句麗 王陵』.

中國遼寧省考古文物硏究所, 2004, 『五女山城』.

桓仁滿族自治縣文物志編纂委會, 1990, 『桓仁滿族自治縣文物志』.

박진욱・김종혁・주영헌・정상렬・정찬영, 1981, 『덕흥리 고구려 벽화무덤』.

사회과학원 고고학 및 민속학연구소, 1954, 『고고학자료집』1.

＿＿＿＿＿＿＿＿＿＿＿＿＿＿＿＿＿＿＿, 1958, 『대성산일대의 고구려유적에 관한 연구』.

＿＿＿＿＿＿＿＿＿＿＿＿＿＿＿＿＿＿＿, 1958, 『대동강 및 재령강유역 고분발굴보고』.

＿＿＿＿＿＿＿＿＿＿＿＿＿＿＿＿＿＿＿, 1958, 『안악3호분발굴보고』.

＿＿＿＿＿＿＿＿＿＿＿＿＿＿＿＿＿＿＿, 1959, 『고고학자료집』2.

＿＿＿＿＿＿＿＿＿＿＿＿＿＿＿＿＿＿＿, 1959, 『태성리고분발굴보고』.

＿＿＿＿＿＿＿＿＿＿＿＿＿＿＿＿＿＿＿, 1960, 『안악1, 2호분발굴보고』.

＿＿＿＿＿＿＿＿＿＿＿＿＿＿＿＿＿＿＿, 1963, 『각지유적정리보고』.

＿＿＿＿＿＿＿＿＿＿＿＿＿＿＿＿＿＿＿, 1963, 『고고학자료집』3.

＿＿＿＿＿＿＿＿＿＿＿＿＿＿＿＿＿＿＿, 1983, 『압록강독로강유역 고구려유적 발굴보고』.

전주농, 1976, 『동명왕릉과 그 부근의 고구려유적』.

조중공동고고학발굴대, 1966, 『중국동북지방의 유적발굴보고』.

주영헌, 1966, 『중국 동북지방의 고구려 및 발해유적답사보고』, 과학백과사전출판사.

고구려연구재단, 2006, 『고구려안학궁조사보고서2006』.

동북아역사재단, 2011, 『남포시 용강군 옥도리일대 역사유적』.

동북아역사재단, 2011, 『옥도리 고구려 벽화무덤』.
토지박물관, 2001, 『연천 신답리 고분 발굴조사보고』.

藤田亮策, 1966, 『朝鮮古文化綜鑑』 四卷.
旅順博物館, 1934, 『營城子』.
鳥居龍藏, 1910, 『南滿洲調査報告(鳥居龍藏全集 第10卷)』.
朝鮮古跡研究會, 1933, 『昭和7年度古蹟調査報告』.
_____, 1937, 『高句麗古墳 調査, 昭和12年度 古蹟調査報告』.
_____, 1938, 『昭和12年度古蹟調査報告』.
朝鮮總督府, 1916, 『大正3年度古蹟調査報告』.
_____, 1916, 『朝鮮古蹟圖報』 1-3.
_____, 1917, 『大正5年度古蹟調査報告』.
_____, 1920, 『大正6年度古蹟調査報告』.
_____, 1922, 『大正8年度古蹟調査報告』.
池內宏·梅原末治, 1938, 『通溝』 上·下.

::: 발굴보고문

Chavannes, E, 1909, 「Les monuments de L'Ancien Royaume Coréen de Kao-keou-li,」, 『T'oung gao』.
賈士金, 1985, 「集安高句麗文物考古工作的新課題」, 『博物館研究』 1985-5.
吉林省文物管理委員會, 1990, 「吉林通化市江口村和東江村考古發掘簡報」, 『考古』 1990-7.
吉林省文物考古研究所, 1990, 「吉林省近10年的文物考古工作」, 『文物考古工作10年』.
_____, 2003, 「吉林長白縣干溝子墓地發掘簡報」, 『考古』 2003-8.
_____, 2007, 「鴨綠江右岸雲峰水庫淹沒區古墓葬調査與發掘」, 『2007 中國重要考古發現』.
_____, 2009, 「集安禹山540號墓淸理報告」, 『北方文物』 2009-1.
吉林省文物考古研究所·集安市文物保管所, 1993, 「集安洞溝古墓群禹山墓區集錫公路墓葬發掘」, 『高句麗研究文集』.
吉林省文物考古研究所·集安市博物館, 2005, 「洞溝古墓群禹山下墓溝JYM3319號墓發掘報告」, 『東北史地』 2005-6.
吉林省文物考古研究所·通化市文物管理委員會辦公室, 2003, 「吉林通化市萬渤渡子遺址二十一號墓的發掘」, 『考古』 2003-8.
吉林省文物工作隊, 1983, 「吉林集安長川2號封土墓發掘紀要」, 『考古與文物』 1983-1.
吉林省文物工作隊·集安縣文管所, 1982, 「集安長川一號壁畵墓」, 『東北歷史與考古』 1982-1.
_____, 1984, 「1976年集安洞溝高句麗墓淸理」, 『考古』 1984-1.

吉林省文物工作隊·集安縣文管所, 1984,「集安高句麗考古的新收穫」,『文物』1984-1.
吉林省博物館, 1964,「吉林集安麻線區一號壁畵墳」,『考古』1964-10.
_____, 1964,「吉林集安五盔墳四號和五號墳淸理略記」,『考古』1964-2.
吉林省博物館文物工作隊, 1977,「吉林省集安的兩坐高句麗墓」,『考古』1977-2.
吉林省長白文化研究會·集安市博物館, 2004,「集安良民高句麗遺跡調査」,『東北史地』2004-4.
董張夫·文淋, 1984,「集安高句麗墓壁畵」,『文物天地』1984-6.
董學曾, 1982,「吉林東團山原始漢高句麗渤海諸文化遺存調査簡報」,『博物館研究』1983-2.
劉伊丹, 1994,「淺談桓仁米倉溝高句麗將軍墓壁畵」,『遼海文物學刊』1994 副刊.
万欣·梁志龍, 1998,「遼寧桓仁縣高麗墓子積石墓」,『考古』1998-3.
武家昌, 1994,「桓仁米倉溝將軍墓壁畵初探」,『遼海文物學刊』1994-2.
武家昌·梁志龍·王俊輝, 2003,「桓仁米倉溝高句麗壁畵墓」,『遼寧考古文集』.
朴潤武, 1990,「長白縣干溝子墓地調査」,『博物館研究』1990-3.
_____, 1995,「압록강 유역 干溝子 적석무덤에 대한 조사연구」,『中國境內 高句麗遺蹟研究』.
方起東·林至德, 1983,「集安通溝兩座樹立石碑的高句麗古墓」,『考古與文物』1983-2.
方起東·劉振華, 1979,「統一的多民族國家的歷史見證-吉林省文物考古工作三十年的主要收穫」,
　　　　　　　『文物考古工作三十年』.
孫守道, 1960,「匈奴西岔溝文化」古墓群的發現」,『文物』1960-8, 9.
孫仁杰, 1994,「集安洞溝古墓群三座古墓葬淸理」,『博物館研究』1994-3.
孫仁杰·遲勇·張殿甲, 2004,「鴨綠江上游右岸考古調査」,『東北史地』2004-5.
辛占山, 1993,「桓仁米倉溝高句麗將軍墓」,『東北亞文明的源流的考古學研究』.
梁志龍·王俊輝, 1994,「遼寧桓仁出土靑銅遺物墓葬及相關問題」,『博物館研究』1994-2.
楊泓, 1982,「高句麗墓葬新發見」,『新中國的考古發現和研究』.
旅大市文物款理所, 1983,「旅順老鐵山積石墓」,『考古』1983-2.
王承禮·韓淑華, 1962,「吉林集安通溝第十二號高句麗壁畵墳」,『考古』1962-2.
王承禮, 1984,「吉林·遼寧的高句麗遺蹟」,『考古與文物』, 1984-6.
王曾伸, 1964,「遼寧撫順市 前屯 窪渾木 高句麗墓發掘簡報」,『考古』1964-4.
王洪奉, 1988,「臨江電站高句麗考古遺存調査綜術」,『博物館研究』1988-3.
李殿福, 1962,「一九六二年春季吉林集安考古資料簡報」,『考古』1962-11.
_____, 1964,「吉林集安五盔墳四號和五號墳墓淸理略記」,『考古』1964-1.
_____, 1983,「集安通溝三座壁畵墓」,『考古』1983-4.
張福有·孫仁杰·遲勇, 2006,「集安蒿子溝墓地調査與東川王陵考」,『東北史地』2006-3.
_____, 2007,「長白山南麓積壇調査淸理與考證」,『東北史地』2007-1.
_____, 2009,「五年間高句麗遺蹟調査與文獻研究中心的新收穫」,『東北史地』
　　　　　　　2009-2.
張雪岩, 1979,「集安顯兩座高句麗積石墓的淸理」,『考古』1979-1.
_____, 1988,「集安兩座高句麗封土墓」,『博物館研究』1988-1.
_____, 1988,「集安禹山高句麗古墓」,『中國考古學年鑑』.

張雪岩, 1991, 「吉林集安東臺坡高句麗墓發掘簡報」, 『考古』1991-7.

_____, 1993, 「集安靑銅短劍墓及相關問題」, 『高句麗硏究論集』上, 延邊大 出版部.

曹正榕·朱涵康, 1962, 「吉林集安揄林河流域高句麗古墓調査」, 『考古』1962-11.

中國吉林省考古文物硏究所, 2003, 「吉林長白縣干溝子墓地發掘簡報」, 『考古』2003-8.

陳大爲, 1960, 「桓仁縣考古調査發掘簡報」, 『考古』1960-1.

_____, 1989, 「遼寧省境內高句麗遺蹟」, 『遼海文物學刊』1989-1.

陳相偉, 1983, 「吉林集安長川2號墓封土墓發掘紀要」, 『考古與文物』1983-1.

集安縣文物保管所, 1979, 「集安縣兩座高句麗積石墓的淸理」, 『考古』1979-1.

_____, 1981, 「集安發現靑銅短劍墓」, 『考古』1981-5.

_____, 1982, 「集安萬寶汀墓區242號古墳淸理簡報」, 『考古與文物』1982-6.

_____, 1983, 「集安高句麗墓葬發掘簡報」, 『考古』1983-4.

_____, 1984, 「集安縣上·下活龍村高句麗古墓淸理簡報」, 『文物』1984-1.

_____, 1984, 「集安縣老虎哨古墓」, 『文物』1984-1

_____, 1993, 「集安洞溝古墓群禹山墓區集錫公路墓葬發掘」, 『高句麗硏究文集』.

通化市文管會辦公室, 2006, 「通化江沿遺跡群調査」, 『東北史地』2006-6.

許玉林·王連春, 1984, 「丹東地區出土的靑銅短劍」, 『考古』1984-6.

김남일, 2006, 「송죽리 2호, 3호 고구려돌칸흙무덤 발굴보고」, 『조선고고연구』2006-3.

_____, 2007, 「온천군 성현리 긴재동12호 고구려돌칸흙무덤발굴보고」, 『조선고고연구』2007-3.

김사봉, 1980, 「봉성리 벽화무덤에 대하여」, 『력사과학』1980-2.

_____, 1990, 「고산동20호벽화무덤에 대하여」, 『조선고고연구』1990-2.

김사봉·최웅선, 1988, 「안학동, 로산동일대의 고구려무덤발굴보고」, 『조선고고연구』1988-4.

김성철, 2007, 「압록강류역의 간구자돌각담무덤」, 『조선고고연구』2007-2.

김용남, 1979, 「새로 알려진 덕흥리 고구려 벽화무덤에 대하여」, 『력사과학』1979-3.

김용남·전주농, 1960, 「연간 주요 발굴소식」, 『문화유산』1960-6.

김인철, 2004, 「강동군 순창리무덤 발굴보고」, 『조선고고연구』2004-2.

김재용, 1995, 「호남리불당골4호돌칸흙무덤에 대하여」, 『조선고고연구』1995-4.

김재용·차달만, 2006, 「호남리5호 돌칸흙무덤에 대하여」, 『조선고고연구』2006-2.

김종혁, 1974, 「수산리고구려벽화무덤 발굴중간보고」, 『고고학자료집』4.

도유호, 1949, 「안악에서 발견된 고구려 고분들」, 『문화유물』1.

라명관, 1986, 「평양시 상원군일대의 고구려무덤조사발굴보고」, 『조선고고연구』1986-3.

리순진, 1986, 「새로발굴된 오국리무덤에 대하여」, 『조선고고연구』1986-1.

리일남, 1986, 「운룡리벽화무덤발굴보고」, 『조선고고연구』1986-2.

리정남, 1989, 「자강동 초산군 연무리2호무덤발굴중간보고」, 『조선고고연구』1989-4.

_____, 1990, 「운평리 고구려무덤떼 제4지구 돌각담무덤발굴보고」, 『조선고고연구』1990-1.

리준걸, 1987, 「새로 알려진 고구려와 발해의 금귀걸이」, 『조선고고연구』1987-4.

_____, 1993, 「룡흥리고구려무덤 발굴보고」, 『조선고고연구』1993-1.

리준걸, 1995, 「금옥리 고구려 무덤떼에 대하여」, 『조선고고연구』 1995-3.
_____, 2001, 「원대자벽화무덤」, 『조선고고연구』 2001-4.
_____, 2001, 「태성리에서 새로 발굴된 고구려벽화무덤」, 『조선고고연구』 2001-4.
_____, 2002, 「새로 발굴된 태성리3호 고구려벽화무덤」, 『조선고고연구』 2002-1.
리창언, 1988, 「동암리 벽화무덤발굴보고」, 『조선고고연구』 1988-2.
_____, 1989, 「동암리벽화무덤의 년대」, 『조선고고연구』 1989-2.
_____, 2004, 「자강도 만포시일대 고구려무덤 조사발굴보고」, 『조선고고연구』 2004-3.
박광훈, 2003, 「표대유적에서 새로 발굴된 고구려돌칸흙무덤」, 『조선고고연구』 2003-3.
박창수, 1986, 「평성시 지경동 고구려무덤발굴보고」, 『조선고고연구』 1986-4.
_____, 1962, 「강서군 태성리 저수지내부 지대의 고구려무덤」, 『고고학자료집』 3.
_____, 1962, 「대동군팔청리 벽화무덤」, 『고고학자료집』 3.
_____, 1962, 「자료 : 평안북도 박천군, 녕변군의 유적조사보고」, 『문화유산』 1962-5.
_____, 1962, 「전 동명왕릉부근 벽화무덤」, 『고고학자료집』 3.
_____, 1962, 「황해남도 안악군 복사리 벽화무덤」, 『고고학자료집』 3.
_____, 1977, 「고구려시기의 마구일식이 드러난 지경동무덤」, 『역사과학』 1977-3.
_____, 1987, 「보산리 및 우산리 고구려벽화무덤의 년대에 대하여」, 『조선고고연구』 1987-2.
_____, 1990, 「장수산일대의 고구려유적유물」, 『조선고고연구』 1990-2.
사회과학원 고고학 및 민속학연구소, 1958, 「평안남도 룡강군 대안리제1호묘 발굴보고」, 『고고학자료집』 2.
_____, 1958, 「평양남도 순천군 룡봉리 료동성총조사보고」, 『고고학자료집』 1.
_____, 1958, 「평양역전2실분발굴보고」, 『고고학자료집』 1.
_____, 1958, 「황해북도 은파군 대청리 1호분발굴보고」, 『고고학자료집』 1.
석광준, 1962, 「황해북도 연산군 공포리 무덤떼 발굴 간략보고」, 『문화유산』 1962-1.
심철, 2008, 「은천군 정동리무덤 발굴보고」, 『조선고고연구』 2008-1.
안병찬, 1978, 「새로 발굴한 보산리와 우리나라 고구려벽화무덤」, 『역사과학』 1978-2.
안성규, 2008, 「태성리 고구려돌칸흙무덤발굴보고」, 『조선고고연구』 2008-2.
윤광수, 2002, 「우산리4호돌칸흙무덤 발굴보고」, 『조선고고연구』 2002-2.
장병협, 1965, 「수안군 산북리 고구려 무덤 정리보고」, 『고고민속』 1965-4.
전야공작대, 1958, 「학계소식: 기양관개 지구에서 새로 발견된 고구려 벽화고분」, 『문화유산』 1958-4.
_____, 1965, 「대안리 무덤 발굴보고」, 『고고민속』 1965-3.
전주농, 1958, 「태성리 저수지 건설장에서 발견된 유적정리에 대한 개보(1·2)」, 『문화유산』 1958-2·3.
_____, 1961, 「최근에 발견된 고구려 벽화무덤」, 『문화유산』 1961-1.
정세앙, 1991, 「덕화리3호무덤발굴보고」, 『조선고고연구』 1991-1.

정찬영, 1962, 「자성군조아리, 사해리, 법동리, 송암리 고구려 고분발굴보고」, 『고고학자료집』2.
주영헌, 1962, 「장산동 제1·2호 무덤에 대하여」, 『문화유산』1962-6.
_____, 1962, 「약수리벽화무덤발굴보고」, 『고고학자료집』3.
차달만, 2007, 「승리동99호 돌칸무덤 발굴보고」, 『조선고고연구』2007-2.
채희국, 1959, 「증산군 가장리 벽화고분 정리간략보고」, 『문화유산』1959-2.
최응선, 1992, 「창매리 돌칸흙무덤발굴보고」, 『조선고고연구』1992-4.
_____, 2001, 「새로 알려진 령천리돌칸흙무덤」, 『조선고고연구』2001-1.
_____, 2002, 「금옥리벽화무덤」, 『조선고고연구』2002-2.
_____, 2002, 「청계동고구려돌칸흙무덤떼 발굴보고(1)」, 『조선고고연구』2002-4.
_____, 2003, 「청계동고구려돌칸흙무덤떼 발굴보고(2)」, 『조선고고연구』2003-2.
_____, 2008, 「대성산에서 처음으로 발굴된 횡혈식돌각담무덤」, 『조선고고연구』2008-3.
한인덕, 1989, 「월정리벽화무덤발굴보고」, 『조선고고연구』1989-4.
한인호, 1989, 「평정리벽화무덤의 발굴보고」, 『조선고고연구』1989-2.
_____, 1992, 「환인지방에서 새로 발굴된 고구려벽화무덤에 대하여」, 『조선고고연구』1992-3.
허명, 1972, 「덕화리에서 발굴된 고구려 벽화무덤」, 『력사과학』1972-2.
____, 20012, 「새로 발굴된 태성리3호분 고구려벽화무덤」, 『조선고고연구』2001-4.

기전문화재연구원, 2005, 『용인 삼목곡-연수원간 도로개설간내 유적발굴조사지도위원회 자료』.
김원룡, 1979, 「高句麗 壁畵古墳의 新資料」, 『歷史學報』81.
안신원, 2010, 「최근 한강 이남에서 발견된 고구려계 고분」, 『고구려발해연구』36.
李弘稙, 1966, 「高句麗遺蹟 調査의 歷程」, 『白山學報』1.
채병서, 1967, 「安岳近方 壁畵古墳 發掘手錄」, 『亞世亞硏究』.
蔡秉緖, 1967, 「安岳地方의 壁畵古墳」, 『白山學報』2.
熊谷宣夫, 1968, 「冬壽墓(安岳三號墳)紹介」, 『佛敎藝術』37.
千賀久·坪之內微, 1977, 「高句麗集安萬寶汀78號墳」, 『靑陵』34.

:::저서

耿鐵華, 2008, 『高句麗古墓壁畵研究』, 吉林大學出版社.
耿鐵華, 孫仁杰編 1993, 『高句麗研究文集』, 延辺大學出版社.
國家文物局 主編, 1992, 『中國文物地圖集-吉林分冊』.
吉林省考古文物硏究所(編), 2009, 『吉林集安高句麗墓葬報告集』.
吉林省文物考古硏究所·集安縣博物館·吉林省博物館, 2010, 『集安出土高句麗文物集粹』.
孫仁杰·遲勇, 2007, 『集安高句麗墓葬』, 香港亞洲出版社.
楊寬, 2003, 『中國古代陵寢制度史研究』.
魏存成, 1994, 『高句麗考古』, 吉林大學校出版社(魏存成(신용민 옮김), 1996, 『高句麗考古』).

魏存成, 2002,『高句麗遺蹟』, 文物出版社.
張博泉, 1984,『東北地方史稿』.
張福有 外, 2007,『高句麗王陵和貴族墓葬』.
張福有, 2006,『高句麗王陵統監』, 香港亞洲出版社
張福有·孫仁杰·遲勇, 2006,『高句麗王陵通考』, 香港亞洲出版社
鄭永振, 2003,『高句麗渤海靺鞨墓葬比較研究』.
中國吉林省文物考古研究所, 2002,『洞溝古墓群-1997年調査測繪報告』.

과학원 고고학연구실, 1962,『고구려 벽화무덤』, 과학원출판사.
김용준, 1958,『고구려 고분벽화의 연구』.
김일성종합대학출판부, 1976,『동명왕릉과 그 부근의 고구려유적』.
리광희, 2005,『고구려유물연구』.
문화재보존지도국, 1979,『江西三墓』, 조선중앙력사박물관.
_____, 1979,『고구려벽화』, 조선중앙력사박물관.
박진욱, 1991,『조선고고학전서-중세편(고구려)』, 과학백과사전종합출판사.
사회과학원 고고학연구소, 1975,『고구려문화』.
_____, 1977,『조선고고학개요』.
_____, 2009,『고구려의 돌각담무덤』(조선고고학전서29).
_____, 2009,『고구려의 돌칸흙무덤(1), (2)』(조선고고학전서30-31).
_____, 2009,『고구려의 벽화무덤(1), (2)』(조선고고학전서32-33).
_____, 2009,『고구려유물』(조선고고학전서34).
_____, 2009,『고구려 무덤에 관한 연구(조선고고학전서35).
사회과학원 역사연구소, 1975,『고구려문화』.
_____, 1983,『조선전사』3, 중세편 고구려사.
손수호, 2001,『고구려 고분연구』, 사회과학원출판사.
李淳鎭·張守鎭·徐國泰·石光濬, 2001,『大同江文化』.
전제덕, 1995,『동명왕릉과 주변의 유적』.
전제헌, 1994,『동명왕릉에 대한 연구』.
조선민주주의 인민공화국사회과학원 력사편집실, 1994,『단군과 고조선에 관한 연구론문집』.
_____, 2001,『고구려 고분연구』, 사회과학출판사.
조선유적유물도감 편찬위원회, 1990,『조선유물도감』3·4·5·6(고구려).

강현숙, 2005,『고구려와 비교해본 중국 한, 위, 진 벽화분』, 지식산업사.
고려대학교박물관, 2005,『한국고대의 Global Pride 고구려』.
공석구, 1998,『고구려 영역확장사연구』, 서경문화사.
金基雄, 1982,『韓國의 壁畵古墳』, 同和出版社.
김원룡, 1974,『한국의 고분』, 교양국사총서 2.

김원룡, 1980, 『韓國壁畫古墳』, 一志社.
박진석·강맹산 편, 1995, 『중국경내의 고구려유적연구』, 예하.
백종오, 2005, 『고구려기와연구』, 단국대학교박사학위논문.
_____, 2006, 『고구려 기와의 성립과 왕권』, 주류성.
복천박물관·서울대학교박물관, 2012, 『고구려 한반도를 품다』.
서울대학교박물관, 2001, 『중국요령지역의 벽화와 문물 특별전 2000년전의 우리이웃 요령지역의 고대문화』.
이병도, 1976, 『韓國 古代史硏究』, 博英社.
李殿福·孫玉良(강인구·김영수공역), 1990, 『高句麗簡史』, 삼성출판사.
이전복저·차용걸·김인경역, 1994, 『중국내의 고구려 유적』, 학연문화사.
임기환·아즈마우시오·모모자키유스케·강현숙·바이건싱, 2009, 『고구려왕릉연구(동북아역사재단)』.
全虎兒, 1996, 「고구려 고분벽화연구」, 서울대학교 박사학위논문.
_____, 2000, 『고구려 고분벽화연구』, 사계절.
정호섭, 2011, 『고구려고분의 조영과 제의』, 서경문화사.
趙由典, 1990, 「三國時代 및 高麗時代의 古墳」, 『북한문화유산 II』, 고려원.
崔茂藏, 1985, 『高句麗·渤海文化』(증보판), 集文堂.
崔茂藏·임연철편저, 1990, 『高句麗 壁畫古墳』, 新書苑
한국정신문화연구원, 1996, 『고구려의 고고문물』.

關野貞, 1941, 『朝鮮の建築と藝術』.
_____, 1914, 『高句麗時代の壁畫』, 國華294.
駒井和愛, 1951, 『考古學槪說』.
東潮, 1997, 『高句麗考古學硏究』, 吉川弘文館.
東潮·田中俊明, 1995, 『高句麗の歷史と遺蹟』, 中央公論社.
梅原末治·藤田亮策, 1966, 『朝鮮古文化綜鑑』.
三上次男, 1961, 『滿鮮原始墳墓研究』.
_____, 1990, 『高句麗古墳と その 變遷』.
三宅俊成, 1975, 『東北亞細亞考古學硏究』.
小泉顯夫, 1986, 『朝鮮古代遺跡の遍歷』.
朝鮮畫報社, 1985, 『高句麗古墳壁畫』.
_____, 1986, 『德興里高句麗壁畫古墳』.
八木奬三郎, 1928, 『滿州考古學』.

:::연구논문

- 적석총 구조형식, 기원, 변천연구 -

耿鐵華, 1993, 「高句麗墓上建築及其性質」, 『高句麗研究文集』.
万欣·梁志龍, 1998, 「遼寧桓仁縣高麗墓子高句麗積石墓」, 『考古』1998-3.
方起東, 1985, 「高句麗石墓的演進」, 『博物館研究』1985-2.
范犁, 1997, 「高句麗古墓的几个問題」, 『高句麗歷史與文化研究』.
楊泓, 1958, 「高句麗壁畵石墓」, 『文物參考資料』58-4.
梁志龍·王俊輝, 1994, 「遼寧桓仁出土靑銅遺物墓葬及相關問題」, 『博物館研究』1994-2.
魏存成, 1990, 「高句麗渤海墓場之比較」, 『古民俗硏究』1990-1.
李新全, 2009, 「遼東地區積石墓的演变」, 『東北史地』2009-1.
李殿福, 1980, 「集安高句麗墓研究」, 『考古學報』1980-2.
張雪岩, 1993, 「集安青銅短劍墓及相關問題」, 『高句麗研究文集』, 延邊大學出版社.
陳大爲, 1989, 「遼寧境內高句麗遺蹟」, 『遼海文物學刊』1989-1.
_____, 1991, 「試論桓仁高句麗積石墓的類型年代及其演變」, 『遼寧省考古學博物館學會成立大會會刊』.
김성철, 2005, 「고구려 련결돌각담무덤의 류형과 변천」, 『조선고고연구』2005-3.
리영식, 1993, 「집안부근 고구려무덤의 분포상의 특징에 대하여」, 『조선고고연구』1993-3.
_____, 1995, 「집안부근 고구려무덤떼를 통해 본 고구려 5부」, 『조선고고연구』1995-4.
_____, 2003, 「고구려돌각감무덤의 내부부장품매장시설들에 대하여」, 『조선고고연구』2003-4.
_____, 2003, 「고구려돌각담무덤의 내부천정시설에 대하여」, 『조선고고연구』2003-1.
_____, 2004, 「고구려무덤 장구관련유물들에서 주목되는 몇가지 특징」, 『조선고고연구』2004-4.
_____, 2005, 「고구려돌각담무덤의 무덤무지보호시설에 대하여」, 『조선고고연구』2005-4.
리정남, 2000, 「고구려의 네모서리돌출형돌각담무덤에 대하여(1)」, 『조선고고연구』2000-4.
_____, 2000, 「고구려 네모서리돌출형돌각담무덤에 대하여(2)」, 『조선고고연구』2001-2.
리창언, 1993, 「압록강류역에서 고구려칸흙무덤의 발생과 년대」, 『조선고고연구』1993-2.
손수호, 1998, 「고구려돌각담무덤의 분포상 특징」, 『조선고고연구』1998-3.
_____, 2000, 「고구려돌각담무덤의 등급과 관련한 몇가지 문제」, 『조선고고연구』2000-3.
정찬영, 1961, 「고구려적석총에 관하여」, 『문화유산』1961-5.
_____, 1967, 「고구려초기묘제의 유래」, 『고고민속』1967-4.
_____, 1973, 「기원4세기까지 고구려묘제에 관한 연구」, 『고고민속논문집』5.
주영헌, 1962, 「고구려 적석무덤에 관한 연구」, 『문화유산』1962-2.

강현숙, 1999, 「고구려 적석총의 등장에 대하여」, 『경기사학』3, 경기사학회.
_____, 2000, 「고구려 초대형 석실적석총 피장자의 사회적 성격에 대하여」, 『고고미술사론』7호, 충북대학교 고고미술사학과.

강현숙, 2000, 「석곽적석총을 통해 본 고구려 5부」, 『난곡이은순교수 정년기념사학논문집』.
_____, 2003, 「고구려 고분 구조, 고구려 고고학의 제문제」, 『제27회 한국고고학전국대회』.
_____, 2004, 「고구려 고분 구조특징」, 『고구려 역사와 문화유산』, 한국고대사학회, 서울시정개발연구원.
_____, 2004, 「중국 감숙성의 4, 5세기 벽화분과 고구려 벽화분의 비교고찰」, 『한국고대사연구』35.
김기웅, 1984, 「고구려산성의 특성에 관한연구」, 『고고민속논문집』9.
김용성, 2005, 「고구려 적석총의 분제와 묘제에 대한 새로운 인식」, 『북방사논총』3.
여호규, 2012, 「고구려 적석묘의 내, 외부 구조와 형식분류」, 『동아시아의 고분문화』.
지병목, 1997, 「요동반도와 합록강 중하류지역 적석총의 관계-고구려적석총의 기원에 관한 시론」, 『사학연구』53.

田村晃一, 1982, 「高句麗積石塚の構造と分類に對する」, 『考古學雜誌』68-1, 2.
全浩天, 1991, 『前方後圓墳の源流 高句麗前方後圓形積石塚』, 未來社.

- 봉토분, 벽화분 구조, 변천연구 -

김성철, 1997, 「고구려무덤벽화에 그려진 사신도의 출현시기에 대하여」, 『조선고고연구』1997-2.
_____, 2000, 「고구려사신도무덤벽화의 류형과 그 변천」, 『조선고고연구』2000-1.
_____, 2000, 「고구려사신도무덤벽화의 류형과 그 변천」, 『조선고고연구』2000-1.
도유호, 1959, 「고구려석실봉토분의 유래와 서역문화의 영향」, 『문화유산』1959-4.
리순진, 1990, 「낙랑구역일대 고구려돌칸흙무덤에 대하여」, 『조선고고연구』1990-4.
리정남, 2000, 「고구려 네모서리돌출형돌각담무덤에 대하여(2)」, 『조선고고연구』2001-2.
_____, 2000, 「고구려의 네모서리돌출형돌각담무덤에 대하여(1)」, 『조선고고연구』2000-4.
리창언, 1993, 「압록강류역에서 고구려돌칸흙무덤의 발생과 년대」, 『조선고고연구』1993-2.
사회과학원 자료실, 1965, 「대동강유역 고구려벽화무덤 분포도」, 『고고민속』1965-4.
손수호, 2001, 「고구려돌칸흙무덤류형분류에 대한 재고찰」, 『조선고고연구』2001-1.
전주농, 1964, 「고구려벽화무덤의 시원에 대하여」, 『고고민속』1964-3.
정백운, 1957, 「조선고대무덤에 관한 연구(I)」, 『문화유산』1957-2.
_____, 1957, 「조선고대무덤에 관한 연구(II)」, 『문화유산』1975-3.
_____, 1957, 「조선고대무덤에 대한 연구 I·II」, 『문화유산』57-2·3.
정찬영, 1973, 「기원4세기까지 고구려묘제에 관한 연구」, 『고고민속논문집』5.
주영헌, 1959, 「고구려 벽화고분의 편년 기준에 관하여」, 『문화유산』1959-6.
_____, 1959, 「약수리 고분을 통한 고구려 벽화고분의 연대에 관한 연구」, 『문화유산』59-3.
_____, 1960, 「고구려벽화무덤의 구조형식과 벽화내용의 변화발전(I)」, 『문화유산』1960-2.
_____, 1960, 「고구려벽화무덤의 구조형식과 벽화내용의 변화발전(II)」, 『문화유산1960-3.
_____, 1963, 「고구려봉토무덤의 기원과 그 변천」, 『고고민속』1963-3.

주영헌, 1984, 「고구려돌칸흙무덤의 연원」, 『역사과학』1984-3.
_____, 1965, 「고구려 벽화무덤의 구조형식과 벽화내용의 변화발전(강좌)」, 『고고민속』1965-4.
주영헌·박진욱·정찬영, 1975, 「고구려 무덤벽화의 특징과 그 문화사적 의의」, 『고고민속론문집』6.

姜東鎭, 1973, 「高句麗文化와 아스카(飛鳥)文化」, 『建國大史學』3.
강현숙, 2004, 「고구려 고분 구조특징」, 『고구려 역사와 문화유산』, 한국고대사학회, 서울시정개발연구원.
_____, 2011, 「3-4세기 고구려 횡혈식 무덤의 등장과 확산」, 『역사문화연구』40.
김원룡, 1960, 「고구려 고분벽화의 기원에 대한 연구」, 『진단학보』21.
조준걸·김화동, 2009, 「대동강유역 고구려 봉토석실묘의 등급과 계층」, 『고구려발해연구』35.
최종택, 2011, 「남한지역 고구려고분의 구조특징과 역사적의미」, 『한국고고학보』81.

- 왕릉비정, 묘주에 관한 연구 -

吉林省文物考古硏究所, 2002, 『洞溝古墳群- 1997年度調査測繪報告』, 科學出版社.
吉林省文物考古硏究所·集安市博物館, 2005, 「洞溝古墓群禹山下墓溝JYM3319號墓發掘報告」, 『東北史地』2005-6.
_____, 2005, 『集安高句麗王陵』, 文物出版社.
寧會學, 2004, 「桓仁米倉溝將軍墓墓主考」, 『博物館硏究』2004-3.
_____, 2004, 「桓仁米倉溝將軍墓所葬何人」, 『東北史地』2004-4.
宿白, 1952, 「朝鮮安岳發現的冬壽墓」, 『文物參考資料』1952-1.
楊泓, 1958, 「高句麗壁畵石墓」, 『文物參考資料』1958-4.
魏存成, 2007, 「集安高句麗大形積石塚王陵硏究」, 『社會科學戰線』2007-4.
張福有, 2006, 『高句麗王陵統監』, 香港亞洲出版社.
張福有·孫仁杰·遲勇, 2006, 『高句麗王陵通考』, 香港亞洲出版社.
_____, 2006, 「集安蒿子溝墓址調査與東川王陵考」, 『東北史地』2006-3.
_____, 2007, 「高句麗王陵通考要報」, 『東北史地』2007-4.
洪晴玉, 1959, 「關于冬壽墓的發現和硏究」, 『考古』1959-1.

김성철, 2006, 「고국원왕릉(안악3호분)의 동수무덤설에 대한 비판」, 『조선고고연구』2006-3.
김용준, 1957, 「안악 제3호분(하무덤)의 연대와 그 주인공에 대하여」, 『문화유산』1957-3.
김인철, 2002, 「태성리3호 벽화무덤의 축조년대와 주인공문제에 대하여」, 『조선고고연구』2002-1.
도유호, 1962, 「在朝鮮安岳發現的一些高句麗古墳」, 『文物參考資料』1952-1.
라명관, 1990, 「안악3호분의 주인공에 대하여」, 『조선고고연구』1990-2.
리여성, 1949, 「최초 안악에서 발견된 고구려 고분의 벽화의 연대에 대하여」, 『력사제문제』9.
박윤원, 1963, 「안악 제3호분은 고구려 미천왕릉이다」, 『고고민속』1963-2.

박진욱, 1990, 「안악3호분의 주인공에 대하여」, 『조선고고연구』 1990-2.
_____, 1992, 「덕흥리벽화무덤의 주인공과 유주의 소속문제에 대하여」, 『조선고고연구』 1992-2.
박황식, 1980, 「미천왕무덤(안악3호)의 건축구성에 대하여」, 『고고민속』 1965-1.
손수호, 1999, 「집안일대 왕릉급돌각담무덤들의 주인공문제에 대하여」, 『조선고고연구』 1999-2.
손영종, 1987, 「덕흥리 벽화무덤의 주인공의 국적문제에 대하여」, 『역사과학』 1987-1.
_____, 1991, 「덕흥리 벽화무덤의 피장자 망명인설에 대한 비판(1)·(2)」, 『력사과학』 1991-1·2.
손은철, 2006, 「덕흥리벽화무덤과 관련한 그릇된 견해에 대한 비판」, 『조선고고연구』 2006-4.
송순탁, 2005, 「태성리3호무덤 및 안악3호무덤의 주인공에 대한 재검토」, 『조선고고연구』 2005-3.
전주농, 1963, 「다시 한번 안악의 왕릉을 논함-미천왕릉설의 타당설을 증명함-」, 『고고민속』 1963-2.
주영헌, 1963, 「안악 제3호 무덤의 피장자에 대하여」, 『고고민속』 1963-2.
최택선, 1987, 「고구려 벽화무덤의 주인공 문제에 대하여」, 『력사과학』 1987-4.
_____, 1988, 「고구려벽화무덤의 피장자에 관한 연구」, 『고고민속논문집』 11.
_____, 1988, 「고구려사신도무덤의 주인공문제에 대하여」, 『조선고고연구』 1988-1.

강현숙, 2006, 「중국 길림성 집안지역 고구려 왕릉의 구조에 대하여」, 『한국고대사연구』 41.
_____, 2008, 「전 동명왕릉과 진파리 고분군의 성격 검토」, 『호서고고학』 18.
_____, 2009, 「고구려 왕릉 복원시고 - 천추총, 태왕릉, 장군총을 중심으로」, 『고구려왕릉연구』.
공석구, 2008, 「집안지역 고구려 왕릉의 조영」, 『고구려발해연구』 31.
金貞培, 1977, 「安岳三號墳 論爭에 대하여」, 『古文化』 16.
金昌鎬, 1991, 「高句麗 太王陵의 主人公問題」, 『鄕土文化』 6, 향토문화연구회.
백승옥, 2006, 「광개토왕릉비의 성격과 장군총의 주인공」, 『한국고대사연구』 41.
여호규, 2006, 「집안지역 고구려 초대형 적석묘의 전개과정과 피장자문제」, 『한국고대사연구』 41.
이도학, 2008, 「집안지역 고구려 왕릉에 관한 신고찰」, 『고구려발해연구』 30.
이희준, 2006, 「태왕릉의 묘주는 누구인가」, 『한국고고학보』 59.
임기환, 2009, 「고구려의 장지명 왕호와 왕릉비정」, 『고구려왕릉연구』.
李丙燾, 1954, 「江西古墳壁畵의 연구-主로 大墓壁畵에 對한 연구」, 『東方學志』 1.
조법종, 2004, 「중국 집안 박물관 호태왕명문 방울」, 『한국고대사연구』 33.

모모자키 유스케, 2009, 「고구려 왕릉 출토 기와, 부장품으로 본 편년과 연대」, 『고구려왕릉연구』.
아즈마 우시오, 2009, 「고구려 왕릉과 능원제」, 『고구려왕릉연구』.
岡崎敬, 1964, 「安岳3號墳(冬壽墓)の硏究-その壁畵と墓誌銘 中心として」, 『史淵』 93.
東潮, 2006, 「高句麗王陵と巨大積石塚」, 『朝鮮學報』 199, 200合集.
李進熙, 1959, 「解放後, 朝鮮考古學の發展(續)-高句麗壁畵古墳の硏究」, 『考古學雜誌』 45-3.
田村晃一, 1984, 「高句麗積石塚の年代と被葬者をめぐる問題」, 『靑山史學』 8.
池內宏, 梅原末治, 1938, 『通溝』 上·下.

耿鐵華, 1986,「高句麗壁畵中的社會經濟」,『北方文物』1986-3.
方起東, 1980,「集安高句麗壁畵中的舞樂」,『文物』1980-7.

궁성희, 1990,「고구려 무덤들에 보이는 부뚜막에 대하여」,『조선고고연구』1990-1.
권기홍, 1995,「일본규슈지방 벽화계고분그림에 반영된 고구려적 성격에 대하여」,『조선고고연구』1995-3.
_____, 1997,「규슈지방 고분시대의 무덤에 반영된 고구려적 성격에 대하여」,『조선고고연구』1997-2.
김영숙, 1988,「고구려무덤벽화에 그려진 기둥과 두공장식에 대하여」,『조선고고연구』1988-4.
_____, 1988,「고구려무덤벽화의 구름무늬에 대하여」,『조선고고연구』1988-2.
_____, 1988,「고구려무덤벽화의 연꽃무늬에 대하여」,『조선고고연구』1988-3.
김종혁, 1985,「수산리벽화무덤과 다까마쯔무덤」,『역사과학』1985-2.
김청식, 1997,「무덤벽화를 통하여 본 고구려사람들의 상무적생활기풍」,『역사과학』1997-4.
김혜숙, 1993,「고구려무덤벽화의 수렵도에 반영된 사냥도구에 대하여」,『조선고고연구』1993-4.
_____, 1993,「고구려무덤벽화에 그려진 수렵도의 류형에 대하여」,『조선고고연구』1993-2.
_____, 1994,「고구려 벽화무덤에 그려진 수렵도의 특징」,『조선고고연구』1994-3.
라경식, 1990,「고구려 무덤벽화에 적용된 입체표현 수단」,『조선고고연구』1990-1.
_____, 1989,「고구려무덤벽화 구도에서 공간의 리용」,『조선고고연구』1989-4.
_____, 1990,「고구려무덤벽화에 적용된 립체적 표현수법」,『조선고고연구』1990-2.
리광희, 1991,「고구려시기 질그릇들에 그려진 장식무늬에 대하여」,『조선고고연구』1991-3.
_____, 2004,「고구려의 화살주머니에 대하여」,『조선고고연구』2004-3.
리영애, 2001,「고구려 벽화무늬의 류형과 형식」,『조선고고연구』2001-2.
_____, 2002,「고구려무덤벽화무늬도안화공정과 그에 쓰인 몇가지 수법」,『조선고고연구』2002-1.
리준걸, 1981,「28수를 다 그린 진파리 4호 무덤」,『력사과학』1981-3.
_____, 1981,「덕화리 2호무덤의 별그림에 대하여」,『력사과학』1981-1.
_____, 1983,「고구려 별그림의 특징」,『력사과학』1983-2.
_____, 1984,「고구려벽화무덤의 별그림에 관한연구」,『고고민속논문집』9.
_____, 1985,「고구려벽화무덤의 해와 달그림에 대하여」,『력사과학』1985-2.
_____, 1989,「고구려에서의 천문학의 발전」,『조선고고연구』1989-3.
리화선, 1989,「벽화두공을 통해 본 고구려건축물의 두공」,『조선고고연구』1989-3.
박준호, 1999,「고구려벽화무덤에 그려진 장방생활도의 류형과 변천」,『조선고고연구』1999-4.
박진욱, 1986,「고구려의 마구에 대하여」,『조선고고연구』1986-3.
박황식, 1965,「미천왕무덤(안악3호)의 건축구성에 대하여」,『고고민속』1965-1.
_____, 1992,「고구려무덤벽화에 그려진 행렬도의 류형과 변천에 대하여」,『조선고고연구』1992-3.

손수호, 1993, 「무덤벽화를 통해 본 고구려 행렬편성방법과 그 특징」, 『조선고고연구』1993-3.

_____, 1993, 「벽화무덤을 통하여 본 고구려 행렬의 등급」, 『조선고고연구』1993-1.

_____, 1994, 「벽화무덤의 행렬도를 통해 본 고구려 행렬의 특성」, 『조선고고연구』1994-2.

손수호·리영애, 2001, 「고구려무덤 벽화무늬의 변천과 그 특징」, 『조선고고연구』2001-3.

전주농, 1958, 「고구려시기의 무기와 무장(1)」, 『문화유산』1958-5.

_____, 1959, 「고구려시기의 무기와 무장(2)」, 『문화유산』1959-1.

주영헌, 1959, 「고구려 벽화고분의 편년 기준에 관하여」, 『문화유산』1959-6.

_____, 1959, 「약수리 고분을 통한 고구려 벽화고분의 연대에 관한 연구」, 『문화유산』1959-3.

_____, 1960, 「고구려벽화무덤의 구조형식과 벽화내용의 변화발전(I)」, 『문화유산』1960-2.

_____, 1960, 「고구려벽화무덤의 구조형식과 벽화내용의 변화발전(II)」, 『문화유산』1960-3.

_____, 1965, 「고구려 벽화무덤의 구조형식과 벽화내용의 변화발전(강좌)」, 『고고민속』1965-4.

주영헌·박진욱·정찬영, 1975, 「고구려 무덤벽화의 특징과 그 문화사적 의의」, 『고고민속론문집』6.

주재걸, 1983, 「고구려사람들의 예술활동에 관한 연구(음악, 무용을 중심으로)」, 『고고민속논문집』8.

_____, 1983, 「벽화무덤을 통하여 본 고구려의 교예」, 『력사과학』1983-2.

천석근, 1986, 「안악제3호무덤벽화의 복식에 대하여」, 『조선고고연구』1986-3.

_____, 1996, 「고국원왕릉벽화의 전각도에 대하여」, 『조선고고연구』1996-1.

_____, 2000, 「동암리무덤 벽화의 남자 머리쓰개에 대하여」, 『조선고고연구』2000-2.

최택선, 1987, 「고구려사신도무덤의 등급에 대하여」, 『조선고고연구』1987-3.

_____, 1988, 「고구려 인물풍속도 무덤과 인물풍속 및 사신도 무덤의 벼슬등급에 대하여」, 『력사과학』1988-1.

한인호, 1984, 「고구려건축의 력사적 위치」, 『고고민속논문집』9.

_____, 1993, 「고구려건축의 특성에 대하여」, 『조선고고연구』1993-3.

_____, 1988, 「고구려 벽화무덤의 사신도에 대하여」, 『조선고고연구』88-1.

한천섭, 1997, 「고구려 무덤건축에서 단위자의 리용정형에 대하여」, 『조선고고연구』1997-2.

_____, 1997, 「고구려벽화무덤의 건축조형적 특성에 대하여」, 『조선고고연구』1997-4.

_____, 2004, 「고구려무덤벽화무늬의 구성배열형식과 그 특징」, 『조선고고연구』2004-1.

강동진, 1973, 「高句麗文化와 아스카(飛鳥)文化」, 『建國大史學』3.

강현숙, 2000, 「中國 東北地方 石室封土壁畵墳의 地域的 特徵에 對하여」, 『韓國考古學報』43.

_____, 2002, 「고구려와 중국 요녕지방 위, 진대 석실벽화봉토분 비교고찰」, 『한국상고사학보36』.

_____, 2003, 「고구려 벽화분과 신라 영주지역 벽화분 비교고찰」, 『백산학보』67.

_____, 2003, 「신라 고분미술에서 보이는 고구려 영향에 대하여, 신라미술세계의 이해」, 『신라문화제학술논문집』24.

金年和, 1987, 「高句麗壁畵古墳에 보이는 墨書銘硏究」, 인하대학교 석사학위논문.

金廷鶴, 1973, 「古代三國文化가 日本에 미친 影響-아스카 古墳壁畵를 中心으로-」, 『韓日研究』2.

김원룡, 1959,「高句麗 古墳壁畵에 있어서의 佛敎的 要素」,『白性郁博士頌壽記念佛敎文化叢書』.
_____, 1960,「高句麗 古墳壁畵의 起源에 對한 연구」,『震壇學報』21.
안휘준, 1988,「조선고대회화의 특성과 의의(상)-삼국시대인물을 중심으로-」,『미술자료』41.
李丙燾, 1954,「江西古墳壁畵의 연구-主로 大墓壁畵에 對한 연구」,『東方學志』1.
李殷昌, 1985,「韓國 古代壁畵의 思想史的인 硏究」,『省谷論叢』16.
全虎兌, 1996,「고구려 고분벽화연구」, 서울대학교 박사학위논문.
_____, 1997,「고구려 감신총 벽화의 서왕모」,『한국고대사연구』11.
_____, 1992,「高句麗 古墳壁畵의 해와 달」,『美術資料』50호, 國立中央博物館.
최순우, 1981,「고구려 고분벽화인물도의 류형」,『고고미술』150.

東潮, 1988,『好太王碑と集安の壁畵古墳』.
_____, 1993,「遼東の高句麗壁畵 -墓主圖像の系譜-」,『朝鮮學報』第149輯.
中村潤子, 1987,「高句麗壁畵古墳と樂浪の故地」,『考古學과 地域文化』.

- 고분 유물연구 -

耿鐵華, 2001,「高句麗釉陶器的類型與分期」,『考古與文物』2001-3.
_____, 2005,「집안출토 권운문와당연구」,『고구려문화의 역사적 의미』, 고구려연구재단.
_____, 2007,「集安出土卷云紋瓦當研究」,『東北史地』2007-4.
耿鐵華·林至德, 1984,「集安高句麗陶器의 初步研究」,『文物』1984-1.
喬梁, 1999,「高句麗陶器的編年與分期」,『北方文物』1999-4.
董高, 1995,「公元3至6世紀慕容鮮卑高句麗朝鮮日本馬具之比較研究」,『文物』1995-10.
万雄飛·白宝玉, 2006,「朝陽老城北大街出土的3-6世紀蓮花文瓦當初探」,『東アジア考古論叢』.
孫仁杰, 1985,「高句麗出土金」,『博物館研究』1985-4.
袁生, 1983,「高句麗鎏金銅釘鞋」,『博物館研究』1983-1.
魏存成, 1991,「高句麗馬具的發見與研究」,『北方文物』1991-4.
_____, 2001,「고구려마구의 발전 주변민족및 지역과의 관계」,『고구려연구』12, 고구려연구회.
尹國有·耿鐵華, 2001,『高句麗瓦當研究』, 吉林人民出版社.
李樂瑩·滕紅梅, 2000,「古代高句麗印章的文化探析」,『高句麗歸屬問題研究』.
李殿福, 1984,「集安卷雲紋銘文瓦當考辨」,『社會科學戰線』84-4.
장설암, 2001,「집안시 발굴 고구려 허리띠꾸미개 연구」,『고구려 유적 발굴과 유물』, 제7회 고구려국제학술대회발표요지.
朱白謙, 2000,「三國兩晋南北朝燦爛的陶瓷器」,『中國陶瓷全集』.

궁성희, 1990,「고구려무덤들에 보이는 부뚜막에 대하여」,『조선고고연구』1990-1.
김영진, 1998,「도자기를 통하여 본 고구려와 발해의 계승관계에 대하여」,『조선고고연구』
        1998-4.

리광희, 1990, 「고구려무덤을 통하여 본 유약바른 질그릇의 발생시기에 대하여」, 『조선고고연구』1990-4.
_____, 1991, 「고구려시기 유약바른 질그릇의 변천」, 『조선고고연구』1991-1.
_____, 1991, 「고구려시기 질그릇들에 그려진 장식무늬에 대하여」, 『조선고고연구』1991-3.
_____, 2003, 「고구려의 금속제 관모와 관모장식에 대한 간단한 고찰」, 『조선고고연구』2003-2.
_____, 2004, 「고구려의 화살주머니에 대하여」, 『조선고고연구』2004-3.
_____, 1997, 「고구려의 태녕 연호에 대하여」, 『조선고고연구』1997-2.
리인동, 2001, 「고구려자의 크기기준에 대하여」, 『조선고고연구』2001-3.
리철영, 2005, 「고구려 자기에 대한 고찰」, 『조선고고연구』2004-2.
박진욱, 1986, 「고구려의 마구에 대하여」, 『조선고고연구』1986-3.
손수호, 1997, 「고구려의 개마에 대하여」, 『조선고고연구』1997-3.
윤광수, 2001, 「고구려암기와막새무늬의 류형과 변천」, 『조선고고연구』2001-4.
_____, 2004, 「고구려 기와의 종류와 형태」, 『조선고고연구』2004-4.
전주농, 1959, 「고구려시기의 무기와 무장(II)」, 『문화유산』1959-1.
최승택, 2006, 「유적, 유물을 통하여 본 4세기 고구려 남평양」, 『조선고고연구』2006-3.

강현숙, 2007, 「고구려 고분 출토 와당의 변천 연구」, 『한국고고학보』64.
_____, 2008, 「고분출토 갑주, 마구로 본 4, 5세기의 신라, 가야와 고구려」, 『신라문화제학술논집』.
_____, 2010, 「帶金具副葬 高句麗 古墳의 考古學的 含意」, 『한국고대사연구』.
권오영, 2004, 「晉式帶具의 남과 북, 가야, 그리고 왜와 북방」, 『제10회 가야사국제학술회의』, 김해시.
_____, 2006, 「중국 유물과 벽화를 통해 본 고구려의 관」, 『고고자료에서 찾은 고구려인의 삶과 문화』.
김길식, 2005, 「고구려의 무기체계의 변화」, 『한국고대의 Global Pride 고구려』, 고려대학교박물관, 서울특별시.
김대환, 1997, 「국립중앙박물관 소장 고구려 청동삼족정에 대한 소고」, 『고구려연구』3.
김성구, 2005, 「고구려의 기와와 전돌」, 『한국고대의 Global Pride고구려』, 고려대학교박물관, 서울특별시.
김재홍, 2005, 「고구려농업생산력의 발전-철제농기구의 분석을 중심으로」, 『북방사논총』8.
김희찬, 2006, 「고구려 연화문와당의 형식과 변천-구획선 연화문와당을 중심으로」, 『고구려연구』22.
_____, 2006, 「고구려 연화복합문와당의 형식과 그 특성」, 『고구려연구』23.
_____, 2008, 「고구려권운문와당연구」, 『고구려발해연구』31.
_____, 2009, 「고구려 귀면문와당의 형식과 변천」, 『고구려발해연구』34.
박순발, 1999, 「고구려토기의 형성에 대하여」, 『백제연구』29, 충남대학교백제연구소.
_____, 2005, 「鐎斗考」, 『東亞考古論壇』.
백종오, 2006, 『고구려 기와의 성립과 왕권』.

성정용, 2006, 「고구려의 갑주문화」, 『고고자료에서 찾은 고구려인의 삶과 문화』.
송계현, 2005, 「桓仁과 集安의 高句麗 甲冑」, 『北方史論叢』3.
심광주, 2005, 「남한지역출토 고구려 기와에 대한 연구」, 『한국기와연구의 회고와 전망』.
이한상, 1999, 「三國時代 耳飾과 帶金具의 分類와 編年」, 『三國時代 裝身具와 社會相』, 부산광역시립박물관복천분관.
＿＿＿, 2005, 「고구려장신구」, 『한국고대의 Global Pride 고구려』, 고려대학교박물관, 서울특별시.
＿＿＿, 2006, 「高句麗 金屬容器文化의 特色-七星山, 禹山下 銅器 分析을 中心으로」, 『고고자료에서 찾은 고구려인의 삶과 문화』.
최맹식, 2005, 「고구려 기와의 특징」, 『한국고대의 Global Pride 고구려』, 고려대학교박물관, 서울특별시.
최종택, 1999, 「고구려 토기연구」, 서울대학교박사학위논문.
＿＿＿, 2001, 「漢江 流域의 高句麗 遺蹟과 遺物」, 『고구려발해연구』12.
＿＿＿, 2006, 「남한지역 고구려 토기의 편년연구」, 『선사와 고대』24.
＿＿＿, 2006, 「집안 고구려 왕릉 출토 유물의 제문제」, 『한국고대사연구』41.
崔鍾澤·朴淳發·이희덕, 2001, 「高句麗土器 研究現況과 課題」, 『고구려발해연구』12.

諫早直人, 2008, 「三燕高句麗馬具からみた新羅馬具の年代」, 『第74回古墳時代研究會發表』.
谷豊信, 1989, 「四, 五世紀の高句麗の瓦に關する若干の考察-墳墓發見瓦中心」, 『東洋文化研究所紀要』第108.
東潮, 1988, 「高句麗文物に關する編年的一考察」, 『彊原考古學研究論集』10.

- 초기 적석총과 고구려 족원연구 -

梁志龍·王俊輝, 1994, 「遼寧桓仁出土青銅遺物墓葬及相關問題」, 『博物館研究2』.
王綿厚, 2007, 「試論桓仁"望江樓積石墓"與"卒本夫餘"-兼論高句麗起源和早期文化的內涵與分布」, 『2007中韓高句麗歷史研究學術討論會 發表論文』, 中國社會科學院中國邊境史地研究中心, 韓國東北亞歷史財團第二研究室.
王綿厚, 2005, 「再論遼東"二江"和"二河"上流青銅文化與高句麗起源」, 『高句麗與濊貊研究』, 哈爾濱出版社.
李健才, 1985, 「關于西團山文化族屬問題的探討」, 『社會科學戰線』1985-2.
李新全, 2008, 『高句麗早期遺存及起源研究』, 吉林大學博士學位論文.
＿＿＿, 2009, 「遼東地區積石墓的演變」, 『東北史地』2009-1.
華玉氷, 2008, 『中國東北地區石棚研究』.

강인숙, 1992, 『구려국에 대하여, 조선고대 및 중세 초기사연구』.
박진욱, 1992, 「구려와 초기고구려의 유적유물에 대하여」, 『조선고대 및 중세 초기사연구』.

이도학, 2007, 「고구려의 기원과 족원에 관한 제문제-고구려의 부여 출원에 관한 인식의 변천」, 『고구려연구』27.
정찬영, 1967, 「고구려초기 묘제의 유래」, 『고고민속』1967-4.
지병목, 2007, 「고구려의 기원과 족원에 관한 제문제-고구려기원의 고고학적 고찰」, 『고구려연구』27.

- 그 외 고분 연구 -

耿鐵華, 1993, 「高句麗積石墓葬具硏究」, 『高句麗硏究文集』.
万雄飛·白寶玉, 2006, 「朝陽龍城北大街出土的3-6世紀蓮花瓦當初探」, 『東アジア考古學論叢』.
楊弘, 1961, 「關于鐵甲鎧馬和馬鐙問題」, 『考古』1961-11.
劉未, 2008, 「高句丽石室墓的起源与发展阶段」, 『南方文物』2008-4.
李新全, 1996, 「三燕瓦當考」, 『遼海文物學刊』1996-1.
李英, 1997, 「四十年來我國高句麗硏究文獻計量學分析(1945-1990)」, 『高句麗歷史與文化研究』.
李殿福, 1982, 「高句麗考古學的回顧與展望」, 『遼海文物學刊』1982-2.
_____, 1986, 「兩漢時代的高句麗及其物質文化」, 『遼海文物學刊』1986-1.
李殿福·孫玉良, 1985, 「紀元5世紀前後高句麗的發展」, 『北方文物』1985-3.
張福有·孫仁杰·遲勇, 2009, 「5年間高句麗遺蹟調査與文化研究中的新收獲」, 『東北史地』2009-2.

김경삼, 1998, 「고구려초기의 수도형식에 대하여」, 『조선고고연구』1998-2.
_____, 2006, 「집안일대에서 드러난 고구려 제단시설」, 『조선고고연구』2006-2.
김순남, 2000, 「고구려의 초기 수도방위성체계」, 『조선고고연구』2000-3.
김영진, 1998, 「도자기를 통하여 본 고구려와 발해의 계승관계에 대하여」, 『조선고고연구』1998-4.
도유호, 1959, 「고구려석실봉토분의 유래와 서역문화의 영향」, 『문화유산』1959-4.
리광희, 1977, 「고구려의 태녕 연호에 대하여」, 『조선고고연구』1997-2.
_____, 1990, 「고구려무덤을 통하여 본 유약바른 질그릇의 발생시기에 대하여」, 『조선고고연구』1990-4.
_____, 1991, 「고구려시기 유약바른 질그릇의 변천」, 『조선고고연구』1991-1.
_____, 2000, 「동명왕릉 릉원형식의 대외적 영향」, 『조선고고연구』2000-3.
_____, 2003, 「고구려의 금속제 관모와 관모장식에 대한 간단한 고찰」, 『조선고고연구』2003-2.
리영식, 1993, 「집안부근 고구려무덤의 분포상의 특징에 대하여」, 『조선고고연구』1993-3.
_____, 1995, 「집안부군 고구려무덤떼를 통해 본 고구려 5부」, 『조선고고연구』1995-4.
_____, 2003, 「고구려돌각감무덤의 내부부장품매장시설들에 대하여」, 『조선고고연구』2003-4.
_____, 2003, 「고구려돌각담무덤의 내부천정시설에 대하여」, 『조선고고연구』2003-1.
_____, 2004, 「고구려무덤장구관련유물들에서 주목되는 몇가지 특징」, 『조선고고연구』2004-4.
_____, 2005, 「고구려돌각담무덤의 무덤무지보호시설에 대하여」, 『조선고고연구』2005-4.

리인동, 2001, 「고구려자의 크기기준에 대하여」, 『조선고고연구』2001-3.
박진욱, 1986, 「고구려의 마구에 대하여」, 『조선고고연구』1986-3.
백기하, 1980, 「고구려무덤에서 드러난 사람의 뼈에 대하여」, 『력사과학』80-2.
손수호, 1997, 「고구려의 개마에 대하여」, 『조선고고연구』1997-3.
_____, 1997, 「상왕가촌벽화무덤의 성격에 대하여」, 『조선고고연구』1997-2.
_____, 1998, 「고구려돌각담무덤의 분포상 특징」, 『조선고고연구』1998-3.
_____, 2000, 「고구려돌각담무덤의 등급과 관련한 몇가지 문제」, 『조선고고연구』2000-3.
안상규, 2001, 「왕건왕릉에 반영된 고구려돌칸흙무덤의 전통」, 『조선고고연구』2001-2.
장상렬, 1998, 「발해 상경룡천부에 표현된 도시계획방법과 그 고구려적 성격」, 『조선고고연구』1998-2.
_____, 1998, 「발해의 수고 상경룡천부와 고구려의 수도 평양성의 계승관계에 대하여」, 『조선고고연구』1998-4.
장철만, 1998, 「발해무덤의 고구려적 성격에 대하여」, 『조선고고연구』1998-4.
정백운, 1957, 「조선고대무덤에 관한 연구(I)」, 『문화유산』1957-2.
_____, 1957, 「조선고대무덤에 관한 연구(II)」, 『문화유산』1975-3.
_____, 1957, 「조선고대무덤에 대한 연구 Ⅰ·Ⅱ」, 『문화유산』1957-2·3.
전주농, 1959, 「고구려시기의 무기와 무장(II)」, 『문화유산』1959-1.
정찬영, 1961, 「고구려적석총에 관하여」, 『문화유산』1961-5.
_____, 1967, 「고구려초기묘제의 유래」, 『고고민속』1967-4.
_____, 1973, 「기원4세기까지 고구려묘제에 관한 연구」, 『고고민속논문집』5.
주영헌, 1962, 「고구려 적석무덤에 관한 연구」, 『문화유산』1962-2.
채희국, 1957, 「평양부근에 있는 고구려시기의 무덤들」, 『문화유산』1957-6.
_____, 1959, 「고구려석실봉토분의 기원에 관하여」, 『문화유산』1959-3.
최승택, 2000, 「고구려남부 부수도의 위성방어체계」, 『조선고고연구』200-4.
_____, 2006, 「유적, 유물을 통하여 본 4세기 고구려 남평양」, 『조선고고연구』2006-3.
한문덕, 1998, 「고구려단청의 류형에 대하여」, 『조선고고연구』1998-2.
한인덕, 1986, 「평양일대벽돌무덤의 구조형식과 그 변천」, 『조선고고연구』1986-2.
_____, 1989, 「평양일대 벽돌칸무덤은 귀틀무덤의 계승」, 『조선고고연구』1989-1.
_____, 1990, 「평양일대 벽돌칸무덤에 관한 연구」, 『고고민속논문집』12.
한인호, 1998, 「안학궁부근의 고구려 수도 도시면모에 대한 복원」, 『조선고고연구』1998-2.
한천섭, 1999, 「무덤을 통하여 본 고구려의 돌가공과 리용에서의 우수성」, 『조선고고연구』1999-2.

강현숙, 2000, 「고구려 초대형 석실적석총 피장자의 사회적 성격에 대하여」, 『고고미술사론』7호, 충북대학교 고고미술사학과.
_____, 2000, 「석곽적석총을 통해 본 고구려 5부」, 『난곡이은순교수 정년기념사학논문집』.
_____, 2001, 「고분을 통해 본 4-5세기 고구려의 집권체제」, 『한국고대사연구』24.

강현숙, 2001,「고분을 통해 본 4-5세기대 고구려의 지배구조」,『한국고대사학회 하계합동토론회』.

＿＿＿, 2001,「石槨積石塚을 通해 본 高句麗의 中央과 地方」,『東北亞區域多邊關係合作與發展學術硏討會論文集』.

＿＿＿, 2001,「중국 요녕지방 석실벽화분 구조 검토」,『중국 요녕지역의 고대문화』, 중국 요녕지역 벽화와 문물특별전 기념 국제학술회의 발표논문, 서울대학교 박물관.

＿＿＿, 2002,「고구려 고총의 등장과 정치발전」,『동아시아대형고분의 출현과 사회변동』.

＿＿＿, 2003,「고고학에서 본 4, 5세기대 고구려와 가야의 성장」,『가야와 광개토대왕』, 가야사국제학술회의.

＿＿＿, 2003,「고구려 고분 구조」,『고구려 고고학의 제문제』, 제27회 한국고고학전국대회.

＿＿＿, 2004,「고구려 고분 구조특징」,『고구려 역사와 문화유산』, 한국고대사학회, 서울시정개발연구원.

＿＿＿, 2004,「중국 감숙성의 4, 5세기 벽화분과 고구려 벽화분의 비교고찰」,『한국고대사연구』35.

＿＿＿, 2005,「고구려와 중국 북방의 4, 5세기 벽화분 비교」,『고구려연구재단연구총서』6.

＿＿＿, 2006,「고구려 고분에서 보이는 중국 삼연 요소의 전개과정에 대하여」,『한국상고사학보』51.

＿＿＿, 2008,『4-6세기 고구려 고분의 변천과 왕권』, 경인문화사.

＿＿＿, 2008,『New Perspectives of Koguryo Archaeological Data, Early Korea, Harvard Univ』.

＿＿＿, 2008,「전 동명왕릉과 진파리고분군의 성격 검토」,『호서고고학보』18.

＿＿＿, 2009,「고구려 고지의 발해고분 – 중국 요령지방 석실분을 중심으로」,『한국고고학보』72.

＿＿＿, 2010,「中國 吉林省 集安 東台子遺蹟 再考」,『한국고고학보』75.

＿＿＿, 2012,「고구려적석총의 입지와 존재양태의 의미」,『한국고대사연구』66.

권오영, 2009,「고구려 횡혈식석실분의 매장프로세스」,『횡혈식석실분의 수용과 고구려 사회의 변화』.

金秉模, 1978,「抹角藻井의 性格에 대한 對檢討」,『歷史學報』80.

金興坤, 1981,「高句麗 墳墓와 百濟墳墓의 內部空間比例에 關한 比較研究」,『湖南文化研究』1집, 忠北大 湖西文化研究所.

안신원, 2010,「최근 한강이남에서 발견된 고구려계 고분」,『고구려발해연구』36.

이성미, 1990,「壁畵古墳」,『북한문화유산 II』, 고려원.

李亨求, 1993,「고구려와 백제의 문화적 관계」,『백제사의 비교연구』, 충남대학교 백제연구소.

지병목, 1997,「요동반도와 합록강 중하류지역 적석총의 관계-고구려적석총의 기원에 관한 시론」,『사학연구』53.

최종택, 2001,「南韓地域의 高句麗 遺蹟과 遺物」,『고구려발해연구』12.

東潮, 1988,「高句麗文物に關する編年的一考察」,『彊原考古學研究論集』10.

＿＿＿, 1993,「朝鮮三國時代における横穴式石室墳の出現と展開」,『國立歷史民俗博物館研究報告』49.

緒方泉, 1985, 「高句麗古墳群に 關する 一試考」, 『古代文化』37.
李進熙, 1959, 「解放後, 朝鮮考古學の發展(續)-高句麗壁畵古墳の研究」, 『考古學雜誌』45-3.

- 기타 -

강현숙, 2001, 「1-3세기대 한강유역 묘제에 대한 일고찰-적석묘를 중심으로」, 『동아시아 1-3세기의 주거와 고분, 문화재연구소 국제학술대회발표논문』10집, 국립문화재연구소.
金羨珉, 2007, 「兩漢 이후 皇帝短喪制의 확립과 官人三年服喪의 入律」, 『동양사학연구』98.
김성태, 2002, 「백제적석총의 역사고고학적 성격과 그 의미」, 『기전고고2호』.
박순발, 2001, 『한성백제의 탄생』.
송기호, 2007, 『동아시아의 역사분쟁』, 솔.
王承禮, 1979, 「敦化六頂山渤海墓淸理發掘記」, 『社會科學戰線』1979-3.
이선복, 1988, 『고고학개론』, 이론과 실천.
이해련, 2003, 「우리나라 출토 銅鍑에 대하여」, 『박물관연구논집』10, 부산박물관.
임영진, 1995, 『백제한성시기고분연구』, 서울대박사학위논문.
정인성·사오토메 마사히로, 2008, 『일본 소재 고구려유물Ⅰ-일제강점기고구려유적조사 재검토와 관동지역 소재 고구려유물1』, 동북아역사재단.
정인성·요시이 히데오·최영희, 2009, 『일본소재 고구려 유물Ⅱ-일제 강점기 고구려 유적조사 재검토와 고나서지역 소재 고구려유물1』, 동북아역사재단.
최몽룡·권오영, 1985, 「고고학적 자료를 통해 본 백제 초기의 영역고찰」, 『천관우선생 환력기념 한국사학논총』.
洪承賢, 2006, 「後漢末'舊君'개념의 재등장과 魏晉時期 喪服禮-禮學의 효용성을 중심으로-」, 『동양사학연구』94.

중국고분과 비교

::: 漢代 墓制

嘉峪關市文物淸里小組, 1972, 「嘉峪關漢畵像塼墓」, 『文物』1972-12.
嘉興地區文物管理委員會·海寧縣博物館, 1983, 「浙江海寧東漢畵像石墓 發掘簡報」, 『文物』1983-5.
葛治功, 1961, 「徐州市黃山 龍發現漢代壁畵的石槨墓」, 『文物』1961-1.
江蘇省文物管理委員, 1964, 「徐州銅山五座漢墓淸理簡報」, 『考古』1964-10.
郭末若, 1964, 「洛陽漢墓壁畵試案」, 『考古學報』1964-2.
廣西壯族自治區博物館, 1988, 『廣西貴縣羅泊灣漢墓』.

廣州市文物管理委員會·廣州市博物館, 1981,『廣州漢墓』.

金維諾, 1974,「和林格爾東漢壁畫墓年代的探索」,『文物』1974-1.

吉林省文物工作隊·長春市文管會·楡林縣博物館, 1985,「吉林楡樹老河深鮮卑墓群部分墓葬發掘簡報」,『文物』1985-2.

洛陽區考古發掘隊, 1959,『洛陽燒溝漢墓』.

南京博物館, 1957,「昌利水庫漢墓群發掘簡報」,『文物』1957-12.

_____, 1960,「徐州賈汪古墓清理簡報」,『考古』1960-3.

_____, 1981,「徐州青山泉白集東漢畫像石墓」,『考古』1981-2.

南陽博物館, 1982,「河南南陽漢畫像石墓」,『考古與文物』1982-1.

內蒙古文物工作隊·內蒙古博物館, 1974,「和林格爾發現一座重要的東漢壁畫墓」,『文物』1974-1.

大保台漢墓發掘組·中國社會科學院考古研究所, 1989,『北京大保台漢墓』.

馬春鄉, 1959,「亳縣城父區漢畫像石墓'一女墓'」,『文物』1959-11.

北京歷史博物館·河北文物管理委員會, 1955,『望都漢墓壁畫』.

憑漢驥, 1961,「四川的畫像塼墓及畫像塼」,『文物』1961-2.

四川省文物管理委員會, 1956,「四川新繁清白鄉東漢畫像塼墓清理簡報」,『文物參考資料』1956-6.

山東省文物考古研究所, 1980,「試論山東漢畫像石的分布, 刻法與分期」,『考古與文物』1980-4.

山東省博物館, 1963,「勝縣柴湖店漢墓」,『考古』1963-8.

山西文物管理委員會, 1959,「平陸棗園村壁畫漢墓」,『考古』1959-9.

常任俠, 1973,「河南新出土漢代畫像石刻試論」,『文物』1973-7.

陝西涇水隊, 1961,「分 縣雅店村清理一座東漢墓」,『文物』1961-1.

陝西茂陵博物館·咸陽地區文物管理委員會, 1982,「陝西咸陽茂陵西漢空心塼墓」,『文物資料叢刊』1982-6.

陝西省考古研究所編, 2001,『漢陽陵』, 重慶出版社.

安金槐, 1954,「鄭州二里岡空心塼墓介紹」,『文物參考資料』1954-6.

安徽省文物管理委員會, 1959,「定遠縣 覇王 漢畫像石墓」,『文物』1959-12.

安徽省博物館, 1956,「合肥西郊烏龜榔古墓清理簡報」,『文物』1956-6.

與長·儒林·菊超, 1956,「南陽漢代畫像石墓」,『文物』1956-12.

閻崇東, 2007,『西漢帝陵』, 中國青年出版社.

旅順博物館, 1934,『營城子』.

營城子漢代壁畫墓, 1978,『旅大鄉土歷史教材資料』1978-2, 3.

吳仲實·胡秀盧, 1954,「四川宜濱發現漢墓」,『文物參考資料』1954-12.

吳曾德, 1984,『漢代畫像石』.

王德慶, 1956,「江蘇丕縣白山的漢畫像石墓和遺址」,『考古通信』1956-11.

王僧進, 1960,「遼陽市棒台子二號壁畫墓」,『考古』1960-1.

_____, 1960,「遼陽縣南雪梅村壁畫及石墓」,『考古』1960-1.

王仲殊, 1954,「空心塼漢墓」,『文物參考資料』1954-1.

王仲殊, 1984, 『漢代考古學槪說』.

王褒祥, 1964, 「河南新野出土漢代畵像塼」, 『考古』 1964-2.

王獻唐, 1953, 「徐州市區的茅村漢墓群」, 『文物參考資料』 1953-1.

姚監, 1954, 「望都縣漢墓的墓室和壁畵」, 『文物參考資料』 1954-12.

雲南省文物工作隊, 1960, 「昭通畵像石棺」, 『文物』 1960-6.

劉東亞, 1958, 「鄭州南關外東漢墓的發掘」, 『考古通信』 1958-2.

劉永信, 1983, 「永城漢畵像石刻槪述」, 『中原文物』 1983-特刊.

劉興長, 1957, 「南陽市積極收集漢代畵刻石墓」, 『文物』 1957-9.

李宏, 1983, 「南陽漢代畵像石刻美學風格初探」, 『中原文物』 1983-特刊.

李文信, 1955, 「遼陽發見的三座壁畵古墓」, 『文物參考資料』 1955-5.

李發林, 1965, 「略談漢畵像石的彫刻技法及其分期」, 『考古』 1965-4.

李元魁·毛在善, 1960, 「隨縣唐鎭發現東漢石室墓」, 『文物』 1960-1.

莊東明, 1955, 「山東 縣城南有帶彫刻及壁畵的古墓」, 『文物參考資料』 1955-4.

張明川, 1979, 「酒泉丁家閘古墓壁畵藝術」, 『文物』 1979-6.

趙世綱, 1957, 「浙川縣見到的幾種漢代花文塼」, 『文物』 1957-7.

趙希明·劉歸德, 1955, 「四川宜濱市郊發現東漢塼墓九座」, 『文物參考資料』 1955-10.

周到·呂品, 1982, 「南陽漢畵像石簡論」, 『中原文物』 1982-2.

曾昭·蔣寶康·黎忠義, 1956, 『沂南古畵像石墓發掘報告』.

陳小豊·宮大中, 1977, 「洛陽西漢卜千秋墓壁畵藝術」, 『文物』 1977-6.

祝仲鈴, 1983, 「密縣漢畵像藝術的美學思想與美學風格」, 『中原文物』 1983-特刊.

河南文物工作隊, 1963, 「南陽楊官寺漢代畵像石墓發掘報告」, 『考古學報』 1963-11.

河南省文物工作隊, 1957, 「禹縣石沙漢墓發掘報告」, 『考古學報』 1957-1.

_____, 1958, 「南陽漢代石刻墓」, 『文物參考資料』 1958-10.

河南省文化局文物工作隊, 1960, 「鄭州南關159號漢墓的發掘」, 『文物』 1960-8, 9.

_____, 1960, 「河南密縣打虎亭發見大形漢代壁畵墓和 畵像石墓」, 『文物』 1960-4.

_____, 1963, 「鄭州二里岡漢畵空心塼墓」, 『考古』 1963-11.

_____, 1964, 「河南省茨漢畵像石墓」, 『考古學報』 1964-1.

_____, 1966, 「河南南陽市發見漢墓」, 『考古』 1966-2.

湖南省博物館·中國科學院考古硏究所, 1974, 「馬王堆二, 三號墓發掘簡報」, 『文物』 1974-7.

華東文物工作隊山東組, 1954, 「山東沂南漢畵像石墓」, 『文物參考資料』 1954-8.

黃明蘭, 1983, 「洛陽西漢畵像空心塼槪述」, 『中原文物』 1983-特刊.

黃盛 章, 1974, 「和林格爾東漢墓壁畵與歷史地理問題」, 『文物』 1974-1.

關東廳博物館, 1933, 『營城子 前牧城驛附近の漢代壁畵甎墓』.

岡村秀典, 2003, 「後漢代大型墓の構造と規格」, 『立命館大學考古學論集』 Ⅲ-2.

魏, 晉 南北朝 墓制

甘肅省博物館, 1979, 「酒泉, 嘉峪關晉墓的發掘」, 『文物』1979-6.

_____, 1979, 「酒泉, 嘉峪關晉墓的發掘」, 『文物』1979-6.

甘肅省博物館·嘉峪關市文物保管所, 1974, 「嘉峪關魏晉墓室壁畵的題材和藝術」, 『文物』1974-9.

考古硏究所洛陽發掘隊, 1959, 「洛陽西郊晉墓的發掘」, 『考古』1959-1.

固原縣文化館, 1984, 「寧夏固原北魏墓淸理簡報」, 『文物』1984-6.

祁海寧·華國榮·張金喜, 1998, 「江蘇南京市富貴山六朝墓地發掘簡報」, 『考古』1998-8.

羅宗眞, 1957, 「江蘇宜興晉墓發掘報告」, 『考古學報』1957-4.

_____, 1963, 「南京西橋油坊村南朝大墓」, 『考古』1963-6.

洛陽博物館, 1980, 「洛陽北魏石棺」, 『考古』1980-3.

南京博物館, 1977, 「江蘇宜興晉墓的第2次發掘」, 『考古』1977-2.

_____, 1980, 「南京郊外兩座南朝墓淸理簡報」, 『文物』1980-2.

南京市文物保管委員會, 1965, 「南京人台山東晉興之夫婦墓發掘報告」, 『文物』1965-6.

党壽山, 1995, 「甘肅武威磨嘴子發現一座東漢壁畵墓」, 『考古』1995-11.

敦煌文物硏究所考古組, 1974, 「敦煌晉墓」, 『考古』1974-3.

東北博物館, 1955, 「遼陽三道壕兩座壁畵墓的淸理簡報」, 『文物參攷資料』1955-12.

黎瑤渤, 1973, 「遼陽北票縣西官營子北燕憑素弗墓」, 『文物』1973-3.

劉萱堂, 1997, 「中國集安高句麗壁畵墓와 遼東·遼西漢魏晉壁畵墓의 比較硏究」, 『高句麗硏究』4.

璞石, 1994, 「遼寧朝陽袁台子北燕墓」, 『文物』1994-11.

北京市文物工作隊, 1964, 「北京西郊發現兩座西晉墓」, 『考古』1964-4.

_____, 1965, 「北京西郊王浚妻華芳墓淸理簡報」, 『文物』1965-12.

_____, 1983, 「北京市順義大營村西晉發現墓葬發掘簡報」, 『文物』1983-10.

山東省文物考古硏究所, 臨沂市文化局, 2005, 「山東臨沂洗硯池晉墓」, 『文物』2005-7.

徐基·孫國平, 1985, 「遼寧朝陽發現北燕北魏墓」, 『考古』1985-10.

石景山文物管理所, 2001, 「北京市石景山區八角村魏晉墓」, 『文物』2001-4.

孫國平·李智, 1994, 「遼寧北票倉粮窖鮮卑墓」, 『文物』1994-11.

孫守道, 1989, 「論遼南漢魏晉墓葬制之發展演變」, 『遼海文物學刊』1989-1.

新疆博物館考古隊, 1978, 「吐魯磻哈剌和卓古墓群發掘簡報」, 『文物』1978-6.

新疆維吾 自治區博物館, 1960, 「新疆吐魯磻阿斯塔那北區墓葬發掘簡報」, 『文物』1960-6.

_____, 1975, 「1973년 吐魯磻阿斯塔那古墓發掘簡報」, 『文物』1975-7.

沈仲常, 1955, 「城都揚子山的晉代塼墓」, 『文物參考資料』1955-7.

黎瑤渤, 1973, 「遼寧北票西官營子北燕馮素弗墓」, 『文物』1973-3.

王增新, 1960, 「遼寧遼陽縣南雪梅村壁畵墓及石墓」, 『考古』1960-1.

_____, 1960, 「遼陽市捧台子二號壁畵墓」, 『考古』1960-1.

外文出版社, 1974, 『漢唐壁畵』.

遼寧省文物考古硏究所, 2002, 『三燕文物精粹』, 遼寧人民出版社.

遼寧省文物考古研究所·朝陽市博物館, 1997,「朝陽王子墳山墓群1987, 1990年度考古發掘的主要收穫」,『文物』1997-11.

遼寧省博物館, 1984,「遼寧本溪晉墓」,『考古』1984-8.

遼寧省博物館文物隊 朝陽市博物館 朝陽縣文物管理所, 1997,「遼寧朝陽田草溝晉墓」,『文物』1997-11.

遼寧省博物館文物隊 朝陽市博物館, 1995,「朝陽市發見幾座北魏墓」,『遼海文物學刊』1995-1.

_____, 1997,「朝陽王子墳山墓群1987, 1990年度考古發掘的主要收穫」,『文物』1997-11.

遼寧省博物館文物隊·朝陽地區博物館文物隊·朝陽縣文化館, 1984,「朝陽袁台子東晉壁畫墓」,『文物』1984-6.

遼陽博物館, 1990,「遼陽市三道壕西晉墓清理簡報」,『考古』1990-4.

遼陽市文物管理所, 1980,「遼陽發見三座壁畫墓」,『考古』1980-1.

_____, 1980,「遼陽發現三座壁畫墓」,『考古』1980-1.

劉謙, 1990,「錦州北魏墓清理簡報」,『考古』1990-5.

劉森淼, 1994,「湖北漢陽出土的晉代鎏金銅帶具」,『考古』1994-10.

劉中澄, 1987,「關于朝陽袁台子晉墓壁畫的初步研究」,『遼海文物學刊』1987-1.

尹煥章, 1955,「南京鄧府山古殘墓二次至四次清理簡介」,『文物參考資料』1955-1.

李慶發, 1959,「遼陽上王家村晉代壁畫墓清理簡報」,『文物』1959-7.

李文信, 1955,「遼陽發見的三座壁畫古墳」,『文物參攷資料』1955-5.

李宇峰, 1986,「遼寧朝陽兩晉十六國時期墓葬清理簡報」,『北方文物』1986-1.

李蔚然, 1959,「南京老虎山晉墓」,『考古』1959-6.

李宗道, 1958,「洛陽16工區曹魏墓清理」,『考古通信』1957-7.

張小舟, 1987,「北方地區魏晉十六國墓葬的時期區分與分期」,『考古學報』1987-1.

張靜安, 1958,「河南安陽大司空村六朝墓的清理」,『考古通信』1958-7.

渚城縣博物館, 1985,「山東省渚城縣西晉墓清理簡報」,『考古』1985-12.

田立坤, 1991,「三燕文化遺存的初步研究」,『遼海文物學刊』1991-1.

_____, 1994,「朝陽前燕奉車都尉墓」,『文物』1994-11.

_____, 2000,「三燕文化墓葬類型與分期」,『漢唐之間文化互動餘交融國際學術研討會論文網編』.

_____, 2001,「袁台子壁畫墓再認識」,『요녕지역의 고대문화』.

田立坤·李智, 1994,「朝陽發現的三燕遺物及相關問題」,『文物』1994-11.

鄭明等, 1964,「沈陽伯官屯漢魏墓葬」,『考古』1964-1.

鄭岩, 2002,『魏晉南北朝壁畫墓研究』, 文物出版社.

鳥恩, 1990,「試論漢代匈奴與鮮卑遺蹟的區別」,『中國考古東北集成』東北卷9.

朱白謙, 2000,「三國兩晋南北朝燦爛的陶瓷器」,『中國陶瓷全集』.

周陽生, 1993,「沈陽陳相屯魏晉石槨墓清理」,『遼海文物學刊』1993-1.

中國社會科學院考古研究所安陽工作隊, 1983,「安陽孝民屯晉墓發掘報告」,『考古』1983-6.

中華五千年文化系列編輯工作委員會, 2000,『魏晉南北朝文化』.

陳嘉祥, 1956,「河南酒村發現古墓」,『考古通信』1956-6.

鎭江市博物館, 1973,「鎭江東晉畫像塼墓」,『文物』1973-4.

陳大爲, 1960,「遼寧北票房身村晉墓發掘簡報」,『考古』1960-1.

_____, 1990,「朝陽縣溝門子晉壁畫墓, 遼海文物學刊1990-2津馬崗晉墓的清理」,『考古通信』1958-1.

陳文亮, 1958,「河南延陳大爲·李宇峰, 1982,「遼寧朝陽後燕崔遹墓的發現」,『考古』1982-3.

青海省文物管理處考古隊, 1979,「青海大通上孫家寨的匈奴墓」,『文物』1979-4.

湯池, 1989,「漢魏晉南北朝的墓室壁畫」,『中國美術全集』繪畫編12(墓室壁畫).

馮普仁, 1985,「南北朝墓葬的類形與分期」,『考古』1985-3.

馮永謙 外, 1985,「遼陽舊城東門里東漢壁畫墓發掘報告」,『文物』1985-6.

河南省文化局文物工作隊, 1957,「洛陽晉墓的發掘」,『考古學報』1957-1.

_____, 1957,「河南鄭州晉墓發掘記」,『考古通信』1957-1.

_____, 1963,「河南南陽東晉墓」,『考古』1963-1.

河南省文化局文物工作隊第二大隊, 1957,「洛陽西晉墓的發掘」,『考古學報』1957-1.

夏鼐, 1972,「晉周處墓出土金屬帶飾的重新鑒定」,『考古』1972-4.

河北省 州地區文化館, 1984,「河北省吳 四座北朝墓葬」,『文物』1984-9.

河北省文物研究所, 1990,『河北安平縣東漢壁畫墓』.

_____, 2000,『河北古代墓葬壁畫』.

許明綱, 1959,「旅大市營城子古墓清理」,『考古』1959-6.

湖南省博物館, 1959,「長沙兩晉南朝隋墓發掘報告」,『考古學報』1959-3.

黃佩賢, 2008,『漢代墓室壁畫研究』, 文物出版社.

朴漢濟, 1993,『中國中世胡漢體制研究』.

서울대박물관, 2001,『중국요녕지역의 벽화와 문물특별전 2000년전의 우리 이웃』.

지배선, 1998,『中世中國史硏究: 慕容燕과 北燕史』.

加藤修, 1982,「韓末-魏晉代의 多室墓性格」,『考古學論考』.

京都大學人文科學硏究所, 1976,『漢代文物』.

東潮, 1993,「遼東と高句麗壁畫-墓主圖像の系譜」,『朝鮮學報』149.

上居淑子, 1986,『古代中國 畫像石』.

八木奬三郞, 1921,「遼陽發現壁畫古墓」,『東洋學報』11卷 1號.

_____, 1924,「最近發見にかかる遼陽漢代壁畫古墳」,『國華』54卷 10號.

신라고분과 비교

∷발굴보고서

경희대학교박물관, 1974, 『慶州仁王洞(19, 20號)古墳發掘調查報告』.
국립경주문화재연구소, 2011, 『경주금관총발굴조사보고서』.
국립경주박물관, 2010, 『경주 계림로14호묘』.
_____, 2011, 『경주 보문동합장분』.
國立博物館, 1948, 『壺衿塚과 銀鈴塚』.
_____, 1955, 『慶州路西洞 雙床塚, 馬塚, 138號墳調查報告』.
_____, 1962, 『義城塔里古墳』.
_____, 1964, 『皇吾里4, 5號墳, 皇南里破壞古墳發掘調查報告』.
文化財管理局·慶州史蹟管理事務所, 1974, 『慶州地區古墳發掘調查報告書』1輯.
文化財管理局·慶州史蹟管理事務所경, 1980, 『慶州地區古墳發掘調查報告書』2輯.
文化財管理局, 1969, 『慶州 皇吾里 第1, 33號, 皇南里第151號墳發掘調查報告』.
_____, 1974, 『天馬塚』.
_____, 1975, 『慶州地區古墳發掘調查報告書』1册.
_____, 1985, 『皇南大塚(北墳)』.
_____, 1994, 『皇南大塚(南墳)』.

濱田靑陵, 1932, 『慶州の金冠塚』.
小泉顯夫, 1986, 『朝鮮古代遺跡遍歷』.
朝鮮總督府, 1916, 『朝鮮古蹟圖譜』三.
_____, 1922, 『大正七年度古蹟調查報告』.
_____, 1924, 『慶州金冠塚と其遺寶』.
_____, 1932, 『慶州 金鈴塚飾履塚發掘調查報告』, 大正十一年度古蹟調查略報告.
_____, 1935, 『昭和六年度古蹟發掘報告』第1册.
_____, 1936, 『昭和七年度古蹟發掘報告』.
_____, 1937, 『昭和九年度古蹟發掘報告』第1册.

∷발굴보고문

慶北大博物館, 1967, 「慶州 皇吾里 古墳發掘調查槪要」, 『考古美術』88.
구자봉, 2007, 「경주인왕동고분군의 목곽묘 출토 토기소개」, 『한국고대의 고고와 역사』.
金元龍, 1969, 「皇吾里第1號墳」, 『慶州 皇吾里 第1, 33號, 皇南里第151號墳發掘調查報告』.
金在元, 1960, 「慶州金鐵器古墳發掘調查略報」, 『美術資料』1.

동국대학교 경주캠퍼스박물관, 1999, 『경주 황오동100번지 고분군(현장설명회자료집)』.
李銀昌, 1978, 「慶州仁王洞古墳發掘調査」, 『韓國考古學年報』5, 서울大學校博物館.
秦弘燮, 1960, 「慶州 皇吾里 古墳調査略報」, 『美術資料』2.
_____, 1965, 「慶州 皇吾里 古墳整理調査槪要」, 『考古美術』61.
_____, 1966, 「慶州 皇吾里 皇南里古墳發掘槪報」, 『美術資料』11.
_____, 1967, 「慶州 皇吾里 古墳發掘調査槪要」, 『考古美術』85.
韓炳三, 1973, 「慶州鷄林古墳發掘調査」, 『博物館新聞』29호.

今西龍, 1906, 「新羅舊都慶州附近の古墳」, 『歷史地理11卷1號』.
_____, 1908, 「慶州に於おける新羅墳墓び及其遺物に就いて」, 『東京人類學會雜誌』269.
小泉顯夫, 1927, 「慶州の瑞鳳塚發掘」, 『史學雜誌』38-1.
有光敎一・藤井和夫編, 2000, 「慶州皇吾洞26號墳發掘調査報告」, 『朝鮮古蹟硏究會遺稿I』, 東洋文庫.
穴澤和光・馬木順一, 2007, 「慶州瑞鳳塚の調査 –梅原考古資料と小泉顯夫の回想とづく發掘狀況再現と考察」, 『鄭永和敎授停年退任紀念天馬考古學論叢』.

:::저서

國立慶州文化財硏究所, 2000, 『皇南大塚의 諸照明』.
국립경주문화재연구소·경주시, 2007, 『신라기초학술조사연구』.
_____, 2011, 『신라고분정밀측량 및 분포조사연구보고서』.
_____, 2011, 『일제강점기 신라고분 발굴조사 관련자료집』.
국립경주박물관, 1966, 『신라인의 무덤』.
_____, 2001, 『新羅黃金』.
국립경주박물관·경주시, 2008, 『新羅文化와 서아시아문화』.
國立文化財硏究所, 2002, 『동아시아 대형고분의 출현과 사회변동』.
국립중앙박물관, 2006, 『호우총, 은령총』발굴60주년 기념심포지움.
_____, 2010, 『皇南大塚』.
金龍星, 1998, 『新羅의 高塚과 地域集團-대구, 경산의 예』.
_____, 2008, 『신라왕도의 고총과 그 주변』.
金元龍, 1960, 『新羅 土器의 硏究』.
김대환, 2001, 「영남지역 적석목곽묘에 대한 연구」, 영남대학교석사학위논문.
박보현, 1995, 「위세품으로 본 고신라사회의 구조」, 경북대학교 박사학위논문.
부산시립박물관 복천분관, 1999, 『삼국시대 장신구와 사회상』.
손호성, 2009, 「고분유물을 통해 본 신라의 대외교류」, 영남대학교 석사학위논문.
이성주, 1999, 『신라, 가야 사회의 기원과 성장』, 학연문화사.

이희준, 2007, 『신라고고학연구』.
朱甫敦, 1998, 『新羅 地方統治體制의 整備過程과 村落』.
崔秉鉉, 1998, 『新羅古墳研究』.
한국고고학회, 1996, 「신라고고학의 제문제」, 제20회 한국고고학전국대회.
한국문화재조사기관협회, 2011, 『신라형성기의 유적』.
홍보식, 2003, 『신라 후기 고분문화연구』.

:::연구논문

姜仁求, 1981, 「新羅積石封土墳의 구조와 계통」, 『韓國史論』7.
강현숙, 2003, 「고고학에서 본 4, 5세기 고구려와 가야의 성장」, 『가야와 광개토대왕』, 김해시.
_____, 2003, 「중국 삼연분묘와 경주 황남대총 남분의 비교 고찰」, 『韓國上古史學報』41.
김대환, 2004, 「新羅高塚의 地域性과 意義」, 『新羅文化』23.
김동숙, 2002, 「신라가야분묘의 제의유구와 유물에 관한연구」, 『嶺南考古學』30.
김두철, 1998, 「新羅馬具 研究의 몇 課題」, 『新羅文化』15.
김상현, 1985, 「三國遺事 王曆編 檢討 - 王曆撰者에 대한 疑問」, 『東洋學』15.
김옥순, 2006, 「4~5세기 경주지역 외래유물을 통한 교환방식의 일고찰」, 『新羅文化』26.
김용성, 2000, 「황남대총의 편년적 위치」, 『황남대총의 제조명』, 국립경주문화재연구소.
_____, 2002, 「고신라 경주 중심고분군의 조묘구역 변천과정」, 『淸溪史學』16, 17합집.
_____, 2002, 「황남대총 남분의 연대와 피장자 검토」, 『韓國上古史學報』42.
_____, 2004, 「新羅 高塚의 擴散過程」, 『新羅文化』23.
_____, 2006, 「호우총의 구조복원과 피장자의 검토」, 『先史와 古代』24.
_____, 2007, 「신라적석봉토분의 지상식 매장주체시설 검토」, 『韓國上古史學報』56.
김창호, 1991, 「경주 황남동 100호분의 재검토」, 『韓國上古史學報』8.
盧重國, 1981, 「高句麗, 百濟, 新羅 사이의 力關係에 대한 一考察」, 『東方學志』28.
박광렬, 1999, 「신라 서봉총과 호우총의 절대연대고」, 『韓國考古學報』41.
朴普鉉, 1987, 「樹枝形立飾冠의 系統」, 『嶺南考古學』4.
_____, 1999, 「장신구로 본 신라사회 계층」, 『삼국시대장신구와 사회상』.
_____, 2000, 「耳飾으로 본 普門里夫婦塚의 性格」, 『科技考古研究』10.
박천수, 2003, 「지역간 병행관계로 본 가야고분의 편년」, 『가야고고학의 새로운 조명』.
申敬鐵, 1985, 「古式鐙子考」, 『釜大史學』9.
이성주, 1996, 「新羅伽倻古墳文化時期區分試案」, 『石吾尹容鎭教授 停年退任紀念論叢』.
이은석, 1999, 「경주 황남대총 구조에 대한 일고찰」, 『고고역사학지』15.
이한상, 1995, 「5~6세기 新羅의 邊境支配方式-裝身具 分析을 中心으로」, 『韓國史論』33.
_____, 1998, 「금공품을 통해 본 5~6세기 신라분묘의 편년」, 『慶州文化研究』1.
이희준, 1987, 「경주 황남동 제109호분의 구조 재검토」, 『三佛金元龍教授停年退任紀念論叢』I.
_____, 1990, 「解放前의 新羅, 伽倻古墳 發掘 方法에 대한 研究 - 日帝 調査報告書의 再檢討

(2)」,『韓國考古學報』24.

이희준, 1995,「慶州 皇南大塚의 年代」,『嶺南考古學』17.

_____, 1996,「경주 월성로 가-13호분 적석목곽묘의 연대와 의의」,『石吾尹容鎭敎授 停年退任 紀念論叢』.

_____, 1997,「新羅 高塚의 特性과 意義」,『嶺南考古學』20.

_____, 2002,「4~5세기 신라 고분 피장자의 服飾品 着裝定形」,『韓國考古學報』47.

정징원·안재호, 1987,「복천동 38호분과 그 부장유물」,『三佛金元龍敎授停年退任紀念論叢』I.

정징원·홍보식, 1994,「釜山地域의 古墳文化-墓制와 高杯를 중심으로」,『釜大史學』18.

주보돈, 1996,「麻立干時期 新羅의 地方統治」,『嶺南考古學』19.

崔秉鉉, 1981,「慶州 皇南洞 劍塚(100號墳)이 示唆하는 몇가지 問題」,『美術資料』152.

_____, 1991,「신라의 성장과 신라 고분문화의 전개」,『한국고대사연구』4.

_____, 1993,「신라고분 편년의 제문제-경주, 월성로, 복천동, 대성동고분의 상대편년을 중심 으로」,『韓國考古學報』30.

_____, 1998,「新羅積石木槨墳의 起源再論」,『崇實史學』12.

_____, 2000,「嶺南地方 考古學資料의 編年」,『韓國古代史論叢』10.

최종규, 1983,「中期古墳의 성격에 대한 약간의 고찰」,『釜大史學』7.

諫早直人, 2008,「古代東アジアおける馬具の製作年代-三燕高句麗新羅」,『史林』91-4.

藤井和夫, 1996,「新羅伽倻古墳出土冠硏究序說」,『東北アジアの考古學(2)』.

百井克也, 2003,「新羅土器の型式, 分布變化と年代觀-日韓古墳編年の竝行關係と曆年代」,『朝 鮮古代硏究』4.

有光敎一, 1936,「新羅金製耳飾の最近出土例に就いて」,『考古學』7권6호.

伊藤秋南, 1972,「耳飾型式學的硏究に基づく韓國新羅時代古墳の編年に關する一試案」,『朝鮮 學報』64.

색 인

로마자

T자상 평면 251

한국어

ㄱ

가욕관 신성1호분 255
가욕관 신성3호분 255
가욕관 신성4호분 255
가욕관 신성5호분 255
가욕관 신성6호분 255
가욕관 신성7호분 255
가욕관 신성12호분 255
가욕관 신성13호분 255
가장리벽화분 27
가족장 222, 226
가족장제 232, 235
각저총 22, 88, 228
감신총 134
갑주 51, 133, 301
강동군 순창리 굴바위2호묘 111
강동군 순창리 굴바위5호묘 111
강상·루상의 적석묘 48
강서대묘 20, 22, 43, 44, 47, 55, 195, 208, 217, 225
강서삼묘 24, 196
강서소묘 22, 43, 47, 225
강서중묘 22, 43, 47, 195, 217, 225
강소성 서주 황산롱 벽화분 247
개궁모 144
개마총 107, 134, 157, 193, 276
거석문화 48
건축사 44

겸 167
경북 의성 탑리고분 I 곽 108
경신리1호분 43, 47, 75, 84, 104, 157, 173, 193
계단석실적석총 85
계단적석총 62, 63, 64, 67, 74, 93, 165, 181
계대식 62
계세관념 88, 90, 98
계수호 119, 149
계장식 37, 47, 63, 64, 168, 181
계제식 62
고구려 왕릉 30, 44, 46
고국원왕릉 31, 47
고력묘자고분군 27
고리가 없는 귀걸이 109
고마령고분군 179
고산동1호분 157, 238
고산동2호분 186
고산동3호분 186
고산동7호분 129
고산동10호분 111, 113, 129, 147
고산동11호분 125
고성 봉화리1호분 115
고안교 136, 152
고임식 88, 89, 90
고총 181, 201, 219
공귀리 적석총 129
공심전 241, 242
工자형 250
과관 111, 155
관 97, 107, 121
관·곽·실 3중 구조 212
관가파3호무덤 256

관고리 70
관대 70, 82, 228
관못 67, 69, 70, 170
관묘(串墓, 곳묘) 228
관식 107
관실병렬배치 87, 244, 257, 263
관전현 177, 179, 185
광개토왕 106
광개토왕릉비 22, 47, 205
광개토왕호우 127, 145, 291
광실 64, 67, 68, 172, 230
광실적석총 170
괭이 132
괴 288
교구 111, 155
교차편년 145
구려 50
구문자벽화분 247, 252, 271
구획선있는 연화문 와당 106
국내 44, 56, 182, 202
국내성 22, 31
국내성 남문리 144
국내성 인민욕지 영극원 144
국내성 체육장 부지 내 회갱 117
군집무덤 177
궁륭상 90, 254
권운문 와당 74, 101, 144
귀걸이 52, 109, 276
귀면문 52
귀장 46, 47, 202
귀족묘 30
규형보요 156, 284
금곡원벽화묘 247
금관총 125, 291, 292, 296
금동방울 93
금동장식판 109
금동제 거마구 97

금동제 만장걸이 94, 143
금령총 294
금사총 22
금옥리 적석총 186
금옥리선각벽화분 31
금주 이외무덤 271
기가만310호분 254
기념비 242
기단 34, 60
기단봉토분 37, 58, 74, 78, 83, 84
기단봉토분구 58
기단봉토석실벽화분 104
기단봉토석실분 31, 54, 75, 193
기단식 168
기단적석총 61, 62, 63, 67, 168, 185
기생 135, 276, 295
김포 운양동 2지구 4호 주구묘 109
깊은 발 118
꺾쇠 67, 69, 170
꺾음천정 88
끌 132
주천 하하청1호묘 247

ㄴ

낙양 동교 기차공창 내 벽화묘 246
낙양 서교 진묘 112
낙양 소구 한묘 243
낙양 소구61호묘 246
낙양3850호묘 247
낚싯바늘 132, 133
남경 등부산 벽봉사1호분 126, 146
남경 북교의 온교묘 117, 147
남경 상산5호분 288
남경 상산7호분 288
남경 인태산 왕흥부부묘 117, 147
남경시 부귀산4호분 126
남림자벽화묘 247

남묘주도 90, 172
남탄1호분 256
남파동104호분 132
남파동125호분 129
남포 188, 189
남포 대동19호분 110
낫 132
내리1호분 193
내몽고 봉황산 벽화분 247
내몽고 탁극탁 벽화묘 247
내몽고 화림격이 벽화묘 246
노산동1호분 193
노산리1호분 238
노호산4호분 126
노호초고분군 29
농기구 168
능각 72, 73, 74
능과 침전 47
능사 206, 208, 218
능산리고분군 203
능원 46, 207, 218
능읍 206, 207, 216
능제 201
능침 74

ㄷ

다광식 226, 230
다실분 150
다인합장 87, 225, 235
단광식 230
단군릉 31
단인장 165
단칸구조 72, 80, 85, 190
답수부 돌기 137, 155
대금구 52, 93, 111, 145, 277
대도 132
대동 보림리 소동12호분 116

대동5호분 116
대동6호분 109
대동19호분 111
대동강 중·상류역과 동평양 189
대동강 하류역과 서평양 189
대동강문화론 31, 54
대부복 288
대상파수 120, 121
대석개묘 49
대성구역 188
대성산 식물원구역4호분 115
대성산성 177
대안리1호분 27, 125, 157, 238
대안리2호분 238
대지성 평지형 220
대판영자1호분 284
대패 132
대평방촌 247, 252, 271
덕화리1호분 22, 238
덕화리2호분 22, 238
덕화리3호분 22, 110, 116
덕흥리벽화분 22, 40, 42, 88, 90, 134, 144, 153, 157, 192, 237, 286
도 132
도끼 132, 133
도끼날 철촉 52, 129, 273
독로강 27
돈황 253
돌각담무덤 65
돌무지무덤 65
동대파217호분 130, 138
동대파345호분 118
동대파365호분 118, 120, 133, 175
동명왕릉 47, 54, 181
동명왕릉과 주위 고분군 22
동문리벽화분 31, 247
동물 순생 269, 290

동부선비 269, 279
동북공정 22
동분동혈 226, 230
동분이혈 82, 226, 230, 232
동수 40, 144
동실 64, 70
동실묘 184
동실합장 64, 69, 70, 82, 165, 228, 244
동암리벽화분 90, 134, 192
동천왕릉 178
동평양 87, 195
동혈묘 70
동혈합장 70
두만강 49
두칸구조 80, 87, 190, 192
뒤꽂이 107, 116
등자 51, 94, 135, 136, 152, 155, 295
등잔 149
뚜껑 117, 119, 125
뚜껑을 가진 방울 156
띠 연결 고정금구 141

ㄹ

라마동 I구역 M13호묘 277
라마동101호분 285
라마동266호분 278, 284, 285
라마동275호분 288
라마동379호분 284
라마동 I M5호묘 288
라마동 I 구 10호분 273
라마동 I 구 16호분 273
라마동 I 구 17호분 273
라마동II구 M110호분 275
라마동II구 M196호분 278
라마동I구 5호분 274
라마동의 전실묘 272
로남리형 토기 50

로암리무덤 156, 197
롱오리산성 132

ㅁ

ㅁ자형 250
마갑 289
마갑주 134, 301
마구 37, 51, 155, 283, 289
마구류 154
마선구 석묘자3호분 62
마선구 석묘자4호분 62
마선구 석묘자5호분 62
마선구1호분 51, 90, 91, 109, 116, 118, 120, 138, 141, 153, 155, 157, 190, 286
마선구401호분 69, 226
마선구412호분 110
마선구626호분 77, 78, 166, 181, 211, 221, 224, 232
마선구684호분 69
마선구1445호분 133
마선구2100호분 68, 69, 78, 101, 103, 117, 118, 120, 129, 133, 140, 143, 149, 157, 170, 212, 221, 224
마선구2351호분 127
마선구2378호분 77, 101, 166, 178, 181, 211, 221, 224, 232
마선구고분구역 183, 190, 221
마조총(통구12호분) 22
마주 51
막새 72
만달산록7호분 109, 111
만달산록15호분 115
만보정78호분 94, 96, 97, 120, 135, 136, 138, 140, 151, 153, 155, 157, 176, 295
만보정151호분 114
만보정242호분 77, 93, 124, 133, 135, 136, 156, 169, 231

만보정242-1호분 51, 156, 283
만보정940호분 125
만보정1368호분 172, 188, 190, 264
만보정고분구역 27, 192, 221
만포 문악리1호분 157
말 얼굴가리개 134
말띠 꾸미개 135
망도 한묘1호 243
망치 132
매장의례 273
명기 249
명도전 168
명문 기와 206
명적 129
모두루총 40, 192
모서리 기와 101
모용선비 267, 269, 276
모용황 289
목개석실 69, 70, 166
목곽 65, 67, 69, 166
목곽적석총 67
목관 65, 67, 69, 70, 268
목관·곽묘 268
목관과 목곽의 2중 구조 250
목관과 석실의 2중구조 217
목실 69, 70, 166, 198
목실적석총 69
목심등자 136
못신 114, 294
몽촌토성 22
묘도 69, 96, 254
묘도 좌우의 측실 69
묘문 254
묘상 건축 47
묘설 77
묘실벽화 172, 265
묘주초상화 36, 99, 263

무경식 철촉 129
무기단 34, 60
무기단적석총 52, 61, 63, 67, 165, 166, 168
무령왕릉 203
무순 25, 49
무순 시가 고분군 177
무용총 22, 107, 228
무위 마취자 247
무한 옹가령 무덤 114
묵방리형 고인돌 48
문자 와당 107
문자왕릉 43, 47
미창구 벽화분 190
미천왕릉 31, 47
밀현 타호정 247

ㅂ

박장 175
반 119, 120, 121, 149
반구형 운주 139
반구형입식부운주 152, 153, 286, 296
반구호 117
반량전 96, 168
반부가 있는 철모 52
반부있는 철모 131
반지 115, 116
발 120, 149
방계제 60, 62
방단 60
방단계제 60, 62
방단적석총 61, 63
방신촌 석곽묘 271
방신촌2호분 282
방울 142
배수시설 73, 76, 78
배장묘 46, 181, 206, 207, 209, 216, 218
백자 51, 118

색인 365

번소 47, 176, 232, 235
법동리 하구비 적석총 135
법동리 하구비고분 116
벽감 85
벽돌 72
벽화로 장식된 적석총 58
벽화분 20, 23, 56, 58, 84, 165, 240
병 120, 121, 125
보림리 소동12호분 116
보습 132
보요관 94, 276
복 128
복사리벽화분 27, 90, 197
복수부장 176, 272, 276
복천추벽화분 246
복합입지형 220
본계 25, 177
봉거도위무덤 280
봉대자1호분 247
봉대자2호분 247
봉상파수 124
봉석묘 60, 177, 184
봉성 호가보2호분 121
봉성현 185
봉토분 20, 56, 58, 78
봉토석실벽화분 22, 37, 104
봉토석실분 36
부 167
부곽 69
부부합장 226
부석시설 76
부여 53, 283
부여 모아산 유적 142
부여 유수노하심 중층 56호묘 131
부여 유수노하심 중층 56호묘 133
부여 유수노하심 중층 93호묘 109
부여 유수노하심 중층 목관·목곽묘 131

부여 유수노하심 중층 유적 50, 54, 109, 154, 168, 181, 283
부여계 유물 156
부이강 25
부장곽 97, 125
북교 석유참 벽화묘 246
북묘촌1호분 271
북방식 지석묘 84
북연 267, 286, 289
북위 107
북표 라마동 유적 268
북표 라마동275호분 112
북표 서관영자1호분 251, 252, 273, 280
북표 서관영자2호분 251, 279
북표 서구촌 113
북표 장랑교묘 127
분 97, 152
분구 58
분구 지향적인 묘제 59, 176
분구버팀석 77
분구보호석 94
분구의례 96
분묘분리 241
분묘일체 59
분형 60, 62, 166
불야묘118호분 254, 255
불야묘133호분 255
불야묘37호분 255
비녀 115, 116
빈 216

ㅅ

사다리꼴 평면 257, 269
사당 242
사미 93
사슴못가1호분 187
사신도 43, 90, 173, 190, 237

사신도벽화분 36
사신총 224
사아식 천정 88
사우돌출형 적석총 29
사이장경호 124, 149, 152
사이전연호 97, 120
사이호 118, 120, 125, 155
사행상 기꽂이 135, 295
사회분 224
산동 임기세연지 진묘 126, 146
산동성 양산 후은산벽화묘 247
산서성 평륙 책원촌 247
산성하 동대파356호분 156, 221, 226, 230
산성하 전창 221
산성하 전창1호분 140
산성하 전창36호분 77, 166, 181, 211, 221, 224, 232
산성하 전창145호분 63
산성하 전창191호분 230
산성하12호분 69
산성하19호분 121
산성하151호분 114
산성하152호분 111, 121, 136, 147, 156, 288
산성하159호분 111, 112, 130, 133, 147, 156, 278, 288
산성하160호분 136
산성하185호분 63
산성하191호분 136
산성하195호분 77, 96, 156
산성하196호분 124, 156
산성하330호분 111, 113, 147, 294
산성하331호분 132
산성하332호분 85, 113, 118, 120, 147
산성하356호분 124
산성하633호분 69
산성하635호분 69
산성하636호분 69

산성하725호분 85, 111, 113, 147, 173
산성하983호분 85, 120
산성하1405호분 37, 85
산성하1408호분 37, 85
산성하고분구역 190, 221
산성하동대파217호분 141
산수석 73, 76, 78
山자형의 금동관식 109
산지형 220
삼각고임 72, 89
삼각만입형 철촉 129
삼도호 서진묘 251
삼도호1호묘 247
삼도호2현장 벽화묘 247
삼도호2호묘 247
삼석구역 189, 193
삼실총 87, 114, 118, 120, 134, 152, 157, 286
삼연 51, 107, 113, 283
삼엽문 대금구 288
삼엽문 환두대도 132
삼익촉 129
삼합성 무덤 151
상고성자고분군 182
상다리 94
상왕가촌 벽화묘 247, 251, 263
상원 소구절 상원2호분 133
상원구 소구절3호분 110
상활용2호분 121, 125
상활용고분군 29
생활도구 129
생활풍속도 28, 36, 43, 88, 90, 99, 190
서단산문화 49
서대총 47, 68, 69, 78, 101, 102, 140, 153, 156, 170, 212, 224, 284, 285
서봉총 145, 291
서안교통대학 내 벽화묘 246
서역 266

서울 구의동 보루 22
서평양 87, 195
서풍 서차구 분묘 54, 181
서해리 2지점1호분 111, 113, 129, 147, 157
서해리1호분 135, 140, 156
석곽 34, 64, 65, 67
석곽묘 268
석곽적석총 166
석광 34, 64, 65, 67, 172
석광·석곽 64
석광적석총 48, 67, 166
석붕형 석실 64, 84
석상 64, 90
석실 34, 64, 67, 70, 72, 172, 230
석실(기단)봉토분 78, 166
석실계단적석총 140
석실묘 계통 198
석실무기단적석총 60
석실벽화봉토분 140, 173
석실봉토분 166
석실분 33
석실적석총 59, 69, 85, 166
석주 90
석촌동 203
석총 34
석호 왕팔발자 적석총 109, 168
선비계 280
선비족 267
섬서성 천양현 벽화묘 246
성현리토성 195
세 127, 293, 302
세환식 109
소문봉1호분 185
소문봉2호분 185
소문봉3호분 185
소문봉4호분 185
소문봉5호분 185

소문봉6호분 185
소문봉7호분 185
송곳 132
송산리고분군 203
송죽리벽화분 31
솥 51, 97, 118, 120, 121, 125, 127, 292
수릉 46, 47, 204
수묘 207, 208
수산리벽화분 22
수하식 111
수혈식 장법 59, 64, 65
순사 210
순장무덤 209
순천 188, 189
순천 용봉리2호분 116
순전 용악동 115
순흥 읍내리벽화분 33
승호구역 185
승호구역 금옥리37호분 187
시루 51, 97, 118, 120, 121, 125, 127, 292
시유기 51, 97, 118, 149, 272
시유사이호 292
시중 로남리 남파동 110
시중 로남리 남파동104호분 129
시중 심귀리73호분 133
시중 풍청리33호분 131
시중 풍청리38호분 133
식니총 292
신발 52
신빈 49
신성12호분 254
신성13호분 254, 256
신화전설 246
실심소전 241, 242
심귀리73호분 67
심귀리75호분 115
심귀리8호분 125

심발 121
심양 석대자산성 177, 179
십금구 141
쌍곽 170
쌍분 228
쌍영총 22, 91, 107, 135, 157, 238
조양 십이대영자 M9019호분 269
조양 십이대영자 전창88M1호분 274

ㅇ

아방1호묘 247
아차산보루 52
안교 51, 135, 136, 152
안악 188, 189
안악 로암리무덤 79, 144, 153, 172
안악 오국리고분 82
안악1호분 22, 27
안악2호분 27, 85
안악3호분 22, 25, 27, 40, 43, 47, 87, 88, 91, 125, 134, 144, 153, 154, 156, 172, 188, 197, 237, 264
안양 효민둔154호분 151, 274, 279, 283, 285
안족 143
안학궁터2호분 116
암문 121, 282
암키와 72
압록강 48, 49
압록강 중·하류역 58
약수리벽화분 22, 27, 90, 110, 111, 116, 134, 237, 238
양민 182
양민고분군 179
양이호 125, 155
양형기 273
얕은 발 118, 119, 120
어망추 133
어숙묘 33

언 51, 125
언사 신망 시기벽화묘 247
여러칸구조 85
역 51, 125
역T자형 250
역사고사 246
역포구역 189, 193
연도 67, 72, 75, 85, 96
연미형 철모 131
연수명 은합 127, 291
연접묘 228, 232, 235
연천 삼곶리 32
연천 신답리 33, 85
연천 장학리 32
연천 학곡리 32
연탄군 188
연화문 와당 104
열상배치 222, 223, 224
영락 115
영류왕릉 43, 47
영성자2호분 248
영성자벽화묘 247
영성자벽화분 88, 248, 264
영수사묘 247
영양왕릉 43, 47
영화9년명 동리무덤 144, 156, 172
오녀산성 22, 31, 56, 129
오수전 96, 168
오회분 25, 224
오회분4호분 157, 216, 228, 238
오회분5호분 157, 216, 228, 238
옥기 272
옥도리 벽화무덤 31
와당 37, 100, 101
왕자분산 요이영자9001호분 285
요동 260
요동반도의 적석무덤 48

요동성총 27, 43, 82, 87, 192, 263
요령성 조양 일대 벽화분 244
요서 260
요양 88, 240, 244
요패 111, 155
용강 후산리 내동4호분 115
용강군 황산남록 84
용강대총 22, 87
용봉리 벽화분 192
용석 232
용성구역 188
용인 보정리 33
용천 신암리 모래산 유적 110
용흥리7호분 109
우산리7호분 116
우산하41호분 28, 37, 85, 118, 120, 131, 133, 140, 141, 157, 173, 221, 234, 299
우산하42호분 130
우산하44호분 63
우산하68호분 28, 97, 126, 127, 156, 288, 292
우산하159호분 130
우산하191호분 133
우산하249호분 65, 97, 226
우산하540호분 51, 69, 97, 118, 140, 142, 144, 221
우산하992호분 51, 68, 69, 101, 102, 131, 132, 134, 140, 153, 156, 170, 212, 221, 233, 234, 284, 285, 299
우산하1340호 120
우산하1340호분 65, 118, 125, 226
우산하1405호분 173
우산하1408호분 173
우산하1493호분 125
우산하1815호분 125
우산하1897호분 118, 120, 125, 157
우산하2110호분 69, 75, 130, 142, 156, 170, 212, 221, 283

우산하2111호분 61
우산하2112호분 69, 101, 104, 105, 157, 221
우산하2115호분 84
우산하2117호분 61
우산하2138호분 116
우산하2174호분 87
우산하2183호분 116
우산하2208호분 51, 118
우산하2891호분 97, 138, 155, 156, 226, 285
우산하3103호분 129
우산하3105호분 77, 97, 108, 111, 125, 129, 130, 138, 140, 156, 157, 231
우산하3109호분 114, 294
우산하3142호분 111, 112, 140, 147
우산하3146호분 97
우산하3154호분 140
우산하3160호분 116, 125, 157, 285
우산하3161호분 121, 125
우산하3162호분 111, 125, 130
우산하3214호분 133
우산하3232-1호분 65
우산하3232호분 121, 231
우산하3241-2호분 65
우산하3241호분 124, 135, 157, 230
우산하3282호분 140
우산하3283호분 109, 133, 135, 140, 156, 284
우산하3296호분 77, 97, 111, 121, 125, 129, 131, 132, 231
우산하3299호분 125
우산하3305호분 113, 129, 231
우산하3319호분 51, 52, 74, 85, 97, 101, 102, 117, 118, 140, 148, 153, 156, 172, 176, 188, 190, 264
우산하3501호분 118, 120, 157, 292
우산하3510호분 125
우산하3560호분 109, 111, 112, 125, 129, 131, 135, 140, 147, 157, 288

우산하3598호분 131, 140
우산하고분구역 29, 175, 183, 190, 220, 221
운주 51, 94, 138, 155
운평리고분군 182
원구식적석총 63
원대자 북연무덤 271
원대자벽화분 252, 264, 271, 283, 285
위원 72
위원 사장리 157, 183
위원 용연동 적석묘 168
유개소호 120
유개직구호 120
유개합 125
유경식 철촉 129
유경호 120
유기단 63
유리기 272
유리제 이전 109
유백자호 118
유사두칸구조 69, 72, 80, 85, 190
유정동형 토기 49
윤부 137
의현 보안사 277
의흥 주처묘 112, 288
이배 51, 118, 119, 120, 121, 149
임강 동전자 무덤 128
임강총 62, 69, 75, 101, 132, 142, 156, 170, 202, 212, 221, 224, 233, 234, 283, 299
임강현 28
입석관 96, 215

ㅈ

자귀 132
자성 법동리 하구비 석실분 121
자성 법동리 하구비1호분 132
자성 송암리2호분 132
자성 송암리3호분 65
자성 송암리고분군 182
장경호 51, 118, 124, 152, 154
장구 67
장군총 22, 33, 44, 47, 48, 55, 62, 70, 72, 74, 78, 101, 104, 202, 204, 208, 210, 212, 221, 224, 294
장막걸이쇠 69, 94, 170
장무이무덤 79, 144, 149, 153, 156, 172, 197
장백 177
장백 간구자 31
장백 간구자 적석무덤 47, 63, 77, 168, 169
장백현 28
장산동1호분 27, 90, 91, 196
장산동2호분 27, 90, 91, 196
장성리 적석총 129
장속 93
장송관념 96
장수봉1호분 185
장수왕 204
장식도 190
장식도안 235, 262
장식띠 94
장식마구 94, 152, 276, 285, 290
장식판 115
장신구 37, 51
장액 253
장의예술 235, 265
장제 164
장지 220
장천1호분 22, 28, 107
장천2호분 22, 28, 75, 97, 104, 114, 118, 120, 129, 138, 140, 152, 153, 192
장천4호분 111, 113, 135, 136, 138, 147, 157
장천4호분 북실 155
장천5호분 221
장천고분군 179
재갈 51, 93, 135, 149, 152

재갈멈치 135, 152
재령강 189
적석목곽분 51, 293, 294, 295
적석이 부가된 대석개묘 49
적석총 20, 48, 56, 58
전 동명왕릉 74, 78, 84, 88, 116, 157, 173, 195, 217
전 동명왕릉 배후의 4·5·6호분 210
전·현실 종렬배치 87, 193, 195, 197
전·후실 종렬형 243
전·후실 직교형 243
전곽오수 96
전방후원분 77
전방후원형 77
전방후원형 적석총 29
전산무덤 271
전실 85, 90, 165
전실계단적석총 190
전실묘 42, 79, 88, 173, 268
전실묘 계통 198
전실벽화봉토분 172
전실봉토분 58
전실적석총 58, 85, 241
전연 107, 146, 265, 267, 280, 289
전연호 97, 118, 120, 124, 152, 154
전원후방형 적석총 77
전진 266, 289
전창162호분 230
절약 141
절천정 88
절천정총 28, 37, 85, 173
정 97, 126
정가갑5호분 254, 256
정릉사 208, 218
제남 청룡산 화상석벽화묘 247
제단 77
제대 46, 181, 212, 216, 218, 279

제량관 288
제원리 32
조리용기 118
조립식 88
조벽 253
조양 대평방촌 석곽묘 271
조양 봉거도위무덤 278
조양 북묘촌1호묘 247
조양 삼합성 274
조양 삼합성묘 285
조양 십이대영자 전창88M1호분 151, 271, 288
조양 왕자분산 십이대영자8705호분 272
조양 왕자분산 십이대영자8713호분 282
조양 왕자분산 십이대향9019호분 278
조양 왕자분산 요이영자M9001호분 113, 278
조양 원대자벽화분 99, 126, 146, 151, 247, 274
조양 첨초구2호분 284
조중고고공작대 27
졸본 182
졸본부여문화 49, 53, 54
좌목선교구 136
좌목선구 136
좌우 측실 80
주천 253
중강 장성리 적석총 129
중국 석묘 87
중국 요령성 87
중원계 280
지경동1호분 29, 125, 129, 130, 135, 136, 140, 157
지경동2호분 29, 110, 136, 157
지탱석 77
진식대금구 111, 154
진파리1호분 195, 217, 225
진파리2호분 225
진파리3호분 225
진파리4호분 329

진파리5호분 329
진파리6호분 329
진파리7호분 109, 225
진파리8호분 225
진파리9호분 195, 217, 225
진파리10호분 47
진파리16호분 109
집단묘 48
집석공로간의 우산하고분 114
집안 노호초4호분 116
집안 대고력묘자21호분 228
집안 상활용2호분 61
집안 상활용고분군 179
집안 양민 31
집안 양민74호분 230
집안 양민168호분 61
집안 오도령구문 적석무덤 34, 47, 49, 129, 143, 169
집안 지구촌 182
집안 태평구고분군 179
집안 호자구 31
집안 호자구1호분 178
집안 호자구적석총 221
집안·환인 일대 189
집안151호분 111, 113, 147
집안191호분 133
집안838호분 111
집안873호분 113, 147
집안 왕릉 52
집안현 제1중학교 127

ㅊ

차할 156
찰갑 133
채색벽화 245
채아보 168
채화전 242, 255, 260

천마총 292, 296
천상세계 88, 245, 246
천왕지신총 87, 192
천장부 90
천장석 68, 69
천정두벽화분 246
천추총 22, 47, 52, 62, 72, 74, 78, 101, 103, 104, 133, 157, 202, 206, 212, 221, 224
철검 273
철경 143
철기 272
철도 167
철모 131, 273
철제 차할 142
철제 화살주머니 131
철촉 129, 273
첨초구1호분 282, 284
첨초구2호분 282, 284
청계동벽화분 193
청동 사이호 291, 292
청동 초두 97, 145, 154
청동 화덕 94, 143
청동거울 143
청동괴 279
청동용기 37, 272
청동정 97, 292, 302
청동합 127, 292
청동호 128
청암리 106
청암리토성 출토 화염문 금동관 109
청자 51, 117, 145, 154
청자 반구호 146, 148
청자 사이호 118
초두 126, 145, 292, 302
초산 연무리 182
초산 운평리 4지구6호분 77
초산 운평리 4지구8호분 65, 131, 133

색인 373

초산 운평리 4지구9호분 65
초산 운평리10호분 116
초산군 연무리고분군 29
최비 148
최휼무덤 271, 279, 280
추동9호분 115
추동18호분 111
춘천 방동리 33
춘천 신매리 33
출행도 259
충주 두정동 33
칠기 273
칠성산69호분 69
칠성산96호분 28, 94, 96, 97, 113, 118, 121, 125, 126, 129, 135, 136, 138, 141, 150, 153, 155, 226, 285, 292, 295
칠성산96호분 1호묘실 111, 113, 147
칠성산96호분 2호묘실 126, 127, 146
칠성산211호분 68, 69, 75, 170, 212, 221, 224, 284
칠성산397호분 231
칠성산398호분 231
칠성산399호분 231
칠성산871호분 75, 78, 101, 133, 156, 166, 169, 178, 181, 207, 211, 221
칠성산999호분 223
칠성산1003호분 223
칠성산1007호분 223
칠성산1013호분 223
칠성산1015호분 223
칠성산1016호분 223
칠성산1019호분 223
칠성산1020호분 223
칠성산1021호분 223
칠성산1223호분 114, 294
칠성산고분구역 183, 188, 223
침전 242

ㅋ

칼집 끝 장식 132

ㅌ

타날문 토기 168
탁발선비 203
태령 102, 144
태성리1호분 87, 116, 188, 195
태성리2호분 85
태성리3호분 31, 47, 87, 196
태왕릉 22, 33, 44, 47, 48, 52, 55, 62, 70, 72, 74, 78, 93, 94, 101, 104, 108, 113, 133, 134, 136, 140, 141, 143, 153, 202, 207, 212, 221, 224
태왕릉형 연화문 와당 105
태환이식 52
터널형 254
토기 37, 121, 154, 167, 272
토동묘 241, 242
토분 34
토성리 106
토수기와 101
토포리고분군 22
토포리대총 22, 125, 157, 175, 217
톱 132
통구 분지 23, 46, 84, 179
통구 사신총 90, 157
통구12호분 114, 134, 286
통구17호분 129
통구고분군 179
통구하 221
통화현 28, 49, 177
퇴장 유적 168

ㅍ

판갑 134
팔각고임 89

팔찌 52, 115
팔청리벽화분 27, 90, 91
패왕조산성 52
평양 23, 177, 179, 188
평양 서성구역 189
평양 천도 202
평양 평천구역 132
평양역전이실분 116, 172, 188, 195, 264
평원 188, 189
평창 32
평행고임 72, 89
평행삼각고임 89, 174
포항 냉수리석실분 33
풍소불무덤 253, 273, 274

ㅎ

하남성 낙양 언사 행촌 247
하남성 영성 망산시원 벽화묘 246
하남성 형양왕촌현 장촌 247
하북 안평현 녹가장 벽화묘 247
하북성 망도한묘 247
하북성 안평현 녹가장 벽화분 242
하해방 188
하해방31호분 157, 192
하해방고분구역 27, 128, 157, 190
하현 왕촌 247
하활용8호분 124, 131, 133, 156, 168
하활용20호분 132
하활용24호분 62, 65
하활용고분군 29, 179
한대 화상석묘 88
한성시기 백제 203
한왕묘 193
합 97, 121
합장 67
합천 옥전M3호분 274
행렬도 40, 134

행엽 51, 94, 138, 152, 155
향당 73
향로 118, 119
현실 72, 75, 85
현실세계 245
호 121
호남리고분군 22
호남리사신총 22, 84, 111, 113, 157, 175, 217
호분석 76, 77
호우총 127, 145, 205, 291, 292
호자 118, 119, 120, 121, 149
혼강 25, 48
홍산문화 53
화덕 51, 97, 118, 120, 152
화살가방 51, 276, 289
화살주머니 142, 156
화상석묘 198
화성 청계리 33
화성동벽화분 193
화장 48, 233
화관형 운주 139, 149
화관형입식부운주 140, 296
환도산성 22, 31, 221
환두대도 132
환두도 273
환문총 157, 192
환인 49, 177, 182, 188
환인 고력묘자 적석총 63
환인 고력묘자15호분 63, 132, 230
환인 고력묘자19호분 135, 230
환인 고력묘자고분군 179, 182, 183, 220, 221, 224
환인 망강루 34
환인 망강루1호분 221
환인 망강루적석총 168, 178, 181, 220
환인 망강루적석총 4호분 109
환인 망강루적석총 6호분 109

환인 미창구1호분 28
환인 상고성자고분군 178
환인 연강향15호분 135, 283
환인 연강향19호분 111, 113, 147, 156, 182
환인 연강향고분군 27
환인 오도하자 168
환인현 28
황남대총 남분 278, 292, 295
황남대총 북분 110, 292, 293, 294, 296
황산남록7실총 125
황오동4호분 292, 294
황장제주 88
회랑 249
횡구식 귀틀무덤 69
횡구식 장법 67
횡혈식 장법 59, 64, 67, 170
후연 107, 267, 286
후장 176
훼기 176, 233, 235, 276, 279, 290, 299